醫命學

醫命學

개정 1쇄 인쇄 2011년 11월 3일
개정 1쇄 발행 2011년 11월 15일

지 은 이　정경대
발 행 인　김청환
발 행 처　이너북
책임편집　이선이

등　　록　제 313-2004-000100호

주　　소　서울시 마포구 염리동 8-42 이화B/D 807호
전자우편　innerbook@naver.com
전　　화　02-323-9477
팩　　스　02-323-2074

ISBN 978-89-91486-59-1　13150
* 잘못된 책은 바꿔드립니다.

ⓒ 정경대, 2011

값은 표지에 있습니다.
잘못된 책은 바꿔 드립니다.

http://blog.naver.com/innerbook

이 책의 저작권은 저자에게 있습니다. 저자와 출판사의
허락 없이 내용의 일부를 인용하거나 발췌하는 것을 금합니다.

들어가는 말

　동양의학東洋醫學과 명리학命理學을 결합해 의명학醫命學이란 새로운 학술 용어를 창시하기까지 20여 년이란 짧지 않은 세월이 흘렀다. 이 이론의 뿌리는 음양오행설에 두고 있으나, 어느 하나의 학설에만 의존하지 않고, 여러 학문을 아우른 뒤에야 비로소 확신을 가지고 세운 하나의 집과 같은 것이다.

　천지자연이 생성하고 소멸하는 음양오행의 이치에서 보면 유학의 예禮와 주자학의 이기론理氣論이 그 속에 있고, 마음 작용을 중시하는 양명학 역시 오행의 범주 안에 있었다. 이에 나는 마치 전류에 놀란 것처럼 우매한 정신에서 깨어나 깊은 사유思惟로부터 얻는 깨달음의 희열을 느끼면서 불경과 도덕경을 배우고 힌두철학까지 학문의 범위를 넓혀갔으며, 동양의학과 종교학의 세계 속으로 들어가 마치 신기루를 찾아 헤매듯 탐구의 여정을 계속하였다.

　지금도 나의 여정은 지속되고 있고, 그래서 필자가 내린 결론은 마치 샛강이 흘러 바다에 모이듯 모든 학문의 근본은 하나로 통한다는 사실이었다. 또한 기원전 5000여 년으로 추정되는 동양의 음양오행설이 그 긴 역사의 흐름으로 미루어 볼 때 수많은 제 학문의 시원始源이라 단정한다.

　그러나 무엇보다 중요한 나의 깨달음은 여러 학문이 하나의 진리에 있는 것처럼 인간을 포함한 천지와 자연의 모든 것들은 제각기 분리돼 존재하는 것이 아니라, 이름이 다르고 기능만 달리할 뿐 하나의 몸체 속에서 필연적 관계를 맺고 있는 유기체라는 데에 있다. 그리고 유기체들의 대표는 인간이며, 인간의 몸이 천지자연을 한 묶음으로 묶은 응집체라는 사실이다. 그러므로 눈으로 볼 수 있고 감각되며 의식할 수 있는 현상물이든, 그렇지 않은 무형상물이든 일체가 인간의 몸과 마음에 다 상응하고 있으며, 다 상응하고 있기 때문에 그 영향력에 의해, 태어나고 늙고 병들고 죽는 필연에서 벗어나지 못한다.

의명학을 창시한 것도 바로 이러한 불변의 이치에서 비롯되었다. 태어남과 동시에 마치 하얀 천을 오색 물감에 물들이듯 음양오행이란 천지자연의 요소가 몸체에 일순간에 배어들어 체질은 물론 운명까지 결정해버린다는 사실을 확인할 수 있었던 것이다. 그리고 수레를 끄는 소의 멍에처럼 나의 의지와 상관없이 '나'를 속박해버림을 수많은 임상에서 거듭 확인할 수 있었다. 어쩌면 인간의 業을 시행하기 위해 神이 그렇게 안배하지 않았나 하고 생각할 만큼 그것은 신비로웠다.

그러나 나는 그와 전혀 상반되는 또 다른 사실을 발견할 수 있었다. 제아무리 필연적이고 초월적인 운명의 사슬이 '나'를 꽁꽁 얽어맸다 하더라도 능히 그 사슬을 풀어낼 수 있는 지혜가 인간에게 무한히 존재하고 있음을 발견하고 확인하였다. 동양의 위대한 철학자들과 붓다의 깊은 진리, 그리고 음양오행을 기반으로 한 동양의학이 깨달음을 주었으며, 수많은 사람들을 임상한 경험에서 착오 없는 진실을 발견했다. 그래서 이 사실을 널리 알리고자 2004년에 '음양오행 의명학'을 집필해 출간을 한 바가 있었다. 그러나 세월이 지나 다시 보니 미흡한 점이 발견돼 늘 마음이 편하지 않아 근심하다가 이제야 수정하고 보강해 세상에 내놓게 되었다.

나는 이 책이 하나의 학문으로 인정돼 세계의 모든 사람들은 물론, 대학, 병원 등에서 하나의 학문으로서 유용하게 활용되었으면 하는 마음 간절하다. 그리고 그 때가 반드시 오리라 믿는다.

철학박사

仙昊 鄭慶大

차 례

들어가는 말 · 4

1장 의명학 개요 · 9

2장 음양오행陰陽五行 · 15
    1. 의미 · 16
    2. 발생 원리 · 19
    3. 오행의 음양 · 22

3장 음양오행의 성질과 작용 · 27
    1. 오행과 천간 지지의 성질과 작용 · 29
    2. 천간과 지지의 결합 · 44

4장 상생相生 상극相剋 상합相合과 잡기雜氣 · 47
    1. 상생 · 51
    2. 상극 · 52
    3. 상생 상극의 반대 현상 · 54
    4. 상합 · 56

5장 천간과 십이지지의 배속 · 63
    1. 오행과 방위 · 65
    2. 오행과 계절 · 66
    3. 오행과 자연 · 69

6장 의명학 공식 · 71
    1. 24節氣 · 74
    2. 生時 干支 세우는 법 · 75

    3. 生月 干支 세우는 법 ·78
    4. 入胎 月日 산출 방법 ·79
    5. 의명학 공식을 세우는 방법 ·80
    6. 대운大運 ·82

7장 동양의학론 ·87
    1. 陰陽五行과 장부 ·89
    2. 陰陽의 조화 ·91
    3. 陰陽의 분별 ·92
    4. 오행의 상생 상극과 오장육부 ·93
    5. 오운육기五運六氣 ·100

8장 체질분석과 질병의 치료와 예방 ·107
    1. 간(肝 乙卯) ·110
    2. 담(膽 甲寅) ·113
    3. 간, 담의 질병 진단 및 처방 ·114
    4. 심장(心臟 丁午) ·147
    5. 소장(小腸 丙巳) ·149
    6. 심장, 소장의 질병 진단 및 처방 ·150
    7. 비장(脾臟 己丑未) ·181
    8. 위(胃 戊辰戌) ·184
    9. 비, 위의 질병 진단 및 처방 ·185
    10. 폐(肺 辛酉) ·214
    11. 대장(大腸 庚申) ·216
    12. 폐, 대장 질병의 진단과 처방 ·218
    13. 신장(腎臟 癸子) ·246

      14. 방광(膀胱 壬亥) · 249
      15. 신장, 방광 질병의 진단과 처방 · 250
      16. 3초부(3焦腑 火) · 276

9장 운명과 개조론 · 281
      1. 60甲子를 풀이한 인간의 속성 · 285
      2. 60甲子의 성격과 작용 · 285

10장 명리해설 · 307
      1. 日干을 강약으로 보는 방법 · 311
      2. 십이운성 十二運星 · 316
      3. 신살 神殺 · 321

11장 격국 格局의 이해와 작용 · 337
      1. 10神과 작용 · 339

12장 격국의 해설과 예문 · 343
      1. 비견격의 부귀빈천 · 345
      2. 겁재격의 부귀빈천 · 361
      3. 식신격의 부귀빈천 · 369
      4. 정재격의 부귀빈천 · 392
      5. 편재격의 부귀빈천 · 406
      6. 정관격의 부귀빈천 · 415
      7. 편관격 · 430
      8. 인수격의 부귀빈천 · 438
      9. 편인격의 부귀빈천 · 453
      10. 종격 · 460
      11. 인연론 · 470

1장
의명학 개요

1장 의명학醫命學 개요

　의명학은 음양오행陰陽五行을 기반으로 한 동양의학東洋醫學과 동양의 운명에 관한 학술 명리학命理學을 결합한 새로운 학술 용어이다.
　학술의 요체는 천지자연의 모든 것들은 개체가 독립적으로 존재하는 것이 아니라 필연적 관계를 맺고 있는 유기체이며, 인간은 그것들의 영향력에 의해 생명활동을 하는 자연의 한 부류라는 관점에 기인한다.
　그리고 그 관점의 핵심은 탄생한 모든 인간은 반드시 늙고 병들어 죽을 수밖에 없는 근원적인 원인을 하늘과 땅을 지탱하면서 끊임없이 변화하는 어떤 힘의 작용으로 규정하고, 그 힘이 어떻게 조건지어져 인간의 체질과 운명을 형성하였는가를 규명해 질병의 예방과 치료, 아울러 운명을 슬기롭게 극복할 수 있는 개조의 법을 제시한다.
　하늘과 땅에서 인간을 속박하는 어떤 힘의 존재를 동양에서는 기氣라 한다. 기는 눈으로 볼 수도 없고 손으로 만질 수는 없으나 그 존재를 감각과 느낌으로 알 수 있는 무형의 물질로서 서양의 인식에서는 에너지라 할 수 있다. 그러나 동양의 인식은 하늘과 땅은 물론, 사람과 동식물 등 자연과 물, 불, 색깔, 맛, 음식, 기후 등 인간이 경험할 수 있는 모든 것들의 질적 요소로 규정하였다.

이 요소들은 크게 나누어 다섯 가지로 분류되는데 그것을 오행이라 하며 木·火·土·金·水 라는 문자로 표시해 천지자연의 존재와 변화, 그리고 그것들의 유기적 관계를 나타내준다. 이들 오행에 속하는 천지자연과 인간의 성품을 대략해서 분류하면 다음과 같다.

木은 천체에 있어서는 목성木星이며, 무형의 기질은 바람이고, 기후는 따뜻함이다. 계절은 봄이고, 색깔은 녹색이며, 자연은 나무이고, 맛은 신맛이며, 인체는 간·담이 해당된다. 인간의 성품에 있어서는 착한 본성과 분노의 속성을 동시에 나타내 준다.

火는 천체의 화성火星이며, 기후는 더위이고, 색깔은 붉다. 계절은 여름이고, 자연은 불이며, 맛은 쓴맛이며, 인체는 심장과 소장에 해당된다. 인간의 성품은 사람이 지켜야 할 중요한 도리로서 예禮가 본성이고, 속성은 기쁨과 슬픔의 감정 변화이다.

土는 천체의 토성土星이며, 기후는 늦은 겨울의 냉冷, 늦은 봄의 습濕, 늦은 여름의 염炎, 늦은 가을의 건乾이고, 색깔은 황색이다. 계절은 4계절에 다 배속되고, 자연은 흙이며 맛은 단맛이고, 인체는 비장과 위장에 해당된다. 인간의 성품은 거짓 없는 신信이 본성인데, 근심 걱정이 속성으로 분류된다.

金은 천체의 금성金星이며, 기후는 건조하면서도 서늘함이고, 색깔은 희다. 계절은 가을이며, 자연은 금속, 그리고 맛은 매운맛이며, 인체는 폐·대장에 배속된다. 인간의 성품은 곧고 옳은 의義가 본성이고, 속성은 비통한 마음인 애哀이다.

水는 천체의 수성水星이며, 기후는 추위이고, 색깔은 검다. 계절은 겨울이며, 자연은 물이고, 맛은 짠맛이다. 인체는 신장과 방광이며, 인간의 성품은 슬기로운 지智가 본성이고, 두려움이 속성이다.

이처럼 천지만물은 오행이란 기질 속에 다 배속돼 존재하므로 각기 독립된 개체가 아니라 유기적 관계로 상응한다. 유기적 관계로 상응하므로 자연은 물론 인간 역시 오행의 기운에 속박돼 의지와 상관없이 건강과 삶의 행로가 전개된다.

그러므로 우리가 이해할 수 없는 불평등한 삶과 건강을 주관하는 필연적이고 초월적인 어떤 힘의 실체가 바로 오행이란 천지기운인 것이다. 그것들은 인간의 육체를 마치 하얀 천에 어느 것은 많게 혹은 어느 것은 적게 버무린 물감으로 물들이듯 스며들어 운명과 건강을 속박한다. 가령 火氣가 많고 金氣가 적을 때 태어나면 반드시 심장과 소장이 크고 실해져 열이 많은 체질인 반면에 폐·대장이 작고 허약해진다. 이렇게 정해진 체질이 바로 그 사람이 한평생 멍에처럼 짊어지고 가야 할 운명이자 건강인 것이다. 즉 열이 많고 폐·대장이 허약한 체질인데도 火氣가 유행하는 때를 만나면 폐·대장이 병드는 등 그에 상응하는 질병을 앓고 삶 역시 의지와 상관없이 전개된다. 그러나 火氣를 억제하는 水氣와 폐·대장을 도와주는 金氣가 유행하는 때를 만나면 건강은 물론 삶 역시 윤택해지는 것이다.

의명학 이론은 바로 이러한 오행의 이치를 근거로 성립된 학문으로서 필연적일 수밖에 없는 타고난 체질과 운명의 조건을 유추해 질병의 예방과 치료, 아울러 운명을 슬기롭게 극복할 수 있는 개조의 법을 제시한다.

2장
음양오행

2장 음양오행陰陽五行

1. 의미

기원전 약 5000여 년으로 추정되는 음양오행설은 동양철학의 뿌리이자 줄기이며 꽃이요 열매이다.

이 학문은 우리 정신문명의 뿌리이며 동양의 깊은 철학과 사상을 비롯해서 정치·경제·종교·음악·과학과 천문지리는 물론, 의학과 점술에 이르기까지 지류로 거느린 원류로서 제 학문들의 줄기를 이루고 꽃을 피웠으며 열매를 맺게 하였으니 함축하고 있는 그 깊은 진리의 위대성은 이 세상의 창조자의 지혜라 할 수 있다.

그 까닭은 우주와 더불어 하늘과 지구를 포함한 무수한 별무리의 창조와 소멸, 자연과 인간의 탄생의 원리, 즉 늙고 병들어 죽음으로 가는 이치가 음양오행이란 문자 속에 다 들어있기 때문이다. 불과 27자 밖에 되지 않는 그 문자들에서 눈으로 볼 수도 없고, 만질 수도 없으며, 감각과 인식으로 이해할 수 없는 허공은 물론, 별무리와 자연과 인간을 구성한 질적 요소, 그리고 그것들의 유기적인 변화와 영향력 등 경험할 수 있는 모든 것들을 유추해낼 수 있으므로 인간의 한계를 초월한 지혜로운 자만이 가능한 능력이라 할 수 있다.

그러므로 동양사상의 뿌리이고 줄기이며 꽃이요 열매라 했다. 이 학문의 핵심을 요약하면 다음과 같다.

노자는 도덕경에서 '도道가 1을 생하고 2를 생하고 3을 생하였으며, 3이 만물을 생하였다' 라고 하였다. 이는 음양오행에 있어서 1은 음이자 水이며, 2는 양이자 火이며, 3은 음양의 결합 즉 水火에 의해 잉태된 천지만물의 씨눈에 해당된다. 이것을 木이라 하는데, 천지만물이 木으로부터 나왔다는 음양오행의 논리를 수리數理로 말한 것이다. 그리고 이러한 창조의 모습은 자연계에서 암컷의 난자와 수컷의 정자가 만나 자식을 잉태하는 것과 같다. 따라서 창조의 이치를 절대 신의 능력에서 찾거나 인식할 수 없는 상상의 세계 속에서 추증해내기보다 지금도 끊임없이 생명을 탄생시키고 있는 자연을 관찰해 봄으로서 쉽게 유추해낼 수 있다. 하늘에서 이루어진 창조의 모습 그대로 땅에서도 피조물의 성姓 행위에 의한 번식으로 나타나고 있기 때문이다.

공자의 유학에 있어서 최고의 가치관인 인仁·의義·예禮·지智·신信은 천지만물의 형이상학의 바탕으로서 木·火·土·金·水라는 오행의 본질을 말함이며, 주자의 이기론(理氣論 : 理는 창조 이전의 형이상의 도이고 氣는 理에 의해 탄생한 형이하의 도로서 물질이며, 만물은 理와 氣로 이루어져 있다는 설)은 천지만물을 구성한 질적 요소들인 음양오행의 본성과 속성인 물질을 의미한다. 그것은 '공색空色이 둘이 아니라 하나' 라고 하였던 붓다의 교설에 다름이 아니다.

그리고 종교학에 있어서 삼위일체론은 음에 속하는 水 1 속에서 양에 속하는 火가 결합해 수리로 3인 木이 잉태되어 있는 것에 해당된다. 즉 水라는 하나의 몸체 속에 火木을 더한 세 가지 각기 다른 쓰임의 성분이 들어있는 것을 말함이니 1이 3이고, 3이 1이 되는 것이다.

의학에 있어서는 인간의 육체 중 가장 중요한 요소인 오장(五臟 : 간·심장·비장·폐·신장)과 오부(五腑 : 담·소장·위·대장·방광) 그리고 삼초(三焦 : 동양의학에서는 심장과 위, 위와 대장, 대장과 방광 사이에 무형의 장부가 있다고 본다)가 음양오행에 배속되고 육체 역시 그 범주에서 벗어나 존재하지 않는다. 인간뿐만 아니라 하늘과 땅과 자연계의 모든 것들도 마찬가지이다. 다만 음양오행의 성분이 온전하게 갖추어진 모습은 인간이고, 치우쳐서 갖추어졌으면 자연계의 동식물인 것이다.

이처럼 음양오행은 천지만물 일체를 포괄하는 질적 요소들의 명칭이다. 그리고 천지만물이 생성하고 소멸하는 법칙을 나타내 준다.

2. 발생 원리

　음양오행은 이 세상의 창조 원리와 천지자연의 질과 이치를 표시한 문자이다.
　천지만물을 창조한 시기는 언제인지 알 수 없으나 창조의 모습은 자연계에 그대로 재현되고 있다. 그것은 암컷과 수컷의 결합에 의한 자식의 잉태와 탄생의 모습에서도 찾을 수 있다. 그러니까 하늘에서 이루어진 창조의 이치가 땅에서도 반영되고 있다고 할 수 있다. 그리고 만물은 아무것도 없는 무無에서 어떤 모습을 갖추게 된다. 가령 사과 하나를 쪼개고 또 쪼개나가면 최후에는 아무것도 존재하지 않는다. 존재하지 않는 그곳에서 사과라는 한 질적 입자가 엉키고 엉켜서 사과라는 모습을 갖추게 된 것이다.
　이 세상 역시 한 개의 사과처럼 아무것도 없는 텅 빈 無에서 탄생되었다. 이에 대해 음양오행설은 이렇게 규정하였다.
　아득한 옛날 그 때는 하늘도 땅도 없었고, 기고 헤엄치고 나는 것도 없었으며, 神도 존재하지 않았다. 그곳은 있다고 말할 수도 없고 없다고 말할 수 없으며, 크다거나 작다거나 혹은 어둡다거나 밝다고 할 수 있는 것도 아닌 오직 텅 비고 텅 비어 있을 뿐이었다. 따라서 그곳은 상대적 개념이 없어서 도무지 인식으로는 무엇이라 표현할 수가 없다.
　그러나 동양의 대철학자 노자는 그러한 유일의 세계가 있다는 것을 말하기 위해 도덕경에서 그곳을 '道'라고 했다. 그래서 노자의『도덕경』을 근거로 천지창조와 음양오행설을 비교하면 다음과 같다.
　노자는 '道가 1을 생하고, 1은 2를 생하고, 2는 3을 생하고 3이 만물을 생하였다(道 生 1, 1 生 2, 2 生 3, 3 생 萬物)'라고 말한 다음, '만물은 음

陰이 양陽을 짊어지고 품은 것이며(萬物負陰而抱陽), 이는 氣가 충해 화합한 것이다(沖:氣以爲和)' 라고 하였다.

이 말은 도에서 최초로 생해진 1은 음의 氣이며 2는 양의 氣인데, 음의 氣가 전혀 상반된 성질의 양의 氣를 끌어들여 화합함으로서 만물, 즉 천지자연이 탄생되었다는 뜻이다. 이러한 현상을 음양오행설에서는 혼돈 (khaos : 우주 탄생 이전의 원초적인 소용돌이)이라 한다. 즉 음이 움직임과 동시에 상반된 성질의 양이 부딪쳐와 격렬하게 소용돌이치는 모습으로서 삼태극으로 표현된다.

따라서 혼돈을 일으키며 1(陰)+2(陽)가 화합해 낳은 3은 만물의 씨눈이며, 이 씨눈이 터져 나와 천지자연이 창조되었던 것이다. 이러한 이치는 자연계에서 음은 암컷이자 난자이고, 양은 수컷이자 정자이며, 그 화합물은 잉태된 자식에 해당된다. 그러므로 음은 우주적 여성의 난자이고, 양은 우주적 남성의 정자이며, 그 결합으로 잉태된 자식이 바로 천지만물의 씨눈인 것이다. 그것은 아직 부화되지 않은 계란의 노른자에 비유될 수 있다.

그런데, 존재의 유·무를 말할 수 없는 도가 최초의 물질인 1氣를 생함에 있어서 주희(朱熹 : 유학자로서 성리학을 주창한 중국 송나라 때의 철학가. 그의 학설을 주자학이라고도 한다)는 '그렇게 될만한 어떤 이치가 있었다' 라고 하였다. 그리고 그 이치를 리(理 : 바르게 통하고 바르게 다스린다는 뜻)라 하였으며, 理에는 만물을 창조할 근원적인 원(元 : 필자는 이 글의 의미를 사랑이라 표현한다)과, 이 元을 지장이 없이 누리게 하는 형亨, 그리고 만물의 삶을 다하도록 베푸는 이利와 진실하고 바르게 하는 정貞이 있다고 하였다.

이러한 원元 · 형亨 · 이利 · 정貞을 형이상(形而上 : 형체가 없어 감각으로 그 존재를 알 수 없는 것으로서 시간과 공간을 초월한 관념적인 것. 정신)의 道라 하고, 理에 의해 탄생된 물질인 氣를 형이하(形而下 : 시간과 공간 속에 형체를 가지고 나타나는 자연. 물질)라 한다. 그리고 '형이하의 물질 氣에는 형이상의 理가 바탕을 이루고 있다.' 라고 하였다. 이를 바꾸어 말하면 理는 정신이고 氣는 육체이다. 그러므로 천지만물은 공존하는 理·氣에 의해 존재하고 생명활동을 하고 있는 것이다.

그러면 이제부터 천지만물이 창조된 이치를 보다 구체적으로 오행이란 문자로 논거해 보자. 오행은 형이상의 理를 문자로 표시할 수 없으므로 형이하의 氣를 나타내기 위한 문자로서 다음과 같이 표시된다.

먼저 도道가 생한 최초의 1氣 음은 그 질을 水라 한다. 水는 넓은 의미에서 어두움이며 냉冷인데 아직 水[물]로서 모습을 갖추지 않은 미완성의 水氣이다. 두 번째 생한 2氣 양은 그 질을 火라 한다. 火는 밝음이며 열熱인데 역시 미완성의 火氣이다.

그러므로 1氣 음과 2氣 양의 만남은 水(1氣)와 火(2氣)의 결합이며, 그로부터 천지만물의 씨눈인 3氣가 태어났던 것이다. 3氣를 木이라 한다. 木氣는 나무가 아니라 水火의 결합성으로서 태어남을 주관하는 생명의 근원이다.

다음은 만물의 골격을 갖추게 할 제 4氣의 탄생이다. 그것은 마치 집을 지을 때 틀을 세우는 기둥과 같으며 또 물질의 최소 단위로서, 이것을 金氣라 한다. 그리고 마지막으로 탄생된 제 5氣를 土라 하는데, 土는 물질의 최소 단위 金의 집합체로서 만물의 모습을 만들어주는 질에 해당된다. 따라서 金은 만물의 뼈이고, 土는 살[肉]이라 할 수 있다.

이와 같이 탄생된 水·火·木·金·土 5氣가 바로 천지만물의 질적 요소이며, 이것을 오행이라 한다. 행行이라 한 것은 다섯 가지 氣가 정체돼 있지 않고 끊임없이 움직임을 의미하며, 그 상태를 비유하면 아직 물이 되지 못한 수증기와 같다고 할 수 있다.

그리고 그와 같은 상태의 5氣는 도道로부터 무한이 생출生出돼 뭉치고 응고되면서 팽창되었고, 드디어는 어느 시점에서 대폭발을 함으로서 뭉치고 응고된 것은 땅(하늘의 별과 지구 등 천체의 모든 것)이 되고, 그렇지 않은 5氣는 허공이 되었던 것이다. 따라서 하늘의 5氣는 모습이 없는 미완성의 물질이며, 땅의 5氣는 모습이 있는 완성의 물질인데 끊임없이 서로 교감하면서 자연의 모든 것들을 탄생시킨다.

 오행의 미완성과 완성 수리

오 행	水	火	木	金	土	水	火	木	金	土
수 리	1	2	3	4	5	6	7	8	9	10
구 분	미완성수					완성수				

3. 오행의 음양

천지만물은 陰陽이 결합한 산물이다. 따라서 그 질적 요소인 五行 역시 陰陽으로 구분된다. 水氣는 水로서의 완성된 물질이 되기 위해서는 水의 陰陽이 있으며, 火氣는 火가 될 陰陽, 木氣는 木이 될 陰陽, 金氣는 金이 될 陰陽, 土氣는 土가 될 陰陽이 있는 것이다. 이에 五行을 다시 陰과 陽으로 구분함에 있어서, 모습이 없는 허공의 물질인 천기天氣와 모습이 있는 땅의 지기地氣로 나누어지며 이와 같이 문자로 표시돼 각각 독립된 성질을 나타낸다.

1) 천기天氣 : 십간十干이라고도 한다.
水는 임壬 계癸인데, 壬은 陽이고 癸는 陰에 속한다.
火는 병丙 丁정인데, 丙은 陽이고 丁은 陰에 속한다.
木은 갑甲 을乙인데, 甲은 陽이고 乙은 陰에 속한다.
金은 경庚 신辛인데, 庚은 陽이고 辛은 음에 속한다.
土는 무戊 기己인데, 戊는 陽이고 己는 陰에 속한다.

2) 지기地氣 : 십이지지十二地支라고도 한다.
水는 해亥 자子인데, 亥는 陽이고 子는 陰에 속한다.
火는 사巳 오午인데, 巳는 陽이고 午는 陰에 속한다.
木은 인寅 묘卯인데, 寅은 陽이고 卯는 陰에 속한다.
金은 신申 유酉인데, 申은 陽이고 酉는 陰에 속한다.
土는 진辰 · 술戌 · 축丑 · 미未인데, 辰戌은 陽이고 丑未는 陰에 속한다.

● 陰陽 의론의 요지는 상대적 개념에 있다. 밖〔表〕과 높고 넓고 많고 크고 긴 것은 陽이고, 그에 상대적으로 속〔裏〕과 낮고 좁고 작고 짧은 것은 陰에 속한다. 그리고 陰은 陽의 속질이라 할 수 있다. 따라서 水의 지지地支 亥는 미완성의 氣에서는 본래 陰이지만 水가 완성된 땅에서는 바다의 물〔水〕에 비유되므로 陽이 되고, 子는 水의 속질이자 작은 시냇물에 비유되므로 陰으로 분류된다. 역시 火의 巳는 본래 陰이고 午가 陽이지만, 불〔火〕이 완성된 땅에서의 巳는 활활 타오르는 불길에 비유되므로 陽이 되고, 午는 火의 속질이자 은은하게 타오르는 불씨에 비유되므로 陰으로 분류된다.

● 지기 土가 4가지인 것은 만물은 土가 없이 형상을 갖출 수 없으므로 모든 곳에 배속되기 때문이다. 특히 계절에 있어서 봄은 습하고, 여름은 덥고, 가을은 건조하고, 겨울은 냉한 성질의 土로 분리된다.

十干 十二地支

오행	木		火		土		金		水	
음·양	양	음	양	음	양	음	양	음	양	음
天干	甲	乙	丙	丁	戊	己	庚	辛	壬	癸
地支	寅	卯	巳	午	辰戌	丑未	申	酉	亥	子

3) 十二支地의 所藏

十二支地 중에는 天干이 내장되어 있다. 이는 천지기운이 다르지 않다는 것을 의미한다. 땅이 비록 흙이지만 오행에 의해 만들어졌으므로 그 精氣는 오행인 것이다. 마치 도자기 그릇의 속질이 흙의 성분인 것과 같다.

十二地支 藏干表

地支	藏干	地支	藏干
子	壬癸	午	丙己丁
丑	癸辛己	未	丁乙己
寅	丙戊甲	申	戊壬庚
卯	甲乙	酉	庚辛
辰	乙癸戊	戌	辛丁戊
巳	戊庚丙	亥	戊甲壬

4) 天干과 地支의 교류

하늘과 땅의 氣는 교류한다. 그러나 나무가 흙에 뿌리를 내리듯 天氣가 地氣에 의지해서 힘을 발휘하기도 하고, 마치 물 위의 불처럼 天氣가 地氣에 의지하지 못해 제 기능을 충분히 발휘하지 못하는 것도 있다.

① 甲, 乙은 亥·子·寅·卯·辰·未에 뿌리를 두고 그 외는 두지 못한다.

② 丙, 丁은 寅·卯·巳·午·未·戌에 뿌리를 두지만 그 외는 두지 못한다. 단, 丁은 卯에 뿌리를 두기에는 매우 미약하다.

③ 戊, 己는 丑·辰·巳·午·未·戌에 뿌리를 두지만 그 외는 두지 못한다. 단, 戊는 寅에 미약하게 뿌리를 둔다.

④ 庚, 辛은 丑·辰·申·酉·戌에 뿌리를 두지만 그 외는 두지

못한다. 단, 未는 대서大暑 이후이면 미약하게 뿌리가 된다.
⑤ 壬, 癸는 亥·子·丑·辰·申·酉에 뿌리를 두지만 그 외는 두지 못한다.

3장
음양오행의 성질과 작용

3장 음양오행의 성질과 작용

　음양오행은 천지자연을 포괄해 표현한 문자이다. 그 문자 속에는 하늘과 땅, 그리고 자연과 인간을 구성한 질적 요소가 들어있고, 기후와 방위, 계절과 시간, 색깔과 소리, 음식의 맛과 자연의 약성藥性, 그리고 인간의 착한 본성과 사회적 속성은 물론, 보고 듣고 감각되고 느껴서 경험할 수 있는 것과 그럴 수 없는 것에 이르기까지 그 모든 것을 나타내주는 천지자연의 거울과 같은 것이다.
　그러므로 타고난 체질과 운명의 결정체를 거울처럼 반영해 볼 수 있고, 나이가 몇 살이 되면 어디에 어떻게 병이 올지, 그리고 길흉화복과 부귀와 빈천은 어떻게 전개될지 예측이 가능하다. 예측이 가능하므로 질병의 예방과 치료는 물론 운명을 개조할 수 있는 지혜를 터득할 수 있는 것이다.
　따라서 음양오행의 천간天干과 지지地支 하나하나가 지니고 있는 성질과 작용을 모두 기억해두어야 한다. 그래야 의명학의 공식에 의해 자신을 반영해 볼 때, 여러 가지 천기天氣와 지기地氣 중 어떤 기운이 많고 적은지 판단해 낼 수 있으며, 문자 하나 하나가 내포하고 있는 성질과 작용을 앎으로서 그에 의해 전개되는 현재와 미래의 운명을 가늠할 수 있다. 또 타고난 장부臟腑의 크고 작음과 강약허실 내지 덥고, 냉하고, 습하고, 건조함 등의 여러 가지 체질을 스스로 분석해낼 수 있다.

이렇게 자신을 알면 무엇이 코드가 맞고 맞지 않는지 자연히 알게 된다. 그리고 스스로 코드가 맞는 것을 찾아서 생활하게 되므로 보다 나은 삶과 건강을 누릴 수 있는 것이다.

1. 오행과 천간天干 지지地支의 성질과 작용

1) 水

水는 도道에서 탄생된 최초의 물질인 1氣이므로 천지만물의 어머니(有名天地之母)라 한다. 그리고 2氣 火를 끌어와 만물을 탄생시킨 근원으로서 지혜의 상징이다. 방위는 북쪽에 배속되고, 겨울과 추위 그리고 밤과 어둠을 주관하며 죽음을 의미한다. 지구에 수기水氣의 영향을 가장 많이 미치는 행성은 달과 혜성과 수성이고, 색깔은 검으며, 맛은 짜고, 소리는 우음(羽音: 입술소리)에 속한다. 자연계에서는 만물을 자양해주는 젖이며, 인체에 들어가서는 혈과 골수가 되고, 신장과 방광을 주관한다.

그러므로 水氣가 많이 유행할 때 태어나면 신장과 방광이 크고 실해 精이 충만하며 두뇌가 뛰어난 대신 체질이 냉해 추위에 약하고, 피부는 검은 빛에 속한다. 다만 水氣가 필요이상으로 넘칠 때 태어나면 지혜로운 본성이 간교해지고 두려움이 많은 속성으로 나타난다. 그러나 水氣가 적을 때 태어나면 신장과 방광이 작고 허약하며, 우직한 반면 기억력이 떨어지고 정력이 약해 빨리 늙고 쉽게 피로해진다.

① 天干 壬 水

壬은 水의 天氣로서 陽이며 만물을 최초로 태어나게 하는 水의 바다이다. 인체에 있어서는 방광을 주관하며 성질은 차다.

② 天干 癸 水

癸는 水의 天氣로서 陰이며 壬水에서 시생한 1陽이 자라난다. 그리고 水의 속질이자 작은 시냇물에 비유되기도 한다. 인체에 있어서는 신장을 주관하며 성질은 냉하다.

③ 地支 亥 水

亥는 水의 地氣로서 陽이며 땅에서 큰 바다에 비유되므로 天氣 壬水와 성질이 같다. 방위는 북쪽의 첫머리이고, 계절은 겨울인데, 음력 10월 입동立冬이어서 추위가 시작돼 차가운 氣가 작용하며, 시간은 하루 중 밤 9시부터 11시에 해당된다. 亥의 특징은 매우 어둡고 검은 데다 만물이 수장收藏되는 죽음의 기운을 의미한다. 즉, 죽음 이후에 혼魂이 머무는 세계에 해당돼 종교적이고 철학적인 심성을 나타낸다.

동물 중에서는 돼지가 배속되는데, 무엇이든지 다 먹어치우는 돼지의 습성처럼 亥水의 氣를 많이 받고 태어난 사람은 다양한 능력과 번뇌의 속성을 지녔음을 의미한다. 그러나 亥에서 1陽이 시생되므로 겨울에 얼어 죽은 나뭇잎이 봄에 새싹으로 솟아나듯 영원한 죽음이 아니라 다시 태어남을 의미하기 때문에 어떤 고통에도 포기하지 않는 끈질긴 집념이 내재돼 있으며 사물을 보고 깨우치는 능력이 탁월하다.

인체에 있어서는 방광膀胱을 주관한다.

④ 地支 子 水

子는 水의 地氣로서 陰이며 땅에서 작은 시냇물에 비유되므로 天氣 癸水와 성질이 같다. 방위는 정 북쪽이고, 계절은 깊은 겨울인데 음력 11월 대설大雪이어서 추위가 본격적으로 시작돼 한냉한 氣가 작용하며, 시간은 하루 중 밤 11시부터 다음날 새벽 1시까지 해당된다. 子의 특징은 춥고 어두운 중에 亥에서 시생한 陽氣가 자라나는 기운을 의미한다. 즉 죽음에서 새 생명의 기운이 무럭무럭 자라나는 세계에 해당되므로 마음이 어두우면서도 밝고 진취적이며 대단히 지혜로운 반면 육체적으로는 왕성한 색욕의 심성을 나타낸다. 동물 중에서는 쥐가 배속되는데, 야밤에 색을 즐기며 수많은 자식을 낳는 쥐의 습성처럼 子水의 氣를 많이 받고 태어난 사람은 매사에 정력적이고 희망적이며 색욕을 참지 못하는 속성이 있음을 의미한다.

인체에 있어서는 신장을 주관한다.

2) 木

木은 음양의 결합에 의해 실제로 천지만물을 탄생시킨 씨눈이므로 그 본성을 인이라 한다. 방위는 동쪽에 배속되고, 봄과 아침 그리고 풍風과 따뜻함을 주관하며, 만물을 태어나게 함을 의미한다. 지구에 木氣의 영향을 가장 많이 미치는 행성은 목성이며, 색깔은 녹색이고, 맛은 신맛이며, 소리는 각음(角音 : 입천정소리)에 속한다.

자연계에서는 나무이며, 인체에 들어가서는 눈과 힘줄이 되고 간肝·담膽을 주관한다. 그러므로 木氣가 많이 유행할 때 태어나면 간·담이 크고 실해 눈이 맑고 힘이 좋으며, 피부가 푸른빛에 가깝고 風의 기운으로 마음이 안정되지 못해 들뜨기 쉽다. 그리고 필요 이상으로 木氣가 많이 유행할 때 태어나면 어진 본성이 폭력적이고 쉽게 분노하는 속성으로 나타난다. 특히 木은 위로 뻗어나가기만 하는 성질이 있어서 욕망과 자존심이 강하고 이기적인 면을 보인다. 그리고 매우 용감한 기질이 있어서 두려움을 모른다. 그러나 木氣가 적당히 있으면 외유내강한 성품에 항상 베풀기를 좋아하는 어진 덕이 있으며, 적게 유행할 때 태어나면 간·담이 작고 허약하며 마음은 착하나 매사에 우유부단하고 겁이 많으며 의욕과 의지가 약한 면을 보인다.

① 天干 甲 木

甲은 木의 天氣로서 陽이며 만물이 비로소 모습을 갖추고 모습을 나타냄을 의미한다. 아이가 자궁 밖으로 머리를 내밀고 나무나 씨앗이 껍질을 터뜨려 싹이 터져 나오는 것과 같다. 이러한 현상은 외형적으로는 물질이지만 그 내면의 본성은 理로서 진리이므로 진리가 터져 나오는 것으로도 해석한다. 그리고 껍질을 터뜨리는 그 강인함은 꺾어지되 휘어지지 않는 큰 나무에 비유된다. 인체에 있어서는 담을 주관한다.

② 天干 乙 木

乙木은 木의 天氣로서 陰이며 甲木에서 터져 나온 여린 싹이 자라남을 의미한다. 생명력이 강해 휘어지되 꺾어지지 않는 내성이 있다. 그리고 큰 나무를 휘감고 지라나는 넝쿨처럼 무엇을 의지해 끝없이 위를 향해 나아가려는 욕망이 강하게 작용한다. 인체에 있어서는 간肝을 주관한다.

③ 地支 寅 木

寅은 木의 地氣로서 陽이며 天氣 甲과 성질과 작용이 같다. 방위는 동쪽이 시작되는 첫머리이고, 계절은 이른 봄 아직 추위가 남아있는 음력 1월 입춘에 해당되며, 하루의 시간은 태양이 어둠 속에서 모습을 내미는 새벽 3시에서 5시까지이다. 이른 봄 추위 속을 뚫고 나오는 새싹처럼 여리고 착한 본성과 강인한 힘과 용맹함 그리고 급한 양면성을 가졌음을 의미한다. 따라서 寅木의 氣가 많으면 그와 같은 성격이 나타난다.

寅木에 배속되는 대표적인 동물은 범이며 강력한 힘과 급하고 용맹한 성질을 대변한다. 나라에 따라서는 범 대신 사자를 배속하기도 하는데 백수의 왕을 보는 인식의 차이일 뿐이지 그 의미는 같다. 인도의 대성자 붓다의 목소리, 또는 웅변가의 열변을 사자의 포효에 비유하는 것은 대단히 중요한 의미가 있다. 사자의 포효가 다른 동물에 비해 크기 때문이 아니라 진리를 설파하는 소리로 비유한 것이다.

인간은 모태 속에서는 순수한 본성 그대로를 지니고 있지만 세상 밖으로 나오는 순간부터 천지자연의 모든 속성을 다 지니게 된다. 따라서 모든 동 식물들의 습성이 있어서 성내고 시기하고 포악하고 욕심내며 남의 것을 빼앗는 등, 이기적 욕망을 드러낸다. 그러므로 사자의 포효가 모든 생명들을 겁내고 떨게 하듯 붓다의 말은 인간의 그런 동물적 습성을 경계하고 木의 착한 본심을 일깨우고자 하는 진리의 소리인 것이다.

인체에 있어서는 담을 주관하므로 寅木의 氣를 과다하게 받으면 담이 너무 크고 실한 대신 착하면서도 이기적인 면을 보인다. 그러나 치우침이 없으면 어질고 착한 마음으로 타인을 가르치는 스승의 면모가 있다.

④ 地支 卯 木

卯는 木의 地氣로서 陰이며 天氣 乙木과 성질과 작용이 같다. 방위는 정 동쪽에 위치하고 아직 찬 봄바람의 여기餘氣가 남아있는 음력 2월 경칩(驚蟄 : 동면하던 벌레가 봄기운에 놀라서 나옴)에 해당되며, 하루의 시간은 아침 해가 솟아오른 5시에서 7시까지이다. 태어난 아이가 무럭무럭 자라나듯 여리면서도 끈질기고 힘찬 생명력이 있다. 卯木에 배속되는 대표적인 동물은 토끼인데 갓난아이처럼 착하고 선량한 성품을 대변해준다. 다만 卯는 성장 호르몬이 넘치는 기질이 있으므로 색을 즐기는 토끼의 속성이 잘 드러난다. 대개 색에 강한 동물인 쥐에 속하는 子와 卯의 氣를 함께 받은 경우 성욕을 참지 못하는 경향이 있으므로 늘 수행하는 자세로 마음을 다스리는 것이 좋다. 인체에 있어서는 간肝을 주관하는데, 水氣가 많아서 신장·방광이 크고 실하면 색욕이 더욱 강해진다.

3) 火

火는 어두운 곳을 밝히므로 그 본성을 예禮라 한다. 특히 신전神殿을 은은히 밝히는 촛불은 신 앞에 바치는 최고의 정성이자 도리이다. 방위는 열熱을 내는 그 성질대로 남쪽에 위치하고, 여름과 낮 그리고 더위를 주관하며 만물을 무성하게 자라게 함을 의미한다. 지구에 火氣의 영향을 가장 많이 미치는 행성은 태양과 화성이며, 색깔은 붉은색이고, 맛은 쓰며, 소리는 치음(緻音 : 혓소리)에 속한다.

자연계에서는 더위와 열[熱] 그리고 불[火]이며 인체에 들어가서는 몸을 따뜻하게 해주고 심장과 소장을 주관한다. 그러므로 火氣가 많이 유행할 때 태어나면 심장이 크고 실해 열이 많은 체질이고 피부가 불그스름하다. 그리고 활활 타오르는 불길처럼 활달하고 성격도 급한 면을 보이는데, 태울 재료가 없으면 꺼져버리듯 불같은 성질을 부리다가도 쉽게 가라앉고 의기가 소침해진다. 그리고 밝음 이면에는 항상 어두운 그림자가 따르기 마련이어서 내면에는 고독한 심성이 자리 잡고 있으며 종교심이 깊은 특징이 있다. 반대로 火氣가 적게 유행할 때 태어나면 심장과 소장이 약하고 몸이 냉하며 火의 속성인 기쁨과 슬픔의 감정 변화가 자주 일어난다.

① 天干 丙 火

丙은 火의 天氣로서 陽이며 태양처럼 밝아 만물을 어두운 곳에서 드러나게 하며 활활 타오르는 불길에 비유된다. 한 여름의 뜨거운 열기가 초목을 무성하게 자라나게 하듯 모든 것을 이익이 되게 하려는 기질이 있고, 그 얼기처럼 마땅한 도리를 설파하는 설득력이 탁월한 성질이 있다.

인체에 있어서는 소장小腸을 주관한다.

② 天干 丁火

丁은 火의 地氣로서 陰이며 丙에 비해 상대적으로 적은 불씨나 촛불에 비유된다. 따라서 丙처럼 열정은 없으나 어둠 속에서 꺼지지 않는 은은한 불길과 같으므로 그 기질대로 심성이 우울한 편이지만 밝은 마음 또한 상존하고 있어서 슬픔과 기쁨의 감정 변화가 잦다. 그리고 어떤 일이건 꺼지지 않는 불씨처럼 마음속에 오래 담아 두고 잊지 않는다.

③ 地支 巳火

巳는 火의 地氣로서 陽이며 丙火와 성질이 같다. 방위는 남쪽의 첫 머리에 위치하고 여름이 시작되는 음력 4월 입하立夏에 해당되며, 하루 시간은 오전 9시부터 11시까지이다. 연둣빛 나뭇잎이 푸르게 변하는 이 시기는 청·중년 시절에 해당된다. 항상 부지런하고 일에 대한 열정은 불꽃처럼 맹렬한 반면, 이익을 위해서는 물불을 가리지 않는 기질이 있다.

배속되는 대표적인 동물은 뱀인데, 용龍처럼 하늘을 날며 무엇이건 다 이룰 것 같은 청·소년기의 꿈에서 깨어나 뱀이 땅을 기어다니며 먹이를 찾듯 현실에 충실함을 의미한다. 인체에 있어서는 소장小腸을 주관한다.

④ 地支 午火

午는 火의 地氣로서 陰이며 丁火와 성질이 같다. 방위는 정 남쪽에 위치하고 더위가 한창인 음력 5월 망종(芒種 : 까끄라기가 생김)에 속하며, 하루 시간은 오전 11시부터 오후 1시까지이다. 그 기질은 子

에서 시생始生한 1陽이 성장을 멈추고 陰氣와 교체되는 분기점이며, 푸른 나무의 성장을 멈추게 해 내실을 여물어지게 한다. 사람은 장년의 나이에 늙음을 진행시킨다.

배속되는 대표적인 동물은 말인데, 말은 성공한 자가 높이 앉는 권위를 상징하며, 먼 길을 걸어온 지친 몸을 편하게 태워다 주는 상징성이 있다. 그러므로 午는 陽氣를 밀어내는 陰氣와 밀고 나아가려는 陽氣가 다투는 기질 때문에 시기와 질투를 의미하며, 권위적이면서 화려하고 편리함만을 추구하는 속성이 내재돼 있다.

인체에 들어가서는 심장을 주관한다.

4) 土

土는 만물의 형상을 만들어주므로 그 본성을 신信이라 한다. 사람과 동·식물 그리고 모습이 없는 氣까지 존재를 가능케 하는 바탕이 土인 것이다. 그러므로 천하의 중앙이라 하는데, 4계절에 모두 배속되고 방위는 동북, 동남, 남서, 서북방에 위치한다. 지구에 土氣의 영향을 가장 많이 미치는 행성은 土星이며, 색깔은 황색이고, 맛은 단맛이며, 소리는 궁음(宮音 : 목구멍소리)에 속한다.

자연계에서는 흙이며 인체에 들어가서는 비장脾臟과 위장胃腸을 주관한다. 그러므로 土氣가 많이 유행할 때 태어나면 비·위가 크고 실해 비만해지고 피부가 누런빛을 띤다. 그리고 흙은 모든 것들을 수장收藏하므로 土氣가 많으면 욕심이 많은 성격에 속한다. 또 의심이 많고 만족을 모른다. 반대로 土氣가 적게 유행할 때 태어나면 비·위가 작고 허약하며 걱정이 많다.

① 天干 戊 土

戊는 土의 天氣로서 陽이며 흙 그 자체이다. 만물의 모습을 만들어 내고 길러주며 동시에 수장시킨다. 성격은 재물에 대한 욕심이 강하고 그만큼 수완도 좋다.

인체에 있어서는 위장을 주관한다.

② 天干 己 土

己는 土의 天氣로서 陰이며 흙의 성질에 해당된다. 모든 것을 흡수해 응집시키며 생물의 영양소를 공급해 길러준다. 그러므로 욕심이 많으나 베풀기도 잘 하는 성격으로 나타난다.

인체에 있어서는 비장을 주관한다.

③ 地支 丑 土

丑은 土의 地氣로서 陰이며 己土와 성질이 같다. 子에서 시생始生한 陽氣가 다 자라 곧 세상에 모습을 드러낼 준비가 되어있는 상태로서 아이를 밴 여성의 자궁과 같다. 그러나 매우 냉한 기질이 있어서 丑의 氣가 많이 유행할 때 태어나면 체질 역시 냉해서 추위를 견디기 어렵다. 방위는 동북방에 위치하며, 계절은 겨울 중에서도 가장 추운 음력 12월, 소한小寒이며, 하루의 시간은 새벽 1시부터 3시까지이다.

배속되는 대표적인 동물은 소인데, 소는 한평생 일해야 하는 멍에를 지고 있으며 죽어서는 고기와 가죽을 남겨 인간을 이롭게 해준다. 그러므로 丑의 氣를 타고난 사람은 늘 일이 많아 바쁘게 살아야 하고 희생과 봉사 정신이 있는 반면 몸을 다치는 사고를 당하기 쉽다. 특히 여성의 경우 水가 많은 체질이면 유산하거나 자궁이 냉습해 자궁질환을 앓기 쉽다.

인체에 들어가서는 비장을 주관한다.

④ 地支 辰 土

辰은 土의 地氣로서 陽이며 戊土와 성질이 같다. 그러나 매우 습한 기질이 있어서 辰의 氣가 많이 유행할 때 태어나면 체질이 습하고 추위에 약하다. 삶에 있어서는 청소년의 시기에 속하고, 방위는 동남방에 위치하며, 계절은 늦은 봄이고 음력 3월, 청명淸明이며 하루의 시간은 오전7시부터 9시까지이다.

배속되는 대표적인 동물은 용인데, 악마를 상징하는 서양의 용과 달리 동양의 용은 땅에서 하늘을 날아오르며 변화무쌍하게 조화를 부리는 상스러운 동물로서 꿈과 희망의 상징이기도 하고 종교적으로는 진리를 수호하는 신神에 비유된다. 따라서 동양의 용은 실체가 없는 상상의 동물이다.

그러나 최초의 용의 모습은 고대에 제왕이 썼던 왕관의 장식품으로 반달 모양의 곡옥曲玉 형태였다. 이는 이 세상을 창조한 최초의 陰과 陽이 결합할 때 혼돈을 일으키는 모양이며 태극기의 가운데 그림으로 태극의 음양을 반쪽으로 나눈 모양이다. 그러므로 곡옥을 영기靈氣의 싹이라 하는데 신령스러운 천지기운이 처음으로 터져 나옴을 의미한다.

이러한 의미의 곡옥이 처음으로 만들어진 시기는 기원전 약 7000년 경이며 고대 한민족 지역에서 발굴되었다. 따라서 곡옥이 중국으로 전해져 그들 황제의 상징물로 오늘날의 용의 형태로 변형되

었던 것이며, 곡옥이 음양의 모양인 점으로 미루어 볼 때 음양오행
설은 한민족으로부터 발생하였음을 추증할 수 있다.

용은 천지창조를 위한 음양의 영기로서 그 싹을 상징한 동물이므
로 변화무쌍한 조화와 진리를 수호하는 神으로 존경받는다. 그리
고 그러한 상징성은 辰이란 글자에 머금어져 있어서 높이 오르고
싶은 욕망이 강하고 창조력이 있다.

인체에 들어가서는 위장을 주관한다.

⑤ 地支 未 土

未는 土의 地氣 陰이며 己土와 성질이 같다. 그러나 아직 양기陽氣
가 남아있고 午에서 활활 타오른 火의 여기餘氣가 흙을 뜨겁게 달
구어 대단히 조열燥熱하므로 未가 많이 유행할 때 태어나면 열이
많은 체질이어서 더위를 참지 못한다. 삶에 있어서는 장년의 나이
에 속하고, 방위는 남서방에 위치하며, 계절은 여름 중에서도 가장
무더운 음력 6월, 소서小暑이며, 하루의 시간은 오후 1시부터 3시까
지이다.

배속되는 대표적인 동물은 양羊인데, 양은 예로부터 神에게 바치
는 제물로서 순수함의 상징이다. 그러므로 未의 氣를 많이 받고 태
어난 사람은 종교적인 심성이 있고 희생적이며 매우 착하지만 몸
을 상하기 쉽다. 특히 화상을 잘 입는다.

인체에 들어가서는 비장을 주관한다.

⑥ 地支 戌 土

戌은 土의 地氣로서 陽이며 戊土와 성질이 같다. 그러나 늦은 가을

의 매우 건조한 흙이므로 戌土가 많이 유행할 때 태어나면 건조한 체질이어서 덥고 건조한 날씨를 견디기 어렵다. 삶에 있어서는 죽음 이후 주검이 흙 속에 묻히는 시기에 해당되고, 방위는 서북방이며, 계절은 늦은 가을이고 음력 8월, 절기는 한로(寒露 : 찬 서리가 내림)이며 하루의 시간은 저녁 7시부터 9시까지이다.

배속되는 대표적인 동물은 개인데, 개는 도둑을 지키는 용맹함과 주인에 대한 충성심이 강한데, 특이하게도 유일하게 귀신을 본다는 동물이다. 그러므로 戌土의 氣를 많이 받고 태어난 사람은 우직하면서도 신경이 예민하고 무서움에 강한 면이 있다. 그리고 영감력이 뛰어나고 종교적으로는 무속적인 경향이 있다. 인체에 들어가서는 위장에 속하는데, 허약한 심장으로도 볼 수 있다.

5) 金

金은 만물의 주요 부분을 곧고 바르게 이루는 골격으로서 그 본성을 의義라 한다. 눈으로 볼 수 없는 氣에 이르기까지 일체 사물을 굳게 지탱시키는 근본이라 할 수 있는데, 나무의 속질이 여물어지고 사람의 뼈가 단단한 것과 같다. 계절은 가을이며 삶에 있어서는 늙음을 의미한다. 방위는 서쪽에 배속되고 지구에 영향을 가장 많이 미치는 행성은 金星이다. 색깔은 흰색이고, 맛은 매운맛이며, 소리는 상음(商音 : 잇소리)에 속한다.

자연계의 물질은 금속이며, 인체에 있어서는 폐·대장을 주관한다. 그러므로 金氣가 유행할 때 태어나면 폐·대장이 크고 실하며 피부가 두텁다. 성격은 강하고 옳고 그름을 잘 따진다. 반대로 金氣가 적게 유행할 때 태어나면 폐·대장이 허약하고 피부가 흰 편에 속하는데, 마음이 여린 데다 늙음을 의미하는 金의 속성대로 우울한 심성이 내면에 자리잡고 있다.

① 天干 庚 金

庚은 天氣 金의 陽이며 금속 그 자체로서 무쇠처럼 단단함을 의미한다. 이른 가을에 나무가 굳어지고 열매를 맺게 하듯 만물에 결실을 맺게 한다. 성격적으로는 경우가 밝고 의로운 것을 좋아한다.
인체에 들어가서는 대장을 주관한다.

② 天干 辛 金

辛은 天氣 金의 陰이며 날카로운 금속을 의미한다. 늦가을 무르익은 열매를 몸체와 분리시키듯이 성격이 날카롭고 고독한 심성이 있다.
인체에 들어가서는 폐肺를 주관한다.

③ 地支 申 金

申은 金의 地氣로서 陽이며 庚金과 성질이 같다. 그러나 陽氣가 노화돼 더위가 아직 남아 있어서 申이 많이 유행할 때 태어나면 차지 않는 체질이다. 삶에 있어서는 늙음이 온 시기로서 60과 70대의 나이라 할 수 있다. 방위는 서쪽의 첫머리에 위치하며, 계절은 음력 7월 초가을이고 절기로는 입추立秋이며, 하루의 시간은 오후 3시부터 5시까지이다.

배속되는 대표적인 동물은 잔나비인데, 잔나비는 인간과 가장 유사한 동물이다. 이는 인간적인면서도 동물적인 욕망이 강한 양면성을 의미한다. 그리고 한 곳에 머물지 못하고 늘 이 나무 저 나무로 옮겨 다니는 습성이 있다. 따라서 申의 氣를 많이 받은 사람 역시 그와 같은 속성을 나타낸다. 강한 재물욕이 있는 반면에 인간적이고 재치가 있으며 우스개 소리를 잘해 분위기를 잘 이끄는 특징이 있다.

인체에 들어가서는 대장을 주관한다.

④ 地支 酉 金

酉는 金의 地氣로서 陰이며 辛과 성질이 같다. 날카로운 금속과 같아서 酉金이 많이 유행할 때 태어나면 차가운 느낌을 준다. 삶에 있어서는 늙어 죽는 시기이다. 방위는 정 서쪽에 위치하고, 계절은 음력 8월 가을의 중심이며 절기는 백로(白露 : 흰 서리가 내림)이며, 하루의 시간은 초저녁 7시부터 9시까지이다.

배속되는 대표적인 동물은 닭인데, 닭은 어두우면 가장 먼저 둥지 속으로 들어간다. 그러나 가장 먼저 일어나 새벽을 알린다. 이는 어둠은 죽음이고 새벽은 다시 태어남을 의미한다. 즉 늦은 가을에 맺힌 열매가 몸체와 분리돼 떨어지지만 봄에 씨앗을 터뜨리고 새싹이 돋아나듯이 인간 역시 생은 마감하지만 그 혼은 살아서 다시 태어난다는 사실을 닭을 배속시켜 상징해주는 것이다. 그리고 닭은 수시로 색을 즐겨 알을 매일같이 낳는 동물이다. 그러므로 酉金의 氣가 많이 유행할 때 태어나면 고독한 심성이 있으나 희망을 버리지 않으며 죽음에 대한 공포심이 있다. 또 색을 즐기고 색에 강한 체질이라 할 수 있다. 특히 쥐에 배속되는 子나 토끼가 배속되는 卯의 氣을 함께 가지고 있으면 더욱 분명해진다.

인체에 들어가서는 폐를 주관한다.

2. 천간天干과 지지地支의 결합

1) 의미

天氣와 地氣는 서로 결합해 무수한 변화를 일으킨다.

기후의 변화는 만물의 생명을 탄생시키고 늙고 병들게 하며 죽음으로 끌고 간다. 봄의 따뜻한 바람은 초목을 탄생시키고, 여름의 더위는 초목을 무성하게 자라게 하며, 가을의 건조하고 서늘함은 초목을 늙게 하고, 겨울의 추위는 죽음을 맞이하게 한다. 또 해마다 다르게 변화하는 한寒 · 냉冷 · 풍風 · 열熱 · 습濕 · 조燥 · 건乾 등 갖가지 기운은 의지와 상관없이 인체를 병들게 하며 운명을 변화시킨다.

이처럼 천지에 유행하는 기운을 天干과 地支의 결합으로 나타내준다. 天干과 地支가 한 번씩 합하면 60干支가 되는데, 木氣의 처음인 天干 甲과 水氣의 처음인 子에서 합이 시작되므로 60甲子라 한다. 그리고 天干과 地支의 합 하나가 일 년과 60일의 기운을 나타내주므로 60甲子는 60년이자 60일이며, 60년과 60일이 지난 뒤에는 다시 최초로 합해진 甲子로부터 합이 시작된다. 이는 태양계가 북두칠성을 60년 만에 반 바퀴 돌고, 다시 60년 후에는 처음 자리로 돌아오는 것을 의미한다. 따라서 60년에 한 번씩 기후 변화가 있고, 다시 60년 후에 더 큰 변화가 온다는 것을 예시해 준다.

그리고 자연과 인간 세계 역시 그에 상응해 역사와 문명, 질병과 재앙, 전쟁과 평화 등 여러 가지 변화를 겪게 된다. 뿐만 아니라 인간 개인은 태어나는 그때 그 순간의 天氣와 地氣의 영향을 받아 체질과 운명의 결정체가 정해지며, 이 결정체는 마치 파도를 헤치며 먼 바다를 항해하는 배처럼 나이가 들어가면서 맞이하는 天氣와 地氣에 부딪치면서 生老病

死와 부귀빈천富貴貧賤의 운명이 전개된다. 그러므로 60甲子의 이치와 순서는 대단히 중요한 의미가 있다.

특히 태어난 날짜의 干支는 그 사람의 성격을 나타내준다. 이에 대해서는 운명론에 풀어놓았으므로 읽어보면 자신과 타인의 성격을 어느 정도 알 수 있다.

六十甲子 表

※ 60甲子(天干과 地支가 한 번씩 합하면 다음과 같이 배열된다.

甲子	乙丑	丙寅	丁卯	戊辰	己巳	庚午	辛未	壬申	癸酉
甲戌	乙亥	丙子	丁丑	戊寅	己卯	庚辰	辛巳	壬午	癸未
甲申	乙酉	丙戌	丁亥	戊子	己丑	庚寅	辛卯	壬辰	癸巳
甲午	乙未	丙申	丁酉	戊戌	己亥	庚子	辛丑	壬寅	癸卯
甲辰	乙巳	丙午	丁未	戊申	己酉	庚戌	辛亥	壬子	癸丑
甲寅	乙卯	丙辰	丁巳	戊午	己未	庚申	辛酉	壬戌	癸亥

4장
상생 상극 상합과 잡기

4장 상생 상극 상합과 잡기

 음양오행은 상생相生하고 상극相剋하며 상합相合한다. 그리고 형刑하고 파破하고 해害하고 원진元嗔하는 잡기雜氣들이 있다. 상생은 덕을 베풀어 도와주는 것이고, 상극은 상대방을 억누르고 충돌하는 것이며, 상합은 서로 좋은 관계로 합하는 것이다. 그리고 형刑은 벌을 받는다는 뜻이고, 파는 깨뜨려 부수어서 일을 망친다는 뜻이며, 해는 시기와 질투로 해를 당한다는 뜻이고, 원진은 덕이 없어서 미움을 받는다는 뜻이다.
 이러한 음양오행의 갖가지 현상은 하늘과 땅에서 쉼 없이 일어나고 있으며 인간의 삶에 영향을 미친다. 하늘과 땅이 맑고 고요하면 천지기운이 상생하고 상합하는 것이며 번개, 큰 바람과 큰 비와 눈, 그리고 매서운 추위와 더위, 건조함과 습함 등은 상극하고 형하고 파하고 해하고 원진하는 현상인 것이다.
 그리고 인간은 그러한 천지기운의 현상에 속박돼 마치 바람에 흔들리는 갈대처럼 삶을 변화시킨다. 뇌성이 천지를 진동하면 그 진동의 파장이 인체에 영향력을 행사하고, 비가 오고 바람이 불면 비와 바람의 사기

邪氣가 인체에 영향력을 행사하며, 건조하고 습하면 건조하고 습한 사기가 인체에 영향력을 행사한다. 뿐만 아니라 서로 도와주어 화평한 삶을 누리게 하는가 하면, 억압해 싸우고, 형벌을 받고, 해를 입고, 일을 망치고, 시기하고, 질투하고, 원한을 사는 등 갖가지 인간사에 사사건건 관여한다.

그처럼 관여하는 천지기운은 건강은 직접적으로 관여하고, 운명은 직접적이아니라 사람을 통해서 간접적으로 영향력을 행사한다. 운이 나쁘면 자신에게 덕을 줄 사람은 이유 없이 멀어진다. 그러나 해를 줄 사람이 주위에 모여들고 또 그들과 가까워져서 그들로부터 해를 입고, 운이 좋으면 자신에게 해를 줄 사람은 곁에 그림자조차 나타나지 않는다. 그러나 덕을 줄 사람만 가까워져서 그들로부터 덕을 입는다. 따라서 인간이 바로 부귀를 주는 구원의 神인 동시에 고통을 주는 악마도 되는 것이다.

그러한 까닭은 인간은 천지기운을 한 묶음으로 묶은 만물의 영장으로서 태어날 때 자신만의 고유한 기질을 갖기 때문이다. 예를 들어서 열이 많고, 냉하고, 습하고, 건조한 등의 체질이 있듯이, 인간은 제각기 자신만의 독특한 기질을 가지고 태어난다. 그리고 그러한 기질은 반드시 그때그때 자신과 인연이 있는 사람 즉, 코드가 맞는 사람을 찾아가 상생하고 상극하고 형하고 파하고 해하고 원진하게 되는 것이다.

그러한 현상은 천지기운의 이끌림이라 할 수 있다. 그것은 마치 날씨가 몹시 추울 때 어느 따뜻한 곳을 우연히 찾아가 역시 따뜻한 그곳을 찾아온 사람과 예상하지 못한 뜻밖의 인연을 맺는 것처럼, 어떤 이끌림에 의해 끊임없이 여러 유형의 인간들과 의지와 상관없이 인연을 맺으면서 살아간다.

그리고 그 어떤 힘에 의한 이끌림은 불의의 사고도 유발시킨다. 벼락을 맞거나 교통사고를 당하거나 길을 가다가 무너진 흙더미에 묻히거나 하는 등의 도무지 이해할 수 없는 갖가지 불의의 사고가 그런 것이다.

필자는 1970년 베트남 전쟁에 맹호부대 병사로 참전한 적이 있었다. 포병 부대에 있었는데, 1972년 4월 26일 오전으로 기억된다. 치열한 전투가 벌어지고 있던 그날 적의 포탄이 포를 쏘고 있던 아군의 제6포상 한 가운데 정확하게 떨어지면서 제6포가 발사하려던 포탄이 포구 속에서 폭발한 사고가 있었다. 그때 12명의 병사가 같은 장소에서 포를 쏘고 있었다. 그런데 기이하게도 1명만은 복숭아 뼈에 작은 파편 하나만 날아와 박히고 그 수많은 파편이 그를 피해갔던 것이다. 그러나 나머지 11명은 무수한 파편에 목숨을 잃었는데 누구인지 시신을 알아볼 수 없을 정도였다. 지금 생각해보니 목숨을 건진 그 병사나 목숨을 잃은 병사들이나 모두 어떤 힘의 이끌림에 의해 운명적으로 그곳에 있었던 것이라 생각된다.

그러므로 다 같은 인간으로 태어났음에도 불구하고 부귀와 빈천으로 나뉘어 지고, 오래 살고 일찍 죽고 하는 등의 불평등한 원인은 전생에 지은 업보라고 밖에 달리 해석되지 않는다. 그리고 그 업보는 神의 심판이 아니라 인간 스스로 지은바대로 천지기운을 받아 태어남으로서 그 천지기운에 의해 저절로 받는 것이라 할 수 있다. 그러기에 공자와 맹자는 삶과 죽음을 하늘의 뜻이라 하였던 것이다.

이렇게 인간사에 사사건건 관여하는 음양오행의 상생·상극·상합·형·파·해·원진이란 어떠한 것인지 그리고 그것들의 성질은 어떠하며 어떻게 영향력을 행사하는지에 대한 내용은 다음과 같다.

(* 운명론에서 아래 내용을 모두 예문을 들어 '의명학공식'에 대입해 자신에

게 어떤 것이 있는지 보는 방법을 설명한다.)

1. 상생

　태초에 아직 물질로서 완전한 모습을 갖추지 않았을 때 시생始生한 오행은 水는 火를 생하고, 火는 목을 생하고, 木은 金을 생하고, 金은 土를 생하는 순서였다. 그러나 온전한 물질로서 모습을 갖춘 오행은 자연계의 현상대로 상생의 순서가 정해진다. 水는 흐르는 물이고, 木은 초목이며, 火는 타오르는 불이고, 土는 흙이며, 金은 금속이다. 그러므로 水는 木을 길러주므로 木을 생해주고, 木은 불에 타므로 火를 생해주고, 火는 태운 木의 재를 흙으로 변화시키므로 土를 생해주고, 土는 압축돼 단단해지므로 金을 생해주고, 金은 찬 기운으로 습기를 내뿜으므로 水를 생해주는 이치인 것이다.

　1) 五行 상생 : 木生 火, 火生 土, 土生 金, 金生 水, 水生 木.
　2) 天干 상생 : 甲乙生 丙丁, 丙丁生 戊己, 戊己生 庚辛, 庚辛生 壬癸,
　　　　　　　　壬癸生 甲乙.
　3) 地支 상생 : 寅卯生 巳午, 巳午生 辰戌丑未, 辰戌丑未生 申酉,
　　　　　　　　申酉生 亥子, 亥子生 寅卯.

*天干은 天干끼리 生해주고 地支는 地支끼리 생해준다. 相生이란 서로 돕는 것이 아니라 어느 한쪽이 일방적으로 기운을 주므로 빼앗기는 것이고, 받는 쪽은 받기만 하고 돌려주지 않으므로 빼앗는 것이다. 특히 陽이 陽을 生하고 陰이 陰을 生하는 것은 빼앗기고 받는 정도가 심하다. 그러나 陽이 陰을 生하

고 陰이 陽을 生하는 것은 빼앗기고 받는 정도가 약하다.

2. 상극

상극을 충극沖剋이라고도 한다. 충극은 이겨서 부드럽게 한다는 뜻이다. 그러나 강한 것을 충극하면 강한 성질이 부드러워지지만 약한 것을 충극하면 약한 것을 날려버린다는 뜻이 된다. 충극해서 이기고 지는 것은 역시 자연계의 현상대로 정해진다. 즉 金은 木을 자를 수 있으므로 木을 극剋하고, 木은 흙의 성분을 흡수하므로 土를 극하며, 土 는 흐르는 물을 막아주므로 水를 극하고, 水는 불을 꺼뜨리므로 火를 극하고, 火는 금속을 녹이므로 金을 극하는 것이다. 그러나 陽이 陰을 극하고, 陰이 陽을 극하는 것은 암컷과 수컷이 결합하는 것처럼 陰陽이 화합하는 것이므로 상극하는 것이 아니라 오히려 좋은 관계이고, 陰이 陰을 극하고 陽이 陽을 극하는 것은 암컷과 암컷, 수컷과 수컷이 싸우는 것과 같아서 화합할 수 없는 상극 관계이다.

1) 五行 상극 : 木극 土, 土극 水, 水극 火, 火극 金, 金극 木.
2) 天干 상극 : 甲극 戊, 戊극 壬, 壬극 丙, 丙극 庚, 庚극 甲.
3) 地支 6충六冲 : 6개 地支가 상충相沖 하므로 6충六沖이라 하며 天干 상극보다 위력이 강하고 모두 의미를 내포하고 있다.

① 亥沖 巳 : 亥水가 巳火를 충한다.
  巳火가 약할 때 충하면 상극이 되므로 여러 가지 재앙을 일으킬 수 있다. 작은 잘못이 크게 확대되고 은혜를 베풀고도 해를 입는다.

사고, 형벌, 수술 등의 고통을 당할 수 있으며 일찍 집을 떠나 객지에서 생활한다.

② 子沖午 : 子가 午를 충한다.
午가 약하면 사업의 실패, 구설수, 모함, 배신 등으로 고통당할 수 있다.

③ 申沖寅 : 申金이 寅木을 충한다.
寅木이 약하면 고향을 떠나 바쁘게 생활하며 교통사고, 형벌, 모함, 배신 등이 일어난다.

④ 酉沖卯 : 酉金이 卯木을 충한다.
이성 문제로 고통을 당하거나 가정불화가 있을 수 있으며, 환경에 변화가 자주 일어난다. 그리고 卯木이 허약하면 신체에 이상이 올 수도 있다.

⑤ 辰戌 沖 : 辰과 戌은 같은 土이나 戌은 습기가 전혀 없는 건조한 土이고, 辰은 습기를 잔뜩 머금고 있는 土이므로 서로 충한다. 어느 한쪽이 너무 약하면 강한 것에 극을 받아 큰 사고를 유발시킬 우려가 있다. 특히 몸을 상할 가능성이 높다.

⑥ 丑未 沖 : 丑과 未는 같은 土이나 丑은 火氣가 없는 冷土이고, 未는 水氣가 없는 炎土이므로 서로 충한다.
은혜가 원한으로 바뀌거나 배신을 쉽게 당할 수 있으며, 하는 일마다 장해가 따르고 재산 다툼이 일어날 수 있다.

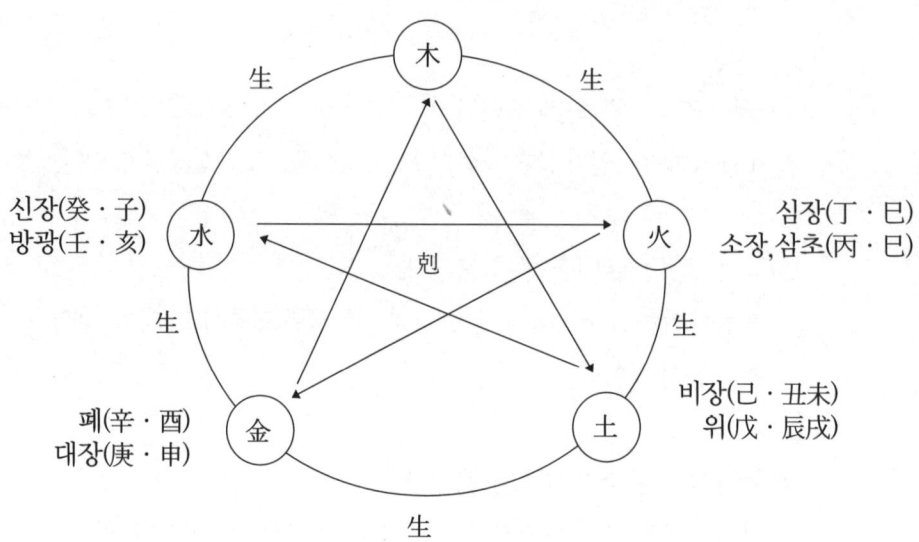

3. 상생 상극의 반대 현상

水가 火를 이기므로 水는 火를 극한다는 것은 일반적인 상식이다. 그러나 작은 그릇의 물은 뜨거운 화로 옆에서 증발돼 없어지는 것처럼 火가 水를 이겨서 火극 水가 되는 것도 상식적인 현상이다. 마치 뱀이 개구리를 잡아먹는 것이 상식이지만 큰 황소개구리가 작은 실뱀을 잡아먹는 것과 같다. 또 생해주는 것이 너무 많으면 받는 것이 넘치고, 생을 받는 것이 너무 많으면 생해주는 것이 비어서 줄 것이 없어진다. 따라서 자연의 이런 여러 가지 법칙을 잘 알고 상생 상극 현상을 판단해야 한다. 이런 논리는 나중에 운명과 건강에 그대로 적용이 됨으로 반드시 숙지해 두어야 할 매우 중요한 상식이다.

1) 生해주는 오행의 과다 현상과 처방
   ① 水가 비록 木을 생해주지만 水가 과다하면 木은 뿌리가 썩고 물에 떠내려간다. 이때는 木으로 水氣를 흡수하고 火로서 따뜻하게 해 土를 생하게 하면 된다.
   ② 木이 비록 火를 생해주지만 木이 과다하면 火가 꺼진다. 이때는 火로서 木氣를 태우고 土로서 金을 생하게 하면 된다.
   ③ 火가 비록 土를 생해주지만 火가 과다하면 土는 마르고 부숴진다. 이때는 土로서 火氣를 흡수하고 金으로 水를 생하게 하면 된다.
   ④ 土가 비록 金을 생해주지만 土가 과다하면 金은 흙에 묻힌다. 이때는 金으로 土氣를 흡수하고 水로서 木을 생하게 하면 된다.
   ⑤ 金이 비록 水를 생해주지만 金이 과다하면 水가 탁해진다. 이때는 水로서 金氣를 흡수하고 木으로 火를 생하게 하면 된다.

2) 生을 받는 오행의 과다 현상과 처방
   ① 水가 비록 金에서 생을 받지만 水가 과다하면 金이 물속에 가라앉는다. 이때는 土로서 水를 억제하고 金을 생하게 하면 된다.
   ② 木이 비록 水에서 생을 받지만 木이 과다하면 水가 마른다. 이때는 金으로 木을 억제하고 水를 생하게 하면 된다.
   ③ 火가 비록 木에서 생을 받지만 火가 과다하면 木이 타서 없어진다. 이때는 水로서 火를 억제하고 木을 생하게 하면 된다.
   ④ 土가 비록 火에서 생을 받지만 土가 과다하면 火가 꺼진다. 이때는 木으로 土를 억제하고 火를 생하게 하면 된다.
   ⑤ 金이 비록 土에서 생을 받지만 金이 과다하면 土가 허물어진다.

이때는 火로서 金을 억제하고 土를 생하게 하면 된다.

3) 상극의 반대 현상과 처방

① 水가 비록 火를 극하지만 火가 과다하면 水가 증발돼 마른다.(火극 水). 이때는 金으로 水를 먼저 생한 다음 水로서 상생하면 된다.

② 木이 비록 土를 극하지만 土가 과다하면 木이 꺾여 자라지 못한다.(土극 水) 이때는 水로 木을 먼저 생한 다음 木으로 상생하면 된다.

③ 火가 비록 金을 극하지만 金이 과다하면 火가 꺼진다.(金극 火) 이때는 木으로 火를 생한 다음 火로 상생하면 된다.

④ 土기 비록 水를 극하지만 水가 과다하면 土가 허물어진다.(水극 土) 이때는 火로서 土를 먼저 생한 다음 土로 상생하면 된다.

⑤ 金이 비록 木을 극하지만 木이 과다하면 金이 부러진다.(木극 金) 이때는 土로서 金을 먼저 생한 다음 金으로 상생하면 된다.

4. 상합

陰陽이 서로 다른 天干과 天干, 地支와 地支끼리 합하는 것을 상합이라 한다. 상합하면 전혀 다른 오행으로 변하는데, 마치 남녀가 혼인해서 아이를 낳는 것과 같다. 그러나 자식이 부모의 유전자를 가지고 있듯 합해서 다른 오행으로 변하지만 그 성분마저 없어지는 것은 아니다. 예를 들어서 亥와 寅이 합해서 木으로 변하는데, 木에는 亥水와 寅木의 성분이 함께 썪여있는 것이다. 그리고 합의 기질은 모두 陽으로 변하며 사회에서 맺어지는 수많은 인간관계와 성품 등을 나타낸다.

1) 天干 合
   ① 甲己合 土 : 甲과 己가 합해서 土로 변한다.
      믿음이 있고 원만하며 온화한 성품으로 나타난다.
   ② 乙庚合 金 : 乙과 庚이 합해서 金으로 변한다.
      강직하고 의리가 있으며 어진 성품으로 나타난다.
   ③ 丙辛合 水 : 丙과 辛이 합해서 水로 변한다.
      지혜롭고 예의가 바른 성품으로 나타난다.
   ④ 丁壬合 木 : 丁과 壬이 합해서 木으로 변한다.
      조용하고 부드러우며 어진 성품으로 나타난다.
   ⑤ 戊癸合 火 : 戊와 癸가 합해서 火로 변한다.
      정직하고 예의가 바른 성품으로 나타난다.

* 단 합하는 天干 중 어느 하나가 둘 이상 많으면 때때로 정반대의 성품을 나타내기도 한다. 그리고 天干을 충하는 天干이 있으면 합력이 약화되고, 天干을 충하고 있는데 또 충을 만나면 합이 깨진다.

2) 地支 6합 : 地支는 6개가 합하므로 六合이라 한다.
   ① 亥寅合 木 : 亥와 寅이 합해서 木으로 변한다.
      착하고 부드러우며 베풀 줄 아는 어진 덕이 있으나, 亥子가 많으면 지혜가 간교할 수 있고, 寅이 많으면 말과 행동이 급할 수 있다.
   ② 子丑合 土 : 子와 丑이 합해서 土로 변한다.

믿음이 있으나, 亥子가 많으면 두뇌가 뛰어나지만 지혜가 간교하고, 丑 未 辰 戌이 어느 하나라도 겹쳐 또 있으면 거짓되거나 질투심이 있을 수 있다

③ 卯戌合 火 : 卯와 戌이 합해 火로 변한다.

예의가 바르고 어진 성품이 있으나, 卯寅이 또 있으면 어질면서도 급하고 불의할 수 있으며, 辰 戌 丑 未가 하나 또는 둘 이상 겹쳐 있으면 의심이 많고 고지식해질 수 있다.

④ 辰酉合 金 : 辰과 酉가 합해서 金으로 변한다.

도덕적이고 용감한 반면 辰 戌 丑 未가 하나 이상 겹치면 욕심과 욕망이 강하고, 酉나 申이 하나 이상 겹쳐 있으면 불의한 일에 빠지기 쉽다.

⑤ 巳申合 水 : 巳와 申이 합해서 水로 변한다.

지혜가 출중하나 巳 午 未 등이 있어서 火氣가 많으면 아둔하고, 申 酉가 또 겹쳐 있으면 성격이 날카롭고 의리가 없을 수 있다.

⑥ 未午합 0 : 未와 午가 합하면 다른 오행으로 변하지 않고 0이다. 그러나 火氣가 많다. 성격은 고지식하고 고집이 강하다. 火氣가 많을수록 그 정도가 심하다.

* 합이 있어도 충하는 地支가 있으면 합력이 약화되고 충하는 지지를 또 만나면 합이 깨진다.

3) 삼합

서로 다른 地支 셋이 한 그룹으로 모여서 하나의 오행으로 압축된다. 그리고 압축된 오행은 陽이며 六合보다 합력이 강하다. 가정보다 사회

적이며 성품이 원만하고 온화하며 친화력이 있으며 두뇌가 총명하다. 특히 많은 사람들과 인연을 맺는 특징이 있다.

① 亥卯未合 木 : 亥와 卯와 未가 한 그룹으로 모여서 木이 된다. 또 亥와 卯, 未와 卯가 있으면 반합半合으로 역시 木이 된다. 단 셋이 다 모인 것보다 합력이 약하다. 그리고 삼합三合, 또는 반합이 있어도 卯를 충하는 酉가 있으면 합력이 약화되고, 酉를 또 만나면 합이 깨진다.

② 寅午戌合 火 : 寅과 午와 戌이 한 그룹으로 모여서 火가 된다. 또 寅과 午, 戌과 午가 있으면 반합으로 역시 火가 된다. 단 셋이 다 모인 것보다 합력이 약하다. 그리고 午를 충하는 子가 있으면 합력이 약화되고, 子를 또 만나면 합이 깨진다.

③ 巳酉丑合 金 : 巳와 酉와 丑이 한 그룹으로 모여서 金이 된다. 또 巳와 酉, 丑과 酉가 있으면 반합으로 역시 金이 된다. 단 셋이 다 모인 것보다 합력이 약하다. 그리고 酉를 충하는 卯가 있으면 합력이 약화되고, 卯를 또 만나면 합이 깨진다.

④ 申子辰合 水 : 申과 子와 辰이 한 그룹으로 모여서 水가 된다. 또 申과 子, 辰과 子가 있으면 반합으로 역시 水가 된다. 단 셋이 다 모인 것보다 합력이 약하다. 그리고 子를 충하는 午가 있으면 합력이 약화되고, 午를 또 만나면 합이 깨진다.

* 합이 깨지는 현상은 원칙론이고 타고난 기질에 따라서 깨지지 않고 오히려 강한 응집력으로 충하는 地支를 사정없이 극하는 경우도 있으므로 지혜롭게 응용해야 한다. 즉 亥卯未 삼합 木인데, '의명학 공식'(뒤에서 자세히 설명함)에서 地支에 水나 木이 또 있으면 沖해오는 酉金이 오히려 부러지고,

巳酉丑 三合 金인데, 地支에 土나 金이 또 있으면 沖해오는 卯木이 꺾어지고, 寅午戌 三合 火인데, 地支에 木이나 火가 또 있으면 沖해오는 子水가 마르며, 申子辰 三合 水인데 地支에 金이나 水가 또 있으면 沖해오는 午火가 폭발하는 것이다. 이는 모두 강한 것을 약한 것이 沖하면 약한 것이 해를 입는 자연계의 논리이다.

4) 방합

방위方位별로 배속된 地支가 한 그룹으로 묶여져 있는 것을 방합方合이라 한다. 北쪽은 水이고, 東쪽은 木이고, 南쪽은 火이고, 서쪽은 金이 주관한다. 따라서 동서남북에 각각 배속된 세 개의 地支를 합한 것이 방합이며, 三合과 같은 논리와 성질이 있다.

① 北方合 : 亥 子 丑
뛰어난 지혜가 본성인데, 水가 지나치면 간교한 성격으로 변한다.

② 東方合 : 寅 卯 辰
착하고 어진 덕이 본성인데, 木이 지나치면 분노와 증오심으로 변한다.

③ 南方合 : 巳 午 未
바른 예의와 도덕이 본성인데, 火가 지나치면 무례하고 부도덕하게 변한다.

④ 西方合 : 申 酉 戌
거짓 없이 곧고 의로움이 본성인데, 金이 지나치면 불의하고 살벌하게 변한다.

5) 형

형刑은 그 속성이 형벌刑罰을 의미한다. 그러나 자신의 '의명학 공식'에 형刑이 있다고 해서 꼭 그렇게 되는 것은 아니다. 운명이 좋게 전개될 때는 오히려 성공과 권위와 위엄을 나타내준다. 다만 운이 나쁠 때는 형刑의 속성이 상당한 위력을 발휘해 고통을 주기도 한다. 그 외는 사소한 시비 거리나 금전 손실 구설수 등 일상사에 흔히 겪는 작은 일들이 벌어질 수도 있으나 겁내고 집착해서는 안 된다.

① 寅巳 刑 : 寅이 巳를 刑한다.

평생 분주하고 투쟁적이며 베풀고도 배신당하거나 부모형제 일가 친척과 정이 멀어질 수 있다. 그리고 시비 송사 형액刑厄 사고 등을 유발하기도 한다.

② 巳申 刑 : 巳가 申을 刑한다.

巳와 申은 合해서 水로 변하는데, 합력이 약해 처음은 합했다가 나중에 刑으로 바뀐다. 즉 처음은 좋은 관계였다가 끝에 가서 원한 시비 배신 불화 금전손실 파산 실패 등으로 고통을 당할 수도 있다.

③ 丑戌 刑 : 丑이 戌을 刑한다.

신경질환을 앓을 수 있으며, 불화하고 배신당할 수 있다.

④ 戌未 刑 : 戌 이 未를 刑 한다.

丑 戌 刑과 같다.

⑤ 子卯 刑 : 서로 刑한다.

이성 문제로 色難을 일으킬 수 있다.

⑥ 辰辰 刑 : 스스로 刑을 찾아가서 刑을 당한다.

자만심 때문에 구설 시비에 휘말릴 수 있다.

⑦ 午午 刑 : 스스로 刑을 찾아가서 刑을 당한다.
　　스스로 몸을 해치거나 色란을 일으킬 수 있다.
⑧ 酉酉 刑 : 스스로 刑을 찾아가서 刑을 당한다.
　　금속에 몸을 상하거나 형액을 당할 수 있다.
⑨ 亥亥 刑 : 스스로 刑을 찾아가서 刑을 당한다.
　　구설 시비 형액 등을 쉽게 당할 수 있다.

6) 파·해·원진

　파破·해害·원진元嗔은 刑·沖 등이 잡다하게 섞여있을 때 조금 심해질 뿐 한 가지 만으로 위력이 미약하다. 특히 원진은 생년에서 보므로 큰 문제가 되지 않으며, 그저 생활 속에 흔히 있을 수 있는 일쯤으로 생각하고 이런 것들이 있다는 것만 기억해두는 것이 좋다.

　① 파破 : 亥寅 子酉 丑辰 未戌 卯午 巳申
　② 해害 : 子未 丑午 寅巳 卯辰 酉戌 申亥
　③ 원진元嗔 : 子未 丑午 寅酉 卯申 辰亥 巳戌

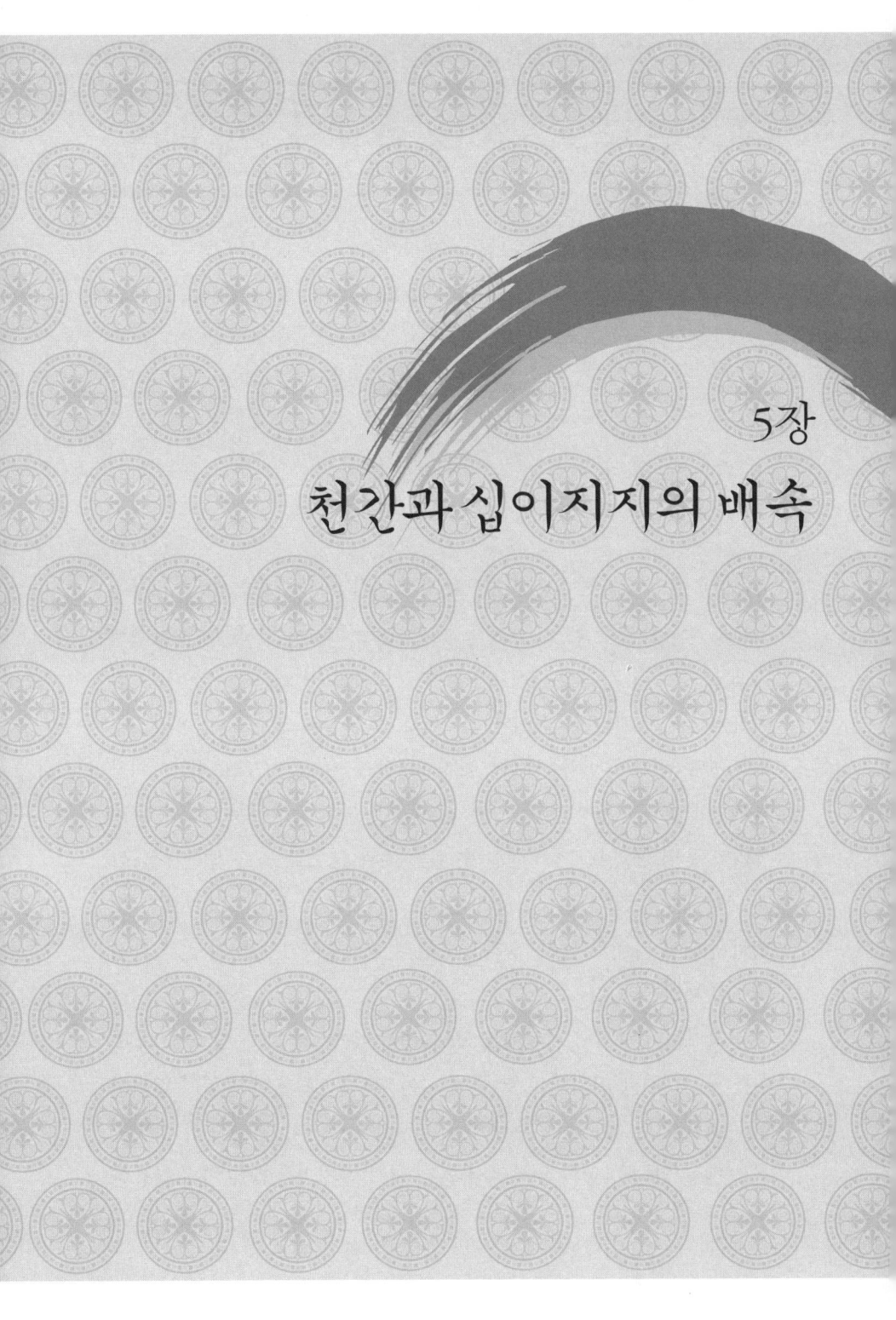

5장
천간과 십이지지의 배속

5장 천간天干과 십이지지十二支地의 배속

　음양오행의 天氣는 10가지이므로 十干이라 하고 地氣는 모두 12가지이므로 十二支地라 한다. 十干과 十二支地는 하늘과 땅, 그리고 자연계의 모든 것들의 기질을 나타내주는 문자로서 마치 현묘한 거울처럼 천지자연을 반영해준다. 방위와 오성五星, 오색五色, 오음五音, 오미五味, 오상(五常 : 인간이 지켜야 할 다섯 가지 마땅한 도리), 오상(五相 : 인간이 마땅히 버려야 할 다섯 가지 속성), 인체의 모든 것 특히 오장육부, 기후, 악성, 그리고 운명 등, 인간이 경험할 수 있는 것과 눈으로 볼 수 없는 현상까지 나타내주므로 현묘한 거울과 같다. 그러므로 十干 十二支地에서 天地의 운행과 자연의 섭리, 그리고 인간의 생로병사와 운명의 전개 과정을 유추해낼 수 있다.
　천지기운이 바뀌니 계절이 오고, 초목이 이에 상응해 봄에 싹을 내고, 여름에 무성하게 자라나고, 가을에 잎이 마르고, 겨울에 낙엽이 떨어져 긴 추위를 견디다가 봄에 다시 싹을 터뜨리는 것처럼, 자연과 유기적 관계를 맺고 있는 자연의 일부로서 인간 역시 천지기운에 그렇게 상응한다. 따라서 十干 十二支地에 배속된 모든 것들을 앎으로서 초목이 변해 가듯 변해가는 인간의 일을 다 알 수 있는 것이다.

1. 오행과 방위

방위는 크게 보아 동서남북 4방이며, 다시 북동 동남 남서 서북으로 나누어 팔방이 된다. 동쪽은 따뜻하고, 남쪽은 덥고, 서쪽은 서늘하고, 북쪽은 춥다. 그리고 북동은 매우 춥고, 동남은 습하고, 남서는 매우 덥고, 서북은 매우 건조하다. 이러한 기후의 성질대로 十干 十二支地가 배속돼 방위를 나타내준다. 인간 자신이 현재 존재하고 있는 곳이 천하의 중심이므로 방위대로 몸을 돌리면 그 방위의 기운이 작용해 인체에 영향을 미친다. 그것은 마치 모닥불을 피워놓고 이리 저리 몸을 돌리면서 불을 쬐는 것과 같다.

1) 五行 : 水는 北, 木은 東, 火는 南, 金은 西, 土는 중앙에 배속된다.
2) 天干 地支 배속

　①壬 亥水는 北의 첫머리이고, 癸 子水는 北의 중앙이며, 丑은 北의 끝자락이자 北東에 배속된다.
　②甲 寅木은 東의 첫머리이고, 乙 卯木은 東의 중앙이며, 辰은 東의 끝자락이자 東南에 배속된다.
　③丙 巳火는 南의 첫머리이고, 丁 午火는 南의 중앙이며, 未는 南의 끝자락이자 南西에 배속된다.

④ 庚 申金은 西의 첫머리이고, 辛 酉金은 西의 중앙이며, 戌은 西
　의 끝자락이자 西北에 배속된다.
⑤ 土는 중앙이며 모든 방위에 다 배속된다.

2. 오행과 계절

　계절은 방위와 같은 성질이 있다. 지구가 공전하면서 자신이 생활하고 있는 곳이 어느 쪽으로 향하느냐에 따라서 봄·여름·가을·겨울이 바뀐다. 매 월도 마찬가지이다. 그리고 하루와 시간은 지구가 자전하면서 바뀌어 진다. 이처럼 바뀌는 시간과 공간에 干支가 배속돼 그 성질을 나타내준다. (단, 天干보다 地支가 중요하게 쓰인다.)

1) 五行 : 水는 겨울, 木은 봄, 火는 여름, 金은 가을, 土는 중앙에 배속
　　된다.
2) 地支 배속
　① 亥水 : 계절은 겨울의 첫머리이고, 월은 음력 10월이며, 절기는
　　　입동이고, 시간은 밤 9시부터 11시까지이다.
　② 子 : 계절은 겨울의 중심이고, 월은 음력 11월이며, 절기는 대설
　　　이고, 시간은 밤11시부터 새벽 1시까지이다.
　③ 丑土 : 계절은 겨울의 끝자락이고, 월은 음력 12월이며, 절기는
　　　소한小寒이고, 시간은 새벽 1시부터 3시까지이다.
　④ 寅 : 계절은 봄의 첫머리이고, 월은 음력 1월이며, 절기는 입춘이
　　　고, 시간은 새벽 3시부터 5시까지이다.

⑤ 卯 : 계절은 봄의 중심이고, 월은 음력 2월이며, 절기는 입춘이고 시간은 아침 5시부터 7시까지이다.

⑥ 辰土 : 계절은 봄의 첫머리이고, 월은 음력 3월이며, 절기는 청명이며, 시간은 아침 7시부터 9시까지이다.

⑦ 巳火 : 계절은 여름의 첫머리고, 월은 음력 4월이며, 절기는 입하이며, 시간은 오전 9시부터 11시까지이다.

⑧ 午火 : 계절은 여름의 중심이고, 월은 음력 5월이며, 절기는 입하이며, 시간은 오전 11시부터 오후 1시까지이다.

⑨ 未土 : 계절은 여름의 끝자락이고, 월은 음력 6월이며, 절기는 소서이며, 시간은 오후 1시부터 3시까지이다.

⑩ 申金 : 계절은 가을의 첫머리이고, 월은 음력 7월이며, 절기는 입추이며, 시간은 오후 3시부터 5시까지이다.

⑪ 酉金 : 계절은 가을의 중심이고, 월은 음력 8월이며, 절기는 백로이며, 시간은 저녁 5시부터 7시까지이다.

⑫ 戌土 : 계절은 가을의 끝자락이고, 월은 음력 9월이며, 절기는 한로이며, 시간은 저녁 7시부터 9시까지이다.

계절과 방위 배속 표

亥(입동) 밤 9~11시	子(대설) 밤11~새벽1시	丑(소한) 새벽 1~3시
戌(한로) 저녁 7~9시	北(겨울) 壬·癸	寅(입춘) 새벽 3~5시
酉(백로) 오후 5~7시	西(가을) 庚·辛 　土(중앙)　 東(봄) 甲·乙	卯(경칩) 아침 5~7시
申(입추) 오후 3~5시	南(여름) 丙·丁	辰(청명) 아침 7~9시
未(소서) 오후1시~3시	午(망종) 오전11~오후1시	巳(입하) 오전 9~11시

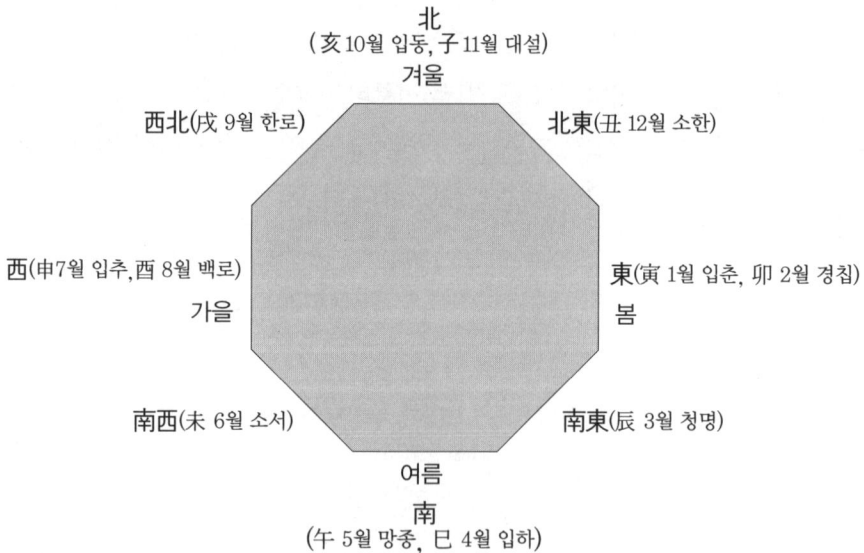

3. 오행과 자연

오행은 자연의 모든 것들을 함축하고 있다. 자연은 방위와 계절, 월과 일, 시간과도 맞물려 유기적 관계를 맺고 있고 그런 관계를 오행이란 문자가 명료하게 나타내주므로 오행의 논리로 자연의 일부인 인간의 운명과 건강을 알 수 있으며, 천지자연을 슬기롭게 이용해 질병의 예방과 치료, 그리고 삶의 질을 개선할 수 있는 지혜를 터득할 수 있는 것이다.

따라서 오행에 배속되는 자연의 모든 것들을 기억하고 있어야 뒤에 설명하게 될 '의명학공식'에 천지자연을 대입할 수 있다.

1) 五行에 배속되는 자연

① 木

식물. 동물 : 닭 오색五色 : 녹색 오음五音 : 각(角 : 입천장소리 ㄱㅋ. 악기는 장고소리) 오미五味 : 신맛 오곡五穀 : 보리 본성 : 인仁 속성俗性 : 분노 기후 : 풍 습 인체 : 간장(肝臟 乙 卯) 담(膽 甲 寅)

② 火

불(火). 동물 : 양 오색 : 붉은색 오음 : 치(緻 : 혓소리. ㄴㄷㄹㅌ. 악기는 북소리) 오미 : 쓴맛 오곡 : 수수 본 : 예禮 속성 : 기쁨과 슬픔 기후 : 열熱과 더위 인체 : 심장(心臟 丁 午) 소장(小腸 丙 巳)

③ 土

흙. 동물 : 소 오색 : 황색 오음 : 궁(宮 : 목구멍소리, ㅇㅎ, 악기는 징소리) 오미 : 단맛 오곡 : 기장 본성 : 신信 속성 : 근심 걱정 기후 : 4季(冷·濕·燥·乾) 인체 : 비장(脾臟 己 丑 未) 위장(胃腸 戊 辰 戌)

④ 金

금속. 동물 : 말 오색 : 흰색 오음 : 상(商 : 잇소리, ㅈㅊ. 악기는 꽹과리 소리) 오미 : 현미 본성 : 의義 속성 : 괴로움 기후 : 건조하고 서늘함

인체 : 폐장(肺臟 辛 酉) 대장(大場 庚 申)

⑤ 水

물. 동물 : 돼지 오색 : 검은색 오음 : 우(羽 : 입술소리, ㅁㅂㅍ, 악기는 피리소리) 오미 : 짠맛 오곡 : 콩 본성 : 지智 속성 : 공포 기후 : 추위

인체 : 신장(腎臟 癸 子) 방광(膀胱 壬 亥)

사물속성의 오행 귀류 표

자연계									五行	인 체					
五穀	五畜	五音	時間	五臭	五味	五色	五季	五氣	五方		五臟	六腑	官竅	形體	情志	五神	五聲
麥	鷄	角	平旦	臊	酸	靑	春	風	東	木	肝	膽	目	筋	怒	魂	呼
수수	羊	緻	日中	焦	苦	赤	夏	暑	南	火	心	小腸	舌	脈	喜	神	笑
기장	牛	宮	日西	香	甘	黃	長夏	濕	中	土	脾	胃	口	肉	思	意	歌
현미	馬	商	日入	腥	辛	白	秋	燥	西	金	肺	大腸	鼻	皮毛	悲	魄	哭
豆	豚	羽	夜半	腐	짠맛	黑	冬	寒	北	水	腎	膀胱	耳	骨	恐	志	呻

6장
의명학 공식

6장 의명학 공식

'의명학 공식'은 의학과 명리학의 요체이며, 운명과 건강이 분리되지 않으므로 공식 역시 다르지 않다. 천지기운에 의해 체질과 운명이 함께 영향을 받기 때문이다.

공식은 생년월일시의 干支로 정해진다. 이것을 일반적으로 사주팔자(四柱八字 : 생년월일시를 넷으로 나누고 그 넷의 干支 숫자가 여덟 글자라는 뜻)라 하는데, 여기서는 '의명학'이란 학술용어에 맞게 '의명학 공식'이라 하였다.

干支는 60甲子의 순서대로 每年, 每月, 每日, 每時에 배속돼 끊임없이 순환하므로 생년월일시에 그대로 부여된다. 그리고 그들 干支의 성질과 상생 상극 상합의 논리 등, 제 5장에서 설명한 내용에 의해서 체질과 운명을 분명하게 알 수 있다.

사람은 천지기운의 영향을 받고, 干支는 천지기운을 대변하는 문자이므로 干支로 이루어진 공식을 풀어보면 인간의 모든 것들이 선명하게 드러나는 것이다. 그리고 생년월일의 干支는 만세력萬歲曆을 보면 알 수 있도록 고대로부터 전해져 오고 있다.

　의명학 공식을 세움에 있어서 가장 중요한 것은 절기節氣이고, 다음은 시간이며, 다음은 60甲子의 순행과 역행의 순서이다.

　절기는 매 월의 기운이 바뀌는 분기점을 나타내준다. 그러므로 생월의 干支를 정할 때는 숫자로 나열한 1월 2월의 干支가 아니라 12절기를 기준으로 해야 한다. 12절기 외, 매월의 절기와 절기 사이에 또 12절기가 있다.

　따라서 일년을 24절기로 나누는데, 12절기 사이에 있는 절기는 의명학 공식을 세우는 것과는 무관하다. 다만 예를 들어서 음력 1월은 입춘(立春, 寅木월)인데, 입춘과 2월 경칩(驚蟄, 卯木월) 중간에 우수雨水가 있다. 우수 전은 우수 후보다 1월 寅木의 기운이 조금 약한 것으로만 생각하면 된다.

　다음은 시간의 干支를 세울 때는 地支별로 배속된 시간을 알아야 하고, 상합과 상극 현상을 기억하고 있어야 한다. 생년월일의 干支는 만세력을 보면 알 수 있으나 시간은 기록되어 있지 않다. 그리고 시간은 地支가 배속되어 있으나 天干은 없으므로 상합 상극을 적용해야 알 수 있다. 또 60甲子의 순서를 알고 있어야 하는데, 뒤에서 설명하게 될 건강과 운명의 행로에 적용되기 때문이다.

1. 24節氣 : 음력 節氣이다. 양력은 1개월을 늦추면 된다.

1월 寅, 입춘立春 : 겨울의 추위가 물러가고 봄의 陽氣가 싹이 트는 때이다.

우수雨水 : 입춘과 경칩 중간. 새싹을 길러주는 봄비가 내림을 의미한다.

2월 卯, 경칩驚蟄 : 얼어붙은 땅이 풀어지는 봄기운에 동면하던 벌레가 놀라 깨어남을 의미한다.

춘분春分: 경칩과 청명 중간. 꽃샘바람이 추워도 봄기운이 지배하는 때이다.

3월 辰, 청명淸明 : 봄이 완연해 하늘이 맑고 밝고 따뜻해지는 때이다

곡우穀雨 : 청명과 입하 중간. 곡식이 자라도록 비가 내리 때이다.

4월 巳, 입하立夏 : 꽃샘추위가 물러가고 여름이 시작된다.

소만小滿 : 입하와 망종 중간. 아직 여리고 작은 생명이 가득하고 왕성하게 자라 나는 때이다.

5월 午, 망종芒種 : 초목에 까끄라기가 나오는 때로서 다 자라났음을 의미한다.

하지夏至 : 망종과 소서 중간. 陽氣가 다 자라고 陰氣가 들어오는 분기점. 여름의 더운 기운이 정점에 이르고 찬 기운이 시생한다. 낮이 가장 길다.

6월 未, 소서小暑 : 뜨거워진 지열地熱 때문에 더 더워짐을 의미한다.

대서大暑 : 지열이 최고조에 달아오른 시기이다.

7월 申, 입추立秋 : 더위가 물러가고 가을 기운을 느끼는 시기. 그러나 무르익은 늙은 陽氣가 남아 더위가 사라지지 않았다.

처서處暑 : 입추와 백로 중간. 늙은 陽氣가 제 자리를 잡고 열매를 익혀

준다.

8월 酉, 백로白露 : 흰 서리가 맺히고 익은 열매를 몸체와 분리시킨다.

추분(秋分 : 백로와 한로 중간) 가을 기운이 완전하게 지배하는 시기를 의미한다.

9월 戌 , 한로寒露 : 찬 서리가 내림을 의미한다.

상강(霜降 : 한로와 입동 중간) : 눈이 내리는 기운이 엉키고 있음을 의미한다.

10월 亥, 입동立冬 : 겨울이 시작됨을 의미한다.

소설(小雪 : 입동과 대설 중간) : 눈이 내릴 기운이 맺힘을 의미한다.

11월 子, 대설大雪 : 큰 눈이 내림을 의미한다.

동지冬至 : 대설과 소한 중간. 陰氣가 다 자라고 다음 해의 기운인 陽氣가 잉태되는 분기점이다. 밤이 가장 길다.

12월 丑 소한小寒 : 차가워진 땅 때문에 더욱 추워짐을 의미한다.

대한大寒 : 소한과 입춘 중간. 얼어붙은 土의 기운으로 추위가 최고조에 달함을 의미한다. 그러나 陽氣는 추위 속에서 다 자라난 상태이다. 마치 아이가 모체의 차가운 양수羊水 속에서 만삭이 돼 곧 세상 밖으로 나올 준비가 되어 있는 것과 같다.

2. 生時 干支 세우는 법

생시生時 간지干支를 세울 때는 첫째, 만세력에서 생일의 干支를 보고 天干의 합을 먼저 찾은 다음, 합해서 변화한 오행을 극하는 陽의 天干을 기억해둔다. 예를 들어서 생일 干支가 戊子이면 天干은 戊이다. 그리고

戊와 합하는 天干은 癸이고 합해서 변화한 오행은 火이며〔戊+癸=火〕. 火를 극하는 오행은 水〔水剋 火〕이고, 水의 陽의 天干은 壬이다.

둘째, 다음은 생시의 地支를 찾아 子에서 생시의 地支까지 地支의 순서대로 수를 헤아린다. 예를 들어서 태어난 시간이 오전 7시부터 9시 사이이면 巳時이고. 子에서 巳까지 수를 헤아리면 子1 丑2 寅3 卯4 辰5 巳6까지 地支 순서대로 수를 헤아리면 여섯이 된다.

셋째, 다음은 日干을 합해서 변화한 오행을 극하는 오행의 天干에서 역시 天干의 순서대로 수를 헤아리되 시간의 수만큼 헤아린 天干이 生時의 天干이 된다. 예를 들어서 위 戊子일 生의 天干 戊와 癸의 합은 火이고, 火를 극하는 오행의 天干 陽은 壬이며, 生時는 巳時이다. 따라서 子時에서 巳時까지 헤아린 수가 여섯이었다. 그러므로 壬에서 차례로 여섯을 헤아리면, 壬1癸2 甲3 乙4 丙5 丁6이고, 丁이 生時의 天干이 돼 戊子日 巳時 生의 시간 干支는 丁巳인 것이다.

넷째, 아래 生時 干支 表를 보면 알 수 있다.

 **生時 干支 表**

시간 \ 생일	甲·己 日	乙·庚 日	丙·辛 日	丁·壬 日	戊·癸 日
오전 0시~1시	甲子	丙子	戊子	庚子	壬子
오전 1시~3시	乙丑	丁丑	己丑	辛丑	癸丑
오전 3시~5시	丙寅	戊寅	庚寅	壬寅	甲寅
오전 5시~7시	丁卯	己卯	辛卯	癸卯	乙卯
오전 7시~9시	戊辰	庚辰	壬辰	甲辰	丙辰
오전 9시~11시	己巳	辛巳	癸巳	乙巳	丁巳
오전11시~오후1시	庚午	壬午	甲午	丙午	戊午
오후 1시~3시	辛未	癸未	乙未	丁未	己未
오후 3시~5시	壬申	甲申	丙申	戊申	庚申
오후 5시~7시	癸酉	乙酉	丁酉	己酉	辛酉
오후 7시~9시	甲戌	丙戌	戊戌	庚戌	壬戌
오후 9시~11시	乙亥	丁亥	己亥	辛亥	癸亥
오후 11시~0시	丙子	戊子	庚子	壬子	甲子

＊썸머타임을 실시한 기간은 출생 시를 1시간 늦추어 계산한다.

＊위 표에서 생일 天干이 甲 己일인데, 生時가 오전 3시부터 5시(寅時)까지이면 丙寅 時이고, 오후 3시부터 5시(申時)까지이면 壬申 時가 된다. 다른 시간도 이와 같이 본다.

3. 生月 干支 세우는 법

생월生月 간지干支는 만세력을 보지 않고도 알 수 있는 방법이 있다.

첫째, 생년의 干支 중 天干이 합해서 변화한 오행을 먼저 찾아내고 그 오행을 생해주는 오행의 陽干을 기억해둔다. 예를 들어서 생년의 干支가 乙丑이면 天干은 乙이고, 乙과 합하는 天干은 庚이며, 합해서 변화한 오행은 金〔乙+庚=金〕이고, 金을 생하는 오행은 土〔土生 金〕이며, 土의 陽干은 戊이다.

둘째, 위 乙丑 生의 생월이, 예를 들어서 음력 3월 辰이면, 음력 1월 寅에서 3월 辰까지 차례로 수를 헤아린다. 그러면 寅1 卯2 辰3 셋이 된다.

셋째, 위 乙丑 生의 戊에서 차례로 셋을 헤아리면 戊1 己2 庚3이고, 세 번째인 庚이 생월의 天干이며, 地支 辰을 합하면 庚辰월이다. 그러므로 乙丑년 生의 생월은 庚辰인 것이다.

넷째, 아래 生月 干支表를 보면 알 수 있다.

生月 干支表

월별 年干\節氣	1월 입춘	2월 경칩	3월 청명	4월 입하	5월 망종	6월 소서	7월 입추	8월 백로	9월 한로	10월 입동	11월 대설	12월 소한
甲·己 ㊏	丙寅	丁卯	戊辰	己巳	庚午	辛未	壬申	癸酉	甲戌	乙亥	丙子	丁丑
乙·庚 ㊎	戊寅	己卯	庚辰	辛巳	壬午	癸未	甲申	乙酉	丙戌	丁亥	戊子	己丑
丙·辛 ㊌	庚寅	辛卯	壬辰	癸巳	甲午	乙未	丙申	丁酉	戊戌	己亥	庚子	辛丑
丁·壬 ㊍	壬寅	癸卯	甲辰	乙巳	丙午	丁未	戊申	己酉	庚戌	辛亥	壬子	癸丑
戊·癸 ㊋	甲寅	乙卯	丙辰	丁巳	戊午	己未	庚申	辛酉	壬戌	癸亥	甲子	乙丑

* 고대의 1시간은 1시진이라 하여 오늘날의 2시간이었다. 그러므로 오늘날의 1시간은 고대의 반시진에 해당된다. 그리고 오늘날의 2시간을 고대에서는 15분 씩 넷으로 나누어서, 15분을 1刻이라 하였다. 따라서 2刻이 오늘날의 30분이고, 3刻이 1시간15분이며, 4刻이 1시간, 5刻이 1시간 15분, 6刻이 1시간 30분, 7刻이 1시간 45분, 8刻이 2시간이 된다. 생시를 정할 때는 이러한 고대의 시간을 알고 있어야 한다. 그리고 오늘날의 59분이 지나면 고대의 4刻으로 오늘 날의 1시간, 1시간 59분이 지나면 8刻으로 오늘날의 2시간으로 본다.

4. 入胎 月日 산출 방법

생년월일을 알면 입태入胎한 년·월·일을 알 수 있다.

첫째, 예를 들어서, 己巳월에 태어났다면, 巳에서 차례로 헤아려 네 번째가 입태 월이 된다. 즉, 巳1 午2 未3 申4이며 申이 입태 월 地支이다.

둘째, 입태 월 천간은, 생월 天干에서 두 번째이다. 즉, 위 己巳월에서 己 다음은 庚이므로, 庚이 입태월 天干이다. 그러므로 己巳 월 生의 입태 월은 庚申이 된다.

셋째, 입태 년·월·일은 생년월일에서 역으로 10개월을 계산해서 찾는다. 예를 들어서 己亥년 己巳월에 태어났으면, 입태 월 일은 己亥년 전해, 즉 戊戌년이고, 음력 4월 己巳에서 10개월을 역산하면 戊戌년 己未월이며, 己未월에서 입태 일을 찾는다. 만약 己未월에 없으면 다음 달인 경신 월에서 찾으면 된다. 이는 10개월을 다 채우지 않고 태어난 경우이다.

넷째, 입태 일은 생일의 天干 地支가 합하는 干支이다. 예를 들어서 생일의 干支가 壬子이면, 임자와 합하는 干支 즉 丁丑이 입태 일이다.

5. 의명학 공식을 세우는 방법

1) 첫째 예, 2005년 음력 1월 13일 오전 9시 45분에 태어난 사람이 있다고 하자. 양력은 2월 22일이 된다.

* 만세력을 보면, 2005년의 年 干支는 乙酉이고 음력 1월〔양력 2월〕의 干支는 생일이 입춘이 지났으므로 戊寅이다. 그리고 음력 13일〔양력 22일〕의 干支는 丙子이고 生時는 生時干支表를 보면 癸巳이다. 그러므로 이 사람의 '의명학 공식'은, '乙酉년 戊寅월 丙子일 癸巳' 시인 것이다.

2) 둘째 예, 2005년 음력 2월 28일 밤 12시 35분에 태어난 사람이 있다고 하자. 양력은 4월 6일이 된다.

* 만세력을 보면, 2005년의 干支는 乙酉이고, 생월의 숫자는 음력 2월이지만 청명〔清明, 辰〕이 지났으므로 음력 3월이 된다. 따라서 2월 己卯가 아니라 3월 庚辰이 생월 干支이고, 생일은 변함없이 그대로 음력 28일〔양력 4월 6일〕 干支인 庚申이며, 생시는 丙子이다. 그러므로 이 사람의 '의명학 공식'은 '乙酉년 庚辰월 庚申일 丙子시'인 것이다.

3) 셋째 예, 2005년 음력 7월 2일 밤 11시 48분에 태어난 사람이 있다고 하자. 양력은 8월 6일이 된다.

* 만세력을 보면, 2005년의 干支는 乙酉이고, 생월의 숫자는 음력 7월이지만 생일이 입추가 지나지 않았으므로 음력 6월이 된다. 따라서 7월 甲申이 아니라 6월 癸未가 생월의 干支이고, 생일은 그대로 壬戌이며, 생시는 庚子이다. 그러므로 이 사람의 '의명학 공식'은 '乙酉년 癸未월 壬戌일 庚子시'이다.

4) 넷째 예, 2004년 음력 12월 27일 밤10시 59분에 태어난 사람이 있다고 하자. 양력은 2005년 2월 5일이 된다.

* 만세력을 보면, 2004년의 干支는 甲申이다. 그러나 생일이 입춘이 지났으므로 2005년의 陽氣가 터져 나오는 것으로 보므로 다음 해인 2005년 乙酉가 된다. 그리고 생월도 2005년의 1월〔寅〕 입춘절인 戊寅이며, 생일은 음력 12월 27일〔양력 2월 5일〕 干支 그대로 庚申이며, 생시는 丙子이다. 생시는 밤 9시부터 11시까지 亥시이나 10시에서 59분이 지났으므로 子시로 본다.

5) 다섯째 예, 2001년 음력 1월 11일 9시 58분에 태어난 사람이 있다고 하자. 양력은 2001년 2월 3일이 된다.

* 2001년의 干支가 辛巳이다. 그러나 아직 생일이 입춘이 지나지 않았으므로 아직 辛巳년의 陽氣가 터져 나오지 않은 상태이다. 따라서 그 전 해인 2000년 庚辰이 된다. 그리고 생월도 2000년 음력12월 己丑이며, 생일은 2001년 음력 1월 11일〔양력 2월 3일〕 干支 그대로 丁酉이고, 생시는 辛亥이다. 그러므로 이 사람의 '의명학 공식'은 '庚辰년 己丑월 丁酉일 辛亥시'이다.

6) 여섯째, 공식에서 자기 자신은 日干이며, 日干은 스스로 아무런 능력을 발휘하지 못한다. 日干을 중심으로 둘러싸고 있는 다른 天干 地支의 영향을 받아서 생노병사와 부귀빈천 내지 건강과 질병을 유발한다. 마치 사회 속의 '나'는 홀로 존재할 수 없는 것과 같다.

(* 위 5의 예에서 日干은 丁이다)

6. 대운大運

'의명학 공식'이 돛을 단 배라면, '대운'은 바다에 비유된다. 공식은 타고난 체질과 운명의 복합적 체體이고, 대운은 그 體를 싣고 가는 천지 기운인 것이다. 다시 말해서 모든 인간은 자신 만의 독특한 氣質을 가지고 태어난다. 그러므로 모습이 다르고 성격이 다르고 피부색이 다르고 지혜가 다르고 냄새가 다르다.

이러한 자신 만의 기질이 나이가 들어가면서 다가오는 여러 가지 성질의 천지기운과 상응해 강해지기도 하고 약해지기도 하는 등 변화를 일으키며, 그 변화가 바로 건강과 운명의 모습인 것이다.

대운은 태어나서 죽음에 이르기까지 필연적으로 맞이해야 하는 그러한 천지기운을 의미하며, 10년 주기로 성질이 바뀐다. 그리고 1년을 주기로 바뀌는 세월의 운을 소운小運이라 하는데, 소운은 대운 속에 있으므로 영향력이 약하다. 보통 대운은 70%, 소운은 30% 정도 영향력을 행사하며, 대운의 경우 초기 5년간은 天干의 영향력이 강하게 작용하고 후기 5년간은 地支의 영향력이 강하게 작용한다. 그러나 地支는 초기에도 상당한 영향을 미치므로 가볍게 보아서는 안 된다.

아무튼 대운과 소운은 운명과 건강을 좌우하는 운명의 神이라 할 수 있다. 따라서 타고난 '의명학 공식'이 아무리 좋아도 맞이하는 대운이 나쁘면 건강과 운명 역시 파란을 겪고 갖가지 질병과 가난에서 벗어날 수 없으며, 타고난 '의명학 공식'이 아무리 나빠도 대운이 좋으면 건강과 운명 역시 좋아서 건강과 부귀를 함께 누릴 수 있다.

그러므로 '운이 좋다' '운이 나쁘다' 하는 말은 바로 대운과 소운을 두고 하는 말이며, 영웅도 때를 만나지 못하면 한갓 범부에 지나지 않으며, 소인배가 때를 만나면 영웅이 되는 것도 바로 이러한 대운과 소운의 영향력 때문인 것이다. 따라서 가문과 나라가 잘 되려면 올곧은 인품을 가진 인물이 때를 만나야 한다. 그러나 소인배가 때를 만나면 가문을 망치고 나라를 망치기 마련이니 한 가문과 국가의 흥망성쇠가 다 그때문인 것이다.

1) 대운大運을 세우는 방법

① 대운을 세울 때는 생년의 天干이 陰, 또는 陽인가를 먼저 살핀 다음, 陰이면 생월의 干支를 남성은 역행하고, 여성은 순행해서 적는다. 그러나 생년의 天干이 陽이면 남성은 생월의 干支를 순행하고, 여성은 역행해서 적는다. 순행이란 60甲子의 干支를 순서대로 적는 것이고, 역행이란 60甲子의 干支를 반대로 적는 것이다. 干支를 적을 때는 생월의 干支를 기준으로 하며, 하나의 干支가 10년을 주관한다.

예문1) 丙子년 癸巳월에 태어난 사람이면, 생년의 天干 丙火가 陽이므로 남성은 생월의 干支 癸巳에서 60甲子를 차례대로 순행한다. 따라서 癸巳, 甲午, 乙未, 丙申……이 된다. 그러나 여성이면 생년의 天干 丙火가 陽이므로 생월의 干支 癸巳에서 60甲子의 순서를 역행한다. 따라서 癸巳, 壬辰, 辛卯, 庚寅……이 된다.

예문2) 丁卯년 甲辰월에 태어난 사람이면, 생년의 天干 丁火가 陰이므로 남성은 생월의 干支 甲辰에서 60甲子의 순서를 역행한다. 따라서 甲辰, 癸卯, 壬寅, 辛丑……이 된다. 그러나 생년의 天干 丁火가 陰이므로 여성은 생월의 干支 甲辰에서 60甲子를 차례대로 순행한다. 따라서 甲辰, 乙巳, 丙午, 丁未……가 된다.

② 입운入運

입운은 대운이 시작되는 나이이며, 10년을 주기로 전개되는 대운대로 10년씩 나이를 더해준다. 예를 들어서, 대운의 시작이 壬辰이고 순행할 경우, 입운이 3세이면, 壬辰 3세 癸巳 13세, 甲午23세, 乙未 33세, 丙申 43세……하고 대운의 干支에 나이를 정한다. 몇 살부터 몇 살까지 건강과 운명이 어떻게 전개되는지 이 나이에 의해서 알 수 있다

입운을 정하는 방법은 다음과 같다.
첫째, 입운 나이를 계산할 때는 생일을 기준으로 한다.
둘째, 대운이 순행하면 생일 다음날부터 다음 월의 節氣까지 60甲子의 干支 수를 헤아리고, 대운이 역행하면 생일 바로 앞날부터 역으로 앞의 節氣까지 60甲子의 干支 수를 헤아린 다음, 그 수를 3으로 나누는데, 1이 남으면 버리고 2가 남으면1을 반올림한다. 예를 들어서 헤아린 수가 10이면 3을 나누면 3이 되고 1이 남는다. 그러면 3이 입운이고 1은 버린다. 그러나 헤아린 수가 14일 때, 3을 나누면 4가 되고 2가 남는다. 그러면 4가 입운이지만 2를 반올림해서 5가 입운이 된다. 그러나 수가 0이거나 1 혹은 2이면 3으로 나눌 수 없기 때문에 그대로 0세이다.

예1) 1996년 음력 4월 12일(양력 5월 28일) 오후 6시에 태어난 남성인 경우, 이 사람의 공식은 丙子년 癸巳월 乙丑일 乙酉시이다. 생년의 천간 丙火가 陽이므로 순행한다. 따라서 만세력을 보면 생일 다음날인 13일 丙寅일부터 다음 월의 節氣인 망종(芒種 : 음력 4월 20일. 양력 6월 5일. 癸酉일)까지 수를 헤아리면 8이 되고, 8을 3으로 나누면 2이고 2가 남는다. 그러면 1을 반올림해서 이 사람의 입운은 3세가 된다. 그리고 13세 23세, 33세, 43세…… 이와 같이 대운 나이가 정해진다.

예문2) 위 사람이 여성인 경우, 공식은 남성과 같다.
그러나 생년 天干이 陽이므로 역행한다. 따라서 만세력을 보면 생일 바로 앞날인 11일 甲子부터 4월 節氣인 입하(立夏 : 음력 3월 18일. 양력 5월 5일. 壬寅일)까지 수를 헤아리면 23이고, 23을 3으로 나누면 7이며 2가 남는다. 그러므로 1을 반올림해서 이 사람의 입운은 8세가 된다. 그리고 8세, 18세, 28세, 38세…… 이와 같이 나이가 정해진다.

③ 소운小運

소운은 세월의 운이기도 하지만, 여기서의 소운은 입운 이전까지의 나이이다. 예를 들어서 입운이 7세일 때 7세 이전의 나이인 6세, 5세, 4세, 3세, 2세, 1세, 0세를 소운이라 한다.

소운을 정하는 방법은 순행과 역행의 방식을 따르되 생시의 干支를 기준으로 한다.

예를 들어서 생시의 干支가 丙子이고 순행하면 丙子 0세, 丁丑 2세,

戊寅 3세······ 하는 식으로 입운까지 정한다. 그러나 역행이면 丙子 0세, 乙亥 1세, 甲戌 2세, 癸酉 3세······ 하는 식으로 정한다.

④ 의명학 공식과 대운 나열
이와 같이 '의명학 공식'과 '대운'을 나열해 놓고 공식을 대운에 비교하면서 나이별로 건강과 운명을 진단한다.

(1) 1996년 음력 4월 12일(양력 5월 28일) 오후 6시 (男)

'의명학 공식'   대운

年 : 丙子

月 : 癸巳   天干 : 甲 乙 丙 丁 戊 己 庚 辛 壬

日 : 乙丑   地支 : 午 未 申 酉 戌 亥 子 丑 寅

時 : 乙酉   나이 : 3 13 23 33 43 53 63 73 83

* 위 대운을 정할 때, 순행하면 생월의 다음 干支부터 대운이 시작된다.

(2) 1996년 음력 4월 12일(양력 5월 28일) 오후 6시 (女)

'의명학 공식' 대운

年 : 丙子

月 : 癸巳   天干 : 壬 辛 庚 己 戊 丁 丙 乙 甲

日 : 乙丑   地支 : 辰 卯 寅 丑 子 亥 戌 酉 申

時 : 乙酉   나이 : 8 18 28 38 48 58 68 78 88

7장
동양의학론

7장 동양의학론東洋醫學論

동양의학은 의명학과 마찬가지로 음양오행론을 기반으로 성립된 학문이다.

동양의학의 원전이라 할 『황제내경黃帝內經』과 한의학의 신의로 칭송받는 허준의 『동의보감』역시 음양오행을 근거로 질병의 발생과 치유, 그리고 예방 의술이 서술되어있다.

고대로부터 음양오행은 동양의 제 철학과 자연과학·종교·경제·정치제도·점술 등 인간사에 필요한 모든 것에 광범히하게 적용돼 제 학문의 근간을 이루었다. 그 중에서도 의학은 인체의 생리, 병리, 진단, 인체구조의 해부에 적용시켜 치료 체계를 세웠으며 지금까지 변함없이 계승 발전해오고 있다.

동양의학을 연구한 수많은 고대 의학자들은 대부분 중국 사람들이었다. 그러나 옛 사서에 BC 2590년 경, 한민족의 배달국 제 14대 치우천황 시대 때, 신하였던 '발귀리' 가 의술에 능통하였으며, 황제가 찾아와 그로부터 의술을 배웠다는 기록이 있는 것으로 보아 원류지는 한민족일 가능성이 높다. 따라서 고대 중국 연구가들에 의해 음양오행을 보다 적극적으로 적용시켜 의술을 꽃피웠던 것이라 할 수 있다.

특히 陰陽의 표리 관계를 적용해 장부의 寒熱의 변화를 진단하고, 오장육부에 五行을 陰陽으로 배속시키고, 五行의 相生 相剋 작용을 근거로 질병의 발생과 전이의 규율을 정립한 것은 동양의학의 근간이라 할 수 있다. 이는 의명학의 중요한 모티프이기도 하므로 앞으로 서술할 의학론의 핵심 논리로 적용된다.

1. 음양오행과 장부

황제내경의 소문素問. 보명전형론寶命全形論에서 "사람은 陰陽의 변화와 떨어질 수 없다" 하였고, 금궤진언론에서는 인체를 陰陽으로 구분하기를, 머리는 陽이고 발은 陰이며, 몸의 밖은 陽이고 내부는 陰이며, 등은 陽이고 배는 陰이며, 장부는 담·소장·위장·대장·방광·삼초는 陽이고, 간·심장·비장·폐·신장은 陰이라 하였다.

이를 五行 十干 十二支地로 분류하면, 木은 간·담인데, 甲寅은 陽이니 담에 속하고, 乙卯는 陰이니 간에 속한다. 火는 심장과 소장 삼초인데, 丙巳는 陽이니 소장에 속하고, 丁午는 陰이니 심장에 속한다. 土는 비장과 위장인데, 戊辰戌은 陽이니 위장에 속하고, 己丑未는 陰이니 비장에 속한다. 金은 폐와 대장인데, 庚申은 陽이니 대장에 속하고, 辛酉는 陰이니 폐에 속한다. 水는 신장과 방광인데, 壬亥는 陽이니 방광에 속하고, 癸子는 陰이니 신장에 속한다. 오장은 정기를 보유하고 있되 운행하지 않으며, 육부는 음식물을 전화하되 보유하지 않는다. 이는 陰이

陽을, 陽이 陰을 돕는 보완적 관계임을 의미한다.

그런데, 陰陽이란 두 상이한 성질은 정체되어있지 아니하고 운동 변화하면서 무한히 陰陽으로 나뉘어 파생된다. 오장의 기능 면에서 보면, 심장은 열을 주관해 陽 중의 陽이고, 신장은 한을 주관해 陰 중의 陰이며, 폐는 호흡을 주관해 陽 중의 陰이며, 간은 음식물을 갈무리해 陰 중의 陽이며, 비장은 음식물을 받아들이니 陰 중에서도 지음至陰이라 하였다.

이와 같이 陰陽으로 이루어진 장부는 陰陽의 허실虛實 태과太過 불급不及에 의해서 병을 유발하므로 건강은 陰陽을 치우침이 없이 간직함에 있는 것이다.

1) 木 : 간(肝) 담(膽)

      간(肝) : 乙・卯(陰 중의 陽) 담(膽) : 甲・寅

2) 火 : 심장(心臟) 소장(小腸)

      심장(心臟) : 丁・午(陽 중의 陽) 소장(小腸) 삼초(三焦) : 丙・巳

3) 土 : 비장(脾臟) 위장(胃腸)

      비장(脾臟) : 己・丑・未(陰 중의 지음(至陰) 위장(胃腸) : 戊・辰・戌

4) 金 : 폐(肺) 대장(大腸)

      폐(肺) : 辛・酉(陽 중의 陰) 대장(大腸) : 庚・申

5) 水 : 신장(腎臟) 방광(膀胱)

      신장(腎臟) : 癸・子(陰 중의 陰) 방광(膀胱) : 壬・亥

2. 陰陽의 조화

　陰陽이 조화로워야 건강하다. 陰은 어둡고 음습하며 한냉하고 陽은 밝고 건조하며 뜨겁다. 인체의 질병은 대개 이 陰陽의 부조화로부터 발생한다. 陰陽의 강약성쇠에 오장육부가 영향을 받아 균형을 유지하지 못하면 여러 가지 질병을 앓게 된다. 陰 혹은 陽 중에서 어느 하나가 정상 수준보다 높으면 다른 쪽은 낮아져서 제 기능을 하지 못하므로 앓게 되는 병리현상인 것이다.

　陰이 높고 陽이 부족해서 낮으면 냉한 체질이어서 얼굴색이 창백하고 추위를 싫어하며 무서움이 많고 육신과 정신이 함께 피로해 눕기를 좋아하며 맥脈이 미약한 등의 증세가 나타난다. 반대로 陽이 높고 陰이 부족해 낮으면 열이 많은 체질이어서 얼굴색이 붉고 더위를 싫어하며 소화가 안 되고 몸이 피로해 오래 걷지 못하며 맥이 강하거나 약한 등의 증세가 나타난다.

　이러한 병리현상은 대개 허한 쪽으로 사기邪氣가 먼저 몰려든다. 그러나 陰을 뿌리로 陽이 일어나고 陽을 뿌리로 陰이 일어나므로, 하나가 허약하면 다른 하나마저 뿌리가 미약해 양쪽 다 제 기능을 하지 못하게 된다. 따라서 냉한 체질인데도 열이 나고 더운 체질인데도 한기寒氣가 심해 즉시 질병으로 나타나는 것이다.

　예를 들어서 간·담은 陰 중의 陽인데, 陰이 많으면 陽이 부족해 한열寒熱이 번갈아 일어나고 간·심장을 함께 상하면서 다른 장부로 전위되며, 陽이 많으면 陰이 부족해 역시 한열이 번갈아 일어나며 간·신장을 함께 상하고 다른 장부로 전위된다. 따라서 陰陽의 조화는 건강에 필수적이어서 냉冷·열熱에 의해 모든 질병이 발생한다 해도 과언이 아니다. 특히 각종 암이나 고혈압, 저혈압, 당뇨 등 불치로 알려진 질병은 더욱 그러하다.

3. 陰陽의 분별

『내경內徑』의 음양응상대론陰陽應象大論에서, '질병의 발생 발전 변화는 陰陽의 부조화에 그 원인이 있으므로 아무리 증상이 복잡하고 심하여도 陰陽으로 분석해 가려낼 수 있다. 그러므로 진찰을 잘 하는 의사는 먼저 陰陽을 잘 분별하여 질병의 원인을 알고 예방과 치료에 응용한다.' 라고 하였다.

이에 대해 의명학은 공식에서 水와 火의 많고 적음과 그 해의 干支를 비교해 착오가 없이 陰陽을 감별해낼 수 있다.

내경에서는 색깔 소리 증상으로 이와 같이 분별하였다. 황색 적색은 陽에 속하고, 청색 흰색 검은색은 陰에 속하며, 색깔이 선명한 것은 陽에 속하고, 어두우면 陰에 속한다. 그리고 목소리가 높고 힘이 있고 말을 많이 하면 陽이 성하고, 목소리가 낮고 조용하면 陰이 성하며, 숨소리가 거칠면 陽이 성하고, 숨소리가 낮고 끊어질 듯하면 陰이 성하다. 또 갑자기 열이 나고 오슬오슬 추우면 陰이 성하고, 갑자기 열이 나면 陽이 성하며, 입 안이 촉촉하고 갈증이 없으면 陰, 입이 마르고 갈증이 심하면 陽, 누워서 움직이지 않으면 陰, 조급하게 행동하고 불안해하면 陽이 성하다고 하였다.

4. 오행의 상생 상극과 오장육부

오장육부는 五行에 배속되고, 五行의 본성과 속성을 그대로 지니고 있으며, 五行의 相生 相剋 관계대로 相生하고 相剋하면서 건강을 유지하거나 질병을 유발한다.

먼저 相生의 관계에서 보면, 木은 火를 생하므로 간 담의 기운이 심장 소장을 생해주고, 火는 土를 생하므로 심장 소장의 기운이 비장 위장을 생해주고, 土는 金을 생하므로 비장 대장의 기운이 폐 대장을 생해주며, 金은 水를 생하므로 폐 대장의 기운이 신장 방광을 생해주고, 水는 木을 생하므로 신장 방광의 기운이 간 담을 생해준다.

그러나 相剋의 관계에서 보면, 木은 土를 극하므로 간 담의 기운이 비장 위장을 극하고, 土는 水를 극하므로 비장 위장의 기운이 신장 방광을 극하며, 水는 火를 극하므로 신장 방광의 기운이 심장 소장을 극하고, 火는 金을 극하므로 심장 소장의 기운이 폐 대장을 극하며, 金은 木을 극하므로 폐 대장의 기운이 간 담을 극한다.

그러므로 相生의 원리에 따라서 火의 심장과 소장이 허약하면 木의 간과 담을 먼저 건강하게 하고, 土의 비장과 위장이 허약하면 火의 심장과 소장을 먼저 건강하게 하고, 金의 폐와 대장이 허약하면 土의 비장과 위장을 먼저 건강하게 하고, 水의 신장과 방광이 허약하면 金의 폐와 대장을 먼저 건강하게 하고, 木의 간과 담이 허약하면 水의 신장과 방광을 먼저 건강하게 해야 하며, 그와 같이 相生한 연후에 약한 장부를 도와주어 모든 질병을 예방하고 치료한다.

그런데, 陰이 陽을 생하고, 陽이 陰을 생하는 것보다 陰이 陰을, 陽이 陽을 생하는 것이 더 힘이 강하므로, 간(乙 卯)은 소장(丙 巳)보다 심장

(丁午)을 생하는 힘이 강하고, 심장은 위장(戊辰戌)보다 비장(己未丑)을 생하는 힘이 강하고, 비장은 대장(庚申)보다 폐(辛酉)를 생하는 힘이 강하고, 폐는 방광(壬亥)보다 신장(癸子)을 생하는 힘이 강하고, 신장은 담(甲寅)보다 간을 생하는 힘이 강하다. 마찬가지로 소장은 위장을, 위장은 대장을, 대장은 방광을, 방광은 담을, 담은 소장을 생하는 힘이 강하므로 이를 응용해서 질병을 예방하고 치료하는 것이 좋다.

相剋의 원리에 따르면 木은 土를 극하므로, 간 담의 기운이 비 위를 극하고, 土는 水를 극하므로 비 위의 기운이 신장 방광을 극하고, 水는 火를 극하므로 신장 방광의 기운이 심장 소장을 극하고, 火는 金을 극하므로 심장 소장의 기운이 폐 대장을 극하고, 金은 木을 극하므로 폐 대장의 기운이 간 담을 극한다.

따라서 극하는 장부가 실하고 강한데, 극을 받는 장부가 약하면 극을 받는 쪽에 병이 든다. 특히 陰이 陰을 극하고, 陽이 陽을 극하는 것은 대단히 위력이 강하다. 즉 陰인 乙卯木의 간이 己丑未 비장을 강하게 극하고, 己丑未 비장은 癸子 신장을, 癸子 신장은 丁午 심장을, 丁午 심장은 辛酉 폐를, 辛酉 폐는 乙卯 간을 강하게 극한다. 그리고 陽인 甲寅 담은 戊辰戌 위를 강하게 극하고, 戊辰戌 위는 壬亥 방광을, 壬亥 방광은 丙巳 소장을, 丙巳 소장은 庚申 대장을, 庚申 대장은 甲寅인 담을 강하게 극한다.

그러나 陰이 陽을 극하고, 陽이 陰을 극하는 것은 합해서 다른 五行으로 변하므로 오히려 좋은 관계가 될 수 있다. 예를 들어서 丙火(소장)와 辛金(폐)이 합해서 水(신장 방광)를 생해주고, 申金중의 庚金이 卯木중의 乙木과 합해 金(폐 대장)을 생해주는 것과 같다.

1) 오장육부 상생

① 간 담(木)生 심장 소장(火), 심장 소장(火)生 비장 위장(土), 비장 위장(土)生 폐 대장(金), 폐 대장(金)生 신장 방광(水), 신장 방광(水)生 간 담(木).

② 좋은 相生 : 간(乙 卯)生 소장(丙 巳), 담(甲 寅)生 심장(丁 午), 심장(丁 午)生 위장(戊 辰 戌), 소장(丙 巳)生 비장(己 丑 未), 비장(己 丑 未)生 대장(庚 申), 위장(戊 辰 戌)生 폐(辛 酉), 폐(辛 酉)生 방광(壬 亥), 대장(庚 申)생 신장(癸 子), 신장(癸 子)生 담(甲 寅), 방광(壬 亥)生 간(乙 卯).

③ 강한 相生 : 간(乙 卯)생 심장(丁 午), 담(甲 寅)生 소장(丙 巳), 심장(丁 午)生 비장(己 丑 未), 소장(丙 巳)生 위장(戊 辰 戌), 비장(己 丑 未)生 폐(辛 酉), 위장(戊 辰 戌)生 대장(庚 申), 폐(辛 酉)生 신장(癸 子), 대장(庚 申)生 방광(壬 亥), 신장(癸 子)生 간(乙 卯), 방광(壬 亥)生 담(甲 寅).

2) 오장육부 상극

① 간 담(木)剋 비장 위장(土), 비장 위장(土)剋 신장 방광(水), 신장 방광(水)剋 심장 소장(火), 심장 소장(火)剋 폐 대장(金), 폐 대장(金)剋 간 담(木).

② 좋은 相剋 : 간(乙 卯)剋 위장(戊 辰 戌), 담(甲 寅)剋 비장(己 丑 未), 비장(己 丑 未)剋 방광(壬 亥), 위장(戊 辰 戌)剋 신장(癸 子), 신장(癸 子)剋 소장(丙 巳), 방광(壬 亥)剋 심장(丁 午), 심장(丁 午)剋 대장(庚 申), 소장(丙 巳)剋 폐(辛 酉), 폐(辛 酉)剋 담(甲 寅), 대장(庚 申)剋 간(乙 卯).

③ 강한 相剋 : 간(乙 卯)剋 비장(己 丑 未), 담(甲 寅)剋 위장(戊 辰 戌), 비장(己 丑 未)剋 신장(癸 子), 위장(戊 辰 戌)剋 방광(壬 亥), 신장(癸 子)剋 심장(丁 午), 방광(壬 亥)剋 소장(丙 巳), 심장(丁 午)剋 폐(辛 酉), 소장(丙 巳)剋 대장(庚 申), 폐(辛 酉)剋 간(乙 卯).

※ 陽이 陽을, 陰이 陰을 극하거나 생하는 것은 정도가 심하다.

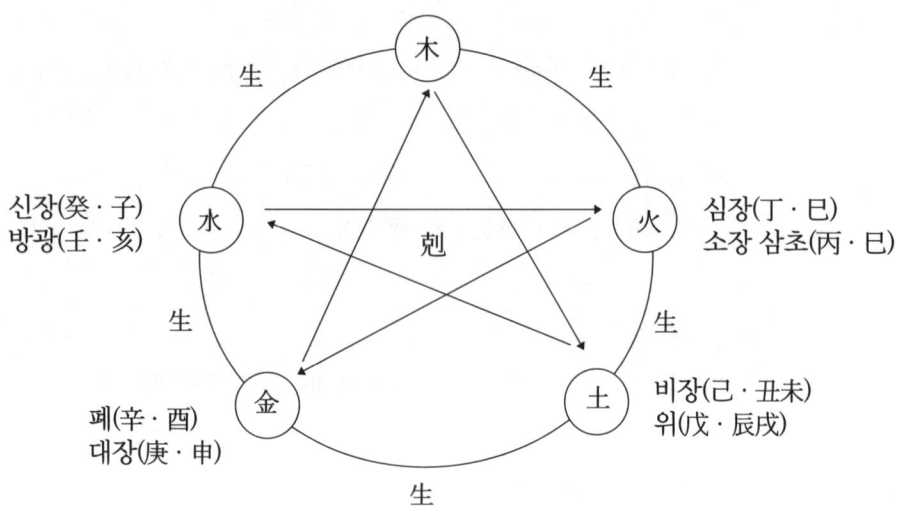

오장육부 相生 · 相剋 表

3) 오장육부의 역류와 반극反剋 현상

오장육부가 비록 相生하지만 많은 것이 적은 것을 역류해 정상적으로 相生의 역할을 하지 못한다. 그리고 비록 상극하지만 적은 것이 많은 것을 이길 수 없고 많은 것이 적은 것을 이긴다. 이는 五行의 역류와 반극 反剋 현상으로서 오장육부에 그대로 적용된다.

① 相生의 반대 현상과 처방

첫째, 간과 담의 기운이 비록 심장과 소장의 기운을 생해주지만, 간과 담의 기운이 적고 약한데 심장과 소장의 기운이 과다하고 강하면 간과 담이 허약해져 심장과 소장의 기운을 생해주지 못한다. 이때는 신장과 방광을 보양하고 다음으로 간과 담을 보양하면 된다. 반대로 심장과 소장의 기운이 적고 약한데, 간과 담의 기운이 과다하고 강해도 심장과 소장이 간과 담의 기운을 받지 못한다. 이때는 심장과 소장을 먼저 보양하고 다음으로 약한 부위를 보양하면 된다.

둘째, 심장과 소장의 기운이 비록 비장과 위장의 기운을 생해주지만, 심장과 소장의 기운이 적고 약한데 비장과 위장의 기운이 과다하고 강하면 심장과 소장이 허약해서 비장과 위장의 기운을 생해주지 못한다. 이때는 간과 담을 먼저 보양하고 다음 심장과 소장을 보양하면 된다. 반대로 비장과 위장의 기운이 적고 허약한데, 심장과 소장의 기운이 과다하고 강해도 비장과 위장이 심장과 소장의 기운을 받지 못한다. 이때는 비장과 위장을 먼저 보양하고 다음으로 약한 부위를 보양하면 된다.

셋째, 비장과 위장의 기운이 비록 폐와 대장을 생해주지만, 비장과 위장의 기운이 적고 약한데 폐와 대장의 기운이 과다하고 강하면 비장과 위장이 허약해서 폐와 대장의 기운을 생해주지 못한다. 이때는 심장과 소장을 먼저 보양하고 비장과 위장을 보양하면 된다. 반대로 폐와 대장의 기운이 적고 허약한데, 비장과 위장의 기운이 과다하고 강해도 폐와 대장이 비장과 위장의 기운을 받지 못한다. 이때는 폐와 대장을 먼저 보양하고 다음으로 약한 부위를 보양하면 된다.

넷째, 폐와 대장의 기운이 비록 신장과 방광의 기운을 생해주지만 폐와 대장의 기운이 적고 약한데 신장과 방광의 기운이 과다하고 강하면 폐와 대장의 기운이 허약해서 신장과 방광의 기운을 생해주지 못한다. 이때는 비장과 위장을 먼저 보양하고 폐와 대장을 보양하면 된다. 반대로 신장과 방광의 기운이 적고 허약한데, 폐와 대장의 기운이 과다하고 강해도 신장과 방광이 폐와 대장의 기운을 받지 못한다. 이때는 신장과 방광의 기운을 먼저 보양하고 다음으로 약한 부위를 보양하면 된다.

다섯째, 신장과 방광이 비록 간과 담의 기운을 생해주지만, 신장과 방광의 기운이 적고 약한데 간과 담의 기운이 과다하고 강하면 신장과 방광이 허약해서 간과 담의 기운을 생해주지 못한다. 이때는 폐와 대장을 먼저 보양하고 다음으로 신장과 방광을 보양하면 된다. 반대로 간과 담의 기운이 적고 허약한데 신장과 방광의 기운이 과다하고 강해도 간과 담이 신장과 방광의 기운을 받지 못한다. 이때는 간과 담을 먼저 보양하고 다음으로 약한 부위를 보양하면 된다.

② 오장육부의 反剋 현상과 처방

 첫째, 간과 담이 비록 비장과 위장을 극하지만, 간과 담의 기운이 적고 허약한데 비장과 위장의 기운이 과다하고 강하면 간과 담이 오히려 비장과 위장의 극을 받는다. 이때는 신장과 방광을 먼저 보양한 뒤에 다음으로 간과 담을 보양하면 된다.

 둘째, 비장과 위장이 비록 신장과 방광을 극하지만, 비장과 위장의 기운이 적고 허약한데 신장과 방광의 기운이 과다하고 강하면 비장과 위장이 오히려 극을 받는다. 이때는 심장과 소장을 먼저 보양한 뒤에 비장과 위장을 보양하면 된다.

 셋째, 신장과 방광이 비록 심장과 소장을 극하지만, 신장과 방광의 기운이 적고 허약한데 심장과 소장의 기운이 과다하게 많고 강하면 신장과 방광이 오히려 극을 받는다. 이때는 폐와 대장을 먼저 보양한 뒤에 신장과 방광을 보양하면 된다.

 넷째, 심장과 소장이 비록 폐와 대장을 극하지만, 심장과 소장의 기운이 적고 허약한데 폐와 대장의 기운이 과다하게 많고 강하면 심장과 소장이 오히려 극을 받는다. 이때는 간과 담을 먼저 보양한 뒤에 심장과 소장을 보양하면 된다.

 다섯째, 폐와 대장이 비록 간과 담을 극하지만, 폐와 대장의 기운이 적고 허약한데 간과 담의 기운이 과다하고 강하면 폐와 대장이 오히려 극을 받는다. 이때는 비장과 위장을 먼저 보양한 뒤에 폐와 대장을 보양하면 된다.

5. 오운육기五運六氣

1) 오운五運

하늘에서 五行의 氣는 陰陽으로 합하기 때문에 운행하고, 운행하므로 오운五運이라 한다. 남녀가 화합해 아이를 잉태하듯 10干이 陰陽으로 끊임없이 합하면서 새로운 氣를 생산해내므로 五行은 정체되지 않고 움직이며, 정체되어있지 않으므로 기후가 변화하고, 기후가 변화하므로 체질이 그에 상응해 질병을 유발하는 것이다.

체질이 냉습하면 냉습한 때에 병이 들고, 온난한 때에 건강해진다. 그러나 체질이 건조하고 열이 많으면 건조하고 열이 유행할 때 병들고, 한 냉寒冷할 때 건강해진다. 이는 陰陽이 조화로우면 건강하고 태과하거나 불급이면 병드는 이치이거니와, 해마다 주관하는 五行의 氣가 陰陽으로 합해 다음과 같이 태과 또는 불급의 기후 변화를 일으켜 질병을 유발한다.

① 甲年은 甲이 己를 합해서 土氣를 태과하게 유행해 습하고 자주 비를 내리게 하므로 신장에 사기가 침범한다. 土는 마르면 만물을 길러주지 못하므로 습한 것이 본질이다. 그러므로 냉습한 성질의 신장에 한수寒水의 사기가 침범한다. 단, 陽인 甲木이 土의 질인 己土를 모두 흡수해 습한 土氣가 태과해졌을 뿐 甲과 己의 성질이 완전히 없어지는 것은 아니다.

② 己年은 己가 甲을 합해서 土氣가 불급해져 風氣가 유행해 간에 사기가 침범한다. 연약한 己土 陰이 강성한 甲木 陽을 불러와 합하므로 土氣가 허약해지고 대신 甲木이 바람을 자주 일으키므로 風의 성질인 간에 사기가 침범한다. 단, 甲木이 土氣를 머금었을 뿐 甲과 己의 성질이 모두 없어지는 것은 아니다.

③ 丙年은 丙이 辛을 합해서 차가운 水氣가 유행해 심장에 사기가 침범한다. 강성한 陽氣 丙火가 연약한 陰의 辛金을 끌어와 녹여서 모두 水로 전환시키므로 火의 성질인 심장에 사기가 침범한다. 단, 丙火가 金氣를 녹여 水를 낳았으나 즉시 丙과 辛이 모두 없어지는 것은 아니므로 丙年은 처음은 습하게 덥고 나중에 매우 추워진다.

④ 辛年은 辛이 丙을 합해서 水氣가 불급해져 水氣가 주관하는 신장이 허약해져 사기가 침범한다. 연약한 陰의 辛金이 강성한 陽의 丙火를 끌어와 합하므로 모두 水로 전환되지 않아서 습기가 유행해 신장을 허약하게 하는 것이다. 그러므로 辛金이 丙火와 합해서 水로 변하였으나 丙과 辛의 성질이 모두 없어지는 것은 아니다.

④ 戊年은 癸를 합해서 火氣가 태과해지므로 폐가 허약해져 사기가 침범한다. 戊土가 陽氣가 한창 자라나는 癸水를 합해와 火氣를 충천시키므로 폐가 허약해지며, 火氣에 의해 水氣가 안개를 자욱이 일으키고 큰 비를 내리게 한다. 그러나 戊癸는 속질에 火氣가 가득할 뿐 성질이 모두 없어지는 것은 아니다.

⑤ 癸年은 戊를 합해서 火氣가 불급해 심장이 허약해지면서 비장의 기운을 생해주지 못하므로 비장에도 사기가 침범한다. 연약

한 陰인 癸水가 陽氣를 머금고 있으나 강성한 戊土를 합하므로 陽氣가 깊이 감추어져 火가 불급이며 水氣 역시 戊土에 묻혀 정체된다. 그러나 癸戊의 성질이 모두 없어지는 것은 아니다.

⑥ 庚年은 乙을 합해서 金氣가 태과해지므로 간에 사기가 침범한다. 庚金이 木의 질인 乙을 끌어와 모두 金으로 전환시키므로 金氣가 왕성해져 간에 사기가 침범하는 것이다. 金氣가 태과하면 하늘은 맑고 땅은 깨끗해지며, 날씨가 건조해진다. 그러나 乙의 성질이 모두 없어지는 것은 아니다.

⑦ 乙年은 庚을 합해서 金이 불급해 木이 火氣를 크게 일으켜 염화 炎火가 유행하므로 폐가 허약해지면서 水를 생하지 못해 신장에도 사기가 침범한다. 연약한 陰의 乙木이 강성한 陽의 庚金을 끌어와 속박되므로 木氣보다 金氣가 강하게 작용하지만 金氣 역시 약해져 불급이 되는 것이며, 金氣가 약해 水氣를 생하지 못하므로 火氣가 일어난다. 염화는 金이 주관하는 가을에 특히 유행하므로 가을 같지 않게 더워진다. 그러나 乙의 성질이 모두 없어지는 것은 아니다.

⑧ 壬年은 丁을 합해서 木氣가 태과하므로 비장에 사기가 침범한다. 壬水가 火의 질인 丁을 끌어와 모두 木으로 전환시키므로 木氣가 왕성해져 비장이 허약해지면서 사기가 침범하는 것이다. 이런 해는 초목은 잘 자라지만 태풍이 분다. 그러나 壬丁의 성질이 모두 없어지는 것은 아니다.

⑨ 丁年은 壬을 합해서 木이 불급해지므로 간에 사기가 침범한다. 연약한 陰의 丁火가 강성한 陽의 壬을 끌어와 木을 탄생시키지만 아직 木氣가 덜 자랐으므로 불급이며, 이에 金氣가 유행해 木

이 주관하는 간이 허약해지면서 사기가 침범하게 된다. 이런 해는 木이 주관하는 봄에 金氣가 유행해 날씨가 맑으나 서늘하고, 여름에는 金氣가 물러가므로 木이 때를 만나 火를 생하므로 매우 덥다.

2) 육기六氣

六氣는 추위〔寒〕 더위〔熱〕 습기〔濕〕 건기〔乾〕 따뜻함〔봄의 風〕 서늘함〔凉〕 등, 여섯 가지 氣의 성질을 일컫는다. 이 여섯 가지 기질은 때와 장소에 따라서 항상 변화한다. 습한 곳에는 습한 氣가 발생하고, 추운 곳은 추운 氣가 발생하며, 덥거나 건조한 氣가 발생해 인체에 영향을 미쳐 질병을 유발한다. 따라서 六氣는 사기에 속한다. 그러나 체질이 덥거나 건조하면 춥고 습한 곳이 좋고, 체질이 냉하고 습하면 덥고 건조한 곳이 좋으므로 모두 체질에 의해 좋고 나쁨이 구별된다.

이처럼 六氣가 지역의 환경에 따라서 다르지만 근본적으로는 시기에 따라 유행하는 地氣에 의해 변화하며, 그 변화는 天氣인 五行과 마찬가지로 地氣인 十二地支로 알 수 있다. 그러나 오행은 합해서 변하였으나 地支는 沖해 와서 변화한다. 그 까닭은 天氣는 陽이므로 우측으로 순행해 운행하고, 地氣는 陰이므로 좌측으로 역행해 운행하기 때문이다. 지구가 우측으로 돌 때 역행하는 地氣는 상대적인 氣를 충해 와서 새로운 氣를 발생시켜 기후 변화를 일으키는 것이다.

① 子와 午는 서로 충해와 火氣가 발생한다. 그러나 陰氣인 水가 陽氣인 火를 충해 왔으므로 陰氣가 없어지지 않았기 때문에 더운 중에 습한 성질이 있다.

② 卯와 酉는 서로 충해와 陽氣가 맑고 金氣가 건조해진다.
③ 寅과 申은 서로 충해와 陽氣가 움트고 火氣가 발생한다.
④ 巳와 亥는 서로 충해와 陰氣가 요동해 火氣를 실은 바람이 일어난다.
⑤ 辰과 戌은 서로 충해와 陽氣가 일어나고 나중에 차가운 水가 발생한다.
⑥ 丑과 未는 서로 충해와 陰氣가 태과하고 나중에 土가 습해진다.

3) 질병의 예방과 치료 종합론

자연계의 동물은 오장육부가 온전하게 다 갖추지 못하고 치우쳐 있으므로 모습과 행동과 생각과 느낌이 단순하다. 그러나 인간은 온전하게 다 갖추었으므로 동물과 모습을 달리하고, 온갖 지혜와 느낌, 생각과 온갖 행동 등을 할 수 있고 초월적인 경지에까지 이른다. 그러기에 인간을 만물의 영장이라 한다.

그러나 다 같은 인간이라도 오장육부가 일정하지가 않다. 일정하지 않으므로 제각기 모습이 다르고 피부색깔이 다르고 좋아하고 싫어하는 음식 맛이 다르고 지혜와 생각과 느낌과 행동 등 모든 것이 다르게 나타나는 것이다. 특히 얼굴 형상을 관찰해보면 범 상, 소 상, 잔나비 상, 쥐 상 등등 여러 동물의 형상을 느낄 수 있다. 이는 그 동물의 특정 장부와 닮았음을 의미한다.

이처럼 오장육부가 일정하지 않은 것은 태어난 시기에 작용한 천지기운에 의해서이다. 모태에서 오장육부가 다 갖추어졌으나 태어날 때 음양오행의 여러 가지 기운이 어느 것은 많게 혹은 어느 것은 적게 배어들었기 때문이다. 木氣가 많이 유행할 때 태어나면 간 담이 다른 장부에 비해 실하고 강하며, 金氣가 유행할 때는 폐 대장이, 土氣가 유행할 때는 비 위가, 火氣가 유행할 때는 심장 소장이, 水氣가 유행할 때는 신장 방광이 다른 장부에 비해 크고 실하고 강해진다.

이렇게 어느 하나의 장부가 크고 실하고 강하면 상대적인 장부는 당연히 작고 허약해지기 마련이며, 작고 허약한 그 장부에 사기가 쉽게 침범한다. 또 너무 크고 강하고 실해도 사기가 침범하므로 오장육부는 조화로워야 건강해지는 것이다. 그러나 아무리 평등하여도 시간의 흐름에 따라서 달리 작용하는 천지기운에 의해 역시 장부가 영향을 받기 때문에 일평생 건강을 유지할 수는 없다.

이에 동양의학론에 의한 오장육부의 형상과 병증, 예방, 치료에 대해 서술하거니와, 의명학은 바로 이러한 오장육부의 강약허실과 천지기운을 미리 알아서 인간과 유기적 관계를 맺고 있는 자연에서 건강을 유지할 수 있는 해법을 찾아 활용함으로서 질병을 예방하고 치료하는 데에 대단히 유용하게 적용된다.

질병의 예방과 치료약에 대해서는 여기서 일일이 다 설명할 수는 없으나 오장육부의 허실에 대해서는 『동의보감』의 처방을 옮긴다. 그러나 건강을 지키기 위해서는 뭐니 뭐니 해도 먼저 식생활을 잘 하고 오장육부를 건강하게 할 수 있는 양생수련 운동을 하는 것이 가장 좋다. 여기에 오장육부에 맞는 '오행 건강약차 五行 健康藥茶'를 자신의 체질에 맞추어 마시면 약을 처방해 먹는 것과 비슷한 효과를 볼 수 있어서 더욱 좋다.

茶는 본래 기호식품이 아니라 치료약에서 유래되었다. 고대인들이 자연의 초목에서 모든 질병을 예방하고 치료하는 약성을 발견하고 오행으로 분류하는 과정에서 향이 좋은 초목을 茶라 하였던 것이다. 따라서 茶라고 해서 누구나 즐겨 마시는 기호품이 아닌 것이다. 체질에 맞지 않는 茶는 오히려 독이 될 수 있다. 예를 들어서 가장 즐겨 마시는 茶중에서 녹차의 경우 그 성질이 차기 때문에 체질이 냉한 사람은 건강에 해가 된다. 또 인삼차가 좋지만 열이 많은 체질은 오히려 해가 될 수 있다. 따라서 같은 부류에 속하는 오행 茶라도 따뜻하고 찬 성질을 구별해서 체질이 열하면 찬 성질의 茶를 마시고, 냉하면 더운 성질의 茶를 마셔야 한다.

 이에 나는 처음으로 체질에 맞게 마실 수 있는 『마시면 약이 되는 오행 건강약차 108선』에 대해 저서를 출판하였는데, 여기서 그 내용 중 일부를 오장육부별로 맞게 한약재를 茶로 마실 수 있도록 자세히 분류하였다.

8장
체질분석과 질병의 치료와 예방

8장 체질분석과 질병의 치료와 예방

　이 장에서는 지금까지 전개한 음양오행의 논리를 적용시켜서 체질과 오장육부의 허실을 분석해내는 법에 대해서 설명한다. 그동안 천 명 이상을 대상으로 임상한 실제 사람들 중에서 100명의 체질과 장부의 강약 허실을 '의명학공식'으로 풀어내고, 예방과 치료는 어떻게 할 것인지에 대해서도 피력하기로 하였다. 제 8장까지는 의명학공식을 해제하기 위한 지식을 쌓는 과정이었다. 그러나 이 장은 배운 지식을 응용해 풀어내는 지혜가 필요하므로 집중해서 샅샅이 이해해야 터득할 수 있다. 그러면 지금까지 동·서양의 의술에서 미처 알지 못한 새로운 세계를 발견할 수 있을 것이다.
　현대 의학은 인간의 육체를 거울처럼 속속들이 들여다 볼 수 있는 기계를 만들어냄으로서 질병의 진단에 혁신을 가져왔다. 눈으로 볼 수 없는 몸 안의 구석구석을 살펴서 어디에 상처가 있는지 대부분 발견해낸다. 그리고 그 상처 부위를 인체 외부의 상처를 치료하듯 약으로 혹은 수술로 치료한다. 그런 점에서 서양 의술이 고도로 발달했다고 할 수 있다.

그러나 기계는 체질을 알지 못하는 맹점이 있다. 냉冷·온溫·습濕·조燥·열熱·한寒을 분별해내지 못할 뿐만 아니라, 오장육부의 강약허실을 알지 못한다. 모든 질병은 오장육부로부터 발생하고 그 원인은 체질과 장부의 허실에 있기 때문에 질병을 예방하고 치료하는데 완전할 수 없는 것이다. 그에 반해 동양의학은 수천 년의 역사가 말해주듯 그런 면에서 뛰어난 의술을 축적하였다. 하지만 상처를 발견해내고 수술 등으로 신속히 치료해내는 의술은 서양의술에 미치지 못한다. 따라서 동·서양의 의학 지식을 하나로 묶어야만 의술의 완성도를 높일 수 있다.

그런데, 동양의학이 비록 체질과 오장육부의 강약허실을 잘 알 수 있는 의술이기는 하나 고도의 감각을 요구하는 맥에 의존하므로 정확성이 떨어지는 문제점이 있다. 하여 인체의 외부 구조를 보고 알 수 있는 형상의학이나 사상체질 등의 의술이 창안되기도 하였으나 오히려 맥을 짚어보는 것보다 정확성이 분명하지가 않다. 특히 사상체질의 경우는 더욱 그러하므로 오진하는 경우가 허다하다.

그러므로 체질을 미리 알아서 질병을 예방하고 또 체질과 장부의 허실에 따라서 처방해야 하는 동양의 정통 의술을 여러 가지 각도에서 완벽하게 터득해야만 진정하게 의술을 베푸는 자라 할 수 있다. 특히 기계에 의존해 상처가 난 곳만을 찾아내 치료를 위주로 하는 서양의술을 배운 사람들도 자신의 한계를 인정하고 이제는 동양의학의 논리도 숙지해 예방과 치료에 적용해야 한다. 그래야만 환자를 바르게 보고 진단하여 바르게 약을 처방할 수 있다.

의명학은 그런 면에서 누구나 자부심을 가져도 좋을 만큼 체질과 오장육부의 강약허실을 분명하게 알아낼 수 있다. 특히 태어나서 죽음에 이르기까지언제 어느 장부에 병이 듦을 예측할 수 있다는 점에서 세상에 다시없는 경이적인 학문이라 할 수 있다. 만약 맥과 형상과 기계의 진단에 의명학을 결부시켜서 환자를 본다면 만에 하나 오진의 실수를 범하는 일은 없을 것이다. 그러기에 나는 의명학이 널리 보편화되기를 바라며 의과대학에 독립된 학문의 하나로 정착되기를 기대한다.

1. 간(肝 乙卯)

간肝은 陰의 木氣이다. 木氣는 동방에서 일어나 봄과 바람과 녹색을 주관하고, 봄의 바람이 木을 길러주며, 木은 신맛〔酸〕을 낳는다. 그러므로 간은 동방과 봄과 바람과 우뢰소리와 통하고 녹색과 신맛이 길러 준다. 간이 주관하는 인체의 기능은 근육 눈 손톱 발톱 눈물이고 본성은 仁이며, 속성은 분노와 큰 소리이고, 냄새는 비린내이며, 소리는 각음(角 音:ㄱㅋ)이다.

1) 간의 형상과 크고 작음
간肝은 큰 잎처럼 2개가 퍼져있고, 나무껍질 쪼개놓은 것같은 작은 잎이 왼쪽에 3개 오른쪽에 4개, 모두 7개가 9추 아래에 달려있다. 부위는 가슴을 둘러싸고 있는 뼈 위에 붙어서 폐 속으로 들어가 횡경막과 이어진다.

간이 작으면 피부가 푸른빛을 띠고 살결이 치밀하며, 가슴이 넓고 늑골이 퍼졌으면 간이 높이 매달렸다. 늑골이 낮거나 갈비뼈가 약하고 고르지 못하면 간이 약하고 한쪽으로 치우친 것이다. 그리고 가슴과 옆구리가 단정하고 잘 어울리면 간이 단단하고 바르다.

2) 간이 상한 증세

간에 사기가 침범하면 먼저 양 옆구리가 아프고 아랫배가 당기는데 무엇보다도 성질이 급해지고 성을 잘 낸다. 또 비린내를 싫어하고 깨끗함을 좋아한다. 간에 열이 있으면 얼굴이 검푸르고 손톱이 마르고 깨지며, 변이 어렵고 경련이 자주 일어나면 병증이 깊다. 만약 살이 빠지고 가슴 속이 그득하고, 어깨와 몸에 신열이 나고 눈꺼풀이 꺼지면 매우 심한 증세이다. 간병은 대개 하루 중, 새벽에 정신이 맑고 오후 3시가 지나면 심해지며 밤에 안정된다. 계절은 여름에 병이 낫고 겨울에 안정되며 봄에 낫거나 심해지고 가을에 죽는 경우가 많다.

3) 간병을 예방하고 치료하는 방법

■ 처방

첫째, 간병을 예방하고 치료하는 방법은 여러 가지가 있다. 간이 허약하면 신맛에 속하는 음식을 많이 먹어야 하고, 나무와 녹색을 가까이 해야 하며, 동쪽으로 머리를 두고 잠자는 것이 도움이 된다. 그리고 성내지 말고 아침에 동쪽을 바라보고 길게 호흡하는 것이 좋다. 또 손바닥을 뜨겁게 해서 눈을 자주 비벼주고 따뜻한 물을 뜬 눈에 끼얹어주면 어두워진 눈이 맑아진다.

둘째, 무엇보다도 스트레스를 받거나 성을 내지 않아야 간이 건강해진다. 그런 경우 자신의 간을 마음으로 오래도록 쳐다보거나, 또는 급히 매운 음식을 먹어도 좋고, 성내는 대상에 대해 불쌍하게 생각하면 스트레스와 화가 사라진다.

셋째, 간을 건강하게 하는 음식과 한약 茶를 즐겨 마시면 더없이 좋다.

■간에 좋은 한약차와 식품
찬 성질 : 결명자(쓴맛과 단맛) 작약(쓴맛과 신맛) 차전자(단맛) 용담(쓴맛) 구기자(단맛과 쓴맛)
따뜻한 성질 : 산수유(신맛) 솔순식초(신맛과 단맛) 새삼(평의한 성질. 단맛과 매운맛) 천마(평의한 성질. 매운맛) 오갈피(쓴맛과 매운맛) 모과(신맛)
식품 : 보리, 녹두, 부추, 닭고기, 깨, 땅콩, 신 김, 감자, 완두콩, 강낭콩, 오렌지, 모과, 동물의 간

넷째, 간이 허약할 때
숙지황 백작약 천궁 당귀 각 1전, 방풍 강활 각 4푼을 한 첩으로 달여서 茶 마시듯 하루에 3회 복용한다.

다섯째, 간이 너무 실해 성을 자주 내고 소화가 안 될 때
강활 당귀 박하 방풍 대황 천궁 치자 볶은 것, 감초 구운 것, 초룡담 각 1전을 한 첩으로 달여서 하루 3회 복용한다.

2. 담(膽 甲寅)

담은 간의 陽이다. 간과 같은 木氣이므로 그 성질과 쓰이는 약초와 식품이 같다.

형상과 부위는 간의 작은 잎에 붙어있고, 척추 아래 10추 양 옆에 박을 매달아 놓은 것 같다. 인체 외부에 있어서는 손톱을 주관하므로 얼굴색이 누른빛을 띠고 손톱이 두터우면 담도 두텁고, 얼굴색이 붉은 빛을 띠고 손톱이 얇으면 담도 얇다.

담이 상한 증세는 잘 놀라고 쉽게 기뻐한다. 그리고 무서움이 많고 한숨을 잘 쉰다. 심한 증세는 가슴 속이 울렁이고 입 안이 쓰며 쓴 구역질이 난다. 또 누가 잡아가는 꿈을 자주 꾸기도 하고, 성을 잘 내는 대신 겁이 많고, 잠을 많이 자는 특징이 있다.

■처방

첫째, 간에 필요한 식품과 약초는 시호, 건지황, 황연, 계신, 흰백합이 도움이 된다.

둘째, 담이 허약할 때
백자인 숙지황 인삼 각 1전, 지각 오미자 계심 산수유 감국 복신 구기자 각 7푼을 한 첩으로 하루 3회 복용한다.

셋째, 담이 실해 성을 잘 내고 번민이 많고 열이 나며 소화가 잘 안 될 때
생지황 산조인 볶은 것 각 5전, 생강 반하 각 3전, 원지 적복령 각 2전, 황금 1전, 기장쌀 1홉을 한 첩으로 달여서 하루 3회 복용한다.

3. 간, 담의 질병 진단 및 처방

1) 木 간, 담에 의한 위암 직전의 위궤양 (男 61년생)

年 : 辛丑　　　　　대　운
月 : 乙未　　甲 癸 壬 辛 庚 己 戊
日 : 甲寅　　午 巳 辰 卯 寅 丑 子
時 : 戊辰　　4 14 24 34 44 54 64

■풀이

공식 자체에서 보면 戊辰 丑未 土가 4개가 있고 생년의 辛金이 생월의 乙木을 극하므로 간과 담이 허약해 보인다. 만약 申酉 金氣를 만난다면 반드시 간·담이 병들 것이다.

그러나 여기서는 비장에 속하는 丑과 未가 서로 극하는데 丑 중의 癸水가 未 중의 丁火를 꺼뜨리므로 심장이 허약하고 동시에 비장도 제 기능을 못한다. 심장은 비장의 기운을 생해주는데 火氣가 허약해서 비장을 생해주지 못하고, 동시에 丑未가 서로 충하므로 비장이 서로 싸우느라 마치 제 할 일을 잊은 사람과 같기 때문이다.

따라서 생일의 寅木 담이 丑과 未 비장의 영향을 받지 않고 생시의 辰土 위장을 극한다. 寅木은 습한 辰土에 뿌리를 내리고 정기를 흡수하므로 胃가 허약한 것이다. 다행히 생시 천간에 戊土 胃가 辰土와 합세하므로 寅木 담의 공격을 웬만큼은 견뎌낼 수 있다.

이럴 때는 火가 허약한 심장을 실하게 하고 土 비·위를 생해주면 가장 좋고, 水가 火를 또 극하면서 木을 생하거나 木이 더해지면 비·위가 허약증세를 견뎌내지 못한다.

이에 대운을 비교해보면 4세부터 23세까지는 午 巳火가 강하게 작용하므로 허약한 심장이 비장을 도와 건강하다. 壬辰 대운에서는 습한 辰土에 의해 심장이 다시 허약해져 이때부터 빈혈 증세가 있고 가끔 소화가 되지 않는다. 다만 습해도 辰은 土이기 때문에 큰 문제는 없었다.

그러나 辛卯 대운에서 卯木 간이 생월의 未와 반합해서 陽의 木으로 변해 생시의 辰土 위장을 寅木 담과 합세해서 강하게 극하므로 이때부터 위궤양으로 고생하였다. 그런데 이 사람은 내과 의사였으므로 10년을 항생제로 버틸 수가 있었다. 하지만 근본적인 치료를 하지 못하였으므로 계속 재발하였고 나중에는 항생제도 듣지 않았다. 이 사람의 아버지도 위암으로 젊은 시절에 사망하였던 것으로 보아 유전적이라 할 수 있다. 만약 44세 庚寅 대운이었다면 틀림없이 위암에 걸렸을 것이다.

다행히 이 사람에게 丑 未는 하늘이 돕는 천을귀인(뒤 운명론에서 재론함)이어서 뜻밖의 사람에게 위궤양을 근본적으로 완치할 수가 있었다. 그러나 44세 己丑 대운은 심장병이 우려된다. 丑未가 충하고 있고, 또 丑이 충해 火氣가 사멸되기 때문이다. 만약 己丑 대운에서 申 酉 세월 운을 만나면 더욱 위험하다. 생일지지 寅을 충해 寅 중의 丙火마저 꺼지기 때문이다.

■처방

먼저 갑오징어 뼈 가루 3, 감초 1의 비율로 섞어 공복에 티스푼으로 한 숟가락씩 먹고 청량고추를 식사할 때 계속 2개 이상 먹었으며, 홍삼을 장기 복용하였다. (속열에 의한 위궤양에 청량고추가 탁월한 효과가 있다) 이 외 숨을 길게 들이쉬고 내쉬는 훈련을 계속하면서 심장에 좋은 식품을 많이 먹고, 약차를 즐겨 마시어도 좋다. 그렇게 하면 己丑 대운에 우려

되는 심장경색을 예방할 수 있다.

2) 木 간, 담이 약한 중풍 (女 31년생)

年 : 辛未　　　　　　대　운
月 : 甲午　　乙 丙 丁 戊 己 庚 辛 壬
日 : 己酉　　未 申 酉 戌 亥 子 丑 寅
時 : 乙丑　　 5 15 25 35 45 55 65 75

■풀이

생년의 辛金이 뜨거운 未 위에서 힘을 쓰지 못하지만 생일의 酉와 丑이 반합해 폐가 건강하다. 酉丑이 水를 생하므로 신장도 건강하고, 未午의 火氣가 충분해 土를 생하므로 심장 비장 역시 허약하지 않다.

그러나 생월의 甲木이 午火에 뿌리를 두지 못하였고, 생년의 未土에 미약하게 뿌리를 내린다. 생시의 乙木 역시 丑土 위에서 생기生氣를 얻지 못하였다.

그러므로 이 사람은 간·담의 기능이 가장 허약하다. 대운을 비교해 보면 5세~12세 까지는 乙木이 未에 뿌리를 두고 약한 간을 돕고 있으므로 건강하다. 15~24세 까지 丙申 대운은 丙火가 생년의 辛金과 합해 水로 변해 木을 생하고, 25~34세 까지 丁酉 대운은 丁火가 생년의 辛金을 억제해 생시의 乙木이 辛金으로부터 약하나마 극을 받지 않아서 간·담이 허약해지기는 하여도 병들지는 않는다.

그러나 35~44세 까지 戊戌 대운은 여러 가지 질병으로 고생하게 된다. 건조한 戊土가 午火와 반합해서 火氣가 충천해져 생일의 酉金을 극하고, 동시에 丑 중의 癸水를 마르게 한다. 따라서 火土氣가 왕성해져 비만해지고 신장과 폐 기능이 함께 허약해져 호흡기질환을 앓고 만성 피로에 시달렸다. 신장은 정을 주관하므로 소위 정력이 떨어지면서 기력이 쇠잔해졌던 것이다. 이럴 때는 陽氣가 성하므로 陰氣를 보양해야만 건강해진다. 즉 水氣로서 신장을 먼저 돕고, 金氣로 약한 폐·대장을 도우면 건강해지는 것이다. 방법은 金水에 속하는 식품을 많이 먹고 차를 마시되 火土에 관한 것은 자제해야 한다.

그런데, 이 사람이 45세 己亥 대운에 들어서자 기이하게도 호흡기질환이 저절로 낫고 만성 피로도 씻은 듯이 사라졌으며, 64세 庚子 대운까지 건강하였다. 亥子水가 甲乙木의 뿌리가 되고 생해주는 데다 水의 陰氣가 왕성한 火의 陽氣를 억제해 균형을 이루었기 때문에 오히려 더 건강해질 수 있었던 것이다. 이럴 때는 식품과 茶를 골고루 먹는 것이 좋다. 그러나 65세 辛丑 대운을 염두에 두고 木火에 관한 식품과 차를 많이 먹어서 陽氣를 보하고 간과 심장을 건강하게 해두어야 한다. 대운 辛金의 폐가 생년의 辛金과 합세해서 생월의 甲木 담을 억압하고, 동시에 생시의 허약한 乙木 간을 극해 꺾어버리며 대운 丑土 중의 辛金과 癸水가 생년의 未土 중 乙木과 丁火를 충해서 사멸시키므로 陰氣만 태과하고 陽氣가 불급인데다 간과 심장이 함께 제 기능을 발휘하지 못하기 때문이다.

그러나 이런 사실을 모르는 이 사람은 辛丑 대운에 들어서자 즉시 중풍으로 쓰러져 오른쪽이 반신불구가 되었다. 왼쪽은 陰이고 오른쪽은 陽이므로 陽이 허약한 오른쪽으로 병이 왔던 것으로 생각된다.

■ 처방

간·심장에 속하는 음식과 차를 즐기고 약을 계속 복용하면 더 심해지지 않는다. 심장 혈관을 넓히고 심혈을 통해 머리에 산소를 공급하고 간 기능을 활성화 하면 완치될 수도 있다. 물리적인 방법으로 척추를 바르게 잡아주어도 가능성이 있다.

3) 木 담이 金 폐의 극을 받아 인대가 끊어짐(男 70년생)

年 : 庚戌　　　　　대　운
月 : 甲申　　乙 丙 丁 戊 己 庚 辛
日 : 壬申　　酉 戌 亥 子 丑 寅 卯
時 : 甲辰　　6　16　26　36　46　56　66

■ 풀이

생년의 庚金 대장이 뿌리가 없는 생월의 甲木 담을 극하는데 생시의 甲木이 辰土 위胃에 뿌리를 두었으나 地支에 金이 많아서 허약하다. 그리고 생년의 戌土는 내장되어 있는 丁火가 밖으로 불꽃을 피우지 못한다. 그러므로 이 사람은 천성적으로 陽氣가 부족하고 간·담과 심장·소장이 매우 약하다. 반면에 金이 많아서 폐·대장은 크고 실하다. 너무 크고 실하면 반드시 그 부위에 사기가 쉽게 침범한다.

따라서 간 심장이 병들고 폐·대장에도 병이 든다. 대운을 비교해 보면 6~15세 까지 乙酉 대운은 乙木이 생년의 庚金과 합해 金으로 변하고, 酉金이 생시의 辰土와 합해 역시 金으로 변한다.

이처럼 金이 과다하면 뼈대가 굵고 뼈대가 굵으므로 힘도 좋다. 그러나 간·담이 약하므로 힘줄이 약해서 쉽게 피로해지고 인내력이 떨어진다. 어린시절부터 축구선수 생활을 하였으나 크게 빛을 보지 못하였으며, 16세 丙戌 대운에서 발목 인대가 끊어져 더 이상 선수 생활을 할 수가 없었다. 戌과 생시의 辰土가 충하므로 생시의 甲木이 뿌리를 둘 수 없기 때문에 담 기능이 극히 쇠약해져 인대가 끊어졌던 것이다.

26~45세 까지는 亥子水가 甲木의 뿌리가 되고 또 생해주므로 간 담의 기능이 다시 살아난다. 그러나 한 번 다친 인대는 정상이 될 수 없었다. 46세 이후 己丑 대운에는 土氣가 태과하게 金을 생하므로 다시 간 기능이 저하될 뿐만 아니라 심장도 대단히 약해져 풍병이 우려된다. 그리고 체질이 워낙 냉해 대장에도 큰 병을 앓을 수 있다.

■처방

간 심장에 속하는 식품과 차를 꾸준히 즐겨야 한다. 호흡 훈련을 매일 하고 동쪽이나 남쪽으로 향해 앉거나 잠자고 항상 몸을 따뜻하게 하는 것이 좋다.

4) 木 허약의 간염과 디스크(女 65년생)

年 : 乙巳　　　　대　운
月 : 壬午　　癸 甲 乙 丙 丁 戊 己
日 : 己亥　　未 申 酉 戌 亥 子 丑
時 : 戊辰　　 8 18 28 38 48 58 68

■풀이

생년의 乙木 간이 巳火에 뿌리를 두지 못해 매우 허약하다. 그러나 생월의 壬水와 생일의 亥水가 木을 생하므로 허약한 중에 바람에 흔들리는 풀잎처럼 견뎌낸다. 생년 월의 巳, 午火의 陽氣가 분명하고 생일과 시의 亥辰의 습한 陰氣 역시 모자라지 않으므로 심장과 신장은 건강하다. 생시의 戊土도 辰土에 뿌리를 두고 있어서 비·위가 다 좋다.

그러나 만나는 대운이 문제가 된다. 3~12세 까지 癸未 대운은 癸水가 돕고 乙木이 木에 뿌리를 두므로 병들지 않았다.

18~27세 까지 甲申 대운은 초기 5년 간 23세 까지는 甲木이 강하게 주관해 乙木을 도우므로 역시 건강하다. 그러나 24세 이후는 申金이 강하게 주관한다. 따라서 乙木이 金氣를 견디지 못해 염증을 유발할 수밖에 없었다. 염증은 乙酉 대운까지 지속되었으며 38세 丙戌 대운에 들어서자 丙火가 생년의 乙木을 태우고, 戊土가 생일의 亥水를 극하면서 생시의 戊土와 충돌한다. 따라서 水木이 함께 허약해지면서 허리디스크까지 앓게 되었다. 그대로 두면 허리 수술까지 각오해야 한다. 그러나 신장과 간을 계속해서 보양하고 양생 운동으로 허리를 강화시키면 낫는다. 그렇지 않으면 47세까지 지속되다가 48세 丁亥 대운부터 호전되는데, 亥水가 木을 생해주기 때문이다.

■ **처방**

水木에 속하는 식품을 많이 먹고 茶를 마시는 것이 좋다. 편안하게 누워서 두 다리를 직각으로 천천히 들어올렸다 내리는 운동을 계속하고 좌우로 허리를 자주 돌려주면 도움이 된다.

5) 木 간이 金 폐의 극을 받은 간암(男 45년생)

年 : 乙酉　　　　　대　운
月 : 乙酉　　甲　癸　壬　辛　庚
日 : 甲辰　　申　未　午　巳　辰
時 : 癸酉　　8　18　28　38　48

■풀이

생년 월의 乙木 간이 2개의 酉金 폐 위에서 뿌리가 없이 마치 쇳덩이에 놓인 여린 풀잎이 마르는 것과 같다. 그나마 생시의 癸水 신장이 酉金 肺氣를 흡수해 乙木 간을 도우므로 간신히 버틸 수 있다.

이렇게 간이 허약하고 金氣가 유행할 때 태어나면 대개 소아마비를 앓는 경우가 많다. 간·담이 주관하는 힘줄이 가늘고 약해서 뼈를 건강하게 싸줄 수 없기 때문이다. 이 사람 역시 천성적으로 간이 허약한 데다 金이 유행할 때 태어나 오른쪽 다리가 약간 짧고 약해서 정상인 보다 불편하였다. 그러므로 살아가면서 火水木이 유행하는 때를 만나야 건강을 유지할 수 있고 土 金을 만나면 반드시 간에 병이 든다.

이에 대운을 비교해보면, 태어난 그 해 소운(大運이 들기 이전)이 申金이 유행할 때였다. 그리고 8~17세까지 甲申 대운에도 申金이 주관하였으나 甲木이 乙木 간을 도와 병약할 뿐 위험한 병은 앓지 않았다. 18~27세까지 癸未 대운은 癸水신장이 乙木 간을 길러주고, 乙木이 未에 木이 뿌리를 내리므로 비로소 건강을 되찾을 수 있었다. 28~37세까지 역시 건강하다. 壬水 방광이 乙木 간을 돕고, 午火 심장의 火氣가 태과한 肺 金氣를 억제하기 때문이다.

그러나 38세 辛巳 대운은 허약한 간이 더 이상 金의 공격을 견뎌내지 못한다. 칼날처럼 예리한 辛金이 乙木을 자르는데 巳火가 酉金과 반합해 또 金으로 변하여 肺氣가 인체를 지배한다. 따라서 이때부터 간 기능이 급격히 떨어지기 시작하였으며, 43세 戊辰년 가을에 간암에 걸려 그 해 음력 12월 乙丑 월에 사망하였다.

■처방

평소에 陽氣를 보하고, 木과 火에 속하는 식품을 집중적으로 먹으면서 茶를 마시되 土 金에 속하는 것을 적당히 자제하였다면 예방이 가능하였다. 그리고 우울하고 슬픈 마음을 갖지 말고 늘 낙천적이어야 한다.

6) 土 비·위가 木 간의 극을 받아 위암으로 사망(男 65년생)

年 : 乙巳　　　대　운
月 : 己卯　　戊 丁 丙 乙 甲
日 : 己未　　寅 丑 子 亥 戌
時 : 乙亥　　10 20 30 40 50

■풀이

地支에 亥卯未가 삼합(3合)하고 생년과 시에 乙木이 또 합세하므로 木이 마치 울창한 숲이 산을 덮고 있듯 肝氣가 인체를 거의 지배하고 있다. 그러나 생년과 일의 己土 비장은 乙木 간에 그 정기를 모두 흡수당해 자양분이 전혀 없는 메마른 흙과 같다. 그나마 위안이 되는 것은 생년의 巳火가 강성한 木氣를 설기泄氣시켜서 土를 생할 수 있다는 점이다. 이는 간이 머금고 있는 혈을 심장이 끌어와 새 피를 생산해내는 것과 같은 이치이다.

따라서 이 사람은 火 土 金운을 만나야 건강을 유지할 수 있다. 火 土는 허약한 비·위를 돕고 金은 강성한 木을 억제할 수 있기 때문이다. 다만 金운은 土氣를 빼앗아가므로 습생으로 비·위를 보양해주어야 한다.

이에 대운을 비교해보면, 10세~19세까지 寅木이 주관해 비·위가 더욱 허약해진다. 그러나 戊土가 도와서 소화불량에 시달리면서도 어렵게 살아갈 수는 있었다. 20~29세 丁丑 대운은 丑이 생일의 未와 서로 충하므로 비장 기능이 더욱 약화된다. 충하면 싸움 때문에 가정을 돌아볼 수 없듯 비장이 제 기능을 발휘하지 못한다. 오직 丁火가 심장을 돕고 土를 생해 비장을 도우므로 어렵게 건강을 지킬 수 있었다. 30~39세 丙子 대운 역시 子水가 간을 생하고 생년의 巳火를 어둡게 하므로 심장이 허약해져서 비·위가 제 기능을 못한다. 丙火가 도와주어서 겨우 지탱할 뿐이다.

그러나 40세 이후 乙亥 대운은 한평생 소화불량에 시달리면서도 겨우 지탱해오던 건강을 기어코 잃을 수밖에 없었다. 乙木이 己土 비장을 완전하게 극파하고, 巳火마저 亥水에 사멸되므로 즉시 위에 종양이 생기고 사망할 수밖에 없었다.

■ **처방**

식품과 차는 火 土에 속하는 것이 가장 좋고, 다음은 金에 속하는 것이다. 水와 木에 속하는 것은 자제하면 예방할 수 있다. 그리고 길게 들이쉬고 내쉬는 호흡훈련을 매일하고 스트레스와 성내는 습관을 버리고 느긋한 마음을 가져야 한다.

7)木의 풍에 의해 풍으로 쓰러짐(女 48년생)

年 : 戊子　　　　대　운
月 : 丁巳　　丙 乙 甲 癸 壬 辛
日 : 辛卯　　辰 卯 寅 丑 子 亥
時 : 辛卯　　0 10 20 30 40 50

■풀이

풍은 바람이고 木氣가 바람을 일으킨다. 그러므로 간 기능이 너무 성하면 풍이 일어나고 심장이 혈을 제대로 생하지 못하면 풍으로 쓰러진다. 간 기능의 풍은 성질로 나타나는데, 木이 많으면 성질이 폭풍처럼 일어나고 혈도 급하게 돌아간다. 이때 심장이 허약하면 혈관이 좁고 약해서 위로 치솟는 혈을 감당하지 못해 터지니 이것을 고혈압이라 하고 풍이 되는 것이다. 심하면 사망할 수 도 있다.

이 사람의 경우, 木이 강하고 심장과 폐가 함께 허약하다. 생년의 子水가 巳火를 어둡게 하는데, 卯木은 새싹과 같아서 火를 충분히 생하기 어렵다. 게다가 생월의 丁火는 생년의 戊土에 흡수당한다. 또 생시의 辛金은 2개의 卯木에 반극당해 폐까지 허약하므로 혈을 충분히 실어 나르지 못한다. 따라서 木·火·土·金운을 만나면 건강하고, 水운은 해롭다. 木은 생월의 丁巳火를 생해서 좋고, 水는 火를 꺼뜨려서 흉하다. 다만 土金운은 식품 또는 차나 약으로 심장을 건강하게 하는 것이 좋다.

0~9세까지 丙辰 대운은 濕한 辰土가 생년의 子水와 반합해 생월의 巳火를 어둡게 하므로 심장과 소장이 허약해 저혈압증세가 조금 있었다. 10~29세까지 乙卯 丙寅운은 火를 생할 수 있어서 좋으나 생년의 子水가 마르므로 신장·방광이 허약해지고, 생시의 辛金 역시 木火의 극을 받

기 때문에 폐·대장이 좋지가 않다. 따라서 이때 만성 피로증세와 호흡기질환을 앓게 된다. 그러나 地支에 水·木·火만 다 있을 때는 地支가 상대적인 것을 충해온다. 즉 巳는 亥를, 卯는 酉를 충해오므로 신장과 폐에 큰 병을 앓지 않았던 것이다. 그러나 水·木·火운이 오면 상대적인 것을 충해오지 못한다. 없는 것은 천지기운이 보충해주지만 있는 것은 보충해주지 않기 때문이다.

따라서 30세~39세까지 癸丑 대운은 癸水가 생월의 丁火를 극하고, 냉한 丑土가 생년의 子水와 합해서 매우 냉한 土로 변하고 생시의 辛金이 丑에 뿌리를 내리므로 상대적인 것을 충해오지 못해 장부의 조화가 깨어진다. 그리고 생월의 巳火를 어둡게 해 심장이 매우 허약해진다. 이처럼 심장이 허약하면 저혈압증세가 심하다. 이때 성질을 자주 부리면 고혈압 증세까지 나타난다. 성을 내면 혈이 머리 위로 솟구쳐 오르기 때문이다. 40~49세까지도 그와 같다.

그러나 50세 辛亥 대운 이후는 그 정도가 심각해진다. 亥水가 생월의 巳火를 극파해 사멸시키기 때문이다. 그리되면 생월의 丁火는 뿌리를 잃고 상승한다. 즉 찬 기운에 의해 火氣가 위로 치솟기 때문에 뒷머리 혈관이 터지면서 풍으로 쓰러졌던 것이다.

■처방

식품과 차는 火에 속하는 것을 많이 먹고, 다음으로 土金에 속하는 것을 먹어야 하며, 水에 속하는 것은 적게 먹는 것이 좋다. 그리고 길게 숨을 들이쉬고 내쉬는 훈련을 매일 행하면 예방할 수 있다.

8) 木 간에 陰氣가 많은 간경화(男 62년생)

年 : 壬寅　　　　대　운
月 : 辛亥　　壬 癸 甲 乙 丙 丁
日 : 丙子　　子 丑 寅 卯 辰 巳
時 : 乙未　　1　11　21　31　41　51

■풀이

생년의 寅木이 天干 壬水와 생월일의 亥子에 둘러싸여 水의 생을 받기보다 오히려 木이 水에 뿌리가 썩는다. 생시의 未土가 비록 뜨거운 성질이 있으나 丁火가 未중에 장복돼 있고 한냉한 亥子에 火氣가 피어오르지 못한다. 또 생월의 辛金이 뿌리가 없이 홀로 외로운데 생시의 乙木을 극한다. 따라서 간·담, 심장·소장의 기능이 허약하고 폐 기능도 허약하다. 이럴 때는 木 火운을 만나되 肺氣를 건강하게 보양해주어야 한다.

그러므로 1~20세까지 壬子 癸丑 대운은 병약하다. 21~40세까지 甲寅 乙卯 대운은 허약한 木이 과다한 水를 설기시켜서 火를 생하므로 대단히 건강하다.

그러나 41세 丙辰 대운은 丙火가 생월의 辛金과 합해서 水로 변하고, 습한 辰土는 생일의 子水와 반합해 또 水로 변하였다. 이에 木은 물에 젖고 火는 바람 앞의 등불과 같다. 게다가 43세 甲申 세월 운을 만나자 申金이 생월일의 亥子와 삼합해서 水가 더욱 범람한다. 이에 그해 음력 3월[辰]이 되자 간 기능이 급격히 저하되면서 간경화를 앓을 수밖에 없었다. 간 전문 병원에 입원해 치료를 받았으나 조금도 호전되지 않아 죽음을 생각하지 않을 수 없을 만큼 점점 병세가 악화된 어느 날이었다. 병문안 온 한 사람이 이 사람을 진단하기를, 간의 세포가 굳어가는 것이 아니라 간에 혈이 엉켜 굳은 현상으로서 엄격히 말해 간경화가 아니라 하였다. 즉 간은 陰〔水氣〕중의 陽〔火氣〕인데 陽이 부족해 간이 머금고 있는 혈을 심장이 끌어가지 못함으로서 혈이 엉켜있는 것으로 판단하였던 것이다.

그래서 즉시 퇴원한 환자는 그 사람의 권유에 따라 간을 자극해 어혈을 푸는 한편, 간과 심장을 강화시키는 식이요법으로 어렵지 않게 완치할 수 있었다. 간을 자극하니 검은 얼굴빛이 희어졌으며, 계속 반복하는 동안 어혈이 완전히 풀어지면서 본래 흰 얼굴빛도 되찾을 수 있었다.

■처방

솔잎순식초, 홍삼 달인 것, 옥수수 수염 달인 물을 함께 茶처럼 마시고 간을 자극하면서 호흡 훈련으로 심장 기능을 좋게 하면 예방되고 치료도 된다. 다만 간은 한 번 손상되면 매우 오랫동안 기능이 회복되지 않으므로 식생활을 잘 해야 한다. 특히 성내거나 스트레스를 받지 말고 무리하게 일해서도 안 된다.

9) 木 간이 金 폐의 극을 받은 담석증(女 53년생)

年 : 癸巳　　　　　대　운
月 : 庚申　　辛　壬　癸　甲　乙　丙　丁　戊
日 : 辛酉　　酉　戌　亥　子　丑　寅　卯　辰
時 : 庚寅　　1　11　21　31　41　51　61　71

■풀이

생월의 庚申金과 생일의 辛酉金 그리고 생시의 庚金이 태과하게 인체를 지배하고 있다. 반면에 생시의 寅木이 생일의 酉金에 억제당하고 생년의 巳火는 생월의 申金과 합해 水로 변하였다. 이처럼 金이 태과할 때는 水가 金氣를 설기시켜 木을 생하는 것이 좋고, 木이 火를 생하고 火가 金을 억제해주어야 건강해진다. 이 사람의 경우, 巳申이 합해 水가 되고 생년에 癸水가 있는 것이 가장 좋다.

그러나 寅木과 寅 중의 丙火가 허약해 간과 심장이 함께 좋지 않으므로 水운에 생활은 넉넉해도 건강은 좋지 못하다. 간 심장이 허약해 저혈압과 피로증세로 생활에 활력을 얻지 못한다. 특히 陰氣가 태과해서 대장이 냉하므로 변비 설사 때문에 고생하고, 폐도 좋지 못하다. 본래 만 가지 병은 냉, 열 즉 陰陽이 균형을 잡지 못하기 때문에 얻는다. 따라서 이 사람은 火운을 만나지 못하면 한평생 잔병을 앓으면서 살아야 한다. 그러나 陽氣만 보양해주면 조금도 문제될 것이 없다.

1~20세까지 辛酉 대운은 간·담, 심장·소장이 함께 허약해 지나치게 병약하므로 성장도 늦고 생활하기도 어려웠다. 그러나 21세 癸亥 대운 이후는 水가 강한 金氣를 끌어와 寅木을 생하므로 生氣를 얻어 건강도 좋아졌다. 그러나 寅木이 워낙 약하므로 간·심장 기능이 원활하지 못하므로 늘 피로하고 소화기병을 안고 살아야 한다.

丙寅 51세부터는 丙火가 강한 金氣를 억제하고 寅木이 생시의 약한 寅木을 도우므로 생활도 넉넉하고 간 심장도 좋아진다. 그런데, 여기서 문제는 寅木이 생월의 申金과 충돌하는 점이다. 강한 金氣에 寅木이 충돌하므로 담이 상처를 입을 수밖에 없는 것이다. 하지만 생시에 寅木이 있어서 담이 申金 대장의 공격에 쉽사리 무너지지 않는다. 다만 申金의 공격을 寅木이 안간 힘을 쓰면서 버틸 수밖에 없으므로 담에 결석이 생겼던 것이다.

　담결석은 2004년 甲申에 甲木이 생월시의 庚金의 극을 받고 申金이 대운의 寅木과 싸우기 때문에 생겨나 이때부터 조금씩 자라나서 2005년 乙酉에 크게 자라, 2006년 봄에 비로소 통증으로 나타난다. 고통이 심해 병원에 가서 사실을 알고 수술할 계획이었으나 한 사람의 권유를 받고 효력이 매우 강한 홍삼과 솔잎순식초 원액을 진하게 물에 타서 차를 즐기듯 마시기 시작하였다. 그리고 10일이 채 못가서 아픔이 점차 줄어들었으며, 한 달 후에는 담석증이 신통하게 없어졌다. 홍삼은 심장을 건강하게 하고, 솔잎순식초차는 간·담을 건강하게 하고, 또 간을 해독하는 데 탁월한 효과가 있으므로 담석증이 저절로 녹아 없어졌던 것으로 생각된다.

■처방

　식품과 茶를 木 火에 속하는 것을 많이 먹고, 土 金 水에 속하는 것을 적게 먹으면 예방과 치료를 할 수 있다. 木茶는 솔잎순식초차가 가장 좋고, 火茶는 진하고 흡수가 잘되는 발효된 홍삼이 좋다.

10) 木 火 허약의 시각장애(男 48년생)

年 : 戊子　　　　대　운
月 : 丙辰　　丁 戊 己 庚 辛 壬 癸
日 : 乙酉　　巳 午 未 申 酉 戌 亥
時 : 乙酉　　 2 12 22 32 42 52 62

■풀이

　생월의 地支 辰土가 생일의 酉金과 합해 金으로 변하므로 地支가 모두 金으로 구성되어있다. 생년의 子水는 金과 상생 관계이므로 이런 경우는 金을 종〔從 : 따라감〕하는 것으로 본다. 天干의 戊 丙 乙은 뿌리가 없으므로 아무런 능력이 없고, 오히려 순수하게 따라가야 하는 金을 탁하게 한다. 그리고 그것들 스스로 허약해 장부에 해가 된다. 즉 戊土 비·위와 丙火 심장·소장과 乙木 간·담이 허약한 것이다. 여기서 戊土가 위胃이지만 己土가 없는 土氣이므로 비장의 氣도 함께 있는 것으로 보아야 하고, 마찬가지로 丙은 심장 소장의 氣까지 함께 있는 것으로 보아야 한다.

　이렇게 天干이 뿌리가 없고 地支가 같은 오행이 모두 지배하고 있으년 지배하고 있는 그 오행으로 따라가야 한다. 그러면 마치 빈 곳에 물이 흘러들 듯 천지기운이 없는 것을 채워주는 것이다. 이 사람의 경우, 子는 午를 충해오고, 辰은 戌, 酉는 卯를 충해와서 균형을 잡아준다. 그러나 따라가는 것을 상생하지 않고 반극하면 충해오지 못하고 균형이 깨져 운명과 건강이 함께 나빠진다. 즉 이 사람의 경우, 木운이 오면 木이 金에 꺾어질 것이며, 火운이 오면 火가 어두워질 것이며, 土는 金과 상생하므로 무난하지만 金이 생하는 水를 극하므로 반은 길하고 반은 흉하다. 그러나 金과 水는 매우 좋다.

　그러므로 대운을 비교해보면, 2세 丁巳부터 火가 金을 억제하려 듦으로 金이 木을 충해 오지 못하고, 火氣 역시 어두워져서 이때부터 시력이 점점 떨어지기 시작하였다. 간은 눈을 주관하고 심장은 빛을 주관하므로 볼 수 없었던 것이다.

　32세 庚申부터는 申金이 합세해 木을 충해오지만 오랫동안 보이지 않던 눈이 밝아질 수는 없었다. 그러나 운명만은 고생스럽던 31세까지의 악운을 떨쳐내고 큰 부와 명예까지 얻을 수 있었다.

■처방

식품과 茶 또는 한약을 간 심장에 속하는 것을 집중적으로 먹고, 뜨거운 물로 자주 눈을 씻어주면 예방과 치료가 가능하다. 그러나 맵고 짜고 단맛 나는 것은 피해야 한다.

11) 土 위가 木 간의 극을 받아 위암으로 사망(女 54년생)

年 : 甲午　　　　대　운
月 : 丙寅　　乙 甲 癸 壬 辛 庚
日 : 甲辰　　丑 子 亥 戌 酉 申
時 : 丁卯　　4 14 24 34 44 54

■풀이

생월 地支 寅과 생년의 午가 반합해서 火로 변하고, 생년 天干 甲木은 午火에 불타고, 생월 天干 丙火에 불타서 재가 된 것과 같다. 그리고 생시의 丁卯가 또 火氣에 합세하므로 濕한 辰土가 水氣를 모두 빼앗겨서 오히려 건조해졌다. 게다가 寅卯木이 辰土에 뿌리를 내리고 土의 水氣와 자양분을 모두 흡수하고 있다. 따라서 태과한 木과 火로 인해 간·담 심장·소장이 너무 크고 실해 타오르는 陽氣 때문에 체질이 마치 불덩이와 같고, 土 비·위는 陰氣가 증발되고 흡수당해 메마른 흙과 같다. 비·위는 본래 습해야 한다. 습하지 않으면 마치 물이 없이는 밀가루를 반죽할 수 없듯이 음식물을 갈무리해서 소화시킬 수 없기 때문이다.

그러므로 위장병은 열이 많으면 가장 위험하다. 특히 위암과 췌장암에 대단히 취약하다.

이 사람의 경우가 그렇다. 급히 水氣로서 신장과 방광을 보양하고 金氣로서 폐 대장을 보양해 신장의 기운을 생해주어야 비·위가 촉촉이 젖어 병들지 않는다. 따라서 대운을 비교해보면, 4~33세까지는 水가 주관하므로 비·위가 어느 정도 건강할 수는 있었다. 하지만 소화불량증세는 피할 수 없다. 辰土 위가 寅卯에 갇혀서 정기를 흡수당하고 있기 때문이다. 다행히 火氣가 충분해서 土를 생할 수 있어서 위험한 병은 앓지 않았다.

그러나 壬戌 대운 34세 이후는 버텨내기 어렵다. 건조한 戌土가 생년월의 寅午와 삼합해서 火로 변하므로 비·위가 점점 말라가기 시작하기 때문이다. 다행히 대운 天干에 壬水가 도와주고 뿌리가 없으나 세월 운이 43세 1997년 丁丑까지 地支에 水가 주관하였기 때문에 간신히 버텨낼 수는 있었다. 다만 1994년 甲戌년은 소화기가 매우 좋지 않았다. 대운 天干에 壬水가 없었다면 이때 문제가 발생하였을 것이다.

1998년 戊寅년이었다. 이때는 대운이 44세 辛酉이다. 辛酉가 水를 생해서 좋을 것 같지만 전혀 아니다. 생월일시의 寅卯辰이 방합方合해서 木局을 이루고 있으므로 金이 오히려 木에 반극당해 水를 전혀 생할 수 없기 때문이다. 이에 세월의 天干 戊土는 생년의 甲木에 극을 받고, 또 건조하며, 세월의 地支 寅木 담이 생일의 辰土 위胃를 마르게 하고 정기를 고갈시키니 그 해 木氣가 왕성한 이른 봄에 위암에 걸렸다. 그리고 1999년 己卯년에 수술을 하였으나 2003년 癸未년 봄에 재발하여 사망하였다.

■처방

木과 火에 속하는 식품과 茶, 그리고 약을 금하고 金氣와 水氣에 속하는 식품과 차 또는 한약으로 폐와 신장을 보양해 火氣를 내리고 陰氣를 충분히 보양하면서 비·위를 다스리면 예방할 수 있다. 그리고 척추 위 부위를 강하게 압박하면서 약을 복용하면 수술을 하지 않고 치료할 수 있는 가능성이 없는 것은 아니다.

12) 金 폐가 木 간의 극을 받은 폐결핵(女 66년생)

年 : 丙午　　　대　운
月 : 辛卯　　庚 己 戊 丁 丙
日 : 己卯　　寅 丑 子 亥 戌
時 : 癸酉　　5 15 25 35 45

■풀이

생월의 辛金이 뿌리가 없어서 생년의 丙火와 합해서 水로 변하고, 생월 일의 2개의 卯木이 생시의 酉金을 반극한다. 그리고 생년의 午火가 강한 卯木을 태워서 火氣를 일으키므로 타고날 때부터 간 심장이 크고 실하며, 폐가 허약하다. 이렇게 金과 木이 서로 싸울 때는 水로서 통관시키는 것이 좋다. 金生 水, 水生 木으로 상생하기 때문에 金과 木이 상쟁하지 않는다. 그러나 水가 金氣를 빼앗아 오므로 肺氣가 허약한 것은 어쩔 수 없다.

5세 庚寅 대운에서 寅木이 강하게 작용하는 9세 때 폐결핵을 앓았는데, 寅木이 생년의 午火와 반합해서 火氣가 더욱 충천해져서 酉金 폐를 극하였기 때문이다. 대운 天干 庚金 대장이 돕고 생시의 癸水가 그나마

火氣를 억제할 수 있었기 때문에 무난할 수 있었다.

己丑 대운 己土 비장이 폐를 돕고 역시 냉한 丑土가 생시의 酉金과 합해 金으로 변하므로 이 시기가 가장 건강하였다. 25~34세까지 戊子 대운은 戊土 위胃의 氣가 폐 金을 도와서 좋으나 子水 신장의 氣가 생년의 午火 심장을 극하므로 이때부터 저혈압증세가 있었으며, 속이 냉해 호흡기와 소화기도 좋지 않았다.

그러나 45세 丙戌 대운이 들어서면 또다시 폐병을 앓을 수 있다. 丙火의 타오르는 불길이 생시의 癸水 신장을 허약하게 하고, 건조한 戌土가 卯木과 합해서 火로 변하므로 酉金 폐가 극을 받기 때문이다. 그리고 火氣로 인한 소화불량과 신장 허약으로 인한 만성 피로에 시달리며, 土氣의 강성한 기운 때문에 비만이 예상된다.

■처방

金과 水에 관한 식품과 차가 좋고 위를 보양하면 예방할 수 있다. 木과 火에 관한 것은 적게 먹는 것이 좋다.

13) 木氣 과다로 인한 지방간(男 51년생)

年 : 辛卯　　　　대　운
月 : 庚寅　　己 戊 丁 丙 乙 甲 癸
日 : 丁亥　　丑 子 亥 戌 酉 申 未
時 : 癸卯　　 4 14 24 34 44 54 64

■풀이

地支에 亥卯가 합해 木이 되고 생년 월의 辛庚 金은 태과한 木氣에 반극당해 오히려 허약하다. 이럴 때는 木氣를 따라가야 한다. 그러면 卯는 酉를 충해 오고, 寅은 申을, 亥는 巳를 충해온다. 또 天干의 辛은 壬을 합해오고, 庚은 乙을, 丁은 壬을, 癸는 戊를 합해 와서 오행이 조화를 이루게 된다. 그러나 木을 종從하는데, 土金은 흉하다. 土는 木의 극을 받아 허물어질 것이며, 金은 木에 상처를 받는다. 그러므로 생년 월의 辛庚 金은 木의 순수함을 해치고 동시에 허약하므로 폐·대장이 건강하지 못하다.

　대운을 비교해보면, 4~13세까지 己丑은 비장이 좋지 않아서 소화기에 문제가 있다. 丑土 비장이 卯木 간의 극을 받기 때문이다. 다만 天干 己土의 도움이 있어서 그렇게 심하지는 않다. 天干은 天干끼리 상생 상극하고, 地支는 地支끼리 상생 상극하는데, 天干과 地支 역시 상생하고 상극하나 작용력이 약하다. 그리고 폐·대장 역시 그리 심하게 허약하지 않다. 丑土에 庚辛 金이 뿌리를 약하게나마 둘 수 있기 때문이다.

　14~33세까지 戊子 丁亥 대운은 폐기肺氣가 허약해져 호흡기가 좋지 않았다. 子亥 水가 木을 생해서 종하는데, 木은 다시 火를 생해야 하나 水가 火氣를 어둡게 하고, 폐·대장 역시 뿌리가 없어져서 허약해지므로 호흡기 질환과 저혈압증세로 고생하였다.

　丙戌 대운 34~43세까지는 생활은 부유해졌으나 건강이 매우 좋지 않다. 丙火가 생월의 庚金을 극하고, 생일의 亥水가 건조한 戌土에 흡수당하기 때문이다. 그러나 木을 종할 때 火가 가장 좋으므로 丙은 辛을 합하고, 戌은 辰을 충해오는 이치에 따라 병세가 매우 심한 것은 아니어서 약으로 유지할 수 있었다.

　44~53세 乙酉 대운은 金이 木과 충돌한다. 생년 월 天干에 2개의 金이 없었으면 金이 크게 손상돼 폐·대장에 병이 왔을 것이다. 그러나 金이

2개가 있고, 乙이 생월의 庚과 합해 金이 되므로 강한 木氣에 쉽게 꺾이지 않는다. 그러나 木은 약간의 상처를 입는다. 대개 이런 운이 오면 스트레스를 심하게 받는다. 태과한 木을 金이 가로막으니 뜻대로 되는 일도 없다. 따라서 스트레스가 쌓이고 쌓여서 간에 지방이 생기거나 사기가 침범해 병들고 위장까지 나빠진다.

■ 처방

火에 속하는 식품이나 茶, 또는 약으로 심장을 보양해 金에 의해 정체된 간의 기운을 소통시키고, 土 金으로 비장과 폐를 보양한다. 木에 속하는 것은 금하고 무엇보다도 성내고 미워하고 괴로워하지 않아야 건강해진다.

14) 木氣 과다로 인한 당뇨(女 48년생)

```
年 : 戊子           대    운
月 : 乙卯    甲 癸 壬 辛 庚 己
日 : 癸卯    寅 丑 子 亥 戌 酉
時 : 壬子    4 14 24 34 44 54
```

■ 풀이

생년의 戊土를 제외하고 모두 水木으로 구성되어 있다. 戊는 日干 癸水와 멀리 떨어진 생년의 기운이므로 자기 자신인 日干에 미치는 영향력이 매우 약하다. 또 戊가 日干 癸水와 합해 火로 변하는 성질이 있다. 따라서 위장은 약하지 않은 것으로 판단된다. 이렇게 되면 天干은 상대적인 天干을 합해 오고, 地支는 상대적인 地支를 충해 온다. 따라서 土

金이 흉하고 火가 가장 좋고, 다음은 木이며, 水는 木을 생해서 좋으나 火를 어둡게 하기 때문에 반은 길하고 반은 흉하다.

甲寅 대운 4~13세까지는 좋하는 木이 더욱 치성해서 건강하고 생활도 넉넉하다. 그러나 14~43세까지는 水가 지배하므로 木이 火를 충분히 생하지 못해 심장이 허약하다. 심장이 허약하면 비장의 氣도 따라서 약해지므로 소화가 잘 되지 않고, 또 체질이 냉해져서 폐·대장도 좋은 편이 못된다. 庚戌 44세 대운은 戌土가 卯와 합해 火가 되므로 비로소 생활이 넉넉해진다. 그러나 庚금이 木氣와 火氣에 극을 받기 때문에 대장이 좋지 않다. 변비증세가 있었고 비염증세도 있었다.

54세 己酉 대운은 건강과 삶에 가장 힘든 시기를 보내게 된다. 己土 비장이 乙木 간의 극을 받아 소화액을 충분히 생하기 어렵고, 酉金은 卯木의 극을 받으므로 肺가 허약해진다. 따라서 이때부터 당뇨를 앓게 되었는데, 비장이 약한 데다 酉金이 木의 극을 받아 水 신장의 기운을 생하지 못하기 때문이다. 당뇨병은 대개 土 비장과 水 신장이 태과하거나 허약할 때 앓는다. 특히 水가 태과할 경우는 더욱 명료해진다.

그런데, 子卯가 이처럼 나란히 있으면 당뇨병을 쉽게 앓는다는 사실이다. 子와 卯는 흔히 말하는 도화살인데 색을 밝히는 특징이 있고, 묘하게도 성병에도 면역력이 약하다는 사실을 여러 임상에서 알 수가 있었다. 아마도 많은 성관계로 인해 정기가 훼손돼 당뇨를 앓는 것으로 생각되지만 성병은 그 이유를 알 수 가 없다

■ 처방

식품과 茶, 또는 한약을 火土에 속하는 것을 많이 먹고, 金水에 속하는 것은 적당히, 木은 어쩌다가 한 번씩 먹는 것이 좋다. 그리고 발바닥을

자주 지압하고 단전호흡을 하면 예방된다. 척추 뼈 중에서 심장과 비·위 부분을 강하게 압박해주는 것도 한 방법이다.

15) 木氣가 허손된 백내장(女 44년생)

年 : 甲申　　　　대　운
月 : 壬申　　辛 庚 己 戊 丁 丙 乙
日 : 丙寅　　未 午 巳 辰 卯 寅 丑
時 : 癸巳　　7 17 27 37 47 57 67

■풀이

생년의 甲木이 地支 申金에 뿌리가 없고 생월의 壬水에 의지하고 있다. 생일의 寅木은 생년 월의 2개의 申金에 뿌리째 뽑히는데, 생시의 巳火가 寅木을 태우므로 담이 매우 허약하다. 肝氣인 乙卯가 없고 담이 허약하면 간 기능도 허약하다. 이럴 때는 水氣가 우선한다. 水가 寅木 담을 극하는 2개의 申金 대장의 氣를 빼앗아서 약한 寅木 담을 생해주기 때문이다.

그러나 대운이 따라주지 않는다. 7세 辛未 대운 이후 36세까지 火가 주관하므로 강한 申金을 억제해서 좋으나 寅木이 火에 설기泄氣당해 허약해진다. 그러므로 시력이 나쁠 수밖에 없었으며, 戊辰 대운 37~46세까지 역시 戊辰이 金을 생하므로 시력이 좋아지지 않았다. 47~56세 까지는 卯木이 주관하므로 건강하지만 한 번 나빠진 시력이 회복될 수는 없었다. 그런데, 丙寅 대운 57세가 되자 시력이 급격히 떨어지고 눈물이 흘러 불편을 겪다가 2004년 甲申년에 백내장으로 수술을 할 수 밖에 없었다. 생일의 寅木이 생월의 申金과 충하는데 다시 대운 寅木이 생년의

申金과 충하는데다, 세월의 申金이 寅木을 또 충하므로 간·담의 기능이 급격히 저하되고 손상되었기 때문이다.

■처방

水와 木에 속하는 식품과 찬 성질의 차를 매일 마시고, 火 土 金에 속하는 것을 자제하면 예방하고 치료도 가능하다.

■한약처방

흑지마 5냥, 밀몽화 목적 백질여 매미 허물 청염 각 1냥, 박하 백지 방풍 천궁 지모 형개수 구기자 백작약 생감초 각 5전, 감국 6전, 당귀 술에 씻은 것 3전을 가루내 청심환 크기로 만들어서 매일 1개씩 먹으면 단다.

16) 木 火 허약에 의한 신체 부자유(男 47년생)

年 : 丁亥　　　　대　운
月 : 己酉　　戊 丁 丙 乙 甲 癸 壬
日 : 乙未　　申 未 午 巳 辰 卯 寅
時 : 乙酉　　 2 12 22 32 42 52 62

■풀이

생년의 丁火가 亥水에 뿌리를 두지 못하고 마치 물 위에 놓인 촛불과 같다. 생일의 뜨거운 未土 비장에 丁火가 숨어있는데 생월과 시에 2개의 酉金이 水를 생해 어둡게 하므로 심장이 천성적으로 허약하다. 또 생월의 己土 비장은 酉금에 뿌리를 두지 못하고 생년의 미약한 丁火와 생일의 未土에 간신히 의지하고 있으므로 비장 역시 허약하다. 그리고 생시의 乙木 간은 생일의 허약한 未土 중의 乙木에만 겨우 뿌리를 내리니 간 역시 대단히 허약하다. 생년의 亥水가 비록 乙木을 생하지만 너무 멀어 뿌리가 될 수는 없다. 다만 木을 스스로 생하는 능력은 있다. 따랏 水 木 火운을 만나야 건강하고 생활도 윤택해진다.

대운을 비교해보면, 戊申 2~11세까지는 戊土가 약한 己未 비장을 돕지만 뿌리가 약한 생시의 乙木의 성장을 억제하고 申金이 생년의 亥水를 생해 火氣도 약하다. 따라서 어릴 때부터 허약한 간과 심장으로 인해 병약하였다. 그러나 12세 乙未 대운에 들어와서는 乙목이 未에 뿌리를 내리고 뜨거운 未土가 강한 酉金 폐를 억제하므로 비로소 건강할 수 있었다. 22~31세 丙午 대운은 충천하는 火가 金을 누르고 土를 생하므로 역시 건강한데, 생시의 乙木 간이 약해지는 것이 결점이다. 생년의 亥水가 木을 생하는 것에만 의지하므로 간 기능의 저하는 어쩔 수 없다. 이 때 木에 속하는 식품과 茶만 꾸준히 먹어도 저하되는 간 기능을 회복시킬 수 있다. 甲辰 42~51세 대운은 甲木이 辰에 뿌리를 두고 생년의 丁火를 생하고 약한 乙木을 도우므로 간 기능이 웬만큼 회복된다. 그러나 습한 辰土가 酉金과 합해 金으로 변하므로 심장이 허약해지고 金이 과다해 亥水가 탁해지므로 신장·방광이 좋지 않고 陽氣는 적고 陰氣만 많아서 인체의 리듬이 깨져 피로와 잦은 설사 그리고 빈혈 등의 여러 가지 증세가 나타난다.

辛卯 52세 대운은 예리한 성질의 辛金이 생시의 乙木을 자르고 卯木 간이 생년의 亥水와 생일의 未土와 그룹을 지어서 역시 예리한 2개의 酉金과 충돌해 간 기능은 물론, 심장과 비장의 기능까지 급격히 떨어진다. 2004년 甲申년 58세 되든 해는 더욱 심해 어지러움 증으로 자리에서 일어나기도 어려웠으며, 길을 걷다가도 갑자기 다리에 힘이 없어서 쓰러지기도 하였다. 근육을 주관하는 간·담과 혈을 생하는 심장, 그리고 음식물을 소화시키고 백혈구를 만들어주는 비장의 쇠약이 극에 이르러 오장육부가 모두 제 기능을 못하였기 때문이다.

■처방

木火에 관한 식품과 茶 또는 한약을 많이 먹고 水土에 관한 것은 적당히 먹되 金에 관한 것은 당분간 먹지 않는 것이 좋고, 매일 꾸준히 배를 만지고 척추를 바르게 잡아 물리적으로 오장육부가 움직이도록 해주면 치료할 수 있다.

17) 木火 허약으로 인한 냉증과 손과 발에 감각이 없는 증세(女 61년생)

年 : 辛丑　　　　대　　운
月 : 庚寅　　辛 壬 癸 甲 乙 丙
日 : 丙子　　卯 辰 巳 午 未 申
時 : 丙申　　7 17 27 37 47 57

■풀이

생년의 辛金이 丑에 뿌리가 있고 생월의 庚金 역시 생년의 丑土에 약하나마 뿌리를 둔다. 그리고 생시의 申金이 생일의 子와 합하지만 金氣가 살아있으므로 폐·대장이 허약하지 않다. 그러나 생시의 丙火는 뿌리가 없고 생월의 寅木은 냉한 丑土와 申子가 합해서 변한 水 사이에서 잔뜩 물에 젖은 상태이므로 간·담과 심장·소장이 함께 허약하다. 따라서 木火운을 만나야 건강하고 생활도 넉넉해진다.

辛卯 대운 7~16세까지는 卯木 간이 寅木 담을 도와주어 건강하다. 그

러나 壬辰 대운 17~26세까지는 건강이 매우 해롭다. 壬水가 생시의 丙火를 꺼뜨리고 辰土가 생일 시의 申子와 합해서 水로 변해 생월의 寅木을 생하기보다 더욱 한습寒濕하게 적시고 寅중의 丙火를 어둡게 하므로 간과 심장이 더욱 쇠약해져 여러 가지 질병에 시달린다. 이처럼 陰氣가 태과하면 먼저 손과 발이 저리고 쥐가 잘 나며 허리가 아프다. 그리고 변비가 있고 냉이 많으며 꿈을 많이 꾸는데 모두 간과 심장이 허약해서이다.

癸巳 대운 27~38세까지는 巳火의 도움으로 조금 호전되기는 하여도 그런 증세는 여전하다. 癸水가 생시의 丙火를 어둡게 하고 巳火가 생시의 申金과 합해 水로 변하기 때문이다.

甲午 대운 37~46세까지는 더욱 심해진다. 甲木이 생월의 庚金에 극을 받고, 午火는 생일의 子로부터 극을 받아 火氣가 사멸되어서이다. 오직 생월의 寅중 丙火에만 심장이 의지할 뿐이므로 손과 발이 어름처럼 차고 저리며 몸은 여위고 손가락에 힘이 없고 감각마저 무디어져서 잡은 물건을 의지와 상관없이 떨어뜨릴 만큼 심하였던 것이다. 간과 심장이 허약해 근육이 힘이 없고 혈이 통하지 않았기 때문이다. 그대로 두면 乙未 대운 47~56세까지도 지속된다. 乙木이 생년의 辛金에 잘리고 未역시 생년의 丑과 충하므로 간과 심장이 회복되지 않는다. 또 丙申 대운 57세 이후도 마찬가지이다. 丙火가 생년의 辛金과 합해 水가 되고 이번에는 申金이 생월의 寅木을 충해 寅중의 丙火를 사멸시키고 寅木을 완전히 뿌리째 뽑아버리므로 심장경색으로 갑자기 사망할 수 도 있다.

■처방

木과 火에 속하는 식품과 茶를 꾸준히 마시고 호흡훈련을 병행하면 예방되고 치료될 수 있다. 실제로 솔잎순식초로 간 기능을 보양하고, 농도가 짙은 홍삼으로 심장을 보양한다. 단, 金과 水에 속하는 식품과 茶는 한동안 금해야 한다.

18) 木 火가 약해 대장암으로 사망(女 60년생)

年 : 庚子　　　대　운
月 : 庚辰　　己 戊 丁 丙
日 : 庚寅　　卯 寅 丑 子
時 : 乙酉　　9　19　29　39

■풀이

생시의 乙木이 庚金과 합해 金으로 변하고 생월의 辰土가 생시의 酉金과 합해 역시 金으로 변한다. 그러나 생일의 寅木은 태과한 金 사이에서 억압을 받고 한습한 子辰에 젖어서 심장과 간이 지극히 쇠약하다. 陰氣가 간과 심장을 지배하고 陽氣는 겨우 불씨만 꺼지지 않은 상태이다. 오장육부 전체가 한습하고 냉해 폐·대장·비·위·신장·방광 모두가 제 기능을 못한다. 따라서 木火을 만나야 건강을 유지할 수 있다. 己卯 대운 9세부터 戊寅 대운 28세까지가 木이 주관하므로 건강하고 생활도 윤택하였다. 그러나 丁丑 대운 29세 이후 냉한 丑土가 강하게 작용하는 33세부터 변비 설사 현기증 위장장애 등으로 고생하였으며, 丙子 대운 39세부터는 그런 증세가 더욱 심화되었다. 집 한 채를 팔만큼 병의원을 찾아다녔으나 2000년 庚辰년 金水가 함께 강성해질 때 기어코 대장암을 앓고 암 부위를 잘라내는 수술을 할 수밖에 없었다. 그러나 이후 2001년 辛巳년부터 壬午 癸未년까지 地支에 火가 주관하므로 재발하지 않았으나 2004년 甲申년이 되자 甲木이 생년 월의 庚金에 꺾어지고, 申金이 생일의 寅木을 뿌리째 뽑아버리므로 陽氣는 소멸되고 陰氣만 인체를 지배하니 냉한 대장에 다시 종양이 재발하였던 것이다. 그리고 그해 겨울에 사망하였다.

■처방

金水에 속하는 식품과 茶 또는 한약을 금하고, 木火에 속하는 것은 많이, 土에 속하는 것은 적당히 복용하면서 배꼽아래에 뜸을 뜨고 반신욕으로 火氣를 아래로 끌어내리면서 배를 자주 만져 오장육부가 운동을 할 수 있도록 도우면 예방할 수 있다. 치료는 가능성은 있으나 확신할 수는 없다.

19) 木 火가 허약한 빈혈과 눈꺼풀 떨림(男 48년생)

年 : 戊子　　　　대　운
月 : 辛酉　　壬 癸 甲 乙 丙 丁
日 : 庚子　　戌 亥 子 丑 寅 卯
時 : 庚辰　　9 19 29 39 49 59

■풀이

생년의 戊土를 제외하고 생시의 地支 辰이 생월의 酉金과 합해 金으로 변하므로 모두 金水로 구성되어있다. 이럴 때는 金과 水를 從해야 한다. 그러면 천지기운이 없는 것을 보충해주는데, 戊는 癸를 합하고, 庚은 乙을, 辛은 丙을 합하고, 子는 午를 충해오고, 酉는 卯를, 辰은 戌을 충해 와서 인체의 기운이 조화로워진다. 그러나 金水를 從하는데 火가 오면 水와 충돌해 폭발한다. 土는 金을 생해서 좋지만 태과한 金을 설기시키는 水를 극하므로 반은 좋고 반은 나쁘다. 木은 金생 水, 水생 木으로 상생해서 가장 좋다.

壬戌 대운 9~18세까지는 건조한 戌이 생시의 습한 辰과 충하고 水를 극하므로 심장병으로 고생하였다. 戌중의 丁火가 꺼지고 子水가 午火를 충분히 충해오지 못하기 때문이다. 癸亥 대운 19~48세까지는 건강하고 생활도 넉넉하다. 다만 29세 甲子 대운 이후 天干에 甲乙木이 생월과 시의 庚辛과 충해 간 기능이 쇠퇴해져서 이때부터 쉽게 피로하고 피로하면 가끔 눈꺼풀이 미세하게 떨리는 현상이 있었다. 간이 눈을 주관하기 때문이다. 그런 현상은 丙寅 대운 49세 이후에 더욱 자주 일어나고 미세하던 떨림이 강하게 느껴졌다. 이는 간 기능이 쇠약하고 심장이 혈이 부족한 일종의 風氣로서 여기서 더 심해지면 풍으로 쓰러질 수도 있다. 대운 天干 丙火 심장 소장이 金氣에 반극당하고, 地支 寅木 간·담이 생월과 시의 辰酉가 합한 金과 추돌해 합을 깨고 스스로 기운이 쇠약해졌기 때문이다.

■처방

木火에 속하는 식품과 茶를 집중적으로 먹고, 金水에 속하는 것을 당분간 금하면 예방되고 치료도 된다. 木火에 속하는 진홍삼과 솔잎순식초를 섞어서 차대신 꾸준히 먹은 결과 젊은 시절부터 느껴왔던 피로와 빈혈 그리고 눈꺼풀 떨림이 씻은 듯이 사라졌다.

20) 木 간에 의해 폐가 허약해진 아토피 피부병(男 86년생)

年 : 丙寅　　　　대　운
月 : 丁酉　　戊 己 庚 辛 壬 癸
日 : 己卯　　戌 亥 子 丑 寅 卯
時 : 丙寅　　2 12 22 32 42 52

■ 풀이

생월 地支 酉金 폐가 생년 일 시의 3개의 寅卯 간, 담으로부터 심하게 억압을 받아 대단히 허약하다. 폐는 피부를 주관하므로 피부가 희고 고운 대신 연약해서 쉽게 멍이 들고 혈관이 좁은 특징이 있다. 특히 水 신장 기운이 약하면 거의가 아토피성 피부병을 앓는다.

따라서 태어나서부터 피부병을 앓았으며 戊戌 대운 2세 이후는 더욱 심하였다. 戊土가 생일의 卯木과 합해 火로 변해 생월의 酉金 폐를 극하고 水氣를 증발시키기 때문이다. 己亥 12세 대운도 마찬가지이다. 亥水가 寅木에 흡수당하고 木氣가 더욱 치성해지기 때문이다.

아토피란 희랍으로 모른다는 뜻인데, 오행의 논리를 모르고 지엽적인 치료위주의 서양의학의 시각에서 보면 모르는 것이 당연하다. 그러나 체질을 분명하게 알면 아토피는 결코 불치가 아니다. 이런 경우 비장과 폐와 신장 기능을 陰氣로서 보양하면 틀림없이 완치가 된다. 가벼운 것은 1개월 내에 치료가 되고 오래된 아토피는 병균이 워낙 지독해서 5개월 정도 시간이 걸려야 완치될 수 있다.

■ 처방

木火에 속하는 식품과 茶를 꾸준히 먹으면 예방과 치료가 가능하다.

심한 경우 金水에 속하는 여러 가지 한약재를 섞은 차를 집중적으로 마시면 쉽게 치료될 수 있다.

4. 심장(心臟 丁午)

심장은 陰火이다. 火氣는 남방에서 일어나 여름과 더위와 붉은색을 주관하고, 火氣는 쓴맛을 낳는다. 그러므로 심장은 남방과 더위와 통하고, 붉은색과 쓴맛이 길러준다. 심장이 주관하는 인체의 기능은 혀·얼굴색·땀이고, 본성은 예이며, 속성은 기쁨과 슬픔이며, 냄새는 탄내고, 소리는 설음(舌音: ㄴ, ㄷ, ㅌ, ㄹ)이다.

① 심장의 형상과 크고 작음

심장은 어린 연꽃과 같다. 7개의 구멍이 있으며, 7개의 구멍은 북두칠성에 응하며, 7개의 구멍 위에 털이 셋 있다. 형태는 위는 크고 아래는 예리하다. 폐에 거꾸로 매달려 있는데, 간 위에 있다. 오장은 모두 줄로 이어져 있고, 줄은 모두 심장과 통한다.

피부가 붉고 주름살이 가늘면 심장이 작고, 주름살이 굵으면 크다.

② 심장이 상한 증세

심장이 상하면 당뇨에 걸리기 쉬운데, 근심 걱정이 많아 가슴이 그득하고 번민이 많으며 건망증이 심해진다. 그리고 피로하고 권태가 빠르며 얼굴이 붉고 몸이 무겁다. 심장이 허약하면 슬픔과 두려움이 많다. 따라서 가슴이 두근대고 불안, 성냄, 불쾌한 감정으로 번잡스럽다. 외향적으로는 가슴, 배, 허리 등이 당기고 아프다. 뿐만 아니라 심하면 심장이 아프고 기쁨과 슬픔의 감정 변화와 빈혈이 자주 일어난다. 심장이 너무 크고 실하면 잘 웃고 열이 많다. 병증은 가슴이 아프고 옆구리가 그득하며 갈빗대 아래와 가슴 등 견갑골 사이와 양 팔 안쪽이 아프다. 입이 마르고 배꼽 위가 단단하며 아픈 듯하고 손바닥에 열이 나면 당뇨 증세이다.

③ 심장병을 예방하고 치료 하는 방법

■ 처방
첫째, 가장 좋은 방법은 숨을 길게 들이쉬고 내쉬는 호흡법이다. 심장마비 증세를 풀 수 있는 좋은 방법이다. 그리고 쓴맛에 속하는 음식을 많이 먹고, 짠맛과 심한 운동은 피해야 하며, 항상 남쪽을 향하고, 잠잘 때는 동쪽이나 남쪽으로 머리를 둔다. 그리고 몸은 따뜻하게 해야 한다.

둘째, 마음을 항상 편안히 해 번민하지 않아야 하며, 너무 기뻐하거나 너무 슬퍼해도 심장을 상한다. 그럴 때는 마음으로 심장을 바라보고 붉은 피가 철철 넘치는 모양을 상상하거나 급히 신맛의 음식을 먹거나 무서웠던 순간을 떠올리면 도움이 된다.

셋째, 심장에 좋은 한약 차와 식품을 즐겨 먹으면 더욱 좋다.

■ 심장에 좋은 한약 차와 식품
찬 성질 : 복령(평의함. 단맛) 옥수수(평의함. 단맛) 제비꽃(쓴맛과 매운맛) 치자(쓴맛) 둥굴레(평의함. 약간 차다) 패랭이(쓴맛)

따뜻한 성질 : 창포(쓴맛과 매운맛) 맥문동(쓴맛과 단맛) 생지황(약간 따뜻함. 단맛) 원지(쓴맛과 매운맛) 영지(평이하고 약간 따뜻함. 쓴맛과 단맛) 참당귀(쓴맛과 단맛) 인삼(쓴맛과 단맛)

식품 : 팥, 술, 수수, 고사리, 냉이, 씀바귀, 취나물, 익모초, 두릅, 솔잎, 커피, 쑥, 해바라기씨, 도토리, 오리, 개고기, 양고기, 동물의 염통.

넷째, 심장이 허약할 때

인삼, 맥문동, 오미자, 원지, 복신, 생지황, 석창포를 같은 분량으로 달여서 복용한다.

다섯째, 심장에 열이 많아서 혀에 바늘이 돋을 때

황연 황금 맥문동 반하 지골피 복신 적작약 복신 목통 생지황 감초 각 5푼, 생강 5쪽을 한 첩으로 달여서 하루 3회 복용한다.

5. 소장(小腸 丙巳)

소장은 심장의 陽이다. 심장과 같은 火氣이므로 그 성질과 쓰이는 약초와 식품이 같다.

형상과 부위는 척추 아래 18추 양 옆에 붙어서 배꼽 근처에서 왼쪽으로 16구비를 쌓여서 돌아간다. 인체의 바깥에서 보면 입술이 두텁고 인중이 길면 소장이 길고 두텁다. 소장병의 증세는 아랫배가 아프고 허리와 척추가 당기며, 음경과 고환이 아프며 소변이 원활하지 못하다.

■처방

첫째, 심장에 필요한 식품과 약초도 좋고, 패랭이꽃 적복령 생지황 황금이 도움이 된다.

둘째, 소장에 열이 있고 소변이 원활하지 못할 때.

목통 적복령 빈랑 생지황 황금 적작약 맥문동 감초 각 1전, 생강5쪽을 1첩으로 달여서 하루 3회 복용한다.

6. 심장, 소장의 질병 진단 및 처방

1) 火 심장이 약한 온갖 질병(女 76년생)

年 : 丙辰　　　　대　운
月 : 丁酉　　丙 乙 甲 癸 壬 辛
日 : 辛酉　　申 未 午 巳 辰 卯
時 : 戊戌　　7　17　27　37　47　57

■풀이

생년의 丙火가 습한 辰土 위에서 꺼질 듯한데 세월의 丁火 역시 酉金 위에서 풍전등화 격이다. 차라리 丙丁火가 없었으면 천지기운이 채워주지만 있기 때문에 채워주지 않는다. 게다가 생시의 건조한 戌土는 깊숙이 丁火를 장복해 있을 뿐 火氣를 발산시키지 못한다. 그러므로 심장과 소장이 매우 허약해서 매우 냉한 체질에 속한다. 따라서 土金만 태과하게 인체를 지배하고 있어서 土金水로 상생하는 것이 가장 좋다. 그러면 酉가 卯를 충해오고, 丙은 辛을, 丁은 壬을, 戊는 癸를 합해온다. 火는 생년 월에 丙火가 있어서 어두워지지는 않으나 金과 다투어야 하고, 地支 木은 金의 극을 받아 꺾이므로 가장 좋지가 않다.

丙申 대운 7~16세까지 丙火가 申金에 뿌리가 없고 생일의 辛金과 합해 水로 변하므로 허약한 심장으로 인해 저혈압증세에 시달린다. 乙未 대운 17세~甲午 26세까지는 火가 주관하므로 빈혈증세는 없었다. 그러나 甲乙木이 간·담이 허약하고 火가 水를 생하는 金을 억제하므로 신장·방광이 허약해져 만성피로에 시달리게 된다. 27~36세까지 癸巳 대운은 巳火가 酉金과 반합해 金으로 변하고, 癸水가 생월의 丁火를 꺼뜨리므로 심장이 매우 쇠약해지고 오장육부가 모두 한습해진다. 따라서 온갖 질병에 시달리게 되는데, 심장이 허약해 빈혈증세가 있고 혈액순환이 순조롭지가 않아서 손발이 저리고, 대장이 냉해 변비가 심하며, 소화가 되지 않는다. 뿐만 아니라 허약한 심장의 속성인 슬픔을 잘 느껴 잘 울고 또 잘 웃는 등 감정의 변화가 심하며 염세적이기도 하다. 壬辰 대운 37~46세까지 역시 그러하다. 壬水가 생년의 丙火를 꺼뜨리고 辰土 酉金과 합하기 때문이다. 辛卯 대운 47세 이후는 간이 쇠약해지는데 매우 위험하다. 卯木 간이 酉金 폐의 극을 받아서 꺾이기 때문이다.

■처방

木火에 속하는 식품과 茶를 많이 먹고, 金水에 속하는 것은 적게 먹으면서 호흡훈련을 꾸준히 하면 잔 질병을 예방할 수 있다.

2) 火 심장의 열이 많은 직장암과 자궁암(女 54년생)

年:甲午　　　　대　운
月:丁丑　丙 乙 甲 癸 壬 辛 庚
日:丙寅　子 亥 戌 酉 申 未 午
時:癸巳　 9 19 29 39 49 59 69

■풀이

생시의 癸水는 뿌리가 없어서 수증기와 같다. 생월의 丑土는 그 속에 辛金 폐와 癸水 신장이 내장돼 있으나, 생년의 午火와 생일의 寅木이 합해 火가 되고, 또 생시에 巳火가 합세하므로 辛金 폐는 火氣에 뜨겁고 癸水 신장의 氣는 증발한다. 따라서 심장과 소장이 크고 실해 열이 대단히 많은 체질이며, 신장·방광과 폐·대장이 천성적으로 허약하다.

이런 경우 火 土 金으로 종從하는 것이 좋다. 그러면 甲은 己를 합해오고, 丁은 壬을, 丙은 辛을, 癸는 戊를 합해오며, 午는 子를 충해오고, 丑은 未를, 寅은 申을, 巳는 亥를 충해와서 모자라는 오행을 천지기운이 채워준다. 그러나 子나 亥가 있으면 水를 충해오지 못하고, 未가 있으면 丑이 未를 충해오지 못한다.

그런데 이처럼 火를 종할 때는 원칙적으로 金水가 가장 해롭지만 냉한 성질의 丑이 있고, 또 未생시에 癸水가 있기 때문에 金水가 와도 火와 충돌하지 않는다. 오행의 세력이 비등할 때는 종에서 강약으로 바뀌기도 하고 강약에서 종으로도 바뀐다.

따라서 대운을 비교해보면, 丙子 9~28세 乙亥까지 水가 주관하므로 水 火氣가 세력이 비등해 건강할 수 있었다. 甲戌 대운은 戌土가 생년의 午火와 생일의 寅木이 삼합해 火가 되므로 子를 강하게 충해온다. 특히 생월에 丑이 있어서 丑과 합하는 子가 쉽게 충해오므로 건강할 수 있었다. 그러나 이처럼 천지기운이 도와준다 해도 천성적으로 허약한 신장·방광·폐·대장이 온전해지는 것은 아니다. 워낙 열이 많기 때문에 충해오는 水氣를 즉시 증발시켜버리므로 신장과 폐를 보양해두어야 나중에 건강을 유지할 수 있는 것이다.

癸酉 대운 39~48세까지는 대단히 건강하다. 癸水가 뿌리를 분명하게 두었고, 酉金이 생월의 丑土와 생시의 巳火와 삼합으로 그룹을 이루어 金으로 변하기 때문이다.

그러나 壬申 대운 49~58세까지는 대단히 위험하다. 壬水 방광이 생년의 甲木 담을 생하는 것까지는 문제가 되지 않으나, 申金 대장이 생일의 寅木 담과 강하게 충돌하는 것이 큰 문제가 된다. 申金이 비록 寅木을 이기지만 火氣가 많기 때문에 申金 대장이 마치 불덩이 위에 놓인 쇳덩이처럼 뜨거워진다.

그러므로 천지기운의 도움으로 버티어오던 인체의 균형이 陰氣는 증발되고 陽氣만 왕성하게 인체를 지배하므로 깨지고, 대장이 陽氣를 견디지 못해 암을 앓았던 것이다. 특히 습해야할 직장에 열이 많아서 암이 발생하였다. 암이 발생한 시기는 2001년 壬午년이니 午와 寅이 합해 火가 되는 해이고, 2002년 癸未년에 수술을 하였다. 하지만 2003년 甲申은 申金이 생시의 巳와 합해 水(巳申은 합력이 약해 대운에서 처음은 합하나 2~5년 사이에 깨진다. 세월의 합은 약한 대로 지속이 된다)가 되고, 2004년은 乙酉년이라 酉金이 도와 재발하지 않았다.

그러나 2006년 丙戌년은 이미 대운에서 壬申 水金이 주관하므로 좋하지 못하고 火가 지배하므로 직장암이 재발하였다. 그런데 이번에는 수술이 불가능할 만큼 사타구니로 전이되고 자궁암까지 앓았다. 丑은 냉한 비장이자 신장이며, 특히 여성의 자궁에 속한다. 그리고 丑은 살기殺氣로 분류되므로 대개 여성이 생월일시에 丑이 있으면 거의가 자궁병을 앓고 수술하는 확률이 대단히 높다.

■처방

木火土에 속하는 식품과 茶는 자제하고, 金水에 속하는 식품과 茶 또는 한약을 상복하면 예방할 수 있으나 치료는 알 수 없다. 다만 현재 이 사람이 모처에서 神에게 빌면서 神과 교통하는 한 사람의 노력에 의해 재수술을 하거나 약을 먹지 않고 많이 호전되었다는 소식을 듣고 있다. 운명과 의학의 상식으로는 2006년 음력 9월을 넘기기 어려워 보이지만 과연 神의 능력에 의해 완치될지는 두고 볼 일이다. 이 저서가 집필이 끝나고 출판될 때까지 죽지 않으면 그 사실을 이곳에 다시 자세히 기록할 예정이다.

3) 火 심장 허약의 무속병(女 60년생)

年 : 庚子　　　　대　운
月 : 丁亥　　丙 乙 甲 癸 壬 辛 庚
日 : 庚申　　戌 酉 申 未 午 巳 辰
時 : 丁亥　　7 17 27 37 47 57 67

■풀이

생월 시의 2개의 丁火를 제외하고 모두 金水가 인체를 지배하고 있다. 이럴 때는 金水로 종해야 한다. 木운이 오면 木이 넘치는 水를 설기시켜서 火를 생해주므로 가장 좋고, 水운은 水가 저절로 木을 생해주어서 다음으로 좋으며, 金은 地支에 木이 없기 때문에 木을 극하지 않고 水를 생해주므로 좋다. 火운은 火가 水와 충돌해 폭발하므로 대단히 흉하고, 土운은 土 水에 허물어지므로 역시 흉하다. 따라서 火를 만나면 심장 소장이 허약해지고, 土를 만나면 비 위가 허약해진다. 이 사람의 경우 水를 좋아하는데 없었어야 할 丁火가 2개나 있어서 심장이 천성적으로 허약하다.

이렇게 火 심장이 허약하면 거의가 무속병을 앓는다. 사람의 혼魂이 심장에 있는데 허약하므로 혼이 제 자리를 지키지 못하고 다른 귀鬼가 침범하기 때문이다.

그러므로 丙戌 대운 7~16세까지 심장과 위가 함께 허약해서 매우 병약하였으며, 어릴 때부터 무속 기운이 있어서 마땅히 아픈데 없이 몸이 아플 수밖에 없었다. 그러나 17세~36세까지 乙酉 甲申대운은 건강하고 생활도 넉넉하였다.

그러나 癸未 대운 37세부터는 갑자기 생활고에 시달리고 심장병으로 죽을 고비를 넘겨야 했으며, 본격적으로 무속병을 앓기 시작하였다. 未 중의 丁火 심장이 태과한 水에 꺼지기 때문이다. 天干에 癸水가 없었으면 심장경색으로 사망하였을 수 도 있었을 것이다.

그런데, 이 사람은 神을 받아 무속인이 되지는 않았으나 대단히 수준이 높은 어느 神의 계시를 받고 기도로서 심장병과 무속병을 스스로 치료하기로 결심하였다는 것이다. 이에 태백산으로 들어가 10년을 수행하고 기도하였다 한다. 그리고 기도 중에 어떤 깨달음을 얻은 뒤 비로소 하산하였다는데, 지금은 기도할 때 만난 그 神을 모시고 있으며, 기이하게도 천서天書를 그 神으로부터 받아 예언도 하는 등, 여러 가지 불가사의한 능력을 보이고 있다.

■처방

金水에 속하는 식품이나 차는 자제하고 木火에 속하는 것을 상식하면서 호흡훈련을 하면 심장병을 예방할 수 있다. 다만 관찰해본 바에 의하면 神의 계시로 생활하는 사람이기 때문에 일반적인 상식이 통하지 않을 수도 있음을 알 수가 있었다. 아마도 정해진 운명의 코스와는 무관한 듯하다.

4) 火 심장허약에 의한 세 가지 암(女 67년생)

年 : 丁未　　　　대　운
月 : 癸丑　　甲 乙 丙 丁 戊
日 : 戊戌　　寅 卯 辰 巳 午
時 : 丙辰　　 2 12 22 32 42

■풀이

생년 天干 丁火는 생월의 癸水에 극을 받아 사멸되고 地支 未 역시 생월 地支 丑土와 충해 丑중 癸수의 극을 받아 未중 丁火가 사멸되었다. 게다가 생일 地支 戊土마저 생시 地支 辰土와 충해 辰중 癸水의 극을 받아 戌중 丁火가 사멸된다. 따라서 심장이 지극히 쇠약하다. 더구나 辰 戌 丑 未는 만물을 수장(收藏 : 주검으로 끌어들여 흙으로 변화시킴)하는 잡기(雜氣 : 여러 가지 氣가 내포됨)이므로 살기殺氣에 분류된다.

辰과 戌이 충하면 辰중의 癸水와 戌중의 丁火가 싸우고, 辰중의 乙木과 戌중의 辛金이 싸우므로 本氣인 戊土가 산산조각이 나는 것과 같다. 또 丑과 未가 충하면 丑중의 癸水와 未중의 丁火가 싸우고, 丑중의 辛金과 未중의 乙木이 싸우고, 丑중의 癸水와 未중의 丁火가 싸우므로 本氣

己土가 깨지고 찢어지는 것과 같다. 그러므로 간 신장 심장 비장 폐 등, 오장육부 전체가 서로 다투므로 제 기능을 원활히 다하지 못한다.

이와 같이 잡기雜氣가 충하면 운명적으로는 신변에 여러 가지 재앙이 뒤따르고, 인체는 혈이 고르게 흐르지 않으며 정신이 흐리고 감정의 변화가 심해진다. 따라서 이 사람의 경우는 木으로 火를 생해주고, 火로서 조후調侯하는 것이 시급하다. 金은 과다한 土氣를 설기시켜 좋으나 水를 생해 좋지 않고 水는 火를 꺼뜨리므로 흉하다.

甲寅 乙卯 2~21세까지는 木이 水氣를 흡수해 火를 생하므로 건강하다. 그러나 丙辰 대운 22세 이후는 갑자기 혈액순환이 되지 않고 두통으로 고생하였다. 습한 辰土가 辰戌이 충하고 있는데, 辰이 戌을 충해 생년의 未중 丁火마저 어둡게 하므로 심장이 혈을 제대로 생하지 못하고, 폐는 뇌에 혈을 제대로 보내지 못하는 데다 비장까지 허약해졌기 때문이다. 이런 경우 손발이 저리고 속이 냉해 설사를 자주하며 빈혈을 일으키기도 한다. 그리고 土氣가 많아 위장이 음식을 계속해서 받아들이려하므로 물만 먹어도 살이 찐다.

그런데, 대운 天干에 다행히 丙火가 있어서 丙火가 강하게 주관하는 25세까지는 비만해지고 두통을 앓는 등 잔병만 앓았으나 큰 병은 없었다. 그러나 26세 이후 서서히 地支 辰土가 위력을 나타낼 즈음부터는 두통이 더욱 심하였으며, 丙辰 대운이 끝나는 31세에는 이미 본인은 알 수 없는 암이 생기기기 시작하였던 것이다. 그리고 丁巳 대운 32세 되던 2000년 庚辰년 세월운에 유방에 암이 먼저 발생하였다. 속이 냉한 데다 갑자기 찾아온 대운의 火氣와 세월운의 한냉한 기운이 부닥쳐 심장에 허열이 나고 폐에도 허열이 뜨겁게 발생해 늑막에 염증이 생겼던 것이다. 그리고 그 염증의 균이 유방으로 침범해 암이 되었던 것으로 판단된다. 이후 항암치료를 받으면서 2004년 甲申년 여름까지 버텼으나 그해 음력 7월에는 자궁암까지 앓기 시작하였다. 자궁이 너무 냉해 혈이 통하지 않았고 냉습한 사기로 인해 종양이 생겼던 것이다.

그래서 이 사람은 급히 산삼을 달여마시면서 심장 혈을 보하고 항암치료로 인해 단단하게 굳은 허리와 배를 만져 부드럽게 풀어주면서 자궁을 강화하는 양생법 등을 꾸준히 행하였다. 그 결과 5개월 정도 지나자 신기하게도 유방암과 자궁암이 사라졌다. 그런데 얼마 후, 이번에는 뇌에 종양이 또다시 발생하였다. 그리고 수술 후 3개월 만에 사망하였다.

■처방

木 火에 속하는 식품과 차를 꾸준히 먹고, 심장을 강화하는 호흡수련과 그 외 양생법을 병행하였으면 예방이 가능했을 것으로 생각된다.

5) 火 심장 허약의 인체 기능 저하(女 58년생)

年 : 戊戌　　　　대　운
月 : 辛酉　　庚 己 戊 丁 丙 乙
日 : 辛丑　　申 未 午 巳 辰 卯
時 : 壬辰　　4 14 24 34 44 54

■풀이

地支 전체가 土金이 지배하고 있고, 생시 天干의 壬水만이 강한 金氣를 설기하고 있다. 따라서 金水로 종해야 천지기운이 균형을 잡아준다. 즉 金으로 따라가면 생년의 戊土는 癸水를 합해오고, 생월 일의 辛金은

丙火를, 생시의 壬水는 丁火를 합해오며, 地支 戌土는 辰土를 충해오고, 생월의 酉金은 卯木을, 생일의 丑土는 未土를, 생시의 辰土는 戌土를 충해 온다. 그리고 水를 따라가면 水가 火를 충해와 조화를 이루게 된다.

그런데, 干支에 합하고 충해오는 오행이 있으면 합하거나 충해오지 못한다. 즉 생년에 戌土가 辰을 충해오지만 생시에 辰土가 있기 때문에 충해오지 못하는 것이다. 천지기운은 없는 것은 보충해주지만 있는 것은 보충해주지 않기 때문이다. 이 사람의 경우가 바로 그러하다. 생년의 戌土가 생시에 辰土가 있어서 辰土를 충해오지 못하는 것이다. 그리고 辰운이 오면 즉시 戌土와 서로 충돌한다.

이와 같은 이치에 따라 이 사람의 오행을 분석해보면, 먼저 생년의 戌土가 대단히 큰 문제가 된다. 戌土가 비록 위胃에 속하지만 매우 건조한 土인데, 戌중에 丁火가 있기 때문에 심장으로도 분류된다. 다른 오행에 비해 土가 내장하고 있는 오행은 오장육부에 강하게 작용하는 특징이 있다. 그러므로 이 사람은 심장이 천성적으로 대단히 허약한 사람에 속한다. 戌土 중의 丁火를 비유하면 마치 두터운 흙 속에 묻혀있는 불씨와 같다. 때문에 심장의 포包는 두텁되 火를 생하고 혈을 만들어주는 기능성은 포包 속에 깊이 감추어져 있는 것으로 보아야 한다. 그 때문에 이 사람은 평생을 원인을 알지 못하는 질병으로 고생하게 되는 것이다.

庚申 대운 4~13세까지 어린 시절은 여러 차례 죽을 고비를 넘겨야 했다. 이 사람의 말에 의하면 부모가 자신을 아예 죽은 자식으로 포기한 상태였다는 것이다. 심장이 혈을 제대로 생하지 못하고 몸은 얼음처럼 차가웠으니 당연했을 것이다. 게다가 무속병까지 앓았으므로 병의 원인을 알 수가 없었다.

己未 대운 14~23세 역시 조금은 나았으나 庚申 대운과 별 다를 바가

없었다. 未가 생일의 丑과 충해 未중의 丁火가 丑중의 癸水의 극을 받기 때문이다. 戊午 대운 24~33세까지는 午火가 생년의 戌土와 반합해 火가 되므로 비로소 심장이 활기롭게 기능해 건강하였다. 그러나 丁巳 대운 34세에 이르자 또다시 어린시절의 알 수 없는 질병에 시달리기 시작하였다. 巳火가 생월·일의 酉丑과 삼합해 강하게 金으로 변하므로 庚申 대운과 같은 증세를 앓기 시작하였던 것이다. 특히 丁巳 대운이 끝나는 43세(2000년 庚辰 대운) 때는 심한 빈혈로 쓰러져 자리에서 일어날 수가 없었다. 심장이 극도로 쇠약해져 혈을 제대로 생할 수 없으므로 당연한 것이다. 이후 2003년까지 입원과 퇴원을 거듭하였으나 병의 원인을 알지 못해 2004년 여름에 죽음을 각오하고 충청도 어느 산중으로 조용히 죽음을 맞이하러 갔다고 하였다. 그러다 우연히 심마니 한 사람을 산중에서 만나 어떤 사람을 소개받아 치료를 받았다. 그 사람은 오장의 기능이 거의 움직이지 않은 상태라며, 손으로 배의 중요한 혈 자리를 찾아 만지고 어긋난 척추를 바르게 잡으면서 홍삼과 솔잎순식초를 먹으라는 처방을 하였으며 그렇게 한 결과 약 5개월 만에 정상을 되찾을 수가 있었다는 것이다.

배의 혈 자리를 만지는 것은 기능이 저하된 오장육부를 물리적으로 움직이게 한 것이며, 척추는 오장육부에 기혈을 통하게 한 것이다.

■ 처방

평소에 金水에 속하는 식품과 차는 자제하고, 木火에 속하는 것을 집중적으로 먹으면서 자세를 항상 바르게 하고 배를 주물러 주면 예방할 수 있고 치료도 가능하다.

6) 火 심장 허약의 손발이 차고 저림(男 82년생)

　　年 : 壬戌　　　　대　운
　　月 : 己酉　　庚 辛 壬 癸 甲
　　日 : 丁未　　戌 亥 子 丑 寅
　　時 : 壬寅　　 6 16 26 36 46

■풀이

　생년의 戌土는 丁火가 土 속에 깊숙이 묻혀있어서 火氣가 표출되지 못하므로 메마른 흙처럼 건조하기만 하고, 생일의 未土 역시 土 속에 묻혀있는데 그나마 달아오른 뜨거운 土여서 열을 발산한다. 생시의 寅木 중에 丙火가 내장되어 있으나 이른 봄이라 火氣가 충분하지 못하다. 더구나 天干에 壬水의 영향을 받아 木이 습하므로 火가 조금 부족하다. 따라서 日干 丁火가 未와 寅에 뿌리가 분명해 金水를 만나면 매우 윤택한 삶을 누릴 수 있으나 건강은 그리 좋지 않아서 잔병치레를 하게 된다.

　庚戌 대운 6~15세까지 건조한 戌土 때문에 陽중의 陰인 肺氣가 陰이 부족해 호흡기 질환으로 고생한다. 그러나 辛亥 16~45세까지는 亥子丑의 한냉한 水가 주관하므로 약한 火가 더욱 어두워져서 심장이 온전하게 혈을 생하지 못하고 혈액순환도 잘 되지 않는다. 혈을 실어나르는 酉金 폐가 水의 설기로 약해졌기 때문이다.

　이처럼 심장이 허약하고 혈액순환이 되지 않으면 손발이 저리고 추위를 견디기 어렵다. 그리고 발에 허열이 나서 이불 속에 발을 넣지 못할 뿐만 아니라 흥분하면 얼굴이 벌겋게 달아오른다. 이것이 심해지면 고혈압이 된다.

　고혈압에 술과 커피, 인삼을 먹지 말아야 한다는 것이 일반 상식처럼 알려져 있으나 천만의 말씀이다. 특히 적포도주를 처음은 조금씩 먹으면서 점점 양을 늘려나가면 오히려 근본적인 치료가 된다. 인삼이나 커피 역시 마찬가지이다. 대개 사람들은 술이나 인삼, 커피를 마시면 가슴이 두근대고 숨이 찬다는 등의 이유로 자신에게 맞지 않다고 생각한다. 그러나 타인이 먹고 이상이 없는 것을 자신이 먹으면 이상이 나타나는 것 그 자체가 병인 것이다. 따라서 조금씩 먹으면서 양을 늘려나가야 한다. 단 火氣가 많아서 정말 열이 있을 때는 술 인삼 커피를 자제해야 한다.

■처방

木火에 속하는 식품과 茶를 많이 먹고, 金水는 조금씩 먹으면 예방과 치료가 된다.

7) 火 심장이 허약한 정신질환(男 69년생)

年 : 己酉　　　　대　운
月 : 壬申　　辛 庚 己 戊 丁 丙
日 : 丙寅　　未 午 巳 辰 卯 寅
時 : 戊戌　　 4 14 24 34 44 54

■풀이

생월의 申金이 생일의 寅木을 충하고 생시의 戌土는 火氣가 숨어있어서 태어날 때부터 심장이 매우 허약한 사람이다. 木火운을 만나야 건강이 유지된다. 그러므로 辛未 대운 4세부터 庚午 己巳 대운 33세까지 火가 주관하므로 건강하였다.

그러나 戊辰 대운 34세 이후 갑자기 온 몸에 기운이 빠지면서 우울증에 시달렸으며, 손발이 저리고 빈혈 때문에 일을 하기가 어려웠다. 그리고 허공을 날 수 있다는 착각에 빠지고 가끔 귀신을 보는 현상까지 나타났다. 뿐만 아니라 자신이 하느님이란 망상에 빠지기도 하였다. 간과 담이 허약한데, 습한 辰土가 戌土와 충해 戌 중의 丁火 심장이 辰 중의 癸水 신장으로부터 극을 받았기 때문이다. 더구나 생년 월의 酉와 申은 늙음과 죽음을 의미하기 때문에 우울증까지 앓았던 것이다. 이에 정신병원을 2년간 다녔으나 전혀 효과가 없었다. 간과 심장을 건강하게 하지 않은 채 신경안정제만 복용하였으니 당연한 일이다.

그러나 丁卯 대운 44세~丙寅 대운 63세까지는 약을 먹지 않아도 건강해질 수 있다. 木火가 주관해 간과 심장이 함께 건강해지기 때문이다.

■처방

木火에 속하는 식품과 茶만 꾸준히 먹어도 예방과 치료를 할 수 있다. 木火에 속하는 진한 홍삼과 솔잎순식초차를 함께 마시고, 호흡훈련으로 간과 심장을 실하게 하자 정상인이 될 수 있었다.

8) 火 심장 열에 의한 아토피 피부병(女 87년생)

年：丁卯　　　대　　운
月：戊申　　己　庚　申　壬
日：丙午　　酉　戌　亥　子
時：丙申　　 5　15　25　35

■풀이

생년의 卯가 생월의 申金에 억제를 받고, 생일의 午火는 생월과 생시의 申金에 싸여서 심장이 오히려 허약하다. 따라서 己酉 대운 5~14세까지는 간과 심장이 함께 허약해서 건강하지 못하다. 그러나 庚戌 대운 15세부터는 오히려 폐·대장이 허약해진다. 戌土가 생년의 卯木과 합해 火로 변해 생월의 申金을 극하고, 庚金은 생년과 생시의 丙丁火의 극을 받는다. 따라서 생시의 申金이 생일의 午火에 뜨거워지고 생시 天干 丙火로부터도 억제당한다. 게다가 2002년 壬午년과 2003년 癸未년은 地支에 火가 득세해 金이 더욱 허약해진다.

그러므로 허약한 심장이 오히려 좋아지면서 반대로 폐·대장에 열이 가득하게 되었다. 이에 폐·대장은 피부를 주관하므로 피부가 연약해지면서 아토피를 앓게 되었던 것이다. 얼굴과 팔에 온통 부스럼이 나고 진물이 흘러 여간 흉하지가 않았다. 한 번 심해진 아토피는 2004년 甲申과 2005년 乙酉운에 地支에 金이 득세하여도 낫지를 않았다. 오히려 더욱 심해서 당시 여고 3년생이었음에도 흉한 피부로 인한 절망감에 대학을 포기할 생각까지 할 정도였다. 이에 한 사람의 권유를 받고 폐·신장·간을 좋게 하는 식품과 몇 가지 약초를 배합해 차를 꾸준히 마신 결과, 1개월 만에 피부 허물이 벗겨지고 2개월째는 상처부위가 희미해졌으며, 5개월이 못가서 완치되었다. 이처럼 오행의 상식으로 체질을 알고 바르게 섭생만 잘 하여도 서양의학에서 불치라 하는 아토피도 능히 치료될 수 있는 것이다.

■ 처방

金水木에 속하는 식품과 차를 꾸준히 먹으면 예방되고 치료될 수 있다.

9) 火 심장이 약한 인공심장(男 37년생)

年 : 丁丑　　　　　　대　운
月 : 戊戌　　丁 丙 乙 甲 癸 壬 辛 庚
日 : 壬辰　　酉 申 未 午 巳 辰 卯 寅
時 : 壬寅　　8 18 28 38 48 58 68 78

■풀이

　생년의 丁火가 丑土에 뿌리가 없고 생월의 戌土에 미약하나마 겨우 뿌리를 내릴 수 있다. 그러나 생일의 습한 辰土가 戌土와 충하므로 戌중의 丁火 심장이 지극히 허약하다. 생시의 寅木이 戌과 충하는 辰土를 극해 辰戌의 충력이 약화된 것과 寅木이 火를 생하는 것이 다행이라 할 수 있다. 따라서 木火운을 만나야 건강하고 土金水는 대단히 흉하다.

　丁酉 대운 8세부터 丙申 대운 27세까지 병약하다. 특히 18세 丙申운은 더욱 심하다. 申金이 생시의 寅木과 충하기 때문이다. 대운 天干에 丙丁火가 없었으면 생활하기도 어려웠을 것이다. 그러나 乙未 대운 28세 이후는 丑未가 충하여도 乙木이 생시의 壬水를 흡수해 火를 생하므로 건강이 회복되기 시작하였다. 그리고 甲午 대운 48세부터 癸巳 대운 57세까지는 火가 주관하므로 대단히 건강하다.

　그런데, 壬辰 대운 59세 이후에 건강에 심각한 문제가 발생하였다. 뿌리가 없는 생년의 丁火가 대운 天干 壬水와 합해 木으로 변하였으나 매우 습한 辰土가 생월의 戌土를 또 충하므로 심장마비증세로 죽을 고비를 넘겨야 했다. 이에 인공심장으로 위기를 넘기고 생존할 수 있었다. 인공심장으로 얼마나 버틸 수 있을지 알 수는 없으나 67세 壬辰 대운이 끝날 때 다시 한 번 위기가 올 듯하다.

■ 처방

木火에 속하는 식품과 茶를 꾸준히 먹으면 예방이 가능하다.

10) 火 심장이 허약한 위암(女 44년생)

年 : 甲申　　　　대　운
月 : 庚午　　己 戊 丁 丙 乙 甲 癸
日 : 壬子　　巳 辰 卯 寅 丑 子 亥
時 : 庚戌　　4 14 24 34 44 54 64

■ 풀이

생월의 午火가 생일의 子水로부터 극을 받는데, 子水가 생시의 戌土에 흡수당해 충력이 약화되기는 하였으나 심장이 허약한 것은 어쩔 수 없다. 그리고 생년의 甲木은 뿌리가 없이 생월의 庚金에 극을 받아 담 역시 허약한데, 생년은 日干이 미치는 영향력이 약하므로 그다지 우려하지 않아도 된다. 따라서 木火운이 좋은데, 火운은 생시의 戌土를 생해 子水 신장이 마르는 것이 흠이고, 水운은 약한 생월의 午火 심장이 허약해져 생시의 戌土 위가 허약해지는 것이 좋지 않다.

이에 대운을 비교해보면, 己巳 대운 4세부터 43세 丙辰 대운까지는 火가 주관하므로 속 열이 많아 水 신장과 방광 그리고 金 폐·대장이 허약해진다. 그러므로 이때 소화기능이 좋지 않았으며 몹시 피로하고 먼 길을 걸어 다닐 수가 없었다. 다만 戊辰 대운 14~23세까지는 습한 辰土가 생시의 戌土와 충하므로 심장이 허약해 빈혈증세가 있었으며 대장이 냉해 변비로 고생하였다.

乙丑 대운 44~53세까지는 乙木이 생월의 庚金과 합해 金으로 변하고

냉한 丑土가 생일의 子水와 합해 土로 변하므로 생월의 午火 심장이 子水의 극을 받지 않아서 심장이 조금 허약해도 건강할 수 있었다. 그러나 甲子 대운 54세 이후는 담과 심장이 극도로 쇠약해진다. 甲木이 생월의 庚金과 충하고 子水가 생월의 午火 심장을 심하게 극하기 때문이다. 따라서 생시의 戌중 丁火 심장만이 혈을 생할 수밖에 없으므로 혈이 부족해 빈혈이 일어나고 손발은 차고 저리며 허리와 무릎이 다 아팠다. 그러나 무엇보다도 심장이 비장에 혈을 충분히 공급하지 못하므로 비장이 위에 소화액을 넉넉히 분비해줄 수 없는 것이 큰 문제가 된다. 당뇨증세까지 나타났으며, 2005년 음력 12월에 위에 암이 발생해 수술을 할 수밖에 없었던 것이다.

■처방

己巳 丁卯 丙寅 대운은 金水에 속하는 식품과 茶를 많이 먹되 火土에 속하는 것은 자제하고 木에 속하는 것은 적당히 섭취하면 된다. 그러나 戊辰 乙丑 甲子 癸亥 대운은 木火土에 속하는 것을 많이 먹고 金水는 적게 먹어야 예방할 수 있다.

11) 火 심장 열이 많은 골다공증(女 66년생)

年 : 丙午　　　　대　운
月 : 癸巳　　壬 辛 庚 己 戊 丁
日 : 丙寅　　辰 卯 寅 丑 子 亥
時 : 庚寅　　 0 10 20 30 40 50

■풀이

생월의 癸水 신장이 뿌리가 없어서 생년의 丙火에 마르고 생시의 庚金 대장이 뿌리가 없으므로 태어날 때부터 신장과 폐가 허약하다. 그런데, 地支가 모두 木火로 구성되어 있으므로 이럴 때는 木火土로 종하는 것이 좋다. 그러면 午는 子를 충해오고, 巳는 亥를, 寅은 申을 충해와서 약한 신장과 폐를 건강하게 해준다. 金은 寅木에 반극당하고, 水는 木에 흡수되고 火에 마르므로 폐와 신장이 함께 허약해진다. 다만 생월과 시에 癸水와 庚金이 있기 때문에 金水가 와도 허약해질 뿐 큰 문제는 생기지 않는다.

壬辰 대운 0~9세까지는 壬水와 습한 辰土가 주관하므로 폐·대장과 신장·방광이 허약해 호흡기질환을 자주 앓고, 소변이 자주 마렵고 기운이 없어서 게으르다. 신장이 약하면 몸이 무거워 의지와 상관없이 그렇게 되는 것이다. 그러나 辛卯 대운 10~29세까지는 건강하다. 木火가 金水를 충해오기 때문이다.

己丑 대운 30~39세까지는 土가 주관해 좋으나 생월의 癸水와 생시의 庚金이 丑土에 뿌리를 두고 강한 木火와 싸우므로 폐·대장이 허약해진다. 따라서 이때부터 빈혈, 변비, 만성피로에 시달리기 시작하였다. 그리고 신장과 폐가 허약하므로 골다공증 증세까지 나타났다. 골다공증은 반드시 신장·폐 허약증세로 나타난다. 폐는 신장의 기운을 생하고 신장은 골수를 주관하기 때문이다. 그러므로 신장이 건강한 사람은 골다공증을 앓지 않는다.

■처방

金水에 속하는 식품과 茶를 많이 먹고 木火에 속하는 것을 자제하면 예방과 치료를 할 수 있다.

12) 火 심장 허약의 저혈압(女 69년생)

年 : 己酉   대 운
月 : 丁丑   戊 己 庚 辛 壬
日 : 乙巳   寅 卯 辰 巳 午
時 : 戊寅   3 13 23 33 43

■풀이

생월의 丁火가 丑土에 뿌리가 없는데, 생일의 巳火가 생년 월의 酉丑과 삼합해 金으로 변하고 생시의 寅木을 억압한다. 따라서 간과 심장이 매우 허약해 木火운을 만나야 건강해지고 金水운을 만나면 심장 허약으로 인한 질병을 앓는다.

戊寅 대운 3세부터 己卯 대운 22세까지는 寅卯木이 주관하므로 木이 火를 생해 간 심장이 다 건강하였다. 그러나 庚辰 대운 23~32세까지는 습한 辰土가 火氣를 흡수하는 데다 庚金이 또 水를 생하므로 간과 심장이 함께 허약해졌다. 특히 심장이 더 허약해 혈을 정상적으로 생하지 못하고 혈액순환이 잘되지 않으므로 저혈압 증세가 심해 손발이 저리고 변비에 시달리고 또 손에 정전기가 심하게 일어나 자동차 문을 열기가 두려울 정도였다. 뿐만 아니라 무속기운이 있어서 원인을 알 수 없이 몸이 아프고 밤에는 가위에 눌려 잠을 자기가 두려웠다. 가위 눌림은 빙의가 그 원인으로 생각된다. 심약하고 몸이 허하면 그런 증세가 있기 마련이므로 건강을 다스리면 결코 그런 일이 일어나지 않는다.

■처방

木火에 속하는 식품과 茶 또는 한약으로 간과 심장을 건강하게 하고 또 호흡수련을 꾸준히 하면 예방과 치료를 할 수 있다. 그러나 金水에 속하는 것은 당분간 섭취하지 않는 것이 좋다.

13) 火 심장 열에 의한 폐결핵과 위궤양(男 79년생)

年 : 己未　　　　대　운
月 : 辛未　　庚 己 戊 丁 丙 乙 甲
日 : 丁未　　午 巳 辰 卯 寅 丑 子
時 : 庚子　　0 10 20 30 40 50 60

■풀이

생월의 辛金 폐가 뜨거운 未土 위에서 火氣가 가득하고 생시의 庚金 대장은 子水에 뿌리가 없으므로 폐·대장이 함께 허약하다. 그리고 생시의 子水 신장 역시 未土의 극을 받아 대단히 허약하다. 그런데 다행히 입추 당일에 태어났으므로 생월의 辛金과 생시의 庚金이 未土에 뿌리를 내릴 수 있다는 사실이다. 따라서 신장은 많이 허약하고 폐는 신장보다는 조금 덜 허약하다. 또 심장 丁火가 未 중에 내장되어 있어서 심장기능 역시 온전한 것은 아니다. 그러므로 金水木火가 다 좋으나 火는 金水를 극해 건강 면에서 폐와 신장이 나빠지고, 金水는 심장이 허약해지며, 土는 水를 극해 신장이 더욱 허약해진다.

그러므로 庚午 대운 0~9세까지는 庚金이 도와 폐에는 이상이 없었으나 신장이 허약해 소변이 잦고 키도 크지 않았다. 水 신장은 성장호르몬을 간직하는데 午火로 인해 子水 신장이 마르기 때문이다. 己巳 대운

10~19세까지는 巳火가 뜨거운 未土를 더욱 뜨겁게 하므로 폐와 신장이 함께 허약해진다. 따라서 1882년 壬戌년에 폐결핵을 앓았으며, 이후 3년간 약을 먹고 겨우 완치될 수 있었다. 세월 운도 癸亥 甲子 乙丑으로 흘러 많은 도움을 입었다. 그러나 폐결핵이 나은 대신 이번에는 속 열로 인해 胃에 염증이 생기고 궤양으로 전위되었다. 이에 다년간 양약으로 치료를 하였으나 그때 뿐 계속 재발하였으므로 무려 10년을 위장병으로 고생할 수밖에 없었다. 하지만 金水에 속하는 약초를 달여먹고 청량고추를 꾸준히 먹고 완치되었으며, 지금은 건강하다.

■처방

金水에 속하는 식품과 茶를 꾸준히 마시면 예방과 치료를 할 수 있다. 그러나 戊辰 대운은 습한 辰土가 주관하므로 폐·위가 건강해졌으면, 이번에는 木火에 속하는 것을 함께 먹어주는 것이 좋다.

14) 火 심장이 허약한 고혈과 대장 계실염(男 44년생)

```
年 : 甲申        대   운
月 : 乙亥   丙 丁 戊 己 庚 辛 壬
日 : 丁丑   子 丑 寅 卯 辰 巳 午
時 : 己酉   9 19 29 39 49 59 69
```

■풀이

생일의 냉한 丑土가 생시의 酉金과 합해 金으로 변하므로 지지가 모두 金水로 구성되어있다. 그러므로 金水木으로 좋하는 것이 가장 좋고 土는 金을 생해 좋으나 水를 극하므로 반은 길하고 반은 흉하다. 하지만

火는 대단히 흉하다. 金水를 만나면, 申은 寅을 충해오고, 亥는 巳를, 丑은 未를, 酉는 卯를 충해 오며, 天干은 합해 와서 인체를 조화롭게 해준다.

그러나 火를 만나면 水가 火를 충해오지 못하므로 이때부터 인체의 조화가 깨져 여러 가지 질병을 앓게 된다. 이처럼 水를 종하면 속은 냉한데 겉은 열이 많은 현상으로 나타난다. 속을 陰氣가 주관하기 때문에 겉은 천지기운의 陽氣가 와서 陰陽의 조화를 이루어주는 것이다. 따라서 이런 조화가 깨지면 반드시 질병을 앓기 마련이다.

丙子 대운 9~28세까지는 子丑 북방 水氣가 주관하므로 건강에 아무런 문제가 없다. 戊寅 대운 29부터 己卯 대운 48세까지는 일생 중 가장 건강한 시기이다. 寅卯木이 水氣를 흡수해 火를 생하기 때문이다. 庚辰 대운 49~58세까지 역시 건강하다. 다만 이때는 庚金이 생년의 甲木을 충하므로 담 기능이 조금 허약해진다.

그런데, 辛巳 대운 59세부터는 고혈압 증세가 나타나고 대장에 병이 든다. 그 까닭은 巳火가 생월의 亥水와 충하기 때문이다. 이렇게 金水를 종하는데 火운이 오면 水가 火를 충해오지 못하고 오히려 火氣가 어두워진다. 따라서 陰氣가 인체를 지배하고 陽氣가 미약해지는데, 약한 陽氣가 상승하면서 몸에 허열이 나고 고혈압 증세가 나타나는 것이다. 그리고 부족한 陽氣로 인해 속은 냉해지고 대장이 냉증을 이기지 못해 병이 드는 것이다. 이 사람의 경우, 마치 젖은 흙이 근기가 없고 기포가 생기듯이 대장이 허약해지면서 대장 곳곳에 물집이 생기는 병을 앓았다. 이것을 게실염이라 하는데 급히 물집이 있는 대장 부위를 잘라내는 수술을 받고서야 건강을 회복할 수 있었다.

■처방

木火에 속하는 식품과 茶를 꾸준히 섭취하면 예방되고 치료도 가능하다. 지금은 그렇게 하고 있으므로 재발되지 않고 매우 건강하게 지내고 있다.

15) 火 심장 열이 많은 불임(女 72년생)

年 : 壬子   대 운
月 : 丙午   乙 甲 癸 壬 辛 庚
日 : 丙戌   巳 辰 卯 寅 丑 子
時 : 丁酉   6 16 26 36 46 56

■풀이

생년의 壬子가 생월의 丙午를 극하지만 생일의 戌土가 子水를 흡수하고 午火가 가세하므로 壬子 水가 오히려 마른다. 그리고 생시의 酉金 역시 火氣에 허약하므로 신장과 폐가 다 허약하다. 따라서 金水를 만나야 건강하고 木火를 만나면 해롭다.

乙巳 대운 6~15세까지는 巳火가 생시의 酉金과 반합해 金으로 변하므로 乙木이 火를 생해도 건강할 수 있었다. 甲辰 대운 16~25세까지는 습한 辰土가 생시의 酉金과 합해 金으로 변하므로 역시 건강하다.

그러나 癸卯 대운 26~35세까지는 卯木이 생일의 戌土와 합해 火로 변하므로 폐 金과 水 신장이 함께 매우 허약해진다. 이렇게 火氣가 태과해 신장과 폐가 약해지만 임신하기 어렵다. 폐는 신장의 기운을 생해주고 신장은 精을 주관하는데, 신·폐가 다 허약하면 정액이 부족하고, 정액이 부족하므로 난자도 부실해진다. 따라서 29세에 혼인 하였으나 3년간 임신이 되지 않았다. 이에 金水에 속하는 식품과 한약재를 6개월간 복용한 결과 임신할 수 있었다.

■처방

金水에 속하는 식품과 茶를 꾸준히 섭취하고 火土에 속하는 것은 자제하면 예방과 치료가 된다.

16) 火 심장이 약한 정신질환(女 76년생)
   年 : 丙辰   대 운
   月 : 丁酉   丙 乙 甲 癸 壬 辛
   日 : 辛酉   申 未 午 巳 辰 卯
   時 : 戊戌   7 17 27 37 47 57

■풀이

생년의 丙火가 뿌리가 없이 생일 天干 辛金과 합해 水로 변하고 생월의 丁火가 地支에 뿌리가 없는데다 생시의 戊土 중의 丁火는 깊이 내장되어 있어서 심장이 대단히 쇠약하다.

그런데 地支가 모두 土金이기 때문에 土金水로 종해야 한다. 그러면 酉는 卯를 충해오고 水는 火를 충해와 허약한 심장을 돕는다. 그러나 木은 金의 극을 받아 꺾어지므로 간이 허약해지고 火 역시 金을 이기지 못해 어두워지므로 심장이 허약해진다.

따라서 火를 만나면 심장이 허약해지고 심장이 허약하면 잘 울고 잘 웃는 등의 속성으로 인해 감정의 변화가 심하다. 게다가 생년 일의 酉金은 익은 열매를 몸체와 분리시키는 가을의 기운이므로 고독하고 우울하며 염세적이어서 심하지는 않으나 정신질환성 히스테리를 일으킨다. 그리고 金만 태과하기 때문에 폐·대장에 사기가 침범하고 또 성질이 서늘하고 건조해 변비를 심하게 앓을 수밖에 없는 것이다.

이에 대운을 비교해보면, 丙申 대운 7~16세까지는 天干에 丙火가 있다 하여도 地支의 영향력이 더 크므로 申金이 합세해 水를 생하고 水는 다시 木을 생함과 동시에 火를 충해 오므로 건강하다. 하지만 공식에 金水를 종하는데 丙丁火가 있기 때문에 비록 천지기운이 도와준다 해도 근본적으로 허약한 심장은 어쩔 수 없다.

乙未 대운 17세부터 癸巳 대운 36세까지는 火가 주관하므로 심장도 허약하고 폐·대장이 火氣에 상처를 입어 정신질환에 가까운 히스테리를 일으키고 심한 변비로 고통을 당할 수밖에 없었던 것이다. 壬辰 대운은 金水가 주관하므로 건강하다. 그러나 공식의 丙丁火 때문에 심장이 근본적으로 강해지는 것은 아니다. 따라서 이때는 간·심장을 보양해야 한다.

辛卯 대운 47세 이후는 卯木이 酉金과 충하므로 간이 대단히 허약해진다. 다만 생시의 戌과 합해 火로 변하므로 위험한 질병을 앓지는 않는다 하여도 주의해야 한다. 특히 47세 대운이 끝나는 56세에 간에 문제가 생길 수 있다. 합력이 약화되면서 충하기 때문이다.

■ 처방

金水에 속하는 식품과 茶를 자제하고 木火에 속하는 것을 꾸준히 상복하면 예방과 치료를 할 수 있다.

17) 火 심장 열이 많은 호흡기 질환과 피로(女 58년생)

年 : 戊戌　　　　대　운
月 : 戊午　　丁 丙 乙 甲 癸 壬 辛
日 : 戊寅　　巳 辰 卯 寅 丑 子 亥
時 : 甲寅　　 8 18 28 38 48 58 68

■풀이

생년월일이 삼합해 火가 되고 생시의 甲寅木이 화를 생해 木火土가 상생하면서 인체를 지배하고 있으므로 木火土로 종해야 한다. 그러면 허공의 金水가 충해와 없는 것을 채워준다. 그러나 金水를 만나면 충해 오지 못하므로 인체의 균형이 깨져 그에 상응하는 질병을 앓는다. 金을 만나면 金이 火에 상처를 입고 폐·대장이 병들고, 水를 만나면 水가 火에 증발돼 신장과 방광이 병든다.

그러므로 丁巳 대운 8~17세까지는 火가 주관하므로 건강하였다. 丙辰 대운 18~27세까지는 습한 辰土의 水氣가 마르므로 신장과 폐가 함께 허약해 만성 피로에 시달리고 호흡기질환은 물론 변비로 고생하였다. 다만 天干의 丙火가 辛金을 합해 오고 생년월일의 戊土가 癸水를 합하므로 심하지는 않았다. 乙卯 대운 28세부터 甲寅 대운 47세까지 20년간은 木이 火를 생하고 火는 土를 생하면서 水를 충해 오므로 건강에 이상이 없었다.

그러나 癸丑 대운 48세가 되자 癸水가 생년월의 戊土에 흡수당하고 丑 중의 癸水와 辛金이 함께 火의 극을 받아 폐·신장이 매우 쇠약해질 수밖에 없었다. 그래서 다리가 붓고 피로해 드러눕기를 좋아하고 숨이 가쁘며 손발이 저리고 허리가 아픈 등 잔병에 시달렸다. 특히 신장이 쇠약해 머리카락이 힘이 없고 빠지며, 색깔도 점점 바래져갔다. 또 기억력이 떨어지고 무엇을 잘 잊어버리는 등 노쇠현상을 보이기 시작하였던 것이다. 앞으로 壬子 癸丑 대운 역시 그런 증세가 계속된다. 특히 壬子 대운은 대단히 위험하다. 壬水가 戊土에 흡수당하고 子水가 생월의 午火와 충해 폭발하기 때문이다.

■ 처방

木火土에 속하는 것은 적게 먹고 金水에 속하는 식품과 茶를 꾸준히 많이 섭취하면 예방과 치료를 할 수 있다.

18) 火 심장이 약한 협심증(女 93년생)

  年 : 癸酉   대 운
  月 : 己未   庚 己 戊 丁 丙 乙
  日 : 丁酉   申 酉 戌 亥 子 丑
  時 : 壬寅   3 13 23 33 43 53

■ 풀이

생월의 未 중에 丁火가 숨어있고 그나마 未土가 생년 월의 酉金 폐에 둘러싸여 심장이 쇠약함은 물론 심장의 포包가 작고 얇다. 未는 火氣를 잔뜩 머금은 얕은 土인데다 폐가 너무 크기 때문에 심장 자체가 얇고 작은 것이다. 그리고 생시의 寅木이 火를 생하지만 酉金으로부터 억제를 받으므로 火를 제대로 생하기도 어렵다.

그러므로 태어날 때부터 심장이 대단히 작고 허약한데, 3세 때 대운마저 甲申을 만나므로 申金이 생시의 寅木을 충하고 酉金 폐에 합세하므로 未 중 丁火 심장이 더욱 협소해져 협심증으로 수술을 받고 간신히 생명을 유지할 수 있었다. 그러나 대운이 계속해서 金水이기 때문에 심장으로 인한 갖가지 질병을 어쩔 수 없다. 요행히 버텨낸다 하여도 乙丑 대운 申金 세월 운은 넘기기 어려워 보인다. 丑이 생월의 未를 충해 丁火를 꺼뜨리고 申金이 생시의 寅木을 충해 火氣가 사멸되기 때문이다.

■ 처방

金水에 속하는 식품이나 약을 금하고 木火에 속하는 것을 꾸준히 복용하면서 호흡수련을 계속하고 척추를 바로잡아 혈액순환과 심장기능을 강화시키면 예방이 가능하다.

19) 火土 심장 비장 허약의 위암(男 44년생)

年 : 乙酉　　　　대　운
月 : 癸未　　壬 辛 庚 己 戊 丁 丙
日 : 己卯　　午 巳 辰 卯 寅 丑 子
時 : 壬申　　0 10 20 30 40 50 60

■ 풀이

생월의 未土와 생일의 卯木이 합해 木이 돼 火를 생하지만 未 중에 丁火가 숨어 있어서 심장이 허약하다. 반드시 木火 운을 맞이해야 건강하고 金水 운을 만나면 심장이 매우 쇠약해진다. 따라서 壬午 대운 0세부터 辛巳 대운 19세까지는 매우 건강하였다. 그러나 庚辰 대운 20~29세까지는 습한 辰土가 火氣를 흡수하므로 심장 허약으로 인한 여러 가지 질병에 시달려야 했다. 이렇게 심장이 허약하면 비장이 제 기능을 하지 못하므로 소화기도 좋지가 않다. 그러나 己卯 대운은 天干에 己土가 있고 卯木이 생년의 酉金과 충하므로 생월의 未土를 극하지 않아서 심장만 허약할 뿐 비장은 문제가 없었다. 戊寅 대운 40~49세까지는 寅木이 생시의 申金과 충하므로 未土 비장을 억제하지 않아서 역시 별 문제가 없었다.

그러나 丁丑 대운 50세부터는 심장과 비장이 함께 매우 허약해진다. 丁火가 생월의 癸水에 꺼지고 냉한 丑土가 未土를 충해 未 중의 丁火가 역시 꺼지므로 심장이 지극히 쇠약해진다. 따라서 심장경색증세까지 있었다. 그러나 생년의 乙木과 생일의 卯木이 미약하나마 火를 도우므로 심장이 마비되지는 않았으나 비장에 심각한 문제가 발생하였다. 丑未가 충하면 심장이 혈을 생함이 미약하고 비장을 돕지 못하는 데다 비장의 기운이 서로 충해 마치 지진이 일어나는 것처럼 기운이 충돌하므로 소화액을 胃에 분비하지 못한다. 또 이렇게 비장이 병들면 면역력도 떨어지므로 이때 위암을 앓았으며 수술로 생명을 유지할 수 있었던 것이다. 다행히 대운 天干에 丁火가 있어서 심장을 돕기 때문에 죽음은 피할 수 있었던 것으로 생각된다. 만약 丁火마저 없었다면 수술했다 하더라도 재발할 가능성은 매우 높다. 그리고 木火에 속하는 식이요법을 계속하였으므로 재발을 방지할 수 있었다고 할 수 있다.

■처방

木火에 속하는 식품과 차 또는 한약을 꾸준히 섭취하면 예방과 치료될 수 있다.

20) 火, 심장 허약에 의한 무속병과 출가한 승려(男 56년생)

```
年:丙申              대    운
月:辛丑       壬 癸 甲 乙 丙 丁 戊
日:庚子       寅 卯 辰 巳 午 未 申
時:戊寅       2 12 22 32 42 52 62
```

■풀이

생년의 丙火가 생월의 辛金과 합해 水로 변하였고, 생시의 寅木 만이 火를 생하지만 申子가 합해 水가 되고 또 생월에 냉한 丑土가 있어서 젖은 木이라 火를 충분히 생하기가 어렵다. 따라서 태어날 때부터 심장이 허약하고 간 기능도 원만하지 못하므로 木火 운을 맞이해야 건강하고 생활도 윤택해진다.

壬寅 대운 2~11세까지는 寅木이 火를 생하지만 생년의 申金과 충하므로 火를 생하기 어려우므로 심장 허약으로 인해 병약할 수밖에 없었다. 癸卯 대운 12~21세까지는 卯木이 火를 생할 듯하지만 卯는 새싹과 같아서 火를 충분히 생하지 못하고. 다만 허약한 간 기능은 좋아진다. 甲辰 대운 22세부터는 심장이 매우 허약해지는데, 습한 辰土가 생년의 申金과 생일의 子水와 삼합해서 대단히 강력한 水로 변하므로 寅木이 火를 생하기 매우 어렵다. 그러므로 심혈이 부족해 빈혈이 심하고 소화도 되지 않았으며 원인을 알 수 없는 병을 앓기 시작하였다. 온 몸이 아프지만 병원에서는 건강하다는 대답밖에 들을 수가 없었다.

이렇게 간과 심장이 함께 허약해지면 거의가 무속병을 앓는다. 동양 의학에서 심장에서 神明이 나오고 神은 간에 머문다고 하였다. 의학의 상식으로는 '神은 氣를 부리고 氣는 血을 실어 나른다' 라고 하는데, 이는 마치 이른 봄바람이 氣라면 바람 속의 陽氣가 혈이고 바람을 불게 하는 근원적인 어떤 힘을 神이라 할 수 있는 것과 같다.

따라서 神은 형이상적 성격의 알 수 없는 힘이며, 종교적으로 말하자면 일체 만물의 혼魂으로서의 神이라고도 할 수 있다. 아무튼 이 神의 힘이 미약하면 다른 神들이 자신을 지배하려 하며 자신의 神은 피지배자로 전락해 의지대로 생활할 수 없으며 온 몸이 아픔을 견디지 못한다. 그리고 여러 가지 환상을 보거나 초월적인 영적 능력을 보이기도 한다.

이 사람 역시 甲辰 대운 때 그런 현상을 경험하고 세속에서 생활하기 어려워 출가하였던 것이다. 32세 乙巳 대운 이후는 火가 주관하므로 건강하였으나 세월 운에서 또 金水를 만나면 무속 기운과 온 몸의 아픔에 시달려야 했으며 지금도 그런 현상은 계속되고 있다.

■처방

木火에 속하는 식품과 차를 상복하고 金水에 속하는 것은 절제해야 한다. 그리고 호흡훈련을 계속하면서 항상 음지보다 양지가 바른 곳에서 생활하며, 몸을 따뜻하게 하면 예방과 치료가 될 수 있다

7. 비장(脾臟 己丑未)

비장은 陰土이다. 土는 냉冷·습濕·염炎·조燥 4계절과 황색 단맛을 주관한다. 그러므로 비장은 냉하면 염이, 습하면 조, 염하면 냉이, 조하면 습이 도와주고, 황색과 단맛이 길러준다. 비장이 주관하는 인체의 기능은 살〔肉〕과 입술이고, 본성은 신〔信〕이며 속성은 근심이고. 냄새는 향내이며, 소리는 궁음(宮音 : ㅇ ㅎ)이다.

① 비장의 형상과 크고 작음

비장은 위를 둘러싸고 있는데, 척추 11추 아래 양 옆에 붙어있으며 마치 말발굽과 같다. 위는 음식물을 받아들이고 비장은 소화를 시킨다. 비장이 크면 옆구리가 아프고 빨리 달리지 못하며 주름살이 굵다. 작으면 옆구리가 당기고 아프며 피부빛이 누런빛을 띠고 주름살이 가늘다. 비장이 냉하고 허약하면 소화불량은 물론 여러 가지 질병에 취약한데 특히 당뇨에 걸리기 쉽다.

② 비장이 상한 증세

살〔肉〕이 아프다. 열이 많으면 배가 빨리 고파지고, 냉하면 장이 우글대며 배가 아프다. 또 배 속이 더부룩하고 소화가 되지 않으며 몸이 무겁고 관절이 아프며 게으르며 드러눕기를 좋아하고 대소변이 어려워진다. 외향적으로는 얼굴빛이 누렇고 생각이 많으며 맛을 잘 알아내는 특징이 있다.

③ 비장병을 예방하고 치료하는 방법

■처방

첫째, 비장병은 식후에 배를 자주 만져주는 것이 좋다. 그리고 비장이 허약하면 단맛에 속하는 음식을 많이 먹고, 체질이 냉하면 동쪽이나 남쪽, 열하면 북쪽이나 서쪽을 향하는 것이 좋고, 황색을 가까이 하는 것이 도움이 된다.

둘째, 생각을 많이 하지 말고 낙천적이어야 한다. 생각이 많아서 괴로울 때 체질이 습하면 쓴 것이나 신 것을 먹고 즐거운 일을 생각하며, 열하면 짜거나 매운 것을 먹고 공포영화를 보거나 떠올리는 것도 도움이 된다.

셋째, 비장에 좋은 한약 차와 음식을 많이 먹는 것이 가장 좋다.

■비장에 좋은 한약 차와 식품
찬 성질 : 으름덩굴(쓴맛) 탱자(매우 찬 성질. 쓴맛과 신맛) 호장근(평의함. 쓴맛) 감초(평의함) 두릅나무(평의함. 매운맛)
따뜻한 성질 : 삽주(쓴맛과 단맛) 배초향(쓴맛과 매운맛) 후박(쓴맛과 매운맛) 이질풀(쓴맛과 매운맛)
식품 : 좁쌀, 피쌀, 보리쌀, 찹쌀, 꿀, 엿, 노랑콩, 두부, 된장, 호박, 고구마줄기, 시금치, 단감, 연시, 양배추, 황설탕, 홍당무, 토끼고기, 쇠고기, 수어, 아욱국, 붕어, 귤피.

넷째, 비장이 허냉해 배가 아프고 설사하고 소화불량일 때
백아 볶은 것 감초 구운 것 각 1냥, 백복령초과 건강을 구운 것 각 1냥, 후박 진피 백출 각 7전 반을 한 첩으로 달여서 하루 3회 복용한다.

다섯째, 비장에 열이 많아서 입에 냄새가 날 때
치자 1전 반, 곽향 감초 각 1전, 석고말 8푼, 방풍 6푼을 1첩으로 달여서 하루 3회 복용한다.

8. 위(胃 戊辰戌)

胃는 비장의 陽이다. 비장과 같은 土이므로 그 성질과 쓰이는 약초와 식품이 같다.

형상은 주머니 모양이고, 부위는 척추 12추 아래 양 옆의 심장과 폐 아래에 있다. 음식물을 받아들이는 곳이므로 수곡의 바다라 한다. 음식이 위에 들어가면 정이 허해지므로 과식은 정력을 약화시킨다. 따라서 저녁은 적게 먹고 아침은 많이 먹어야 하며, 점심은 영양가 있는 것을 적당히 먹는 것이 좋다. 살이 단단하면 胃가 단단하고, 살이 얇고 주름이 가늘면 연약하다. 胃 병의 증세는 배가 더부룩하고 소화가 되지 않으며 피곤해 드러눕기를 좋아하고 게을러진다. 그리고 비장과 위가 함께 허하면 먹기가 힘들고 야위거나 적게 먹어도 살이 찐다.

■처방

첫째, 위장에 좋은 식품과 약초인 시호, 생강, 인삼, 개고기가 도움이 된다.

둘째, 위가 실할 때
창출 2전, 진피 1전 4푼, 후박 1전, 감초 6푼, 생강 3쪽, 대추 2개를 한 첩으로 달여서 하루 3회 복용한다.

셋째, 위가 허해 음식 생각이 없을 때
창출 2전, 인삼 백출 1전, 진피 후박 백복령 감초 구운 것 각 7푼, 산국 볶은 것 맥아 볶은 것 각 5푼, 생강 3쪽, 대추 2개를 한 첩으로 달이거나 환丸으로 지어 하루 3회 복용한다.

9. 비·위의 질병 진단 및 처방

1) 土 비, 위가 큰 비만(男 82년생)

年 : 壬戌　　　대　운
月 : 壬寅　　癸 甲 乙 丙 丁
日 : 戊辰　　卯 辰 巳 午 未
時 : 癸丑　　7 17 27 37 47

■풀이

자기 자신인 생일 天干이 戊土인 데다 생년일시에 戌辰丑 3개의 토가 생월의 寅木을 둘러싸고 있다. 이렇게 土가 많으면 반드시 비만해진다. 특히 日干이 戊土이면 더욱 분명해진다. 日干이 戊土이면 설사 土가 많지 않아도 비만인 경우가 많다. 그 까닭은 土가 많으면 비장과 위장이 다른 장부에 비해 크고 실하며, 土의 질이 살에 속하기 때문인데 음식을 많이 먹기도 하지만 적게 먹어도 모두 살이 되는 특징이 있다.

그러나 비·위가 크면 대개가 심장이 허약하다. 土가 火를 흡수해가므로 심장이 허약한 것이다. 이 사람의 경우도 마찬가지이다. 특히 생일의 辰土午 생년의 戌土가 상충해 戌중 丁火가 꺼지는 데다 생월의 寅木이 土에 싸여 火를 충분히 생하지 못하고, 생월의 壬水와 생시의 한냉한 癸丑이 火를 더욱 어둡게 하고 있다.

그러므로 木을 만나는 것이 가장 좋다. 木은 태과한 土를 억제하고 火를 생하므로 허약한 간과 심장이 다 건강해진다. 火는 심장을 건강하게 해서 좋으나 土를 生하므로 더욱 비만해지는 결점이 있다. 金은 태과한 土氣를 흡수해서 좋지만 水를 生하고 木을 극하므로 좋고 나쁨이 공존한다. 水 역시 木을 生하지만 火를 어둡게 해 심장을 허약하게 하므로 건강에 이롭지 못하다.

이에 대운을 비교해보면 癸卯 대운 7~16세까지는 卯木이 寅木을 도와 태과한 土를 억제하고 火를 生하므로 비만하지 않았고 매우 건강하였다. 그러나 戊辰 대운 17세가 되자 비록 天干에 甲木이 있다 하여도 辰土로 인해 이때부터 갑자기 키가 부쩍 자라고 비만해지기 시작하였다. 특히 辰土가 강하게 주관하는 22세부터는 심장도 매우 허약하였다.

乙巳 대운 27세 이후는 火가 주관하므로 심장기능은 좋아지지만 비위가 더욱 강해 비만이 더욱 심해질 것이다.

■ 처방

木火에 속하는 식품과 차를 장복하고 土와 水에 속하는 것은 자제해야 하며 金은 적당히 섭취하면 예방할 수 있다.

2) 土, 胃에 열이 많은 비만과 위장병(男 77년생)

年 : 丁巳　　　대　운
月 : 庚戌　　己 戊 丁 丙 乙
日 : 戊午　　酉 申 未 午 巳
時 : 丁巳　　7　17　27　37　47

■ 풀이

세월의 庚金이 戌土에 뿌리를 두었으나 戌土가 생일의 午火와 합해서

火로 변하고 생년과 생시의 天干 丁火의 극을 받아서 대단히 허약하다. 따라서 이 사람은 폐·대장이 허약한데, 火가 인체를 모두 지배하고 있어서 木火土를 종해야 한다. 그러면 天干은 합해오고, 地支 巳는 亥를 충해오고, 戌은 辰, 午는 子를 충해와서 陰陽이 조화를 이루므로 건강을 유지하게 되는 것이다. 그러나 水를 만나면 태과한 火氣에 마를 것이므로 신장과 폐가 함께 쇠약해진다. 金은 생월 天干에 庚金이 있어서 허약해도 웬만큼은 견뎌낼 수 있다.

그런데 이렇게 火가 인체를 지배하고 水를 충해오면 속은 열이 많으나 겉은 냉해서 추위를 이기지 못하는 체질이 된다. 만약 겉에도 열이 많으면 생명을 유지하기 어려워진다. 그때는 金水에 속하는 식품과 차를 꾸준히 상복해야 한다. 신장과 방광, 폐와 대장을 섭생으로 건강하게 다스려두면 천지기운에 능히 응할 수 있기 때문이다.

그러므로 己酉 대운 7세부터 戊申 대운 26세까지는 金이 주관하므로 체질적으로는 열이 많고 폐·신장이 허약한 증세가 나타난다. 火에 金이 극을 받는 데다 水를 충분히 생할 수 없기 때문이다. 이에 호흡기질환을 앓았으며, 소변이 잦고 늘 피로하였던 것이다.

丁未 대운 27세부터는 火가 주관하므로 추위를 많이 타는 체질로 바뀌었으며, 갑자기 비만해지기 시작하였다. 日干 戊土와 생월의 戌土가 火의 생을 받아 그 기능이 강력해졌기 때문이다. 앞으로 57세 이후 甲辰 대운은 비만이 더욱 심해지고 신장이 허약해지면서 여러 가지 잔병에 시달리게 될 것이다.

■처방

金水에 속하는 식품과 차를 상복하면 예방할 수 있다.

3) 土 비, 위가 약한 위암(男 57년생)

年 : 丁酉　　　　대　운
月 : 己酉　　戊 丁 丙 乙 甲 癸 壬
日 : 壬辰　　申 未 午 巳 辰 卯 寅
時 : 壬寅　　3 13 23 33 43 53 63

■풀이

생년의 丁火가 뿌리가 없으므로 심장이 허약하다. 생월의 己土 역시 뿌리가 없어서 비장이 허약한데, 무엇보다도 생일의 辰土 胃가 생시의 寅木으로부터 극을 받고 있는 것이 대단히 흉하다. 寅이 辰에 뿌리를 내리고 辰의 정기精氣를 흡수해가는 이치대로 담膽이 위胃의 정기를 빼앗아가는 것이다.

그러므로 허약한 심장과 비·위를 도와주는 火土운을 만나야 길하고 水木을 만나면 胃 辰土가 膽 寅木의 극을 견디지 못해 반드시 병드니 마치 적은 흙무더기에 우람한 나무를 심어놓은 것처럼 흙의 성분이 흡수당해 메말라 버리는 것과 같다.

이에 대운을 비교해보면, 戊申 대운 3~12세까지는 天干에 戊土가 있고 地支 申金이 생시의 寅木을 극하므로 위장에 이상이 없었다. 그러나 간과 심장이 허약해 소화기가 좋지 않고 병약한 것은 어쩔 수 없었다. 丁未 대운 13세부터 丙午 대운 32세까지는 火土가 주관하므로 이때 키가 부쩍 크고 몸도 건강하였다.

하지만 乙巳 대운 무인(戊寅 : 1998년)년에 위에 종양이 발생해 위를 잘라내는 수술을 받고 생명을 유지할 수 있었다. 天干 乙木 간이 생월의 己土 비장을 극하는데, 세월운 寅木 담이 辰土를 극하였기 때문이다. 그리고 巳火가 비록 辰土 위를 생하지만 생년의 酉金과 합해 金으로 변하므로 辰土를 돕지 못하는 데도 원인이 있었다. 다만 세월 운의 天干 戊土가 위를 돕고 辰酉가 합한 金이 寅木을 억제할 수 있어서 종양이 심하지는 않았으며 섭생을 잘 해 재발도 하지 않았다.

甲辰 대운 42~51세까지는 천간 甲木이 地支 辰土의 정기를 흡수하므로 생시의 辰土가 천지기운의 도움을 입지 못해 위장 기능이 다시 허약해져 고생하기 시작하였다. 그러나 배를 자주 만지고 습생을 잘 하였으므로 재발하지는 않았다. 癸卯 대운 53~62세까지는 卯木이 생년의 酉金과 충하기 때문에 辰土를 극하지 못하므로 재발 가능성은 없다. 그러나 세월 운에서 寅木을 만나면 재발할 가능성이 있다. 壬寅 대운 63세는 寅木 간 기능이 강하게 작용해 辰土 위장이 버티기 어려워 반드시 재발할 수 있으므로 습생을 꾸준히 잘 해야 한다.

■처방

火土에 속하는 식품과 차를 꾸준히 섭취하고 木에 속하는 것은 적당히 섭취하되 金水에 속하는 것은 매우 적게 섭취하면 예방할 수 있다.

4) 土 비, 위가 허약한 우울증과 당뇨(女 48년생)

年 : 戊子　　　　대 운
月 : 乙卯　　甲 癸 壬 辛 庚 己 戊
日 : 癸卯　　寅 丑 子 亥 戌 酉 申
時 : 壬子　　 4 14 24 34 44 54 64

■풀이

생년의 戊土를 제외하고 모두 水木이 인체를 지배하고 있다. 이렇게 되면 水木을 종해야 한다. 그러면 지지 水는 火를 충해오고, 木은 金을 충해 오며, 天干은 합해와서 없는 것이 채워진다. 水木을 종할 때는 火가 가장 좋다. 과다한 木을 태워 土를 생하기 때문이다. 다음으로 火를 생하는 木이 좋고, 水는 木을 생해서 좋으나 火를 어둡게 하므로 반은 길하고 반은 흉하다. 그러나 土는 태과한 木으로부터 극을 받아 비·위가 허약해진다. 金 역시 木의 반극으로 허약해진다.

그러므로 甲寅 대운 4~13세까지는 木이 주관하므로 건강하였으나 癸丑 대운 14세부터 辛亥 대운 43세까지는 水가 주관하므로 심장이 허약해 많은 고생을 하였다. 특히 辛亥 대운은 天干에 辛金이 있기 때문에 폐까지 허약해진다. 심장이 허약하고 폐마저 허약하면 대부분 우울증에 시달린다. 심장이 허약하면 슬픔과 기쁨의 감정 변화가 잦고 폐가 허약하면 비애에 잘 젖기 때문이다. 그리고 당뇨에 매우 취약하다. 당뇨는 대개 火가 많거나 적을 때 앓기 쉬운 질병이다. 火가 많으면 폐는 물론 신장도 허약해지고 비장도 제 역할을 하지 못하며, 火가 적으면 상대적으로 水가 많아서 역시 폐와 심장과 비장이 제 역할을 못하므로 면역이 결핍될 수밖에 없는 것이다.

庚戌 대운 44~53세까지는 戊土가 생월의 卯木과 합해 火로 변하므로 이때부터는 건강이 차츰 회복될 수 있었다. 다만 子水가 戌土의 극을 받아 신장이 허약해 당뇨는 낫지 않았다. 그러나 己酉 대운 54세부터는 당뇨가 더욱 심해지고 우울증이 재발하였다. 酉金 폐가 卯木의 반극에 의해 허약해지고 대운 天干 己土 비장이 생월의 乙木 간으로부터 극을 받기 때문이다. 그래서 갑상선까지 앓을 수밖에 없었다. 갑상선은 대개 폐

로 인해 발생하지만 신장이 허약해도 앓을 수 있는데, 근심 걱정이 많은 특징이 있는 것으로 보아 비장에도 관련이 있어 보인다. 이런 경우 심장 비장 폐 신장의 기능이 모두 저하되어 근심 걱정이 떠날 날이 없고 삶의 의욕을 상실하기 마련이며, 戊申 대운 64세 이후도 그런 증세는 계속된다. 세월 운에서 木火를 만나면 폐에 이상이 생길 수도 있다.

■처방

土金에 속하는 식품과 茶를 꾸준히 섭취해 비·위와 폐·대장을 건강하게 하면 예방과 치료가 될 수 있다.

5) 土 비장이 냉한 위암(男 37년생)

   年：丁丑　　　　대　운
   月：丁未　丙 乙 甲 癸 壬 辛 庚
   日：辛酉　午 巳 辰 卯 寅 丑 子
   時：壬辰　9 18 29 39 49 59 69

■풀이

생년의 丁火가 丑土에 뿌리를 두지 못하는데 생월의 丁火가 未土에 뿌리를 둔다. 그러나 丑과 未가 서로 충하므로 未중의 丁火가 몹시 미약해 생월 天干의 丁火가 火氣를 충분히 발산하지 못한다. 이렇게 되면 심장의 겉은 열이 있는 듯하지만 속은 기능이 약해 혈을 제대로 생할 수 없어서 비장을 돕기 어렵다. 그리고 丑未는 비장인데 서로 충하므로 비장의 혈관이 고르지 못해 혈액 공급이 원활하지 못한 것으로 볼 수 있다. 마치 집안싸움에 가정이 파탄되는 것과 같다.

그러므로 木과 火로서 허약한 심장을 도와야 건강을 유지할 수 있다. 이에 대운을 비교해보면, 丙午 대운 9~28세 乙巳 대운까지 대단히 건강하였다. 甲辰 대운 29~38세까지는 습한 辰土가 火를 어둡게 하지만 天干 甲木이 丁火를 생해 심장을 돕고 심장은 다시 비장을 도우므로 역시 건강에 문제가 없었다. 癸卯 대운 39~48세까지는 卯木이 생일의 酉金과 충해 이때 간 기능이 좋지 않아서 고생하였다. 壬寅 대운 49~58세까지는 寅木이 비록 火를 생하지만 생시의 辰土 위胃를 극하므로 이때부터 소화기장애가 심해 늘 소화제를 먹지 않으면 안 되었다. 그리고 소화불량증세는 辛丑 대운 59세에 이르자 더욱 심화되면서 위암을 앓고 2007년 丁丑년 음력 12월 丑 월에 사망하였다.

대운과 세월 운에서 냉한 丑土가 생월의 허약한 비장 未土를 충해 未 중 丁火를 사멸시키고 辛金이 생년 월의 丁火를 반극하므로 심장이 비장을 돕지 못한 것이다. 냉하기만 한 비장과 위장에 따뜻한 혈이 공급되지 못하니 비장과 위장이 마치 썩은 시궁창의 흙과 같았기 때문에 종양이 생겼던 것으로 볼 수 있다.

■처방

29세 甲辰 대운부터 木火에 속하는 식품과 茶를 상복하고, 39~58세 대운 이후는 火土에 속하는 식품과 茶 그리고 한약을 꾸준히 복용하면 예방할 수 있다.

6) 土 비·위가 태과한 비만과 당뇨(女 47년생)

年 : 丁亥　　　　대　운
月 : 庚戌　　辛 壬 癸 甲 乙 丙
日 : 壬戌　　亥 子 丑 寅 卯 辰
時 : 丁未　　10 20 30 40 50 60

■풀이

생년의 亥水가 생월의 戌土에 흡수당하고, 생월의 庚金은 생년과 시의 丁火로부터 억제를 받아 신장과 방광 폐와 대장이 천성적으로 허약하다. 그러나 생월과 일의 戌土 위장과 생시의 未土 비장은 다른 장부에 비해 매우 크고 실하나 건조하고 열이 많은 결점이 있다. 비장과 위장은 습해야 하는데 이처럼 열이 많고 건조하면 비·위가 제 기능을 못해 위염, 위궤양, 위암, 당뇨와 같은 위험한 병을 앓을 수 있으며 비만은 피하기 어렵다.

그러므로 金水 운을 만나야 건강하고, 木 운은 태과한 土를 억제해서 좋으나 약한 亥水를 흡수하고 火를 생하므로 운명은 흉하지 않지만 건강은 나빠진다. 따라서 辛亥 대운 10세부터 癸丑 대운 39세까지는 水가 주관하므로 허약한 신장과 방광이 활력이 넘쳐 대단히 건강하고 비만도 없었다. 그러나 甲寅 대운 40세에 들어서자 甲寅 木이 火를 생해 金을 극하고 水를 마르게 하므로 신장과 폐가 함께 허약해지면서 갑자기 비만 체질로 바뀌었다. 신장과 방광이 허약하니 만성 피로에다 검게 윤기가 나던 머리카락이 퇴색해 누렇게 변했다. 비장에 열이 많아 위염과 대장이 막히는 변비 증세로 고생할 수밖에 없었다. 乙卯 대운 50세에 이르러서는 卯木이 생월의 戌土와 합해 火로 변해 또다시 土 비장과 위장을 생하므로 걷기조차 힘들 만큼 비만해지고 당뇨까지 앓기 시작하였다. 폐와 신장을 보양해 체질을 개선하지 않는다면 丙戌 대운 60세에 위암이나 폐암을 앓을 가능성이 대단히 높다.

■풀이

甲寅 대운부터 金水에 속하는 식품과 茶를 꾸준히 섭취하고 가끔 한약으로 폐 신장을 보양하면 예방과 치료가 가능하다.

7) 土 비·위에 열이 많고 태과한 췌장암과 위암(男 53년생)

年 : 癸巳　　　　대　　운
月 : 丙辰　乙 甲 癸 壬 辛 庚 己
日 : 乙未　卯 寅 丑 子 亥 戌 酉
時 : 丙戌　 1 11 21 31 41 51 61

■풀이

생년의 癸水가 생월의 辰土에 뿌리를 내리지만 전체적으로 火土가 강해 水氣가 미약하다. 생월의 辰土 역시 습해도 火土에 水氣가 마른다. 따라서 천성적으로 신장이 허약하다. 그리고 火氣가 많아서 폐·대장도 건강할 수 없으므로 金水 운을 만나야 건강하다. 木은 태과한 土를 억제해서 좋으나 水氣를 흡수하므로 폐·대장과 신장·방광이 허약해진다. 다만 이 공식의 경우, 火土를 좋하므로 木 운이 와도 생년의 巳火가 亥水를 충해오고 생시의 未土가 丑土를 충해오며, 생월과 시의 丙火가 辛金을 합해오기 때문에 건강할 수 있다.

따라서 乙卯 대운 1세부터 甲寅 대운 20세까지 건강할 수 있었다. 그리고 癸丑 대운 21세부터 辛亥 대운 50세까지는 水가 주관하므로 일생 중 가장 건강했던 시기라 할 수 있다.

그러나 庚戌 대운 51세에 이르자 天干의 庚金이 생월 시의 丙火로부터 극을 받고, 戌土가 생시의 戌土와 합세해 생월의 辰土를 충하므로 신장은 물론 폐·대장까지 건조하고 열이 많아지면서 갑자기 소화기 계통에 문제가 생겼다. 열에 약한 비장에 의한 췌장암은 물론 위암도 앓았다.

그런데, 이 사람은 열이 많아서 발생한 병임에도 불구하고 산삼을 먹고 암이 더 심해졌다 한다. 따라서 산삼도 체질에 맞지 않으면 독이 되고, 독약도 체질에 맞으면 때에 따라서는 약이 될 수도 있음을 보여주는 좋은 예이다.

■처방

辛亥 대운 중반부터 金水에 속하는 식품과 茶를 꾸준히 섭취하면서 배를 자주 만져주고 가끔 한약으로 신장과 폐를 보양하였으면 예방이 가능하고 치료는 그 결과를 알 수 없다.

8) 土, 위가 너무 습한 소화불량과 아토피(女 82년생)

年 : 壬戌 　　　　대　운
月 : 甲辰　　癸 壬 辛 庚 己
日 : 丙辰　　卯 寅 丑 子 亥
時 : 辛卯　　9 19 29 39 49

■풀이

생년의 戌土가 생월의 辰土와 충해 戌 중의 丁火가 꺼지는데, 생시의

卯木이 여린 새싹과 같아서 火를 충분히 생하기 어려우므로 천성적으로 심장이 허약하다. 심장이 허약한 데다 2개의 辰土 위장이 지나치게 습하다. 그리고 생시의 辛金은 생일의 辰土에 뿌리가 약한데, 생월의 甲木으로부터 반극을 받아 폐도 허약하다. 비·위는 살을 주관하고, 폐는 피부를 주관하므로 살이 습하고 피부는 약하면서 습하다.

이처럼 심장이 허약해 혈이 부족하고 습한 살과 피부에 혈액순환이 잘 되지 않으므로 피부병에 취약하다. 그리고 역시 혈이 비·위에 충분히 공급되 못하므로 소화기능도 떨어진다. 따라서 木火로서 심장을 보양하는 것이 가장 좋다. 그런데, 이 공식의 경우, 癸卯 대운 9~18세까지는 卯木이 생년의 戌土와 합해 火가 되므로 건강하지만 辛金 폐가 허약해 감기가 잦고 피부가 좋지 않았다. 壬寅 대운 19~28세까지는 寅木이 주관해 좋을 듯하지만 寅木이 생시의 卯木과 생월 일의 辰土와 방합方合해 木으로 변하고 생년의 戌土 胃를 극하므로 이때부터 소화가 잘 되지 않았다. 음식을 먹으면 자주 토하고, 어지러움증으로 쓰러져 일어나지 못하기도 하였으며 피부병도 심하였다. 辛丑 대운 29세 이후는 水가 주관하므로 그런 증세가 더욱 심해진다.

■**처방**

火에 속하는 식품과 茶로서 심장을 보양하는 것이 시급하다. 그래서 진한 홍삼을 먹으면서 배를 매일 만지고 호흡 수련을 계속한 결과 건강할 수 있었다.

9) 土 비·위가 큰 비만과 만성 피로(女 85년생)

年 : 乙丑　　　대　운
月 : 癸未　　甲 乙 丙 丁 戊
日 : 甲戌　　申 酉 戌 亥 子
時 : 己巳　　1 11 21 31 41

■풀이

생년의 乙木과 세월의 癸水가 뿌리가 없고 土가 인체를 지배하고 있다. 따라서 비장과 위장이 다른 장부에 비해 크고 실하다. 이런 경우, 土를 종해야 한다. 土를 종할 때는 火土金이 가장 좋다. 그러면 天干은 합해오고 地支는 상대적인 것을 충해와서 균형이 이루어진다. 그러나 木 운이 오면 木이 土에 묻혀 간이 허약해지고, 水 운이 오면 水가 土의 극을 받아 신장이 허약해지는데, 다만 생년에 냉한 丑土가 있고 생월에도 癸水가 있기 때문에 水 운은 신장이 그렇게 많이 허약해지지는 않는다. 본래 土는 천하의 중앙이므로 어느 오행이던 다 받아들이는 성질이 있어서 흡수할 뿐 극하지는 않는다.

여하간 이 공식은 비·위 土가 태과하므로 어느 운으로 흘러도 비만은 어쩔 수 없다. 특히 공식에 水가 있기 때문에 더욱 그러하다. 土가 많으니 신장은 자연히 허약하고 신장이 허약해지면 대개가 비만한 체질이 된다. 土가 살을 주관하고 신장은 정을 주관하는데 土가 모든 것을 흡수해가기 때문이다. 따라서 만성 피로에 시달리고 몸이 무거워 걷기도 불편할 정도이다. 특히 甲申 乙酉 대운은 金이 주관하므로 식욕이 더욱 왕성해 섭취하는 것마다 살로 변하였다. 金은 폐로 하여금 혈을 넉넉하게 운반하게 하기 때문이다. 앞으로도 비만은 지속되는데, 오직 木 간만이

土를 억제해 웬만큼 비만을 억제할 수 있다.

■ 처방

木에 속하는 식품과 차를 꾸준히 섭취하면서 한약재를 복용하고 金水火에 속하는 것은 식품과 차를 가끔 섭취한다. 특히 金에 속하는 식품 중에서 청량고추가 다이어트에 도움이 된다.

10) 土 위장 기능저하 위하수(女 67년생)

年 : 丁未 　　　대 운
月 : 庚戌　　辛 壬 癸 甲 乙 丙
日 : 丙辰　　亥 子 丑 寅 卯 辰
時 : 己丑　　6 16 26 36 46 56

■ 풀이

생년의 丁火가 未와 戌에 뿌리를 두고 건강하지만 생월의 戌土가 생일의 辰土와 서로 충하므로 丁火가 오히려 어두워져 심장이 허약하다. 더구나 이 공식의 경우, 地支가 모두 土여서 土를 종해야 하는데, 생일의 辰과 생시의 丑이 水를 잔뜩 머금은 土이므로 자기 자신인 日干 丙火가 매우 허약하다. 日干 火의 허약함은 몸과 마음이 허약함을 의미한다. 따라서 木火로서 허약한 심장을 도와야 심신이 함께 다 건강해진다. 그런데, 이 공식을 자세히 관찰해보면 생년의 未와 생시의 丑이 서로 충하지만 멀리 떨어져 있어서 충하지 않는 묘함이 있다. 이는 비장의 혈관이 어지럽지 않고 고르게 분포되어 있음을 의미한다.

그러나 생월의 戌土와 생일의 辰土는 서로 강하게 충하므로 위장의 혈관이 어지럽게 분포돼 있음을 의미하며, 허약한 심장의 혈이 충분히 흐르지 못하므로 제 기능을 원활히 못한다. 게다가 辰戌 위장이 큰 반면 火氣가 적고 水氣가 많으므로 위장이 단단하지 못하다. 그러므로 癸丑 대운 26세 이후에 丑土가 생년의 未土를 극하자 비장마저 제 기능을 못하므로 소화불량이 심하였으며 위하수 자궁병 빈혈 손발저림 변비 등 각 종 잔병치레를 하게 되었던 것이다. 만약 생시에 丑土비장의 기운이 또 없었다면 자궁암에 걸릴 가능성도 배제할 수 없다. 甲寅 대운 36세 이후는 甲寅 木이 과다한 土를 억제하고 火를 생해서 좋으나 위장을 극하므로 한 번 허약해진 위하수가 낫지는 않았다. 辛亥 대운 6세부터 壬子 대운 25세까지 역시 水가 주관하므로 심장 위장이 허약해 건강할 수 없었다. 따라서 이 사람은 진한 홍삼으로 심장을 돕는 한편 호흡 수련으로 심장 근육을 강화하면서 배를 매일 만져 위를 물리적으로 운동하게 한 결과 거의 완치되는 것을 확인할 수 있었다.

■처방

35세까지는 木火에 속하는 식품과 차를 꾸준히 섭취하고, 36세 이후는 火에 속하는 것을 많이 섭취하고, 木은 꾸준히 섭취하면서 양생호흡 수련을 계속하고 또 습관적으로 배를 자주 만져주면 예방과 치료를 할 수 있다.

11) 土 살이 두터운 잔 질병과 무속기운(男 44년생)

年 : 甲申
月 : 甲戌　　乙 丙 丁 戊 己 庚 辛
日 : 甲戌　　亥 子 丑 寅 卯 辰 巳
時 : 甲戌　　0 10 20 30 40 50 60

■풀이

생년을 제외하고 地支가 모두 戌土가 지배하고 있다. 다행히 天干이 모두 甲木이라 地支 戌土를 억제하므로 비만한 체질은 아니다. 그리고 생년에 申金이 있어서 戌土와 상생하므로 상극 관계인 甲木과 水로서 통관하면 운세는 좋아진다.

그런데, 기이한 것은 戌土는 대단히 무속적인 기운을 가지고 있다는 사실을 여러 사람들의 임상에서 확인할 수 있었다. 개띠가 戌土인데, 개는 예로부터 귀신을 보는 동물로 인식되어왔다. 그러기에 戌土에 개를 배속시켰을지 모른다.

하지만 그 원인을 나는 이와 같이 분석하였다. 戌土는 위장에 배속되지만 만물을 수장시키는 土로서 혼백 중에서 백魄에 속하며, 혼魂은 하늘로 가고 백은 육신을 주검으로 끌고 가는 귀鬼에 해당된다. 따라서 무속적이라 할 수 있고, 인체 생리학적으로 보면 戌土가 비록 土이지만 습기가 전혀 없는 조토로서 그 속에 丁火가 강하게 작용하고 있다. 그러나 丁火는 휴화산처럼 깊은 땅 속에 있는 화염이므로 외부로 표출되지 않고 겉으로 열기만 내뿜는다. 따라서 심장의 살은 두텁되 火氣가 부족해 심장이 혈을 넉넉하게 생하지 못한다. 심장이 허약하면 반드시 무속적인 기운이 나타난다. 심장은 마음이고 혼魂이 머문다라고 의서醫書에 기록되어 있는 것으로 미루어 심장이 허약하면 혼魂이 안주하지 못하고 귀鬼와 교류하기 때문에 무속적이라 할 수 있는 것이다.

아무튼 이 공식의 사람은 29세 丁丑 대운까지는 天干의 丙丁火가 甲木을 태워 심장을 도우므로 무속기운이 있다 하여도 나타나지는 않았다. 그러나 戊辰 대운 30세 이후 辰土가 戌土와 충하면서 원인도 없이 몸이 아프기 시작하였다. 그리고 언어도 정확하지가 않았다. 심장은 설음舌音이므로 심장이 허약해 혀가 잘 돌아가지 않았던 것이다. 뿐만 아니라 어느날 집을 훌쩍 떠난 뒤 돌아오지 않았다 한다. 무속기운 때문에 승려가 되었지 않았나 생각된다.

12) 土 비장이 허약한 위암(男 45년생)

```
年 : 乙酉           대    운
月 : 癸未     壬 辛 庚 己 戊 丁
日 : 己卯     午 巳 辰 卯 寅 丑
時 : 壬申     0 10 20 30 40 50
```

■풀이

생월의 未土가 丁火를 내장해있고 생일의 卯木은 생년의 酉金이 극하므로 未土에 영향을 주지 못한다. 또 卯木이 火를 넉넉히 생하지 못하므로 심장이 허약하고 비장도 허약하다. 따라서 木火土 운을 만나야 한다. 하지만 木은 허약한 생월의 未土 비장을 억제하므로 흉하다. 만약 공식에 火가 있었다면 木火土로 상생하므로 문제가 되지 않지만, 火가 未 중에 내장되어 있기 때문에 木火가 상생하지 못한다.

그러므로 火土를 만나야 건강을 유지할 수 있고, 金水木을 만나면 여러 가지 질병을 앓게 된다. 金은 水를 생하고 卯木 간을 억제하므로 신장과 폐는 건강해도 심장과 비장과 간이 허약해지며, 水는 심장을 허약하게 하고 木은 비장을 병들게 한다.

이에 대운을 비교해보면, 壬午 대운 0세부터 庚辰 대운 29세까지는 火土가 주관하므로 건강하였다. 다만 庚辰 대운은 辰土가 水氣가 많아서 심장이 허약해지므로 비장이 심장으로부터 도움을 얻지 못하므로 소화불량 증세가 자주 있었다. 己卯 대운 30세부터는 卯木이 未土를 흡수해 木으로 변하지만 생년의 酉金과 충해 흡수해서 합하지 못한다.

하지만 木氣가 완전히 사라지는 것은 아니므로 水木 세월 운에서 소화불량으로 고생하였다. 하지만 대운 天干의 己土가 비장을 도우므로 큰 병은 앓지 않았다. 戊寅 대운 역시 寅木이 생시의 申金과 충하므로 未土 비장을 억제하는 힘이 부족하고 대운 天干의 戊土가 도와 건강하였다.

그러나 丁丑 대운 50세 이후는 丁火가 생년의 癸水에 어두워지고, 냉한 丑土 비장이 생월의 조열한 未土 비장과 서로 충하므로 비장이 제 기능을 못하면서 위암을 앓고 말았다. 이에 수술을 받은 뒤 심장 기능을 보양하는 홍삼을 꾸준히 먹고 위를 건강하게 하는 식이요법으로 지금까지 암이 재발하지 않았다.

■처방

30세 이후 火土에 속하는 식품과 차를 꾸준히 섭취하면 예방할 수 있고 재발하지 않는다.

13) 土 위에 열이 많은 위암(男 58년생)

年 : 戊戌　　　대　운
月 : 丁巳　　戊 己 庚 辛 壬
日 : 壬寅　　午 未 申 酉 戌
時 : 丙午　　4 14 24 34 44

■풀이

생년의 戊土와 생일의 寅木, 그리고 생시의 午火가 삼합해 火가 되므로 火를 종해야 한다. 다만 土가 공식에 있으면 火를 따라가되 火土金으로 운이 향하면 상생이 되므로 대단히 좋다. 木은 火를 생해서 좋으나 火가 생하는 土를 극하면 반은 길하고 반은 흉하다. 그러나 日干을 제외하고 이 공식처럼 火土가 인체 전체를 지배하고 있으면 水는 天干 地支를 막론하고 대단히 흉하다. 火가 水를 충해오지 못하기 때문이다. 그러면 陰陽의 조화가 깨지면서 인체의 리듬도 깨진다. 火를 종하면 반드시 속에는 열이 가득해도 겉은 차서 추위를 타게 된다. 火가 水를 충해오기 때문에 외부는 찬 것이다. 따라서 더위를 느낄 때가 가장 위험하다. 火가 水를 충해오지 못하므로 속의 열이 외부로 나타는 현상이다.

그러므로 겨울에 추위를 모른다고 해서 건강을 자신해서는 안 된다. 이 공식의 경우가 그러하다. 戊午 대운 4세부터 己未 대운 23세까지는 속이 열하고 외부는 차서 추위를 많이 타는 시기이고 대단히 건강하다.

그러나 庚申 辛酉 대운 43세까지는 체질적으로 정반대의 현상이 나타난다. 없던 金氣가 들어오기 때문이다. 다행히 天干 地支가 모두 金이어서 폐에 이상이 생기지는 않았으나 워낙 火氣가 강한 체질이라 호흡기가 좋지 않았다. 잘 앓지 않던 감기도 가끔 심하게 앓는 등의 증세가 나타나고 열이 나서 여름을 견디기 어렵고 겨울은 추위를 모른다.

壬戌 대운 44세에 들어서자 이때부터 열이 더욱 많아서 여름을 견디기 어려웠으며 가끔 소화가 되지 않아서 소화제를 복용하기 시작하였다. 대운 天干에 壬水가 있기 때문이다. 地支는 火를 충해오지만 天干은 壬水가 있기 때문에 水氣가 마르는 것이다.

따라서 열을 싫어하는 위장이 壬水로 인해 열을 더욱 발산시켜 서서히 위 벽에 종양이 생기기 시작하였다. 그리고 이듬해 2003년 癸未년 水가 주관하는 겨울에 암이 자리를 잡고 위장 여기저기에 좁쌀처럼 돋아났던 것으로 생각된다. 그리고 본인이 느끼지 못하다가 2004년 甲申년 봄에 이상을 느꼈을 때는 이미 암이 상당히 진행된 상태였다. 이에 수술을 받고 항암치료를 받기 시작하였으나 2005년 乙酉년에 재발해, 2006년 음력 2월〔辛卯〕초에 젊은 나이로 사망하였다.

■처방

金水에 속하는 식품과 茶를 상복하고, 찬 성질의 한약으로 폐와 신장을 보양해 열을 식혀주어 陰陽이 조화를 이루도록 하였으면 예방이 가능하다.

14) 土 비장 허냉에 의한 설사 구토(女 71년생)

年 : 辛亥　　　　대　운
月 : 己亥　　庚 辛 壬 癸 甲 乙
日 : 己亥　　子 丑 寅 卯 辰 巳
時 : 癸酉　　9 19 29 39 49 59

■풀이

생월의 己土가 亥水에 뿌리가 없고 물에 허물어지는 흙과 같다. 생년의 辛金과 생시의 酉金은 과다한 水氣에 차고 허약하다. 그러나 이 공식의 경우 金水가 전체를 지배하므로 水를 종해야 한다. 그러면 水가 火를 충해와서 陰陽이 조화를 얻는다. 水를 종할 때는 金水木이 좋다. 그러나 土를 만나면 土가 허물어져 비·위가 병들 것이며, 火를 만나면 火가 水에 꺼지게 되므로 심장과 비장이 함께 나빠져 생명을 유지하기 어렵다.

따라서 庚子 대운 9~28세까지는 水가 주관하므로 건강에 아무런 이상이 없었다. 체질적으로는 속은 차되 겉은 열이 많아서 여름을 견디기 어렵고 겨울을 보내기가 쉽다. 그러나 壬寅 대운에 이르러서는 寅木이 亥水와 합해 木으로 변하므로 매우 좋아보인다. 하지만 寅木이 亥水와 합하면 물에 잔뜩 젖은 木이 된다. 따라서 寅 중의 丙火가 미약해 火를 넉넉히 생하지 못하는 결점이 있다. 그래서 이때부터 몸에 허열이 나기 시작하였으며 찬 음식을 먹으면 바로 설사를 하였고, 음식을 먹은 뒤에 구토까지 하였다. 陰陽의 조화가 깨지면서 위가 너무 차서 음식물을 갈무리할 수 없었던 것이다. 여러 임상 경험으로 보아 체질을 개선하지 않으면 비·위가 병들고 반드시 당뇨와 고혈압을 앓을 수 있다. 그리고 乙巳 대운 59세 이후는 巳火가 亥水와 충하므로 火氣가 사멸돼 사망할 수도 있다. 그 원인은 심장마비나 고혈압에 의한 뇌졸중일 가능성이 높다.

■처방

木火土에 속하는 식품과 茶를 꾸준히 섭취하면 체질을 개선해 예방하고 치료도 가능하다.

15) 土 비·위가 건조한 당뇨와 소화불량(男 74년생)

年 : 甲寅　　　대　운
月 : 辛未　　壬 癸 甲 乙 丙 丁
日 : 庚戌　　申 酉 戌 亥 子 丑
時 : 甲戌　　0 10 20 30 40 50

■풀이

생월의 未土 비장은 조열하고 생일과 시의 戌土 위胃는 건조하다. 게다가 생년의 甲寅과 생시의 甲木이 火를 생하므로 생월의 辛金 폐가 허약한데 생일의 戌土에만 의지하고 있다. 이런 경우, 金이 가장 좋다. 태과하고 건조한 土를 설기시켜 水를 생해주기 때문이다. 木火土도 흉하지 않다. 木火土는 天干은 합해오고 地支는 상대적인 오행을 충해와서 음·양이 조화를 얻기 때문이다. 그러나 水는 조열하고 건조한 土에 흡수당하므로 신장 기능이 떨어지고 비·위가 습하지 못해 소화기질환을 앓게 된다. 다만 운명적으로는 金水木 운이 좋다. 金은 과다한 土를 설기시키고 水를 생해주고, 水는 金과 木을 상생시켜주며, 木은 과다한 土를 억제해주기 때문이다. 다만 水는 土氣가 土에 흡수되는 것이 흠이라면 흠인데, 그렇다고 水氣가 완전히 말라 없어지는 것은 아니므로 건강에 치명적이지는 않다.

壬申 대운 0세부터 癸酉 대운 19세까지 金이 주관하므로 대단히 건강하다. 甲戌 대운 20~29세까지는 조열한 未土는 냉한 丑土를 충해오고 건조한 戌土는 습한 辰土를 충해오므로 역시 건강하다. 그러나 세월 운에서 水를 만나면 충해오지 못하므로 소화기가 나빠진다.

乙亥 대운 30세 이후는 亥水가 있기 때문에 공식의 地支가 水를 충해

오지 못하며, 亥水는 생년의 寅木과 합해 젖은 木으로 변하고, 젖은 木의 습기를 未와 戌이 흡수한다.

따라서 이때부터 비장과 폐 신장 등 오장육부가 조열하고 건조해져 당뇨를 앓았다. 그리고 늘 마른기침을 하면서 배가 더부룩한 증세로 음식을 제대로 섭취할 수가 없었다. 그런데, 병원에서 진단을 받은 결과 당뇨병 외에는 아무런 이상이 없다는 것이었다. 그러나 소화불량 증세는 나날이 심해져갔다. 동양의학과 서양의학의 차이를 확인할 수 있는 사례로서 기계로 증명되지 않으면 부정하는 서양의학의 단점의 예이다. 의료기기는 상처가 나지 않은 온·열·습·건·조·풍·한·냉 등 모든 질병의 원인이 되는 체질을 분별해내지 못하기 때문이다.

■처방

金水에 속하는 식품과 茶로서 예방이 되고, 한약으로 치료가 가능하다. 그래서 당뇨까지 완치될 수 있었다.

16) 土 비장에 열이 많은 위염과 위궤양(女 64년생)

　　年 : 甲辰　　　대　　운
　　月 : 癸酉　　壬 辛 庚 己 戊 丁
　　日 : 癸未　　申 未 午 巳 辰 卯
　　時 : 丁巳　　 8 18 28 38 48 58

■풀이

전체적으로 陰陽의 조화가 나무랄 데가 없이 잘 어우러진 공식이다. 이렇게 조화로워도 맞이하는 운이 흉하면 병을 앓을 수밖에 없는 것이 천지자연의 이치이다. 金水를 만나면 火氣가 어두워져 심장이 허약해지고, 木火를 만나면 열이 많아서 폐와 비·위가 허약해진다.

壬申 대운 8~17세까지 申金이 생시의 巳火와 합해 水로 변하고, 생월의 癸水는 생시의 丁火를 어둡게 하므로 생일의 未土 중 丁火 심장이 허약해진다. 따라서 이때는 잘 놀라고 저혈압증세가 있었으며 추위를 많이 타는 체질이었다. 그러나 辛未 대운 18세부터 庚午 대운 38세까지는 열이 많은 체질로 바뀐다. 辛과 庚이 뿌리가 없고 火氣의 영향력이 강하기 때문이다. 이에 세월 운에서 木火를 만나면 소화불량 증세가 있었다.

己巳 대운 38세 이후는 소화기가 더욱 나빠진다. 대운 天干 己土가 생월의 癸水를 마르게 하므로 생시의 丁火가 비로소 火氣를 발산시키기 때문이다. 특히 2006년 丙戌 세월 운을 맞이하자. 戌土가 생년의 辰土와 충하고 활활 타오르는 뜨거운 丙火에 金水가 함께 허약해지므로 열에 약한 비장이 위를 돕지 못하고 이에 위가 염증을 일으키고 궤양으로 발전하였던 것이다. 그리고 폐가 허약해 혈을 온 몸으로 운반하지 못하고 위로 솟아오르는 火氣 때문에 고혈압 증세까지 나타났던 것이다.

■ 처방

壬申 대운은 木火에 속하는 식품과 茶를 섭취하고, 그 후로는 金水에 속하는 것을 꾸준히 섭취하면서 호흡수련으로 폐활량을 좋게 하고, 배를 자주 만지면 예방과 치료가 가능하다.

17) 土 위장이 건조한 위암(女 36년생)

年 : 丙子　　　　　대　운
月 : 癸巳　　壬 辛 庚 己 戊 丁 丙 乙
日 : 庚戌　　辰 卯 寅 丑 子 亥 戌 酉
時 : 己卯　　6 16 26 36 46 56 66 76

■풀이

　생년의 子水 신장이 생월의 巳火와 생일의 戌土에 마르고, 생월의 癸水 신장 역시 뿌리가 없이 생년의 丙火에 마르고 생시의 己土로부터 극을 받는다. 따라서 신장은 허약하고 심장과 비·위만 조열하다. 마땅히 金水를 만나서 조열한 체질을 습하게 해야 건강을 유지할 수 있으며 木火는 陰氣를 흡수해 신장과 비·위가 함께 병든다.

　壬辰 대운 6~15세까지는 壬水가 생년의 丙火를 극하고 辰土가 습하므로 건강하였다. 丙辰 대운 16세부터 庚寅 대운 35세까지는 寅卯木이 생일의 土를 극하고 火를 생하므로 위가 좋지 않았다. 그러나 대운 天干에 庚申 金이 水를 생해 위험한 병은 앓지 않았다. 己丑 대운 36세부터 戊子 丁亥 대운 65세까지는 水가 주관하므로 가장 건강한 시기라 할 수 있었다. 그러나 丙戌 대운 66세가 되자 丙火가 생월의 癸水 신장을 마르게 하고, 戌土가 생년의 子水 신장을 마르게 하므로 위암을 앓았으며, 신장의 水氣가 고갈돼 대단히 위험하였다. 다행히 본인 스스로 침술을 배운바가 있어서 매일 침을 놓고 金水에 속하는 식품을 상복하면서 한약을 꾸준히 복용한 결과 지금까지 위암 수술의 후유증도 없었으며 재발하지도 않았다.

■ 처방

金水에 속하는 식품과 茶를 꾸준히 섭취하면 예방할 수 있다.

18) 土 비·위가 큰 위하수(男 78년생)

年 : 戊午 　　　대 운
月 : 丙辰　 丁 戊 己 庚 辛
日 : 己未　 巳 午 未 申 酉
時 : 乙亥　 3 13 23 33 43

■ 풀이

생월의 습한 辰 중의 癸水 신장이 생월 天干 丙火와 생년의 午火 사이에서 허약하지만, 생시의 亥水 방광은 생일의 조열한 未土 비장을 오히려 습하게 해주어서 좋다. 다만 전체적으로 火土가 많기 때문에 水氣가 모자란다. 생시의 乙木 간은 극하는 것이 없고 뿌리가 분명해서 쉽게 병들지 않는다. 따라서 金 운을 만나면 태과한 土를 설기시켜 水를 생하므로 건강하고, 水는 부족한 水氣를 도와주어서 건강하다. 또 木 운은 태과한 土를 억제해서 역시 건강하다. 그러나 火土는 水氣를 마르게 하고 과다한 土를 더욱 강하게 하므로 운명과 건강이 함께 흉하다.

이에 대운을 비교해보면, 丁巳 대운 3세부터 戊午 대운 13세까지 火土가 주관하므로 건강하지 못하다. 신장이 허약하고 간 기능도 떨어져서 어린나이에 오줌이 잦고 게으르며 소화불량에다 허리까지 아팠다. 열이 많고 간과 신장이 허약하면 근육이 약하고 혈액순환이 잘 되지 않아서 디스크나 관절염에 취약하므로 어린나이임에도 불구하고 허리와 무릎이 아팠던 것이다. 그리고 살도 찌지 않는다.

己未 대운 23세 이후는 그런 잔 질병이 더욱 심화된다. 뿐만 아니라 대운 天干 地支가 모두 土이므로 비·위가 더욱 크지는 데다 火氣가 많아서 음식물이 들어가면 소화도 못시키고 위장이 힘이 없어서 늘어질 수밖에 없는 것이다. 그리고 음식물을 삭이지 못해 설사를 하고 늘 배가 더부룩해 숨쉬기조차 힘들었다. 이대로 방치하면 위염에서 궤양으로 발전하고 다시 암이 발생할 가능성이 매우 높다.

■ 처방

金水木에 속하는 식품과 茶 또는 한약을 복용하면서 배를 만져 위를 운동시키면 위험한 병을 예방하고 현재의 질병을 치료할 수 있다.

19) 土 위장이 크고 조열한 당뇨병(男 65년생)

年 : 乙巳　　　대　운
月 : 丙戌　　乙 甲 癸 壬 辛
日 : 庚戌　　酉 申 未 午 巳
時 : 辛巳　　5 15 25 35 45

■ 풀이

생년의 乙木과 생시의 辛金을 제외하고 모두 火土로 구성되어있다. 이럴 경우, 火土金으로 종해야 한다. 가장 흉한 것은 水인데, 水가 火土에 마르므로 신장과 방광이 허약해지기 때문이다. 그런데 이 공식의 사람의 혈액형이 매우 희귀한 RH-O형이라 하는데 그 원인은 알 수 없다. 아무튼 이 공식을 대운에 비교해보면, 乙酉 대운 2세부터 甲申 대운 24세까지는 金이 강하게 작용하므로 대단히 건강하였다.

211

그러나 癸未 대운 25세 이후는 갑자기 피로하고 젊은 나이에 당뇨증세까지 나타났다. 그 까닭은 대운 天干에 癸水가 생월의 丙火에 마르기 때문이다. 地支의 戌土가 辰土를 충해오고 巳火가 亥水를 충해온다 하여도 天干에 癸水가 마르므로 본래 조열한 체질이라 신장에 영향이 미치지 않을 수는 없는 것이다. 따라서 당뇨를 앓았는데 심하지는 않았다.

당뇨의 경우 습생을 잘 하고 척추의 비장과 폐 신장 자리 뼈마디를 바로잡고 강하게 압박하면 완치될 수 있다. 이 공식의 사람이 아닌 다른 몇 사람이 그렇게 해서 고혈압과 당뇨를 완치하였다 한다.

이런 사람은 그와 같이 어떤 조치를 취하지 않으면 壬午 대운 35세 이후에도 일평생 당뇨에 시달릴 수밖에 없다. 더구나 희귀한 혈액을 지니고 있기 때문에 몸에 상처를 입으면 당뇨로 인해 지혈이 되지 않을 수도 있으므로 대단히 위험하다.

■처방

金水에 속하는 식품과 茶를 꾸준히 마시고, 한약으로 신장과 폐를 보양하면 예방과 치료를 할 수 있다.

20) 土 비장이 허약한 골수암(男 87년생)

年 : 丁卯　　　대　운
月 : 癸卯　　壬 辛 庚 己
日 : 戊午　　寅 丑 子 亥
時 : 壬子　　 1　11　21　31

■풀이

 생일의 午火 심장이 생시의 子水 신장으로부터 극을 받고 생년 월의 2개의 卯木에 오히려 어두워진다. 그리고 생년의 丁火 심장은 생월의 癸水로부터 극을 받으므로 심장이 태생적으로 허약하다. 이렇게 심장이 허약하면 혈을 생함이 적고 혈액순환도 잘 되지 않는다. 따라서 오직 火를 만나는 것이 우선이고 다음은 木을 만나는 것이 좋다. 金水는 火를 더욱 어둡게 하므로 대단히 흉하다.

 그러므로 壬寅 대운 1~10세까지는 寅木이 생일의 午火와 반합해 火로 변하므로 나무랄데 없이 건강하였다. 그러나 辛丑 대운을 맞이하자 건강이 급격히 나빠졌다. 辛金 폐가 생년의 丁火로부터 극을 받고, 丑土는 생년 월의 卯木으로부터 극을 받기 때문에 폐와 비장이 함께 나빠져 제 기능을 할 수 없었기 때문이다. 더구나 허약한 심장이 냉한 丑土로 인해 매우 허약해져 혈을 제대로 생할 수 없으므로 그 정도가 심하였다. 그래서 골수암을 앓게 되었는데, 심장이 혈을 넉넉하게 생하지 못한 것이 가장 큰 원인이고, 다음으로 폐가 허약해 혈을 조금밖에 실어나지 못한 것이 두 번째 원인이며, 다음은 비장이 백혈구를 충분히 만들지 못해 면역력이 극히 미약했기 때문이다. 또 신장은 골수를 주관하고, 폐는 신장을 도와 골수를 채워주는데 허약해 골수가 모자라는 원인도 있었을 것으로 생각된다. 만약 바르게 치료하지 못하면 장차 庚子 대운 21세에 이르러서 심장마비로 사망할 수도 있다.

■처방

 火土에 속하는 식품과 茶만을 섭취하였으면 예방이 가능하고 지금은 火土金에 속하는 한약을 복용하면서 호흡수련으로 심장과 폐 기능을 활성화하는 한편 온 몸을 꾸준히 주물러서 혈액순환을 도우면 치료도 가능할 것으로 생각된다.

10. 폐(肺 辛酉)

폐는 陰의 金이다. 金氣는 서방에서 일어나 가을과 건조함과 흰색을 주관하고, 매운맛을 낳는다. 그러므로 폐는 서쪽과 건조함(단, 습하거나 냉한 체질일 때)과 흰색과 매운맛이 길러준다. 폐가 주관하는 인체의 기능은 피부이고, 호흡기이며, 본성은 의義인데 속성은 우(愚 : 괴로움)이며, 액液은 눈물이고, 냄새는 비린내이며, 소리는 상음(商陰 : ㅅ, ㅈ, ㅊ)이다.

① 폐의 형상과 크고 작음

큰 잎과 같은 덮개 2개에 작은 잎사귀 6개가 있고, 6개 중에 24개의 구멍이 열지어 있으면서 맑음과 탁함을 주관한다. 부위는 2개의 혈통이 있는데 하나는 목구멍과 통하고 그 속에서 심장 계통과 통한다. 그리고 폐는 피부를 주관하므로 피부가 약하고 주름이 가늘면 작고, 피부가 두텁고 주름이 굵으면 크다. 폐가 작고 허약하면 호흡기질환에 취약하고, 크고 실해도 그와 같은데 특히 간 기능이 저하된다.

② 폐가 상한 증세

폐에 사기가 침범하면 피부가 아프고 한열寒熱이 오르내리며 숨이 가쁘고 땀이 많이 흐른다. 기침하면 어깨와 등이 당기고 엉덩이 무릎 사타구니 허벅지 정강이 다리가 모두 아프기도 하다. 허약하면 숨을 쉬기가 힘들고 귀가 잘 안 들리며 목구멍이 마르며 기침 재채기를 잘 하고 슬픔을 자주 느낀다. 폐에 열이 있으면 얼굴이 희고 피모皮毛가 망가진다. 그리고 폐가 너무 실하면 가슴으로 숨을 쉬고 숨이 차서 헐떡이며 등이 아프다. 배꼽 오른쪽이 단단해 아픈 듯하고 배가 마르고 살이 빠지고 가슴 속이 그득해서 숨쉬기 어려우면 고치기 어렵다. 폐병은 대개 겨울과 저녁에 안정되고, 봄과 아침에 심해지며, 여름과 낮에 고통스럽다.

③ 폐병을 예방하고 치료하는 방법

■처방

첫째, 폐는 청탁을 주관하므로 공기가 좋은 곳에서 생활하며, 길게 숨을 들이쉬고 길게 내쉬는 호흡 훈련을 하는 것이 가장 좋다. 그리고 허약하면 매운맛에 속하는 음식을 많이 먹고, 서쪽을 향해 앉거나 잠들고 흰색이 도움이 된다. 그러나 실하면 매운 것과 흰색이 좋지 않고 흑, 녹, 적색이 맞으며 동쪽 북쪽 남쪽이 길하다.

둘째, 괴로운 생각을 하지 말고 즐거운 마음을 가지는 것이 무엇보다 중요하다. 괴로움을 잊지 못하면 쓴 음식을 먹고 기쁜 일을 생각하며 붉은 것을 가까이하면 도움이 된다.

셋째, 폐에 좋은 한약차와 음식을 많이 먹는 것이 가장 좋다.

찬 성질: 천문동(매우 찬 성질. 쓴맛과 단맛) 더덕(쓴맛과 단맛) 도라지(평의함. 쓴맛과 매운맛) 뽕나무(신맛과 단맛)

따뜻한 성질: 오미자(신맛) 머루(평의함. 단맛) 연꽃(평위함. 쓴맛과 단맛) 자귀나무(평의함. 단맛) 자란(평의함. 쓴맛) 잔대(쓴맛과 단맛) 갈대(단맛)

식품 : 현미, 율무, 기장쌀, 마늘, 매운 고추, 파, 양파, 생강, 수정과, 표고버섯, 복숭아, 배, 박하, 후추, 겨자, 와사비, 어폐류, 상황버섯, 더덕, 도라지, 달래, 수정과, 계란 흰자위, 우유, 말고기, 각 종 동물의 뼈와 허파

넷째, 폐가 허약할 때

상백피 지골피 각 2전, 감초 1전, 지모 폐모 길경 치자 맥문동 생지황 각 1전을 한 첩으로 달여서 하루 3회 복용한다.

다섯째, 폐가 실하고 열이 많을 때

황금 치자 지각 박하 연교 행인 상백피 각 1전, 술에 찐 대황 길경 각 7푼을 한 첩으로 달여서 하루 3회 복용한다.

11. 대장(大腸 庚申)

대장은 폐의 陽이다. 대장과 같은 金이므로 그 성질과 쓰이는 약초와 식품이 같다.

형상은 길게 오른쪽으로 겹쳐 쌓여서 16굽이를 돌아 항문으로 이어지며, 격막 아래 등뼈에 붙어서 심장·신장·방광에 서로 이어져 있고 소장의 내용물을 받는다. 배 둘레가 길고 피부가 느슨하고 두터우며 거칠

면 대장이 길고, 배 둘레가 짧고 피부가 약하고 팽팽하고 얇으면 짧다. 병이 오는 증세는 대장에 우글대는 물소리가 나고 배꼽 주위가 아프며 숨을 헐떡이고 오래 서있지 못한다. 대장이 차면 우글대고 열이 있으면 꿀같은 노란 똥이 나온다. 대장이 냉할 때 대개 변비 설사가 잦고 냉함이 심하면 호흡기질환이나 암에 취약하다.

■처방

첫째, 대장에 좋은 한약차와 식품, 그리고 아랫배를 자주 만져주는 것이 좋으며, 대황, 도화, 참기름, 파뿌리, 배추, 우유가 도움이 된다.

둘째, 대장이 실해서 배가 더부룩할 때
생지황 2전, 적복령 망초 각 1전, 죽여 황금 치자 황백 각 5푼, 생강 3쪽, 대추 2개를 한 첩으로 달여서 하루 3회 복용한다.

셋째, 대장이 허약하고 차고 복통으로 아프고 설사할 때
후박 육두구 구운 것, 가자피 축사 진피 창출 적출 각 1전, 모향 감초 구운 것 각 5푼, 생강 3쪽, 대추 2개를 한 첩으로 달여서 하루 3회 복용한다.

12. 폐 · 대장 질병의 진단과 처방

1) 金 폐 · 대장이 허약한 직장암 (女 54년생)

年 : 甲午　　　　　대　운
月 : 丁丑　　丙 乙 甲 癸 壬 辛 庚
日 : 丙寅　　子 亥 戌 酉 申 未 午
時 : 癸巳　　0 10 20 30 40 50 60

■풀이

생월의 냉한 丑土 비장에 내장된 辛金 폐와 癸水 신장이 地支 午寅巳의 木火氣로부터 극을 받아 金 폐와 대장은 달아오르고, 水 신장과 방광은 마르고 있다. 생시의 癸水 신장 역시 뿌리가 없이 마치 수증기처럼 증발된다. 따라서 폐 · 대장 신장 · 방광이 천성적으로 허약하다. 이 공식의 경우, 마땅히 金水 운을 만나야 건강을 유지할 수 있는데, 생년에 냉한 丑土가 있고 생시에 癸水가 허약하기 때문이다. 하지만 火土를 종할 수도 있다. 생월의 丑土가 비록 水氣를 머금고 있으나 木氣가 土이고 생시의 癸水는 뿌리가 없으며, 甲寅木은 강한 火氣가 설기시켜 생월의 丑土를 생하기 때문이다. 이렇게 火土를 종하면 地支는 상대적인 오행을 충해오고 천간은 합해와 陰陽이 조화를 얻어 건강할 수 있는 것이다.

그러므로 丙子 대운 0세부터 乙亥 대운 19세까지는 水가 주관하므로 건강하였다. 甲戌 대운 20~29세까지는 戌土가 생년 午火와 생일의 寅木과 삼합해 火로 변하므로 자연스럽게 水가 충해와 건강을 유지시켜주는 것이다. 그러나 근본적으로 丑土에 金水가 강하게 내장돼있기 때문에 金水를 충해오는 힘이 원만하지 못하다. 따라서 이때 신장과 폐가 허약해 소변이 잦고 호흡기기 좋지 않으며 소화불량, 변비, 고혈압 증세 등의 잔병을 앓게 되었다.

그러나 癸酉 대운 30세부터 壬申 대운 49세까지 20년간은 金水가 함께 주관하므로 허약한 신장과 폐가 힘을 얻어서 일생 중에서 가장 건강한 시기를 보낼 수 있었다. 하지만 천지기운에 종속된 인간의 한계는 辛未 대운 50세에 드러나고 말았다. 辛金 폐가 생월의 丁火로부터 극을 받는데, 未土가 생년의 午火와 합해 火로 변해 水를 충해온다 하여도 2003년 癸未년이 되자 세월운 未土가 생월의 丑土를 극하므로 丑중의 辛金 폐가 더욱 허약해지니 속 열을 견디지 못해 직장에 암이 발생하였으며, 폐가 혈을 온 몸에 넉넉히 실어 나르자 火氣가 머리로 치솟아 고혈압 증세까지 심화되었던 것이다. 게다가 당뇨병을 앓고 연속해서 자궁까지 암이 급속히 전위되었다. 이에 2004년 甲申년에 수술을 받았으나 이듬해 乙酉년에 재발하였다. 세월운 甲乙木이 대운의 辛金을 반극하고 酉金이 대운의 뜨거운 未土에 극을 받았기 때문이라 생각된다.

■처방

金水에 속하는 식품과 茶를 꾸준히 섭취하고 한약으로 폐와 신장을 건강하게 다스리면 재발을 방지할 수 있을 것으로 생각된다.

2) 金 폐·대장이 냉습한 대장암(女 70년생)

年 : 庚戌　　　대　운
月 : 庚辰　　己 戊 丁 丙 乙
日 : 乙酉　　卯 寅 丑 子 亥
時 : 癸未　　10 20 30 40 50

■풀이

생월의 습한 辰土가 생년의 戌土와 상충하므로 戌 중의 丁火 심장이 허약한데, 생시의 뜨거운 未 중 丁火는 天干 癸水와 생일 酉金에 의해 火로서의 제 기능을 충분히 발휘하지 못한다. 이렇게 火氣가 부족하면 심장이 허약하고 심장이 허약하므로 저혈압증세가 있고 체질이 냉습하다. 폐·대장은 陽 중의 陰인데, 냉습하므로 陽이 턱없이 부족하고 陰만 태과하다. 따라서 냉하고 습한 것을 싫어하는 폐·대장이 천성적으로 좋지 못하다. 게다가 생년과 월의 庚金과 생월 地支 辰土가 생일의 酉金과 합해 또 金으로 변하므로 金이 인체를 거의 지배하는 형국인데 과즉불급이라 하였듯이, 이처럼 폐·대장이 과하면 반드시 폐·대장에 사기가 침범해 질병을 유발하기 마련이다. 따라서 이 공식은 火氣로서 陽氣를 돋구고 과한 金을 억제하는 한편 木으로 金을 생하는 戌辰未土를 억제하고 火를 생해주어야 건강을 유지할 수 있다. 따라서 己卯 대운 10세부터 戊寅 대운 29세까지는 木이 주관하므로 건강할 수 있었다. 그러나 丁丑 대운 30세 이르자 냉한 丑土가 생시의 未土를 극하므로 火氣가 꺼질 듯 쇠약해지니 체질이 더욱 냉해지면서 허열이 발생하고 찬 음식을 먹으면 즉시 설사를 하는 등 잔병을 앓기 시작하였다. 그리고 2004년 甲申년이 되자 申金 대장이 더욱 차지면서 대장암을 앓고 말았다.

■처방

火와 木에 속하는 식품과 茶를 많이 먹도록 바꾸고 한약으로 간과 심장을 보양하면서 배를 자주 만지고 호흡수련을 하면 재발을 예방할 수 있다.

3) 金 폐가 허약한 폐암(男 40년생)

年 : 庚辰　　　　대　운
月 : 己卯　　庚 辛 壬 癸 甲 乙 丙
日 : 甲寅　　辰 巳 午 未 申 酉 戌
時 : 辛未　　8 18 28 38 48 58 68

■풀이

생년월일의 寅卯辰이 방합方合해 木이 무리를 이루는데 생시의 未土 마저 생월의 卯木과 합해 木으로 변하므로 木을 종해야 한다. 木을 따라갈 때는 木火가 가장 좋고 水는 火를 극하기 때문에 반은 길하고 반은 흉하다. 그럼에도 생년에 庚金 대장이 辰土에 뿌리를 내리고 생월의 己土 비장 역시 辰土에 약하게 뿌리를 내리고 있다. 이렇게 뿌리를 내리고 있으면 허약은 해도 위험한 병을 쉽게 앓지는 않는다. 그러나 생시의 辛金 폐는 뜨거운 未土 위에서 뿌리가 없고 木이 태과하므로 대단히 허약해 병들기 쉽다. 다만 木을 따라가기 때문에 地支 木이 金을 충해오므로 폐가 병들지 않는다.

이에 대운을 비교해보면, 庚辰 대운 8~17세까지는 庚金 대장이 뿌리가 분명하고 또 생시의 辛金 폐가 辰土에 뿌리를 둠으로 건강하였다. 辛巳 대운 18세부터 癸未 대운 47세까지는 火가 주관하므로 역시 건강하다. 그러나 辛巳 대운은 辛金이 巳火에 뿌리를 두지 못하므로 폐 기능이 허약하였다. 하지만 생시에 이미 辛金이 있고 또 巳火가 水를 충해와 신장이 건강하므로 폐가 허약은 해도 병들 정도는 아니었다. 甲申 대운은 申金이 생일의 寅木과 충해 오히려 허약해져 대장이 나빠지는데, 다행히 생년의 庚金 대장이 뿌리가 있어서 허약해도 병들지는 않았다.

그러나 乙酉 대운은 酉金폐가 辰土와 합해서 생월의 卯木과 생일의 寅木을 강하게 충해 강성한 木氣에 반극을 당해 마치 아름드리 고목에 부러지는 작은 칼과 같다. 그래서 폐암을 앓았으며 수술한지 3년째 되는 해 2002년 壬午년에 水氣와 火氣가 함께 득세하자 재발하였으며, 2003년 癸未년 음력 12월에 사망하였다.

■처방

어릴 때부터 木火에 속하는 식품과 茶는 적게 섭취하고, 土金에 속하는 것을 많이 그리고 꾸준히 섭취하였으면 예방할 수 있었을 것으로 생각된다.

4) 金 폐·대장이 허약한 유방암(女 54년생)

年 : 甲午　　　　대 운
月 : 庚午　　己 戊 丁 丙 乙 甲
日 : 辛亥　　巳 辰 卯 寅 丑 子
時 : 乙未　　6 16 26 36 46 56

■풀이

생월의 庚金 대장이 地支에 뿌리를 두지 못하였다. 생시의 未土는 생월의 午火와 합해 火로 변하였고 더구나 자기 자신인 日干이 地支 어느 곳에서도 뿌리가 없어서 기댈 곳이 없다. 따라서 생일에 비록 亥水가 있으나 木火土로 상생해서 從해야 한다. 木은 亥水와 午火 사이를 통관시켜서 木은 金을 충해오고, 火는 水를 충해오며, 未는 丑을 충해와 오행과 陰陽이 조화를 이루게 된다. 土는 과다한 火를 설기시켜서 생월의 庚

金의 뿌리가 되고 金을 생하므로 역시 조화가 이루어진다.

그러나 金水는 火에 녹고 마르므로 대단히 흉하다. 특히 子水는 생월의 午火와 충해 火氣가 폭발하므로 더욱 흉하다. 이때 생일의 亥水는 아무런 도움이 되지 못한다. 이미 2개의 午火와 생시의 未土에 마른 상태와 같기 때문이다.

이렇게 볼 때 태생적으로 신장과 폐 계통이 허약한 공식에 해당된다. 따라서 천지기운이 돕지 않으면 신장과 폐 계통이 반드시 상하게 된다. 대운을 비교해보면, 己巳 대운 6~15세까지는 巳火와 생일의 亥水가 충해 흉하지만 2개의 午火가 子水를 충해 오므로 몸은 쇠약해도 건강할 수 있었다. 戊辰 대운 16~25세까지는 습한 辰土가 火를 흡수하고 생월의 庚金의 뿌리가 되고 또 戊土가 庚金을 돕기 때문에 더욱 건강할 수 있었다. 그리고 丁卯 대운 26세부터 丙寅 대운 45세까지 역시 매우 건강하였다. 水木火土가 상생되고 金水가 충해오기 때문이다.

그러나 乙丑 대운은 냉한 丑土가 생시의 未土를 충하므로 丑 중의 辛金 폐가 未 중의 丁火로부터 극을 받고, 癸水는 2개의 午火 열기에 마르게 된다. 따라서 폐와 신장이 함께 허약해지는 것이다. 이렇게 되면 비장이 폐를 돕지 못하고 폐가 신장을 돕지 못하므로 속에 열이 차오르게 된다. 이에 소화가 잘 되지 않았던 것이며 열이 폐에 가득차 늑막에 염증이 생기고 그 염증의 사기가 유방으로 타고 올라 암이 발생했던 것으로 생각된다.

■처방

金水에 속하는 식품과 茶를 꾸준히 섭취하였으면 예방이 가능하였다. 火에 속하는 것은 독이 된다. 어느 의원에서는 쑥으로 살이 타도록 뜸을 뜬 결과 암이 급속히 퍼졌다고 한다. 그리고 또 어떤 의원은 암 균이 영양분을 빼앗아가 더욱 암을 키우므로 채소와 과일만 먹고 음식을 먹지 못하게 하였다 한다. 그리고 2개월간 그리한 결과 더욱 악화돼 수술할 수 없을 정도로 암이 전위되었다는 것이다. 참으로 한심한 의생이라 아니할 수 없다. 인체는 자생 능력이 있기 때문에 스스로의 기운으로 암을 이겨나가도록 해야 함에도 음식을 못 먹게 함으로서 암에 대한 저항력을 잃게 하였던 것이다. 폐가 나빠 유방암을 앓은 사람 중에 개고기를 먹고 수술하지 않고도 완치한 예가 있다. 따라서 이 공식 역시 폐와 신장을 보양하는 것이 원칙이라 할 수 있다. 음식을 제대로 먹게하고 우선 물리적인 방법으로 소화를 도우니 겨드랑이와 목으로 퍼져나가는 도토리처럼 크고 쇳덩이같이 단단하고 콩알같이 수많이 솟아오른 암들이 저절로 사라지는 것을 확인할 수 있었다. 그리고 3년이나 생명을 연장할 수 있었으며 비로소 수술이 가능하였다.

5) 金 폐가 허약한 폐결핵(男 34년생)

年 : 甲戌   대   운
月 : 甲戌   乙 丙 丁 戊 己 庚 辛 壬
日 : 己卯   亥 子 丑 寅 卯 辰 巳 午
時 : 己巳   1 11 21 31 41 51 61 71

■풀이

생일 天干 己土가 생월의 戌土 위胃와 생시의 巳火 소장에 단단히 뿌리를 내리고 생월의 甲木 담이 생일의 卯木 간에 약하나 뿌리가 있으며, 생년의 甲木이 역시 木을 돕고 있다. 이럴 때는 日干이 강약으로 갈수도

있고 火土를 종할 수도 있다. 강약으로 볼 때는 木이 土보다 약하므로 水木 운을 만나야 운명과 건강이 함께 이롭다. 木火土 운을 만나면 木은 金을 충해오고 地支 戌土는 습한 辰土를, 巳火는 亥水를 충해오므로 陰陽이 조화를 얻어 건강하다.

따라서 이 공식은 일생을 무난하게 보낼 수 있는데, 문제는 金이 충 할 때에 있다. 戊寅 대운 31세에서 세월 운이 34세 戊申일 때 대운의 寅木이 공식의 木氣와 합세해서 申金을 극하게 된다. 특히 申金이 생시의 巳火와 합해 水로 변하지만 巳申 합은 합력이 약해 쉽게 깨지므로 水 신장까지 허약해진다. 따라서 이때 열이 많아서 폐렴을 앓았던 것이다.

己卯 대운 41세 이후는 卯木이 공식의 戌土와 합해 火로 변하므로 세월 운에서 酉金을 만나더라도 충하지 않는다. 또한 酉金이 생시의 巳火와 합해 金이 되므로 충을 잊고 합을 찾아가기 때문에 비록 金이 허약해서 잔병은 앓았으나 큰 병은 없이 건강할 수 있었던 것이다.

그러나, 辛巳 대운 61세 乙亥 년에서는 巳火에 뿌리를 두지 못한 辛金 폐가 乙木이 합세한 공식의 甲木으로부터 극을 받고 또 亥水가 巳火와 충하므로 火氣가 폭발해 역시 폐렴을 또 앓았던 것이다.

■처방

金水에 속하는 식품과 茶를 꾸준히 섭취하면 예방과 치료가 가능하다.

6) 金 폐와 土 비장이 허약한 폐암 말기(男 61년생)

年 : 辛丑　　　　대　운
月 : 庚寅　　　己 戊 丁 丙 乙
日 : 庚辰　　　丑 子 亥 戌 酉
時 : 戊寅　　　4 14 24 34 44

■풀이

생년의 辛金 폐가 丑土에 뿌리를 내리고 비장의 도움을 받고 있다. 생월의 庚金 대장은 생년의 丑土와 생일의 辰土에 뿌리를 두고 위장의 도움을 받는다. 생시의 戊土 역시 생일의 辰土에 뿌리를 두어서 건강한 듯하다. 그러나 자세히 살펴보면 비·위와 폐·대장이 태생적으로 허약하다는 것을 알 수 있다. 생년의 丑土 비장은 생월의 寅木 담으로부터 억제를 받고 생일의 辰土 위장은 생시의 寅木 담으로부터 극을 받아 土의 정기를 빼앗기고 있다. 이처럼 丑辰이 寅木 담으로부터 억제 당하고 있기 때문에 天干의 庚辛戊가 뿌리를 제대로 내릴 수 없는 것이다. 따라서 대운 地支가 火土金 운일 때 건강하고 水木 운은 흉하다.

이에 대운을 비교해보면, 己丑 대운 4~13세까지는 土가 주관하므로 건강하다. 戊子 대운 14~23세까지는 子水가 흉하지만 생년의 丑土와 합해 土로 변하고 天干에 戊土가 비·위와 폐·대장을 돕기 때문에 건강에 별 문제가 없었다. 그러나 丁亥 대운 24세부터는 건강에 매우 흉하다. 亥水가 寅木과 합세해 생일의 辰土 위胃를 대단히 강하게 극하고 丁火가 생년이 辛金 폐를 극하므로 위장과 폐가 함께 허약해진다.

이에 소화불량 호흡기질환 등 잔 질병을 앓으면서 인체의 자생력으로 위험한 병에 저항해오다가 丁亥 대운이 끝나는 33세에 더 이상 버티지 못하고 폐암을 앓고 말았다. 그리고 34세 丙戌 대운에 수술을 하였으나, 戌土가 생일의 辰土와 충하고 丙火가 생월의 庚金 대장을 극하므로 위장과 대장이 함께 허약해지는데 다시 세월 운에서 2003년 癸未년에 未土가 생년의 丑土와 충하자 온갖 노력을 다 기울여 치료한 보람도 없이 비장이 폐를 돕지 못하고 허약한 폐가 암 균을 이기지 못해 재발하고 말았다. 이번에는 수술을 할 수 없을 만큼 암이 급속히 번져 더는 치료할 길을 찾지 못하였다.

■처방

14세 이후 火土金에 속하는 식품과 茶로 비·위 폐·대장을 꾸준히 보양하면 예방이 가능하다.

7) 金 폐·대장이 너무 강한 유방암(女 66년생)

年 : 丙午　　　대　운
月 : 辛丑　　庚 己 戊 丁 丙
日 : 甲申　　子 亥 戌 酉 申
時 : 戊辰　　6 16 26 36 46

■풀이

생년의 丙午火의 심장과 소장이 과다하고 냉습한 土金으로 인해 매우 허약하다. 따라서 어릴 때부터 25세 己亥 대운까지 水가 주관하므로 저혈압증세와 소화불량으로 매우 고생하였다. 戊戌 대운 26~35세까지는 戊土가 생년의 午火와 합해서 火로 변하므로 이 시기가 그나마 가장 건강한 편에 속한다.

그러나 丁酉 대운은 酉金이 태과한 金에 합세하므로 폐·대장에 사기가 침범하게 된다. 이에 변비 소화불량 저혈압 증세가 심해지며 손발이 저리고 허리가 아픈 등 잔병을 앓게 되는데, 가장 문제가 되는 것은 생월의 辛金을 丁火가 극한다는 사실이다. 丁火가 비록 辛金 폐를 극하지만 뿌리가 없고 辛金은 뿌리가 분명하므로 오히려 火氣가 어두워진다. 그리고 丁火가 酉金 폐 위에 있고 또 辛金을 극하지는 못하지만 덥게는 할 수 있으므로 폐에 열이 찰 수밖에 없는 것이다. 폐에 열이 차므로 늑막에 염증이 생기면서 혈액이 공급되지 않을 뿐만 아니라 염증의 균이 유방으로 옮겨가 암이 발생했던 것으로 보인다. 그 시기도 2005년 乙酉년 음력 12월이므로 丑과 세월의 酉金이 폐에 사기를 더욱 많이 발생시키고 상대적으로 간과 심장이 허약해져서 혈이 유방에 충분히 공급되지 않았기 때문에 염증의 세균이 쉽게 유방에 침범해 암을 유발했던 것이다. 사실 이런 경우, 평소에 아이한테 모유를 먹이고 유방을 자주 만져만 주어도 혈이 통해 암을 앓지 않는다. 실제로 초기 유방암인 여성이 남편의 지속적인 손과 입술의 애무만으로 완치한 사례도 있다.

■ **처방**

木火에 속하는 식품과 茶를 꾸준히 섭취하면 예방이 가능하다. 수술 후에 솔잎순식초차와 진한 홍삼차를 마시고 개고기를 먹으면서 항암치료를 받지 않고도 항암치료를 받은 사람보다 건강을 빨리 회복할 수 있었다. 이 여성 외에도 개고기와 막걸리만 먹고 나은 여성도 있는데 체질에 맞으면 천지만물이 명약이 아닌 것이 없다는 옛말이 꼭 맞는 말이다.

8) 金 폐와 土 비장에 의한 폐암(男 46년생)

年 : 丙戌　　　　　대　운
月 : 辛丑　　壬 癸 甲 乙 丙 丁 戊
日 : 戊申　　寅 卯 辰 巳 午 未 申
時 : 乙卯　　0 12 22 32 42 52 62

■풀이

　생년의 丙火가 地支 戌土에 뿌리가 분명하고, 생월의 辛金 역시 地支 丑土에 뿌리가 분명하므로 丙辛이 합해서 水로 바뀌지 않는다. 따라서 생월의 辛金 폐가 생시의 乙木 간을 극하고 생일의 申金 대장은 생시의 卯木을 극하지는 않으나 억제한다. 이렇게 볼 때, 土 비·위와 金 폐·대장이 강하고 乙卯木 간이 허약하고 심장 역시 건강하지 않아서 木火 운을 만나야 건강이 유지되고 土金 운을 만나면 간이 병들고 水를 만나면 심장이 병들 것이다. 그러므로 壬寅 대운 0세부터 丙午 대운 51세까지는 木火 운으로 흐르기 때문에 매우 건강한 생활을 할 수 가 있었다. 다만 22~31세까지는 辰土가 생년의 戌土를 충하므로 심장이 허약해 잔병치레가 있었다. 하지만 생년에 丙火가 있고 대운 甲木이 丙火를 생해 주므로 저혈압증세와 약간의 고혈압 증세가 나타났을 뿐이었다.

　그러나 丁未 대운 庚辰년(2000년)에 이르자 丁火가 생월의 辛金 폐를 극하고 未土가 생월의 丑土 비장과 상충하며, 세월 운의 辰土가 생년의 戌土와 상충하자 비·위와 폐·대장이 함께 허약해져서 갑자기 폐암을 앓고 말았다. 그리고 2001년 辛巳년에 수술하고 2002년 壬午년은 午火가 지배하므로 재발하지 않고 건강하게 지냈으나 2003년 癸未년에 未土가 또 생월의 丑土를 충하자 비장이 제 기능을 못하고 폐를 돕지 못하므

로 재발하였다. 이에 또 수술을 받을 수밖에 없었으며, 꾸준한 항암 치
료노력으로 갑신년을 무사히 보내고 2005년 乙酉년이 되자 이번에는
乙木 간이 생월의 辛金 폐와 충하고 酉金이 생시의 卯木 간을 충하므로
이때 다시 암이 악화되면서 간까지 허약해져 손톱과 발톱이 다 깨져버
리고 말았다. 2007년 丁亥년은 丁火가 다시 생월의 辛金 폐를 충하므로
이때가 생명이 위독할 것으로 보인다.

■처방

40세 이후 金에 속하는 식품과 茶를 꾸준히 섭취하고 火土에 속하는
것도 조금씩 섭취해 폐와 비·위를 보양하면서 호흡수련을 계속하면 예
방이 가능하다. 그리고 甲申 乙酉 년은 木에 속하는 것으로 간을 보호할
필요가 있다.

9) 金 폐가 냉하고 약한 폐결핵과 호흡기질환(女 71년생)

年 : 辛亥　　　　대　운
月 : 己亥　　庚 辛 壬 癸 甲 乙
日 : 乙卯　　子 丑 寅 卯 辰 巳
時 : 丁亥　　4 14 24 34 44 54

■풀이

생년의 辛金이 뿌리가 없어서 허약하나 日干과 멀리 떨어져있기 때문
에 영향력이 크지 않다. 그러나 생월의 己土 비장과 생시의 丁火 심장은
亥水 위에서 대단히 허약하다. 이렇게 地支가 모두 水木으로 구성되어
있으면 水木火로 상생해서 종해야 건강을 유지할 수 있다. 그럴 때, 亥

水는 巳火를 충해와서 생월의 己土 비장과 생시의 丁火 심장을 돕고 卯木은 酉金을 충해와 생년의 辛金을 도우므로 장부와 음양이 조화를 얻어 건강해지는 것이다. 그러나 土는 亥水에 허물어지고 金은 水를 생해서 좋으나 木을 극해서 반은 길하고 반은 흉하다. 그리고 火가 비록 좋다 하나 巳火는 亥水와 충해 폭발하므로 대단히 흉하다. 고혈압이나 사고로 죽을 수도 있다.

따라서 庚子 대운 4~13세까지는 水가 주관하므로 건강하였다. 그러나 辛丑 대운 14~23세까지는 丑土 비장이 생일의 卯木으로부터 극을 받아 허약해지고 辛金 폐도 뿌리가 연약해지므로 함께 허약해진다. 이에 丑土가 강하게 주관하는 19세 辛未년에 未土가 丑土와 충하자 비장과 폐가 함께 냉하고 허약해져 소화불량은 물론 폐결핵을 앓을 수밖에 없었다. 폐결핵의 원인은 陰氣가 태과하자 陽氣가 陰氣 위로 증발해 폐에 허열을 일으켜 염증을 유발하고 이에 결핵균이 자생하였을 것으로 추정된다. 壬寅 대운 24~33세까지는 寅木이 亥水를 수렴해 火를 충분히 생하므로 매우 건강하였다.

그러나 癸卯 대운 34~43세까지는 비록 木이 주관하지만 건강하지 못하다. 卯木이 생일의 丑土 비장을 극하고 새싹에 해당하는 卯木이라 火를 생함이 미약하기 때문이다. 그러므로 陽 중의 陰인 폐에 陰氣가 가득해 또다시 결핵증세가 나타나고 호흡기질환에 시달리며 소화도 원활하지 못하였다. 앞으로 甲辰 대운은 辰土가 습해 큰 문제는 없으나 역시 土이기 때문에 소화기질환을 앓을 수 있고 乙巳 대운은 乙木이 생년의 辛金과 충하고 巳火가 亥水와 충하므로 대단히 위험하다.

■처방

火土金에 속하는 식품과 茶를 섞어서 꾸준히 섭취하고 호흡수련을 계속하면 예방과 치료가 가능하다.

10) 金 폐가 강한 간과 담 기능 쇠약(女 50년생)

年 : 庚寅　　　　대　운
月 : 戊寅　　丁 丙 乙 甲 癸 壬 辛
日 : 甲申　　丑 子 亥 戌 酉 申 未
時 : 癸酉　　4 14 24 34 44 54 64

■풀이

생년의 庚金 대장이 地支 寅木 담을 억제하고 있고, 생일의 申金 대장은 생시의 酉金 폐와 합세해 생월의 寅木 담을 극하고 있다. 그리고 생월의 戊土 위장은 寅木에 내장된 丙戊에 약하게 뿌리를 두므로 위장 기능도 좋지 않다. 따라서 水 운을 만나면 서로 싸우고 있는 金木은 상생시키므로 건강에 가장 좋다. 木은 강한 金과 충돌하므로 폐·대장과 간·담에 상처를 입을 수 있어서 좋은 편은 못된다. 火는 강한 金을 억제하고 약한 土 위장을 생해주어서 건강하다. 그러나 土는 강한 金을 생하고 金이 다시 木을 극하므로 간·담에 해롭다.

그러므로 丁丑 대운 4~13세까지는 丑土가 金을 생해 간·담과 심장이 허약하였다. 다행히 대운 천간에 丁火가 있어서 심하지는 않았다. 丙子 대운 14세부터 乙亥 대운 33세까지는 水木이 함께 주관하므로 일생 중 가장 건강한 시기라 할 수 있다.

甲戌 대운 34~43세까지는 甲木이 생년의 庚金으로부터 억제당하고

戌土가 생일의 申과 생시의 酉와 방합해 寅木을 극하므로 이때부터 간·담의 기능이 허약해지기 시작하였다. 손톱과 발톱이 깨져 절반으로 줄어들었으며 얼굴색은 검고 풍의 증세로 안면 근육에 경련이 일어났으며 손아귀에 힘이 없어서 쥐었던 물건을 의지와 상관없이 떨어뜨리기도 하였다. 특히 2004년과 2005년 甲申 乙酉년이 더욱 심하였다. 하지만 병원에서는 그 원인을 알지 못하고 건강하다는 통보만 받아 본인 스스로 어떻게 대처해야 할지 모르고 있었다.

앞으로 癸酉 壬申 대운은 더욱 심해져 풍이나 심각한 간 질환을 앓을 수 있으므로 지금부터라도 간과 심장을 건강하게 해두어야 치료하고 예방이 된다.

■ 처방

木火에 속하는 식품과 茶를 꾸준히 섭취하고 금에 속하는 것은 조금씩 섭취하면 예방과 치료가 가능하다.

11) 金 폐·대장이 냉한 비염과 아토피(女 88년생)

年 : 戊辰   대   운
月 : 甲寅   癸 壬 辛 庚
日 : 戊申   丑 子 亥 戌
時 : 丁巳   6 16 26 36

■ 풀이

폐·대장은 陽 중의 陰이므로 陽이 많고 陰이 적어야 건강하다. 물론 陽이 태과하면 陰이 부족해 병들지만 陰이 태과하면 더욱 좋지 않다.

이 공식의 경우, 태생적으로는 陰陽이 조화를 이룬 듯이 보인다. 그러나 아무리 좋은 운을 타고 났다 하더라도 맞이하는 운에서 陰陽의 조화가 무너지면 운명과 건강이 함께 흉해지므로 타고난 것 보다 맞이하는 운이 더 중요한 것이니 살펴보면 이와 같다.

생년의 戊辰土 위장은 생월의 甲寅木 담으로부터 극을 받아 대단히 허약하다. 생일의 申金 대장은 생시의 巳火 소장의 기운과 합해 水로 변하므로 생시 天干 丁火 심장이 조금 허약한 듯하지만 甲寅木이 火를 생해주기 때문에 큰 문제가 되지 않는다. 그러나 火土金이 허약한 것만은 확실하므로 水木 운은 건강과 운명이 다 해롭다.

그러므로 癸丑 대운 6~15세까지는 丑土가 주관해 운은 좋아도 丑土가 냉하고 癸水가 생시의 丁火를 꺼뜨리므로 심장이 허약해 저혈압으로 고생한다. 壬子 대운 16~25세까지는 水가 주관하고 水의 생을 받은 甲寅木이 위장을 극하므로 저혈압과 소화불량증세가 있었다. 특히 생일의 申金 대장이 냉해져서 陽氣보다 陰氣가 더 많으므로 폐·대장이 함께 제 기능을 하지 못한다. 이 때문에 비염과 변비로 고생하고 아토피 피부병까지 앓았다. 폐와 장은 피부를 주관하므로 피부가 습하고 비·위는 살을 주관하므로 살이 찌고 습해 혈이 충분히 공급되지 못한 현상인 것이다. 陽氣를 보양해 습한 기운을 걷어내지 않으면 辛亥 대운은 더욱 심해질 수밖에 없다. 亥水가 생시의 巳火를 충해 심장이 더욱 허약해지기 때문이다.

■처방

火土에 속하는 식품과 茶를 많이 섭취해 심장과 비장을 보양하고 다음으로 金에 속하는 것으로 폐를 건강하게 하면 예방과 치료가 가능하다. 실제 진한 홍삼만으로도 아토피가 거의 사라졌으며 비염은 肺氣가 건해질 때 나을 수 있을 것이다.

12) 金 폐·대장에 열이 많은 직장암(女 53년생)

年 : 癸巳   대 운
月 : 甲寅 乙 丙 丁 戊 己 庚 辛
日 : 丁酉 卯 辰 巳 午 未 申 酉
時 : 壬寅 6 16 26 36 46 56 66

■풀이

생년의 癸水 신장이 뿌리가 없고 생시의 壬水 방광은 생일의 酉金에 미약하게 뿌리를 두어 신장과 방광이 태생적으로 허약한데다 생일의 酉金 폐가 생월과 시의 寅木 담으로부터 억제를 받아서 대단히 허약하다. 따라서 土金水 운을 만나야 건강해진다. 그런데 金이 하나뿐이고 木火가 지배하고 있을 경우, 대운의 火가 水를 충해와 陰陽이 조화로워지는데 공식에서 寅木이 강하게 작용하므로 水가 木에 흡수당해 신장과 방광이 건강해지는 것은 아니다. 따라서 열이 많은 체질이 완전히 개선되는 것은 아니어서 이럴 때는 金水에 속하는 식품과 차로서 꾸준히 체질을 바꾸어놓아야 건강을 유지할 수 있는 것이다.

그러나 일찍이 그런 사실을 모르는 이 공식의 사람은 지금까지 살아오는 동안 단 한 번도 건강하다는 느낌을 받지 못하였다. 더구나 己未 대운 46세 이후는 未土의 조열한 기운이 丑土를 충해 오지만 강한 木氣 때문에 丑에 내장된 癸水가 마르므로 신장과 비장마저 허약해지고 생일의 酉金이 더워지면서 속 전체가 열로 가득찰 수밖에 없었다. 이에 폐렴

증세가 있었으며 신장과 방광이 열 때문에 제 기능을 못해 오줌이 잦고 비·위 역시 열 때문에 소화를 못시키므로 늘 배가 더부룩하고 헛배가 부어올랐으며 심한 변비로 고생하다가 열을 이기지 못한 직장에 기어코 암이 발생하였던 것이다. 만약 이때를 잘 넘기면 庚申 辛酉 대운에서는 건강하게 지낼 수 있다.

■ 처방

金水에 속하는 식품과 茶를 꾸준히 섭취하면 예방되고 지금은 金水에 속하는 약으로 열을 내리고 매일 배를 만져 소화를 도우면 치료도 가능하다.

13) 金 폐가 허약한 폐결핵과 잔 질병(女 66년생)

年 : 丙午　　　대　운
月 : 辛卯　　庚 己 戊 丁 丙 乙
日 : 己卯　　寅 丑 子 亥 戌 酉
時 : 癸酉　　5　15　25　35　45　55

■ 풀이

생월의 辛金 폐가 뿌리가 없고 생년의 丙火에 흡수돼 水로 변하므로 丙火가 조금 어두워지는 대신 辛金 폐와 水 신장이 허약해진다. 생시에 癸水 신장은 酉金 폐에 뿌리가 확실하므로 건강하지만 생월과 일의 2개의 卯木에 酉金 폐가 반극당하므로 신장과 폐가 다 허약한데 폐가 더 심하게 허약하다. 따라서 土金 운을 만나야 폐가 건강해진다.

그러므로 庚寅 대운 5세 이후 세월 운에서 庚戌(1970년)을 만나자 庚

金이 생년의 丙火로부터 극을 받고 생월의 寅木이 생년의 午火와 세월의 戌土가 삼합해 火로 변해 생시의 酉金 폐를 뜨겁게 하자 폐결핵을 앓았던 것이며, 이후로도 기침 가래가 매우 심하였다.

己丑 대운 15세 이후는 丑土가 생시의 酉金과 합해 金으로 변하므로 비교적 건강은 하였으나 卯木과 서로 싸우므로 온전한 건강은 아니었다. 戊子 대운 25세부터 丁亥 대운 44세까지는 水가 주관하므로 地支에서 金水木火가 상생하므로 건강은 하나 金이 水에 기운을 빼앗기고 火가 어두워지므로 심장과 폐가 함께 허약하였다. 따라서 이 기간동안 기침을 자주하였으며 가래도 많았다. 또 심장 허약에 의한 저혈압증세와 소화불량이 계속돼 약으로 건강을 다스리면서 생활을 하여야만 했다. 그리고 丙戌 대운 45세 이후는 그 증세가 더욱 심하였는데 戌土가 공식의 卯木과 합해 火로 변하였기 때문이다. 이때는 건강을 자부하던 신장과 방광도 허약해져 먼 길을 걸으면 다리가 붓고 아침에 일어나기 싫을 만큼 피로해 생활에 의욕마저 상실한 상태였다.

■처방

庚寅 대운은 식품과 茶를 金水에 속하는 것을 섭취하고, 己丑 戊子 丁亥 대운은 火土金을 섭취하고, 丙戌 대운은 金水에 속하는 것을 꾸준히 섭취하면 예방과 치료가 가능하다.

14) 金 폐·대장이 허약한 아토피 피부병(87년생 女)

年 : 丁卯　　대　운
月 : 戊申　　己 庚 辛 壬
日 : 丙午　　酉 戌 亥 子
時 : 丙申　　5　15　25　35

■풀이

생월의 戊土가 地支 申金 대장을 돕고 생시에 申金이 또 있어서 폐·대장이 건강한 것처럼 보인다. 그러나 본래 申金은 아직 陽氣가 남아있고 생시 天干 丙火와 생일 地支 午火가 申金을 극하므로 허약한 편에 속한다.

그런데 己酉 대운 5~14세까지는 酉金이 주관하므로 생년의 卯木을 극하고 2개의 申金과 합세하므로 오히려 간과 심장이 허약하고 폐·대장은 건강하다. 이렇게 金이 태과하고 간·심장이 허약해져도 피부병을 앓는데 피부가 두터운 대신 혈이 피부로 충분히 공급되지 않기 때문이다. 그러므로 이때는 간과 심장을 보양하는 木火에 속하는 식품과 차로서 건강을 다스려야 한다. 그러나 庚戌 대운 15세에 이르러서는 건조한 戊土가 생일의 午火와 합해 火로 변하므로 폐·대장이 건조하고 열이 차서 피부병이 심화되었다. 여드름은 물론 아토피성으로 얼굴과 목, 팔 전체가 부스럼이 가득할 정도였다.

■처방

金水木에 속하는 식품을 상식하고 茶를 적절히 배합해 꾸준히 마시면 예방되고 치료된다. 그리한 결과 1개월 만에 부스럼이 잦아들고 4개월 만에 완치되었다.

15) 金 폐·대장이 태과한 아토피와 종기(男 81년생)

年 : 辛酉　　　　대　　운
月 : 庚子　　　己 戊 丁 丙
日 : 癸亥　　　丑 子 亥 戌
時 : 甲寅　　　5　15　25　35

■풀이

　생시의 甲木 담이 생월의 庚金 대장으로부터 극을 받고 地支 寅木 담은 생일의 亥水 방광과 기운이 합해 木氣로 변한다. 이렇게 되면 陰 중의 陽인 간 木과 陽 중의 陽인 심장이 과다한 金水로 인해 陽氣가 부족해져 허약하다. 따라서 木火 운을 만나야 건강을 유지할 수 있다. 그럼에도 이 공식은 己丑 대운 5세부터 丁亥 대운 34세까지 水가 주관하는 대운을 맞이하므로 체질이 냉하고 습할 뿐만 아니라 피부가 두터우나 혈이 부족하고 순환도 잘 되지 않는다. 따라서 젖은 피부로 인해 가렵고 다리에 종기가 심하였다. 이에 병원에서 치료를 받았으나 그때뿐 계속해서 재발하였으며 어느 의원은 체질이 건조해서 그렇다며 주는 약을 먹고 온 몸으로 부스럼이 퍼져나갔다는 것이다. 이렇게 水氣가 과다해서 水 운으로 흐르면 속은 지극히 냉하고 겉은 열이 있는 체질이 되는데 그것을 알 수 없으니까 겉 열만 보고 체질이 건조하다 하였으니 당연한 결과이다. 35세 丙戌 대운은 치료하지 않아도 저절로 피부병이 나을 수 있다.

■처방

　木火에 속하는 식품과 茶 만으로 예방되고 치료된다. 그리한 결과 빠르게 건강하였다.

16) 金 폐 허열에 의한 폐렴과 정신 혼미(女 96년생)

年:丙子　　대　운
月:丙申　　乙 甲 癸 壬
日:癸巳　　未 午 巳 辰
時:癸丑　　6　16　26　36

■풀이

생일의 巳火가 생월의 申金과 합해 水로 변하므로 생년 월의 天干 丙火는 마치 물 위의 촛불과 같다. 地支가 이렇게 金水로 구성되어 있으면 金水를 종하는 것이 원칙이다. 그러면 火를 충해와 陰陽이 조화로워져서 건강을 유지할 수 있는 것이다. 그러나 火는 天干에 2개의 丙火가 있기 때문에 웬만큼 건강을 유지할 수 있다 하더라도 地支에 과다한 陰氣로 인해 대운의 火가 매우 어두워질 수밖에 없는 것이다. 따라서 이 공식은 金水 위에 뿌리가 없는 丙火가 병病이 된다. 丙火는 물 위에 떠있는 불이기 때문에 火氣가 위로 치솟게 된다. 즉 속은 찬데 허열이 머리로 차오르게 되는 것이다.

그러므로 소운 3세 辛亥 운일 때 폐렴을 앓았으며 그 후로는 머리가 맑지 못하고 귀울림이 심해 말을 듣지 못하였으며 얼굴은 벌겋게 달아올라 어린 나이에 고혈압 증세까지 나타나는 것이다. 여러 병원에서 진단한 결과 그 원인을 알지 못하였으며 어느 곳에서는 머리에 물이 차 있다는 한심한 말만 들었다는 것이다. 여하간 이렇게 허한 열이 날 때는 열로서 다스려야 한다. 심장이 약해 열이 가볍기 때문에 머리 위로 치솟은 것이기 때문이다. 따라서 심장을 건강하게 해 혈과 열을 많이 생산하게 하면 저절로 열이 아래로 내려가고 찬 기운이 위로 올라가 머리가 맑아지고 귀울림도 없어지게 된다.

■처방

木火에 속하는 식품과 한약재 차를 꾸준히 섭취하면 예방은 물론 치료가 된다.

17) 金 폐와 水 신장이 허약한 성 불능과 우울증(男 58년생)

年 : 戊戌　　　　대　　운
月 : 乙卯　　丙 丁 戊 己 庚 辛 壬
日 : 丙午　　辰 巳 午 未 申 酉 戌
時 : 癸巳　　 2 12 22 32 42 52 62

■풀이

생시의 癸水가 뿌리가 없고 생년의 戊土와 생월의 卯木이 火로 변하므로 地支가 모두 火로 구성되었다. 따라서 火를 종할 때 金水가 충해와 오장과 陰陽이 조화를 얻어 건강하게 된다. 그러나 金水 운을 만나면 金은 火의 극을 받아 폐가 허약해지며 水를 만나면 水가 火에 마르므로 신장이 허약해진다.

따라서 이 공식은 丙辰 대운 2세부터 己未 대운 41세까지는 대단히 건강하였다. 그러나 庚申 대운 42세에 이르자 金이 火로부터 극을 받아 폐와 대장이 허약해지면서 陰陽의 조화가 깨지고 심한 변비에 시달릴 뿐만 아니라 신장도 허약해 정력이 급격히 떨어져 성생활마저 할 수가 없었다. 뿐만 아니었다. 폐가 허약하니 비통해하는 마음과 심한 우울증으로 염세적인 성격으로 변하고 척추마저 기형으로 틀어졌다. 척추 기형은 신장과 폐가 제 기능을 못해 골수 양이 급격히 줄어든 현상이라 할 수 있다.

■처방

金水에 속하는 식품과 차를 평생 섭취해서 폐와 신장을 건강하게 해야 한다. 지금은 金水에 속하는 한약으로 다스리면 치료가 가능하다

18) 金 폐·대장이 냉한 변비와 아토피(女 2003년생)

年:癸未   대   운
月:丙辰   丁 戊 己 庚 辛
日:壬申   巳 午 未 申 酉
時:己酉   3 13 23 33 43

■풀이

생년의 未土 중 丁火 심장이 습한 辰土로 인해 허약하고 생월의 丙火 마저 뿌리가 없어서 심장과 소장이 매우 허약하다. 게다가 생일과 시의 申酉 폐·대장이 火氣가 적어 陰氣만 가득하다. 따라서 木火 운으로 향해 陽氣를 보충해야 건강하다.

그러나 丁巳 대운 3~12세까지는 巳火가 생일의 申金과 합해 水로 변하고 丁火가 생년의 癸水에 어두워지므로 심장이 허약해 매우 냉습한 체질일 수밖에 없다. 따라서 폐·대장에 陰氣만 가득하니 냉한 대장이 음식물을 배설하지 못한다. 이에 항문에 피가 묻어나올 만큼 변비가 심

하였으며, 아토피 피부병까지 앓았다. 특히 2004년 甲申년과 2005년 乙酉년에 金이 더욱 태과해지므로 그 정도가 보통 심한 것이 아니었다. 하지만 허열을 잘못 이해하고 열이 많은 체질로 진단한 병의원의 처방대로 약을 먹은 결과 더욱 심해질 수밖에 없었다.

앞으로 33세 庚申 대운 이후 또 다시 재발하므로 그 이전에 간과 심장을 건강하게 해두어야 한다.

■처방

木火에 속하는 식품과 茶만 섭취해도 예방되고 치료된다.

19) 金 폐와 水 신장이 허약한 골다공증(女 66년생)

年 : 丙午　　　　대　운
月 : 癸巳　　壬 辛 庚 己 戊 丁
日 : 丙寅　　辰 卯 寅 丑 子 亥
時 : 庚寅　　0　10　20　30　40　50

■풀이

생월의 癸水 신장이 뿌리가 없는데 생년의 丙火에 마르고 생시의 庚金 대장 역시 뿌리가 없어서 매우 허약하다. 반대로 地支를 木火가 모두 지배하고 있어서 간과 심장은 매우 크고 강하다. 이렇게 木火로 치우치면 木火土로 상생해서 좋해야 한다. 그러면 木은 金을 충해오고 火는 水를 충해 와서 오장과 陰陽이 균형을 잃지 않고 건강이 유지된다. 그러나 金 운을 만나면 金이 木과 충돌해 부러지고 火에 뜨거워져 폐와 대장이 제 기능을 하지 못한다. 水 운을 만나면 水가 木에 흡수되고 火에 마르므로 신장과 방광이 제 기능을 하지 못한다. 따라서 대운에서 비록 木火를 만나더라도 세월 운에서 金水를 만나면 역시 같은 현상이 일어나는데 대운이 세월 운보다 영향력이 더 크므로 심해서 병들지는 않는다.

그러므로 壬辰 대운 0~9세까지는 辰土가 火를 설기시켜서 좋으나 辰 중의 癸水가 火에 마르므로 신장이 허약하였다. 하지만 대운 天干 壬水는 辰土에 뿌리를 두고 생년의 丙火를 억제하므로 水氣가 남아 있어서 심하지는 않았다. 辛卯 대운 10세부터 庚寅 대운 29세까지는 일생 중 가장 건강한 시기를 보내게 된다. 金水가 함께 합하고 충해와 신장과 폐가 활력이 넘치기 때문이다.

하지만 己丑 대운 30세부터는 갑자기 소화불량에 지독한 변비증세로 변이 열로 인해 까맣게 타서 나오고 추위를 타던 체질이 열이 나고 피로해지기 시작하였다. 丑 중의 辛金과 癸水가 극을 받기 때문이다. 火를 따라갈 때는 속은 열이 많아도 水가 충해오기 때문에 겉은 냉해서 추위를 이기기 힘들다. 그러나 金水 운을 만나면 金水가 허약해져서 속 열이 외부로 나타나 몸이 갑자기 더워지는 것이다. 체질을 분석할 때 이점을 특히 주의해야 한다. 대개의 의원은 이러한 이치를 깨닫지 못해 오진하는 경우가 허다하다. 열이 많다는 환자의 말만 듣고 처방하기 때문이다.

이 공식의 경우, 그런 이치에서 戊子 대운에 더욱 명료하게 나타난다. 子水가 생년의 午火와 충하기 때문에 신장과 방광 폐·대장의 기능이 급속히 떨어지고 속과 외부 열이 대단히 많은 체질로 바뀌게 되는 것이다. 이때는 생활환경도 매우 어려워져서 가난을 면하지 못한다. 그러나 이런 사실을 미리 알고 허약한 폐·대장을 건강하게 해두면 어떻게 될까? 당연히 건강을 지킬 수 있고 가난도 극복할 수 있을 것이다.

■처방
金水 속하는 식품과 茶를 한평생 많이 먹어야 건강을 유지할 수 있다.

20) 金水가 태과한 설사, 아토피, 고혈압, 당뇨, 빈혈(男 80년생)

年 : 庚申　　　대　운
月 : 乙酉　　丙 丁 戊 己
日 : 癸丑　　戌 亥 子 丑
時 : 癸亥　　0　10　20　30

■풀이
이 공식의 주인공은 승려이다. 대운이 잘 흐르고 있음에도 茶를 잘못 마셔서 여러 가지 질병을 얻은 사례에 해당된다. 이 공식 외에도 승려의 경우 대개가 체질이 냉한 편에 속한다는 사실을 여러 임상에서 확인할 수 있었다. 그 까닭은 심장이 허약하면 거의가 신명기가 있어서 세속을 등지는 것은 아닌가 하고 추측할 수도 있다.

그런데 산속에서 맑은 물과 공기 그리고 산나물 음식으로 청정하게 살아가는 승려들에게 유달리 당뇨병 환자가 많다는 사실은 뜻밖이었다. 앓던 병도 나아야 하는 것이 산중 생활이라 할 수 있는데 도무지 이해가 되지 않았다. 그러나 그 원인을 관찰해보니 당뇨와 고혈압의 질병 원인이 바로 녹차에 있다는 사실을 곧 깨달을 수 있었다.

녹차는 여러 방면에서 좋은 약이 됨은 틀림이 없다. 그러나 그 성질이 차기 때문에 체질이 냉한 사람에게는 오히려 독이 될 수도 있는 것이다. 물론 적당히 가끔 마시는 것은 문제가 되지 않는다. 하루도 거르지 않고 물처럼 마시는 것이 문제인 것이다. 이 공식의 경우가 바로 그러하다.

金水를 종(從)하기 때문에 丙戌 대운과 丁亥 대운에서 丙丁火로 인해 심장 허약증세가 나타난다. 그러므로 무속기운을 이기지 못해 출가하였으나 戊子 대운 20세부터는 건강이 많이 호전되었다. 하지만 이때부터 녹차를 물처럼 마시면서 찬 물만 마셔도 곧바로 설사하고 변비에 시달렸으며 젊은 나이에 당뇨와 아토피 고혈압까지 앓았던 것이다. 따라서 그 원인이 찬 성질인 녹차에 있다는 결론을 얻었다.

■처방

金水에 속하는 식품과 차를 금하고 木火에 속하는 것을 꾸준히 섭취하면 예방이 되고 치료도 가능하다. 그렇게 한 결과 많이 호전된 사실을 확인할 수 있었다.

13. 신장(腎臟 癸子)

신장은 陰의 水이다. 水氣는 북방에서 일어나 겨울과 추위와 검은색을 주관하고 짠맛을 낳는다. 그러므로 신장은 북방과 추위와 통하고, 검은색과 짠맛이 길러준다. 신장이 주관하는 인체의 기능은 귀와 머리카락이고, 본성은 지智이며 속성은 두려움이고, 냄새는 썩은 내이며, 소리는 우음(羽音 : ㅁ, ㅂ, ㅍ)이다.

① 신장의 형상과 크고 작음
붉은 팥과 같은 것이 2개가 있는데, 등골뼈의 힘줄에 굽어서 붙어 있고, 속은 희고 겉은 검으며 정精을 간직하고 골수를 주관한다. 오

른쪽 신장은 火, 왼쪽은 水에 속하는데 남자는 왼쪽 여자는 오른쪽을 위주로 하며, 동양의학에서는 왼쪽은 신장으로 보고 오른쪽은 명문命門이라 한다. 명문은 정이 간직돼 원기元氣와 관련이 있다. 부위는 배꼽과 마주 보고 허리와 통한다. 그러므로 허리의 병증은 신장과 관련이 있다. 신장이 크고 실하면 체질이 냉하고 피부가 검은빛이며 주름이 가늘고 적다. 체질이 덥거나 건조하면 피부가 희며, 주름이 굵고 많으면 작다. 귀가 두텁고 단단하면 신장이 두텁고 단단하며 얇으면 연약하다.

② 신장이 상한 증세

신장에 사기가 있으면 뼈가 아프고 배가 더부룩하며 허리와 목 뒤가 아프고 대변이 어렵다. 신장에 열이 있으면 얼굴이 검어지고 잘 놀라며 하품을 많이 하고 하체가 무거우며 정강이가 시리다. 신장이 너무 크고 실하면 정강이가 붓고 천식 기침이 있으며 잠잘 때 땀을 흘리고 바람을 싫어한다. 허약하면 가슴 속과 배가 아프며 마음이 즐겁지가 않다. 신장병은 대개 겨울과 밤, 봄과 아침에 좋아지고 여름과 낮에 심해지며 가을에 안정된다. 성관계를 맺고 곧바로 찬 물에 목욕하거나 배가 부를 때 관계를 맺으면 신장이 상한다. 그리고 큰 비나 눈이 내리고 큰 바람이 불 때와 매우 어두울 때와 밝을 때 냉습한 곳에서 성관계를 맺어도 신장이 상하기 쉽다.

③ 신장병을 예방하고 치료하는 방법

■ **처방**

첫째, 신장을 건강하게 하려면 매일 허리 뒤를 뜨겁도록 쓸어주고 머리카락에 빗질을 자주하며 귀를 당겨준다. 그리고 허약하면 짠맛에 속하는 음식을 많이 먹고 검은색을 가까이하며 서쪽이나 북쪽을 향해 앉고 잠을 자면 도움이 된다. 그러나 실하면 쓰고 신맛 나는 음식과 동쪽 남쪽이 길하다.

둘째, 무서워하지 말고 마음을 편안하게 해야 한다. 만약 무서움을 잊지 못하면, 급히 단맛이나 쓴맛 나는 음식을 먹고 근심 걱정거리를 생각하며 황색을 가까이 하면 도움이 된다.

셋째, 신장에 좋은 한약 차와 식품을 많이 먹는 것이 가장 좋다.
찬 성질 : 백자인(평의함. 단맛) 겨우살이(평의함. 쓴맛) 광나무(평의함. 쓴맛과 단맛) 삼지구엽초(쓴맛과 매운맛) 황경피나무(쓴맛)
따뜻한 성질 : 속단(쓴맛) 하수오(쓴맛과 단맛) 외, 간과 폐를 보익하는 약초 중에 많이 있다.
식품 : 검은 깨, 검은 쌀, 검은 콩, 김, 된장, 간장, 파래, 부추, 수박, 대추, 메밀, 가지, 해삼, 돼지고기, 개구리, 지렁이, 누에, 젓갈류.

넷째, 신장이 허약할 때
숙지황 8냥, 산약 산수유 각 4냥, 택사 3냥, 목단피 백복령 각 3냥을 환으로 지어서 50에서 70환을 하루 3회 소금물로 복용한다.
다섯째, 신장에 수기水氣가 부족해 피곤하고 허리가 아플 때

숙지황 1전, 우슬 육종용 오미자 파극 맥문동 감초 구운 것 각 8푼, 건강, 두충 볶은 것 각 5푼을 한 첩으로 달여서 하루 3회 복용한다.

14. 방광(膀胱 壬亥)

방광은 신장의 陽이다. 신장과 같은 水이므로 그 성질과 쓰이는 약초와 식품이 같다.

형상은 물을 받아서 진액을 간직하므로 들어오는 곳은 있어도 나가는 곳은 없다. 부위는 배꼽아래이고 척추 19추 양 옆에 붙어있다. 수액(水液)이 소장에서 분비돼 즙으로 갈라져 나와 방광 속으로 들어가 변하여 오줌이 된다. 체질이 냉하고 피부가 두터우면 실하고 얇고 성글면 약하다. 방광이 병든 증세는 어깨에 열이 나고 하초에 열이 맺히며 아랫배가 그득하고 괴롭다. 허약해지면 오줌이 잦고 오줌 방울이 뚝뚝 떨어지면 정력이 감퇴된다.

■처방

첫째, 아랫배와 허리 양쪽 부위를 손바닥을 뜨겁게 해서 열이 나도록 자주 쓸어주면 좋다. 그리고 방광에 좋은 한약 차와 식품을 많이 먹어야 한다. 방광에 열이 있으면 택사 지부자 석위 방기가 좋고, 냉할 때는 오약 오수유 백자인이 좋다. 그 외 소변이 잘 나오지 않으면 패랭이꽃, 돼지 콩팥, 다시마, 파뿌리, 생강, 산초, 죽염이 도움이 된다.

둘째, 방광이 실해서 열이 나고 소변이 어려울 때
규자 적복령 저령 지실 구맥 목통 활석 차전자 감초 각 1전, 생강 5쪽

을 한 첩으로 하루 3회 복용한다.

셋째, 방광이 허약해서 소변이 자주 마려울 때

토사자 술에 담근 것, 익지인 볶은 것, 백복령, 비자 볶은 것, 육종용 술에 씻은 것, 당우기 숙지황 각 5전, 황백과 지모를 섞어서 소금에 볶은 것, 모려 말린 것, 산수유를 술에 쪄서 씨를 없앤 것 각 3전, 오미자 1전을 한 첩으로 가루내 밀가루와 함께 오동나무 씨 크기로 환을 지어서 하루 1회 빈속에 100환을 복용한다.

15. 신장, 방광 질병의 진단과 처방

1) 水 신장이 허약한 발기 불능(男 94년생)

年 : 甲戌　　　대　운
月 : 甲戌　　乙 丙 丁 戊
日 : 壬午　　亥 子 丑 寅
時 : 庚子　　5　15　25　35

■풀이

생시의 子水가 생일의 午火를 극할 듯하지만 생년 월의 2개의 戌土와 午火에 흡수되고 증발돼 없는 것과 같다. 따라서 신장과 방광이 태생적으로 허약한데, 이런 경우에는 木火土金으로 종하는 것이 좋다. 그러면 戌土가 습한 辰土를 충해 오고 金은 水를 생해 건강이 유지된다. 그러나 水 운만은 水를 충해오지 못하고 강한 火土에 흡수되고 증발돼 신장과 방광이 허약해진다. 신장과 방광이 허약하면 오줌이 잦고 나이가 든 사람은 정력이 현저하게 감퇴된다. 신장은 精을 주관하기 때문에 허약하면 정액이 부족해 발기가 되지 않기 때문이다. 이 공식 역시 그에 해당된다. 乙亥 대운에서 한창 성장할 시기이므로 호르몬이 성장 에너지로 모두 전환되기 때문에 발기가 되지 않고 또 아직도 소변을 가리지 못하고 있는 것이다.

■처방

金水에 속하는 식품과 茶 종류를 여러 가지 배합해 복용하자 빠르게 회복되었다.

2) 水 신장이 태과한 변비와 무속기운(女 59년생)

```
年:己亥        대   운
月:癸酉     甲 乙 丙 丁 戊 己
日:己未     戌 亥 子 丑 寅 卯
時:乙亥      2 12 22 32 42 52
```

■풀이

생년의 己土는 뿌리가 없어서 생월의 癸水를 극하지 못하고 생일의 未土는 생월의 酉金과 생시의 亥水 사이에서 허물어지는 것과 같다. 따라서 未 중의 丁火 심장이 꺼질 듯이 허약하다. 그러나 地支가 金水가 모두 지배하고 있는 형국이므로 金水木으로 상생해 종하는 것이 좋다. 또 地支에 未土가 있기 때문에 대운 地支에 火土 운이 와도 문제가 되지 않는다. 이 공식이 묘한 것은 생일의 未土가 어느 운이 와도 충하지 않는데 있다. 丑土가 충하지만 丑이 생월의 酉金과 합해 金으로 변하므로

未土를 충하지 않는다. 하지만 근본적으로 허약한 未土 비장과 未 중의 丁火 심장이 건강해지는 것은 아니다.

그러므로 비장이 허약해 소화불량과 변비에 시달리는데 陰 중의 陰인 水 신장이 강해 상대적으로 陽 중의 陽인 심장이 허약해 陽氣가 매우 부족하기 때문이다. 陽氣가 부족하면 빈혈이 일어나고 기운이 없으며 손발이 저리고 어깨와 허리가 아픈 등, 아프지 않은 곳이 없다는 말에 해당된다. 그러나 뚜렷한 병명이 없는 것도 특징이라 할 수 있으며, 이런 현상을 무속기운이라 한다. 무속기운은 이처럼 아프기도 하지만 꿈을 거의 매일 꾸는 특징이 있다. 그리고 그 꿈이 현실과 연계돼 눈으로 미리 보았던 것처럼 잘 맞는다.

이 공식이 바로 그러하다. 어릴 때부터 알 수 없는 질병으로 고생하다가, 丙子 대운 중 丙寅년에 혼인하였으나 丁丑 대운 32세에 무속기운을 이기지 못하고 이혼한 뒤 바로 승려가 되었다. 그러나 아픈 몸을 고치지는 못하였으며 결국 승려라기보다 무속인으로 살아갈 수밖에 없었다.

■처방

식품과 茶를 火土에 속하는 것을 많이 섭취하고 木에 속하는 것은 적당히 섭취하면서 호흡수련으로 심장을 건강하게 하면 회복될 수 있다.

3) 水 신장이 냉한 자궁병(57년생 女)

年 : 丁酉　　　　대　운
月 : 癸丑　　甲 乙 丙 丁 戊 己 庚
日 : 己酉　　寅 卯 辰 巳 午 未 申
時 : 丙寅　　 1　11　21　31　41　51　61

■풀이

　생년의 丁火가 뿌리가 없이 생월의 癸水에 사멸되고 생시의 寅木은 태과한 金으로부터 극을 받아서 심장과 담이 매우 허약하다. 그러나 생시의 丙火가 寅木에 뿌리를 두고 대단히 강하게 작용하므로 심장이 병이 들 정도로 허약한 것은 아니다. 하지만 사람은 땅을 밟고 살아가기 때문에 地支의 영향력이 크게 작용한다. 따라서 이 공식은 地支가 냉하므로 속이 냉하고 속이 냉하므로 자궁도 냉한 것이다. 특히 丑土는 본기 本氣가 비록 비장에 배속되지만 丑 그 자체가 자궁에 배속되기도 하고 또 그 성질이 가장 냉하기 때문에 자궁이 냉할 수밖에 없는 것이다. 그리고 丑은 동북방의 사기로서 살기에 해당되거니와 체질이 차고 생월일시에 丑이 있으면 대개가 냉대하가 심하고 자궁병을 앓거나 유산으로 수술하는 경우도 있다.

　따라서 이 공식의 경우도 그와 같은데, 火土 운을 만나면 건강하고 金水 운은 반드시 한냉한 체질에 상응하는 질병을 앓게 된다. 이에 대운을 비교해보면, 甲寅 대운 1세부터 乙卯 대운은 허약한 丑土 비장이 木으로부터 억제를 받으므로 소화불량 중세로 고생할 수밖에 없었다. 丙辰 대운은 丙火가 돕지만 습한 辰土가 酉金과 합해 金으로 변하므로 심장과 간이 쇠약해져 몹시 힘든 시기를 보내야 했다. 그리고 냉습한 자궁에 냉이 심하고 물 혹이 돋아나 걱정이 많았으나 암이 아니라서 혹을 가진 상태로 생활해 오다가 丁巳 대운에서 심하였다. 巳火가 생년 월의 酉丑과 삼합해 金으로 변하였기 때문이다. 그리고 戊午 대운 庚辰년에 더욱 악화돼 자궁을 들어내는 수술을 받을 수밖에 없었다.

■ 처방

木火에 속하는 식품과 차를 꾸준히 섭취하면 예방이 가능하다. 자궁 물혹의 경우 바른 자세로 앉아 숨을 깊이 들이쉬고 항문을 굳게 조인 뒤 숨을 내쉬면서 이마가 바닥에 닫도록 상체를 숙였다가 다시 숨을 들이쉬면서 상체를 바로 세우는 양생법을 꾸준히 행하면 없어질 수 있다.

4) 水 신장이 허약한 정자 부족(男 63년생)

年 : 癸卯　　　대　운
月 : 戊午　　丁 丙 乙 甲 癸 壬
日 : 癸卯　　巳 辰 卯 寅 丑 子
時 : 癸丑　　 7 17 27 37 47 57

■ 풀이

생년의 癸水 신장의 기운은 뿌리가 없이 생월의 戊土에 흡수되고 생시의 癸水 신장은 丑土에 뿌리가 분명하다. 하지만 생일의 卯木 간이 丑土 비장을 극하는데 생월의 午火가 卯木을 태워서 丑土를 조금이라도 생할 수 있는 것이 다행이라면 다행이라 할 수 있다. 그리고 생월의 戊午가 비장을 도우므로 비장이 허약해도 큰 병을 앓지는 않는다.

그러나 신장과 폐가 허약함은 어쩔 수 없다. 신장과 폐는 정액을 만들어내는 중요한 기관이라 할 수 있는데, 비장이 폐를 돕기가 미약하고 폐는 신장을 돕는 것이 역시 어렵다. 더구나 정을 주관하는 신장이 심하게 허약하므로 金水를 만나지 못하면 신장과 폐가 매우 허약해진다. 그런데 이 공식은 木火土가 상생하므로 木이 金을 충해오고 火는 水를 충해오는데, 문제는 卯木이 酉金을 충해오지만 공식에 卯木이 2개가 있기 때문에 卯酉가 충해 酉金이 오히려 극을 받는다. 따라서 대운이 木으로 흐르므로 金이 충해오지 못하고 午火가 충해오는 水는 木에 흡수돼 신장과 폐가 제 기능을 온전하게 하지 못하는 것이다.

그러므로 태생적으로 허약한 신장과 폐로 인해 精子가 부족한데다 운마저 신장과 폐를 돕지 못하므로 정자 부족에 의한 생식능력이 없어 아이를 가질 수 없었다.

■처방

金水에 속하는 식품과 茶로 예방되고 치료될 수 있다. 金水에 속하는 한약재 차를 여러 가지 배합해 꾸준히 섭취한 결과 늦은 나이임에도 불구하고 8개월 만에 임신이 가능하였다.

5) 水 신장이 허약한 난자 부족과 불임(女 66년생)

年 : 丙午　　대　운
月 : 丁酉　　丙 乙 甲 癸 壬
日 : 癸未　　申 未 午 巳 辰
時 : 壬戌　　4 14 24 34 44

■풀이

생월의 酉金 폐가 火氣에 둘러싸여있고 생시의 壬水 방관은 戌土 위에서 뿌리가 없으므로 신장과 방광 폐와 대장이 선천적으로 허약하다. 폐와 신장이 허약하므로 골수가 부실해 난자를 충분히 생산해내지 못한다.

그러므로 金水 운을 만나야 건강이 유지되고 아이도 가질 수 있는데 대운이 계속해서 火 운으로 흐르므로 28세에 혼인하고 38세까지 10년간 임신이 되지 않았다. 이에 9년간 병원을 다니고 한약을 먹었으나 여전히 임신할 기미조차 없었다. 그 원인은 체질을 반대로 판단한 오진 때문이었다. 이 공식은 생월에 비록 酉金이 있으나 공식 전체가 火土金으로 상생하는데 酉金이 火氣에 휩싸여 뜨거울 정도이다. 따라서 火土 운을 만나면 대운 地支에서 상대적인 오행을 충해오고 天干이 합해오지 않으면 생존조차 하기 어렵다.

그런데, 丙申 대운 4~13세까지는 申金이 주관해 건강할 수 있었으나 乙未 대운에서 乙木이 庚金을 합해오지만 생년의 丙火에 막히고 未土가 丑土를 충해오지만 생일의 未土가 충하므로 막히게 된다. 또 甲午 대운은 午火가 子水를 충해 오지만 생년의 午火가 충하므로 역시 水가 막히게 된다. 이렇게 되면 水가 비록 인체에 충해왔다 하더라도 오장 속으로 스며들지 못하고 겉에만 스며들었던 것으로 판단할 수 있다.

그 때문에 속은 열이 많은데 추위를 견디지 못하는 체질인 것이다. 따라서 추위를 견디지 못하는 환자의 말만 듣고 더운약을 처방하였을 것이라 추정된다. 만약 그리하였다면 오히려 임신을 못하게 하였음은 물론 서서히 건강을 해치는 독약을 준 것이나 마찬가지이다. 이 공식의 여성은 약을 먹는 동안 운신하기조차 힘들 정도로 체력이 저하되어 있었다.

■ 처방

金水에 속하는 식품과 茶를 많이 먹고 木에 속하는 것은 적당히 섭취하되 火土에 속하는 것은 매우 적게 섭취하는 것이 좋다. 金水에 속하는 한약재 여러 가지를 배합해서 차처럼 달여서 꾸준히 마신 결과 기운을 완전히 회복하였으며 8개월 만에 임신하였다.

6) 水 신장 태과로 인한 사망(男 47년생)

年 : 丁亥　　　대　운
月 : 辛亥　　庚 己 戊 丁 丙
日 : 辛亥　　戌 酉 申 未 午
時 : 壬辰　　7　17　27　37　47

■풀이

생년의 丁火 심장이 뿌리가 없이 마치 물 위의 촛불과 같은데 역시 뿌리 없는 생월의 辛金 폐를 그하고 있다. 생시의 辰土 위장은 壬亥水에 잠겨 물 속에 용해된 흙과 같다. 그리고 모두 陰氣로 구성되어 있으므로 陽氣가 절대 부족이다. 따라서 陰이 陽을 충해 오는 이치에 따라서 金水木으로 향해야 水가 火를 충해와 陰陽이 조화로워 생명을 유지할 수 있다. 金은 水를 생하고 水는 火를 충해 오며, 木은 水를 설기시켜서 火를 생하기 때문이다.

그러나 火土를 만나면 火土가 충해오지 못하고 과다한 陰氣 水에 꺼지고 허물어져 비·위가 제 기능을 잃고 생존하기 어려워진다. 따라서 庚戌 대운 7~16세까지 戌土가 생시의 辰土와 충하므로 이때 심장병과 위장병으로 죽을 고비를 넘긴 뒤 己酉 戊申 대운은 金이 주관하므로 건강하고 운도 좋았다. 하지만 丁未 대운 37세에 들어서자 갑자기 집안이 몰락하고 1982년 壬戌년에 죽고 말았다. 火土가 사멸되니 심장 경색 때문이라 할 수 있다.

■처방

木火土에 속하는 식품과 茶를 꾸준히 섭취해 간·심장·비장을 보양하고 金에 속하는 것은 가끔 섭취해 폐를 보양하면서 호흡수련을 계속 하였으면 예방이 가능하다. 하지만 水에 속하는 것은 적게 먹어야 한다.

7) 水 신장이 냉한 협심증(女 37년생)

年 : 丁丑　　　　대　운
月 : 丁未　　戊 己 庚 辛 壬 癸 甲
日 : 丁卯　　申 酉 戌 亥 子 丑 寅
時 : 戊申　　10 20 30 40 50 60 70

■풀이

생년의 丁火가 냉한 丑土 위에서 꺼질 듯한데 생월의 丁火와 함께 未土에 뿌리를 둠으로 심장이 허약한 것은 아니다. 그러나 未土는 丁火가 흙 속의 불씨처럼 내장되어 있기 때문에 건강한 것은 아니다. 또 생년의 냉한 丑土와 未土가 서로 충하므로 더욱 그러하다. 게다가 떡잎과 같은 卯木이 火를 생하기 어려운데 생시의 申金이 억제하고 있다. 따라서 木火를 만나야 하는데, 문제는 木火 운을 만나면 신장과 폐가 허약하다는 데에 있다. 이 때문에 이 공식은 어느 운으로 흘러도 잔 질병을 앓고 살아야 하는 체질에 속한다.

그러므로 어린시절 庚申 대운 10~19세까지 강한 金氣로 인해 간과 심장이 허약해 건강한 생활을 하기가 어려웠다. 특히 己酉 대운 20~29세까지는 酉金 폐가 생일의 卯木 간을 극하므로 그 정도가 심하였다. 그러나 戊戌 대운 30세에 이르러서는 戊土가 생일의 卯木과 합해 火로 변하므로 심장은 문제가 되지 않았으나 金水 신장·폐가 허약해 고생할 수밖에 없었다. 그러다가 癸亥 대운 40세부터 壬子 대운 59세까지 20년간은 본래 허약한 심장이 더욱 허약해져 이때부터 심장병을 앓기 시작하였으며, 신축 대운 60세에 이르러서는 丑土가 생월의 未土를 또 다시 충해 火氣를 사멸시키고 辛金이 생년의 丁火를 반극하므로 생월의 丁火가 마치 풍전등화처럼 허약해졌다. 이렇게 되면 심장이 축소되면서 가슴이 조여 오는 아픔을 견디지 못한다. 바로 심장마비 증세인 것이다. 진찰해본 결과 협심증이었다.

■처방

식품과 차를 庚申 己酉 대운과 癸亥 壬子 丁丑 대운은 木火에 속하는 것을 상복하고, 金水에 속하는 것은 절제해야 하며, 庚戌 대운만은 金水에 속하는 것을 상복하면 예방이 가능하다. 그리고 무엇보다도 길게 숨을 들이쉬고 내쉬는 수련이 중요하다. 심장마비 증세로 가슴이 조여들고 무서운 통증이 올 때 숨을 고르고 길게 쉬면 마비 증세가 풀어지므로 병원에 가지 않아도 위험한 순간을 안전하게 넘길 수 있다

8) 水 신장이 허약한 변비와 소화불량 만성피로(女 89년생)

年:己巳　　　　대　운
月:丁卯　　戊 己 庚 辛 壬 癸
日:己卯　　辰 巳 午 未 申 酉
時:甲戌　　5 15 25 35 45 55

■풀이

생월과 일의 卯木 간과 생시의 甲木 담이 매우 강성하다. 그러나 생년의 巳火가 卯木과 상생하고 생일의 卯木은 생시의 戌土와 합해 火로 변

하므로 火氣 역시 강해 심장이 뜨겁다. 따라서 陰氣는 한 점도 없고 陽氣만 가득 차 있으므로 火土를 종할 때 陽氣가 합하고 충해온다. 그러나 金을 만나면 木의 반극으로 부러질 것이며 水는 火에 마르게 되므로 반드시 신장과 폐 계통이 허약해져 병든다.

戊辰 대운 5~14세까지는 辰戌이 충하므로 辰 중의 癸水가 허약해져 신장이 좋지 않았다. 하지만 己巳 대운 15세부터 辛未 대운 43세까지는 신장과 방광 폐·대장이 함께 허약해진다. 庚辛 金이 대운 天干에 있기 때문에 木火의 극을 받아 폐·대장이 허약해지고, 세월 운에서 亥子를 만나게 될 때는 신장이 허약해지므로 만성 피로와 변비, 소화불량 그리고 호흡기 질환 등의 잡병이 한꺼번에 찾아오는 것이다. 속 열이 많으니 비·위가 염증을 일으켜 소화를 못시키고 대장은 열 때문에 변을 까맣게 태워서 토끼 똥처럼 뚝뚝 떨어지게 하였던 것이다. 이런 경우 위암을 앓을 수 있는 확률이 대단히 높다. 급히 金水에 속하는 한약재로 속 열을 다스리고 식품과 차로서 체질을 개선해나가야만 건강을 유지할 수 있다.

■처방

金水에 속하는 식품과 茶만으로도 예방이 가능하다.

9) 水 신장이 냉한 병명이 없이 아픈 무속기운(女 68년생)

年 : 戊申　　대　운
月 : 壬戌　辛 庚 己 戊 丁 丙
日 : 癸亥　酉 申 未 午 巳 辰
時 : 辛酉　 4 14 24 34 44 54

■풀이

　남방지역의 어느 나라에서 태어난 한 외국 여성의 공식이다. 앞에서도 한 외국인을 예로 들은 바가 있었거니와 어느 나라에서 태어났던 '의명학공식'을 적용시키면 조금도 다르지 않게 체질을 분석할 수 있다.

　이 공식은 金水에 둘러싸인 생월의 戌土만 보아도 심장이 지극히 쇠약하고 무속기운이 있음을 단번에 알 수 있다. 특히 戌土는 무속기운의 표본이라 해도 과언이 아니다. 申酉戌이 방합方合해 金으로 변하므로 금수를 좋아야 하지만 戌土 속의 丁火 심장은 깊숙이 내장돼 꺼지지 않는 불씨와 같다. 아무튼 辛酉 대운 4세부터 庚申 대운 23세까지 金이 주관하므로 木火가 충해와 건강한 듯이 보였으나 己未 대운 24세 이후로 30년간 火가 주관하므로 심장 허약증세가 외부로 나타난다. 따라서 빈혈, 변비, 저혈압에 시달리면서 병을 알 수 없는 아픔을 참아야 했는데 그것이 무속기운임을 스스로 알아차리고 벗어나기 위해 꾸준히 노력하고 있다. 대개 무속기운으로 몸이 아플 때는 부지런히 몸을 움직여서 일하면 아픔을 이길 수 있다.

■처방

　木火에 속하는 식품과 茶를 꾸준히 섭취하면서 호흡수련을 계속하면 예방이 가능하다. 만약 그렇게 하지 않으면 丙辰 대운 54세에 사망할 수 있다. 그런데 무속기운이 있으면서 절이나 혹은 교회에서 기도로 고치고자 하면 마음과 심장이 더욱 허해져 스스로 귀신을 부르는 것이므로 반드시 무속인이 되고 마는 사람들을 여럿 본 적이 있다. 자신의 의지로 극복해야 하는 것이다.

10) 水 신장이 약하고 정액 낭비가 심한 골수염(男 79년생)

年 : 己未　　　　대　운
月 : 丙子　　乙 甲 癸 壬 辛
日 : 乙卯　　亥 戌 酉 申 未
時 : 己卯　　2 12 22 32 42

■풀이

생월의 子水 신장이 대단히 허약하다. 생년의 未土로부터 극을 받고 생일의 卯木 간에 기운을 흡수당한다. 이럴 때는 차라리 木火를 종從하는 것이 좋다. 金水가 합하고 충해오기 때문이다. 그러나 金은 木의 반극으로 오히려 폐가 허약해진다.

그런데 이 공식은 子卯를 소위 도화살桃花殺이라 하는데, 색욕이 강한 것을 의미한다. 도화살은 모두 네 가지가 있는데, 子卯午酉이다. 이들 넷은 방위와 계절의 중심이란 특징이 있다. 그러니까 그 계절의 기운이 정점에 도달한 시기이므로 색욕이 강한 것으로 판단할 수도 있고, 子는 陰陽이 결합해 자식을 잉태하는 기운이고, 卯는 태어난 만물의 어린 싹으로서 성장 호르몬이 가장 왕성한 기운이며, 午는 陰陽이 교차되는 시점으로서 陽氣가 최고조에 달하는 시기이므로 성욕 역시 절정에 이른 것으로 볼 수 있다. 그리고 酉는 영靈과 육肉이 분리되는 삶과 죽음의 분기점에 해당되는데 죽음 직전에 마지막 남은 정액을 분출하고 숨을 거두기 때문에 도화살에 분류되었을 수도 있다.

아무튼 그 원인이 명확하지 않지만 도화살이 있을 경우 색욕이 왕성한 것만은 틀림이 없다. 따라서 이 공식에 3개의 도화살이 있고 또 22세 癸酉 대운에서 또 도화를 만나므로 색욕을 참지 못해 정액을 많이 낭비했을 것이다. 게다가 酉金 폐가 卯木 간과 충해 허약해지므로 더욱 그러하다. 대개 폐가 허약하면 성욕을 참지 못하는 경향이 있다. 그리고 신장이 허약하므로 정액의 원천인 골수가 부족한데 다시 정액의 낭비가 심하면 폐가 병들고, 폐가 병들므로 부족한 골수에 허열이 나게 된다. 따라서 골수염을 22세부터 앓아오다가 2001년 辛巳년에 수술하고 2003년에는 신장 허약에 의한 요도 결석으로 또 수술을 할 수밖에 없었었다.

■처방

金水에 속하는 식품과 茶를 꾸준히 섭취하고 정액을 낭비하지 않으면 예방이 가능하고 지금은 한약재로 폐와 신장을 보양해야 재발을 방지할 수 있다.

11) 水 신장이 허약한 무기력증과 귀 안 들림 등 잡병(女 60년생)

年 : 庚子　　　　　대　　운
月 : 戊寅　　丁 丙 乙 甲 癸 壬
日 : 庚辰　　丑 子 亥 戌 酉 申
時 : 戊寅　　 6 16 26 36 46 56

■풀이

생년의 庚金 대장이 子水 신장을 돕지만 뿌리가 없고 子水는 생일의 辰土와 합해 水가 완성한 것 같으나 생년과 시의 2개의 寅木 담이 水氣를 모두 흡수하므로 대장과 신장이 허약하다. 뿐만 아니라 생일의 辰土 위장이 寅木으로부터 극을 받기 때문에 위장 역시 좋지가 않다. 그러나 생월과 시의 天干에 2개의 戊土 위胃가 辰土에 뿌리를 두고 건강하므로 소화기는 약해도 쉽게 병들지는 않는다.

이처럼 신장이 허약하고 대장과 위가 다 허약하면 기억력이 떨어지고 무기력하며 소변도 잘 안 나오는 등 여러 가지 잡병을 앓게 되는데 특히 귀가 잘 들리지 않는다. 신장이 귀를 주관하기 때문이다. 대개 신장이 너무 냉하면 중이염을 쉽게 앓는데 허약하면 타인의 소리를 잘 분별하지 못한다.

이에 대운을 비교해보면, 丁丑 대운 6세부터 乙亥 대운 35세까지는 水가 주관하므로 신장과 비·위가 허약해 저혈압과 소화불량으로 고생하였으나 甲戌 대운 36세에 이르자 戌土가 생일의 辰土와 충해 辰 중의 癸水 신장이 흔들려 제 기능을 원만히 하지 못한다. 따라서 몸과 손발 얼굴이 잘 붓고 무기력하며 소변이 잘 나오지 않았으며 급성 방광염을 앓을 수밖에 없었다. 그리고 방광염을 치료하였으나 근본적으로 신장·방광의 기운을 보양하지 않았으므로 귀가 잘 들리지 않았던 것이다. 게다가 허열이 치솟아 정신도 맑지 못하였다.

■ 처방

을해 대운부터 金水에 속하는 식품과 차로서 폐·신장을 꾸준히 보양하면서 심장과 위에 속하는 것으로 보양하면 예방이 되고 지금은 오직 한약으로 다스려야 치료가 가능하다.

12) 신장이 냉습한 심장질환과 잡병(女 76년생)

年 : 丙辰　　　대　운

月 : 壬辰　　辛 庚 己 戊 丁

日 : 丙辰　　卯 寅 丑 子 亥

時 : 癸巳　　 9　19　29　39　49

■풀이

생년의 丙火가 생월의 壬水에 꺼지고 생시의 巳火는 天干의 癸水와 습한 辰土에 꺼질듯이 하므로 천성적으로 심장과 소장이 허약하다. 오직 木으로서 간 기능을 회복시켜 습한 신장의 사기를 걷어내고 火 심장을 생해주고 火로서 陽氣를 돋구어야 건강할 수 있다. 그럼에도 이 공식은 己丑 대운 29세부터 한냉한 水氣를 만나므로 심장이 극히 쇠약해져 심장경색 증세로 가끔 가슴이 조여 오는 고통을 겪어야 하고 소화가 되지 않으며 무병으로 아프지 않은 곳이 없었다. 외국인으로 귀화한 한국인인데 태어난 그 나라의 생년월시대로 체질이 조금도 다르지 않다는 사실을 잘 증명해주는 사례라 하겠다.

■처방

木火에 속하는 식품과 茶만으로 예방이 가능하고 지금은 한약재로 심장과 간을 보양하면서 호흡수련을 하면 치료가 된다.

13) 水 신장이 부실한 불임과 잡병(女 76년생)

年 : 丙辰　　　대　운
月 : 丁酉　　丙 乙 甲 癸 壬 辛
日 : 辛酉　　申 未 午 巳 辰 卯
時 : 己亥　　10 20 30 40 50 60

■풀이

생년 월의 天干 丙丁火 심장과 소장이 뿌리가 없이 허약한데, 생년의 辰土는 생월의 酉金과 합해 金으로 변하고 생일에 또 유금이 있는데 생시의 亥水 방광은 金이 과다해 金으로부터 생을 받지 못하고 마치 접시 물에 쇳덩이가 가득한 것처럼 오히려 탁하다. 탁하다는 것은 신장과 방광이 허약하고 사기가 많음을 의미한다.

이처럼 地支가 金이 많고 水가 하나뿐이면 반드시 水를 만나야 건강하다. 水가 과다한 金氣를 설기泄氣시키고 火를 충해오고, 또 金도 흉하지 않다. 공식에 없는 木을 충해 오기 때문이다. 그런데 이 공식은 생년과 월에 丙丁火가 2개가 있기 때문에 火 운이 와도 火가 꺼지지 않는다. 대신 火가 과다한 金을 이기지 못하므로 심장 허약은 어쩔 수 없다. 그리고 金과 火가 싸우므로 金이 水를 넉넉하게 생하기 어려워서 신장·방광이 더욱 허약해질 수밖에 없다.

따라서 병신 대운 10~19세까지는 申金이 과다한 金에 합세해 水가 탁해지므로 신장이 제 기능을 제대로 못하고 또 생년 월에 丙丁火가 허약해 저혈압까지 겹쳐 늘 병약하였다.

그러나 乙未 대운에 이르러 뜨거운 未土가 酉金과 다투고 생시의 亥水를 未土가 가로막으려 하므로 신장과 심장이 더욱 허약해질 수밖에 없다. 따라서 신장과 심장이 허약한 증세로 늘 손발이 저리고 기운이 없어 생활하기도 어려웠다. 특히 26세에 결혼한 이후로 지금까지 임신도 할 수 없었다. 부유한 가정이라 병의원을 수없이 다녔으나 임신보다 병명도 없이 시름시름 아픈 증세가 더 문제였다.

■처방

水에 속하는 식품과 茶로서 신장을 보양하는 한편 木火에 속하는 한약으로 간과 심장을 보양해 陽氣를 왕성하게 돋구어주면 예방과 치료가 가능하다.

14) 水 신장 기운이 정체된 신부전증(男 92년생)

年 : 壬申　　　대　운
月 : 癸卯　　甲 乙 丙 丁
日 : 癸卯　　辰 巳 午 未
時 : 壬子　　2 12 22 32

■풀이

생월의 卯木 간이 생년의 申金 대장으로부터 억제를 받는데 생월의 天干 癸水 신장이 여린 새싹과 같은 卯木 간을 마치 새싹을 물에 담군 듯 적시고, 생일의 卯木 역시 생시의 子水 신장이 적시고 있다. 따라서 卯木이 젖었으니 火를 생하지 못해 심장이 허약하고 혈을 머금고 있는 간이 제 기능을 제대로 하지 못한다. 그러므로 오직 火로서 간과 심장을 따뜻이 하고 심장을 보양해야 건강을 유지할 수 있다. 그럼에도 어릴 때부터 甲辰 대운을 만났으므로 甲木이 비록 水를 흡수해 火를 생한다 해도 지나치게 허약하고 地支에서 辰土가 생년의 申金과 생시의 子水가 삼합해 모두 水로 변하므로 신장과 방광이 마치 강물같고, 심장은 꺼지기 직전의 등불 같으며, 간은 물속에 잠긴 나뭇가지와 같다. 따라서 혈액이 신장과 간 등 오장육부에 미세하게 공급되므로 운신하기조차 어렵다. 특히 넘치는 水氣로 인해 신부전증으로 생명조차 위험하였다.

■처방

먼저 火土에 속하는 것으로 과다한 水氣를 따뜻하게 하고 또 걷어내게 해야 한다. 그러면 간과 심장이 살아나고 신장의 水氣가 빠져 예방과 치료가 가능해질 수 있다.

15) 水 신장이 허약한 정자 부족과 청각장애(男 82년생)

年 : 壬戌　　　　대　운
月 : 壬寅　　癸 甲 乙 丙 丁
日 : 癸未　　卯 辰 巳 午 未
時 : 乙卯　　 2 12 22 32 42

■풀이

생년과 월의 壬水가 지지에 뿌리가 없이 戌土와 寅木에 흡수당하므로 신장과 방광이 선천적으로 허약하다. 생년은 日干에 큰 영향이 없으나 월·일·시는 크게 영향을 미치므로 허약해서는 안 된다. 허약하면 대운에서 보충해주지 않으면 그에 해당하는 질병을 앓게 되는 것이다. 따라서 이 공식이 바로 그러한데 壬水가 뿌리가 없으므로 金水 운을 만나야 하겠지만 地支가 木과 土로 구성되어있기 때문에 火土를 만나야 金水가 충해와 陰陽과 오장이 조화를 얻어 건강해진다. 그러나 金은 木과 충돌하고 水는 木과 土에 흡수당해 신장과 폐가 함께 허약해져 그에 상응하는 질병을 앓게 된다.

따라서 이 공식은 癸卯 대운 2세부터 水木을 만나므로 신장이 매우 쇠약해져 정자가 부족해질 수밖에 없으며 그로인해 성장도 늦다. 또 무엇보다도 신장 허약으로 인한 청각장애가 큰 불행이다.

■처방

金水에 속하는 식품과 茶는 물론 한약으로 陰氣를 보양해 신장과 폐를 건강하게 하면 치료될 가능성이 있다. 허준 선생께서 『동의보감』에서 말하기를 "귀는 신장의 구멍이다. 신장이 조화롭지 못하면 귀로 들을 수 없다. 이때는 신장을 보해 귓구멍을 열어야 한다"라고 하였다. 그리고 처방하기를, 자석 3냥을 불에 태워 수비하고, 총백 목통 각 3냥을 달여서 하룻밤을 지낸 뒤 천궁 백출 천초 황기 각 1냥, 옥계 6전 반, 숙지황 2냥, 석장포 1냥 반을 가루내 양¥의 콩팥 2개를 술에 충분히 달인 것과 합해 오동나무 씨 크기로 환을 지어 한 번에 50알씩 복용하면 낫는다고 하였다.

16) 水 신장과 金 폐가 허냉한 광신적 종교인(女 77년생)

年 : 丁巳   대 운

月 : 辛亥   壬 癸 甲 乙 丙

日 : 辛丑   子 丑 寅 卯 辰

時 : 甲午   9 19 29 39 49

■풀이

생년의 巳火 소장은 생월의 亥水 방광의 기운이 충하고, 天干 丁火 심장은 생일 地支 丑土에 뿌리내린 생월 天干 辛金의 기운을 이기지 못한다. 그리고 생시의 午火 심장은 생일의 丑土 비장의 한냉한 기운 때문에 허약하다. 특히 자기 자신인 생일 天干 辛金이 地支 丑土에만 뿌리가 있고, 생월의 辛金이 돕는다 하나 생년의 丁火와 생시의 甲木 사이에서 그 힘이 미약하다. 이처럼 자기 자신인 日干이 허약한 데다 火 심장마저 허약하면 정신적으로 강하지 못하고 의타심 때문에 타인에게 잘 속는 속성이 있다.

따라서 土가 日干을 생해 자기 자신을 강하게 해주는 한편 한냉한 水를 극해주므로 가장 좋다. 金은 약한 日干을 돕지만 水를 생하므로 운명은 좋아질지라도 火가 더욱 허약해져 심장계통의 질환을 앓는 것이 흠이 된다. 그러나 水는 日干과 폐·심장을 함께 허약하게 하므로 가장 좋지 않다. 木火는 간과 심장을 건강하게는 하지만 日干을 약하게 하고 폐가 허냉하므로 의지가 결핍돼 뚜렷한 주관을 가지고 생활할 수 없는 결점이 있다.

그러므로 壬子 대운 9~18세까지 子水가 午火를 극해 심장 허약에 의한 저혈압증세와 원인을 알 수 없는 아픔으로 늘 병약할 수밖에 없었다. 그리고 癸丑 대운에 이르러서는 가장 한냉한 丑土가 日干을 생해주지만 심장의 火氣를 흡수하므로 무속 기운과 자궁 냉증이 더욱 심하였다. 그런데, 사람은 자신이 타고난 인연을 반드시 따라가기 마련이다. 무속기운이 많은 이 사람은 대학에 다니면서 어느 종교단체에 현혹돼 그만 광신자가 되고 말았다. 학교에 다닐 때는 용돈을 모아 모두 그곳에 바치고, 졸업 후 고등학교 교사가 된 뒤로는 아예 월급 모두를 바치고도 모자란다며 빚을 얻어 신에게 바치기까지 하였다. 이정도이면 종교에 귀의한 사람이라기보다 정신질환을 앓는 수준이라 할 수 있다.

■처방

木火에 속하는 한약을 복용해 간과 심장을 건강하게 하는 한편 土金에 속하는 식품과 茶로서 폐와 비장을 도우며, 水에 속하는 것은 최소한으로 줄여야 한다.

17) 水 신장이 강한 잡병(男 57년생)

年 : 丁酉　　　　대　운
月 : 壬子　　辛 庚 己 戊 丁 丙
日 : 壬午　　亥 戌 酉 申 未 午
時 : 甲辰　　10 20 30 40 50 60

■풀이

　생시의 乙巳는 오전 8시 59분에 태어났기 때문에 甲辰과 경계점이 된다. 이런 경우는 甲辰의 기운이 아직 남아있고, 동시에 乙巳의 기운이 들어와 있는 것으로 판단한다. 즉 습한 辰土에 巳火가 들어와 水가 완전히 증발되지 않고 더워져있는 상태인 것이다.

　그러므로 생월의 子水가 생일의 午火를 극하지만 火氣가 사멸되지 않은 것이다. 따라서 이 공식은 水氣가 태과해 신장이 강한 반면에 심장이 매우 허약하므로 木火土 운을 만나야 건강과 생활이 윤택해진다. 이에 대운을 비교해보면, 庚戌 대운 20~29세까지 건강하고 운세도 대단히 좋았다. 그러나 己酉 대운 30세부터 戊申 대운 49세까지 하던 사업도 망하고 건강도 매우 좋지 않았다. 특히 심장 허약으로 인한 손발 저림이 심하고 불면증에 시달렸으며 발에 허열이 나서 견디지 못할 정도였다.

　그런데, 발에 나는 후끈대는 열이 허열인지도 모르고 의사의 말만 듣고 매일 밤 찬 물에 발을 오래도록 담구고 있다가 열이 식으면 잠자리에 들기를 반복하였다. 그러나 발은 시원해졌으나 잠이 오지 않아 거의 매일 동이 틀 때즈음에야 간신히 잠을 잘 수가 있었다.

　이렇게 허열이나 발이 후끈거리면 절대로 찬 물에 발을 넣어서는 안 된다. 따끈한 물에 담구고 10분 정도만 있으면 열이 저절로 사라지고 火

氣가 아래로 내려와 혈액이 유통된다.

■ 처방

매일 따끈한 물에 족욕을 하고 木火에 속하는 식품과 茶를 꾸준히 섭취해도 예방과 치료가 된다.

18) 水 신장의 氣가 정체된 맹장염과 뇌수술(男 37년생)

年 : 丁丑　　　　대　운
月 : 甲辰　　癸 壬 辛 庚 己 戊 丁
日 : 丙戌　　卯 寅 丑 子 亥 戌 酉
時 : 庚寅　　8 18 28 38 48 58 68

■ 풀이

생년의 丁火가 생월의 甲木의 생을 받지만 地支에 뿌리가 없어서 허약하다. 게다가 생일의 戌土가 생월의 辰土와 충하므로 戌 중의 丁火 심장 기능이 대단히 좋지 않다. 따라서 생시의 寅木이 火를 생하는 것이 그나마 다행이다. 그리고 생시 天干 庚金 대장은 생일의 戌土에 약하나마 뿌리를 두지만 辰戌이 충하므로 뿌리가 불안한 상태여서 건강하지 못하다.

그리고 木火 운을 맞이해야 건강을 유지할 수 있다. 丑辰戌 3개의 土가 허약한 丙火 日干의 기운을 빼앗아가므로 木이 土를 억제해서 火를 생해주면 대장만 조금 허약할 뿐 자연히 건강이 유지된다. 그리고 火 역시 심장을 도우므로 건강하다.

따라서 癸卯 대운 8세부터 壬寅 대운 27세까지는 木이 주관하므로 일생 중 가장 건강한 시기를 보낼 수 있었다. 그러나 辛丑 대운 28세부터 己亥 대운 57세까지 수가 주관하므로 속이 냉해 설사 변비 빈혈 두통 등 여러 가지 잔 질병을 앓을 수밖에 없었다.

하지만 戊戌 대운은 잔 질병 이상의 위험한 질병을 앓게 되었다. 공식에서 辰戌이 충하고 있는데 다시 대운의 戌土가 충하므로 辰 중의 癸水가 마르고 火氣가 허약해지며 위장도 나빠지기 때문이다. 또 뿌리가 미약한 생시의 庚金 대장의 기운이 심하게 흔들린다. 이렇게 되면 심장과 소장이 마르고 건조해지고 오직 생년의 丑土 비장이 머금고 있는 水氣가 흐르지 못한다. 그러므로 소장과 대장이 맞닿은 맹장에 습기가 부족해 염증이 생겨서 부득이 수술을 할 수밖에 없었다. 세월 운도 丁丑년(1997년)이었다.

그리고 같은 대운 甲申년(2004년)에는 申金 대장의 기운이 생시의 寅木 담을 극하자 이번에는 뇌에 이상이 와서 수술을 하였다. 辰戌 충으로 심장의 혈을 운반하는 氣가 헝클어진데다 寅木이 火를 생하지 못하므로 뇌에 혈이 제대로 공급되지 않아서였다. 뇌에 혈이 부족하므로 뇌에 산소가 부족하고 또 뇌혈관에 혈이 응고되었던 것이다. 이럴 때는 심한 어지러움증과 구토증세가 나타나는데 즉시 뇌혈관에 응고된 피를 수술로 제거하지 않으면 바로 죽을 수 있다.

■처방

木火에 속하는 식품과 茶를 평생 상복하면서 호흡수련을 계속하면 예방이 가능하다. 그리고 매일 머리카락을 열손가락으로 한 움큼씩 잡고 두피가 아프도록 당겨주어도 뇌에 혈이 막히지 않아서 뇌에 관계되는 질병을 상당히 예방할 수 있다.

19) 水 신장이 허약한 치매와 뇌졸중(女 27년생)

年 : 丁卯　　　　　대　운
月 : 丁未　　戊 己 庚 辛 壬 癸 甲 乙
日 : 乙卯　　辛 酉 戌 亥 子 丑 寅 卯
時 : 甲申　　 6 16 26 36 46 56 66 76

■풀이

생년월의 丁火 심장의 뿌리가 분명한데 생일의 卯木 간이 未土와 합하므로 간 기능이 매우 강하다. 그러나 생시의 申金 대장은 木氣에 억제돼 매우 허약하다. 따라서 申金이 水를 넉넉하게 생할 수 없어서 신장역시 허약하다.

이런 공식은 본래 火土金 운으로 흐르는 것이 운명과 건강이 함께 좋아진다. 火가 水를 충해 오고 土는 습한 土를 끌어오며 金은 水를 생해주기 때문이다. 그러나 생시에 申金이 있기 때문에 木火 운은 폐와 장이약해져 그에 상응하는 질병을 앓게 된다. 또 木이 너무 강성하므로 水木운은 가난을 면할 수 없다. 다만 水는 허약한 신장을 돕기 때문에 건강은 좋아진다. 따라서 戊申 대운 6세부터 己酉 庚戌 대운까지는 건강과생활이 넉넉해 남부러울 것이 없었다. 辛亥 대운 36세부터 癸丑 대운 65세까지는 水가 주관하므로 건강은 좋아도 생활은 어려워지는데, 문제는甲寅 대운 66세 이후에 있다.

寅木이 생시의 申金을 충하므로 申金 대장이 병들고 동시에 水氣가절대로 부족한 신장이 제 기능을 하지 못하게 되는 것이다. 이렇게 신장이 水氣가 부족하면 처음에는 심한 건망증이 오고 다음에는 치매를 앓게 된다. 水가 지혜를 주관하기 때문에 水 부족은 사고력이 없어지는 것과 같은 것이다. 그리고 水氣가 부족하면 火氣가 머리로 솟아오르므로 고혈압 중세가 나타나고 뇌혈관에 문제가 발생해 뇌졸중, 뇌암 등을 앓게 된다. 따라서 庚辰년(2000년 74세)에 치매를 앓고 甲申년(2004년 78세)에는 대운과 세월 운 寅申이 또 충하면서 뇌졸중으로 쓰러졌던 것이다. 乙酉년은 卯酉가 또 충하므로 간과 폐·대장과 담·신장과 심장의 기운이 서로 싸우므로 생명을 유지하기 어렵다.

■처방

金水에 속하는 식품과 茶를 꾸준히 섭취하면서 머리빗으로 매일 빗질을 하되 두피를 긁어주면서 빗으면 치매와 뇌졸중을 예방할 수 있다.

20) 水 신장이 허약한 심장병(男 61년생)

```
年 : 辛丑        대    운
月 : 戊戌    丁  丙  乙  甲  癸  壬
日 : 己卯    酉  申  未  午  巳  辰
時 : 辛未     2  12  22  32  42  52
```

■풀이

생년의 辛金 폐는 地支 丑土에 뿌리를 두지만 생시의 辛金은 뿌리가 없다. 그런데 생일의 卯木이 생월의 戌土와 합해 火로 변하므로 地支가 모두 火土가 지배하고 있다. 따라서 火土로 상생해서 종從하는 것이 좋다. 그러면 地支는 상대적인 오행을 충해오고 天干은 합해와 오장의 陰陽이 조화를 이루어 건강해진다. 또 金水木 운을 맞이하면 건강과 생활이 다 좋아진다. 그러므로 丁酉 대운 2세부터 丙申 대운 21세까지는 매우 건강하였다. 그런데 乙未 대운22세부터는 비록 土가 주관하지만 심장에 이상이 오게 된다. 생년에 丑土가 있기 때문에 未土가 丑土를 충해 오지 못하고 오히려 상충하므로 신장이 매우 쇠약해질 수밖에 없는 것이다. 또 未戌 자체가 丁火 심장을 깊이 내장하고 있기 때문에 심장이 건조하고 열이 많아서 혈을 충분히 생하지 못하고 혈액을 순환시키지 못하기 때문이다. 따라서 이때 심장병을 앓고 수술하였는데 막힌 심장 혈관을 뚫는 수술이었다. 甲午 대운 이후는 火가 주관하므로 건강하지만 金水에 속하는 식품과 차를 꾸준히 섭취해야 재발을 방지할 수 있다.

■처방

金水木에 속하는 식품과 차를 골고루 섞어 꾸준히 섭취하되 가끔 화에 속하는 것도 섭취하면서 호흡수련으로 심장혈관을 확장하면 예방이 가능하다.

16. 3초부(3焦腑 火)

3초는 火에 속하고 장기臟器가 없으나 동양의학에서는 장부臟腑의 하나로 본다.

3초에는 상초上焦 · 중초中焦 · 하초下焦가 있는데, 『내경內徑』 영추靈樞에서, '상초는 안개와 같고, 중초는 거품과 같으며, 하초는 하수도와 같다' 라고 하였다. 상초에서 陽氣가 나와 피부 구멍을 따뜻하게 하므로 안개와 같고, 중초는 수곡收穀의 맛을 변화시켜 그 미세한 정기精氣가 폐맥肺脈에 흘러들어가 피가 되게 하므로 거품과 같고, 하초는 오줌과

똥을 순조롭게 통하게 하므로 하수도와 같다라고 하였다.

상초는 심장 아래, 위胃 위에 있고, 중초는 위胃 아래 대장 위에 있으며, 하초는 배꼽아래 방광 위에 있다. 상초의 병증은 아랫배가 단단하고 소변이 보기 어려우며 숨이 차고, 중초의 병증은 아랫배가 더부룩해 소화불량으로 괴로우며, 하초의 병증은 대소변이 잘 통하지 않아서 붓는다.

■ 처방

첫째, 삼초는 고린내, 탄내, 고소한내가 좋다. 그리고 약초로는 황기(보익), 익지인, 참기름(열독 제거), 참외(막힌 氣 소통), 인삼(상초 보익), 개고기(하초 보익), 연뿌리(하초 보익)가 좋다.

둘째, 3초가 허약해 대소변이 어려울 때

지각 2냥, 진피 1냥, 빈랑 5전, 목향 2전 반을 가루내, 흑견우자 3냥 반(2냥은 생 것으로, 1냥은 반은 볶아 익혀서 가루 냄)을 한 첩으로 오동나무씨 크기로 환을 지어서 하루 3회 생강탕으로 30~50환을 복용한다.

셋째, 3초를 건강하게 해 장腸을 부드럽게 하고 대소변을 원활히 할 때

반하국, 현자 껍질을 벗긴 욱이인을 가루낸 것 각 2냥, 목향 빈랑 지각 행인 청피 각 1냥을 가루내 흰 미음에 담가 볶아서 찌꺼기는 걸러낸 기름을 한 첩으로 꿀에 환을 지어 하루 3회 30~50환을 복용한다.

❀ 기타 질병에 좋은 藥차

구릿대 : 통풍, 치통, 옴과 버짐, 종기고름을 빨아낸다.

꼭두서니 : 통풍, 신경통, 하혈, 신장, 방광, 결석, 생리불순, 각종 염증, 황달, 만성기관지염, 관절염

딱총나무 : 관절통, 통풍, 무좀, 소변불통, 만성신장염, 신경쇠약, 입냄새, 산후빈혈, 황달

물푸레나무 : 위장을 건강하게 한다. 류마티스, 결막염, 눈병, 천식, 기관지염

형개 : 중풍, 해수, 두통, 한열寒熱, 혈액순환촉진, 토혈과 코피 진정, 장자궁출혈, 두드러기

청피 : 고혈압과 동맥경화 예방, 심장병과 뇌졸중 예방(단 많이 먹으면 복통 설사를 할 수 있다)

시호 : 해열, 감기, 해독, 소염, 월경통, 기력보강

두충 : 임산부 유산 예방, 고혈압, 팔다리 무력감 해소, 간·담 기능 회복, 노화방지

지치 : 간 기능 회복, 중금속 농약 알콜 중독 해소, 화상, 동상, 습진

물봉선화 : 위궤양, 해독작용, 타박상, 난산일 때 씨를 가루내 물에 마시면 순산한다.

삼 : 월경과다, 건망증, 당뇨, 대장을 건강하게 한다(단 장복하면 마비증세가 올 수 있다.)

하늘타리 : 변비, 해수, 천식, 협심증, 해열, 종양통증, 호흡기질환, 어린아이 피부병

일엽초 : 이뇨작용, 대장염, 신장염, 기침, 가래, 부종, 경풍, 임질

차조기 : 위염, 기관지염, 식중독, 입안이 부르텄을 때

관중 : 자궁수축작용, 해독, 해열, 혈관수축작용이 있다(심장 허약자는 주의)

봉선화 : 대하증, 해독 독사에 물렸을 때, 타박상 관절, 무좀, 습진, 편도선염, 타박상

석위 : 대하증, 이뇨작용, 폐경, 지혈, 요도결석, 신장염

바위손 : 월경불순, 월경통, 불임, 하혈, 빈혈, 각종 암

우단일엽초 : 축농증, 냉대하, 기관지염, 기미, 폐렴, 위암, 이뇨작용, 기침, 가래

9장
운명과 개조론

9장 운명과 개조론

　운運은 돌아간다는 뜻이고 명命은 하늘의 뜻이라 풀이된다. 하늘의 뜻에 의해 부귀하다가도 빈천해지고 빈천하다가도 부귀해지며, 태어났으면 죽고 죽었으면 다시 태어나므로 현재의 자신은 영원하지 않고 돌고 도는 것이 인과의 법칙이므로 운명이라 한다.
　그러기에 대를 이은 영원한 부자가 없고 가난뱅이도 없으며 영원한 제왕도 없고 천한 신분도 없다. 부자가 가난해지고 가난뱅이가 부자가 되며, 왕족도 천한 신분이 되고 천한 신분이 귀족이 되기도 한다. 이와 같이 돌고 도는 운명은 자신이 잉태시킨 원인의 결과로서 당연한 응보이다. 만약 현세에서 저지른 행위에 대해 응보의 순리가 없다면 모든 인간의 부귀빈천이 차별 없이 평등해야 할 것이다.
　서구 기독교주의자들이 "인간은 神 앞에서 평등하다"라고 주장하였으나 고대 원시시대 신상神像 앞에서도 강자와 약자, 귀족과 노예, 그리고 지배자와 피지배자의 신분이 뚜렷하였던 것으로 보아 불평등을 극복할 수 없는 인간의 한계를 神이란 초월적 존재를 내세워 궁극적인 평등의 이상향을 추구한 나머지 고심 끝에 내놓은 말이라 생각된다.

神 앞에서 평등하다는 말이 진리처럼 굳어져 있으나 불평등이 엄연한 현실인 이상 그 원인을 동양사상의 시각에서 재조명할 필요가 있다. 물론, '죽음 이후의 영혼이 神 앞에서 평등한 것이다' 라고 생각되지만 알 수 없으므로 달리 할 말은 없다. 하지만 과연 神이 인간을 만들어내었다면, 그리고 그 자식으로서 특별히 선택해 편애하지 않고 사랑한다면 마땅히 육신을 가진 그대로 모두를 평등하게 함이 옳을 것이다.

생활이 곤궁해 배를 굶고 있을 때 먹을 것을 훔치지 않을 자가 없을 것이며, 가장 가까운 이가 죽임을 당할 때 복수를 하지 않을 자가 없을 것이다. 이렇게 불평등하게 원인을 제공하고 다시 그 영혼을 평등하게 심판한다면 그것이 더 불평등한 神이 아닐 수 없지 않은가?

따라서 불평등의 원인을 인과응보에서 찾아야 한다. 즉 그 인과의 응보가 바로 운명이며, 운명은 결국 神의 초월적 조화가 아닌 자기 자신이 지어서 스스로 짊어지는 멍에라 할 수 있다. 응보의 멍에를 지우는 자는 다름 아닌 천지에 가득하고 쉼 없이 움직이며 만물을 태어나게 하고 길러주며 또 거두어 가는 氣運인 것이다. 그러기에 때맞추어 하필 그 때 그 시간에 태어나 체질과 운명이 정해지고, 그 기운에 의해서 부귀빈천 내지 생로병사가 전개된다.

그러면 그 때 그 시간에 태어나게 하는 자는 또 누구인가? 神이 그런 식으로 심판을 하는 것인가? 아니면 부모인가? 神이 그렇게한다면 천국과 지옥이 하늘에 있는 것이 아니라 지상에 있는 것이며, 부모는 열 자식 중 하나라도 잘못되기를 원하지 않으므로 해당되지 않는다. 이에 대해 대각자 붓다는 모든 것은 '인연법' 이라 하였다. 마치 같은 뿌리에서 태어난 민들레 꽃술이 바람에 날려가 양지바른 좋은 땅에 떨어지기도 하고, 황폐한 자갈밭이나 가시덤불에 떨어져 아름다운 꽃을 피우기도 하고, 꽃을 피우기도 전에 썩어 죽거나 가냘프게 생명만 간신히 유지하기도 하는 것과 같이 영혼이 자신의 업과 코드가 맞는 인연을 찾아가 잉태되고 그 때 그 시간에 태어나 업에 상응하는 운명의 길을 걷게 된다. 그것이 곧 피할 수 없는 천리天理이며 마땅한 인과인 것이다.

　그러므로 명리命理를 '하늘의 뜻' 또는 '하늘의 뜻을 가르치는 것' 이라 하였거니와 하늘의 뜻을 시행하는 실체가 바로 천지기운이며, 인간 자신이 그 때 그 시간 천지기운의 흐름을 찾아가서 그 기운을 뒤집어쓰고 잉태되고 태어나 스스로 운명의 멍에를 짊어지는 것이니 행복과 불행 기쁨과 슬픔 등 일체 인간사가 '내 탓' 이라 하는 것이다.

　그렇다면 그렇게 스스로 짊어진 운명의 멍에는 영원히 풀 수 없는 족쇄와 같은 것일까?

　이에 대해 결코 아니라고 단정해 말할 수 있다. 운명은 마음 작용에 의해 전개된다. 슬프고 괴로우면 슬프고 괴로운대로 그에 상응해 인체가 병들고, 운명 역시 그와 같이 전개되며, 절망하면 절망하는대로 희망을 잃지 않으면 희망을 잃지 않는대로 그에 상응해 운명은 찾아오기 마련이다. 마음은 의식意識의 열매이고, 의식은 업의 꽃이며, 업은 그 모든 것의 뿌리가 된다.

　따라서 운명은 스스로 지은 매듭이기에 결자해지結者解之란 말처럼 스스로 풀 수 있는 것이다. 따라서 운명의 원인인 업(業 : karma)을 '의식意識의 옷' 이라고도 하거니와 진실한 의식으로 마음을 낼 때 언제든지 벗어버릴 수 있는 옷처럼 업을 최대한 소멸시켜 정해진 운명의 길을 얼마든지 비껴갈 수 있는 것이다. 그러기에 '의명학 공식' 에서 체질을 알고 질병을 스스로 예방하고 치료도 할 수 있는 법을 터득하였던 것과 다름이 아닌 것이다.

1. 60甲子를 풀이한 인간의 속성

인간은 오행에 의한, 오행의 산물이므로 태어난 그 날의 干支가 자기 자신이 된다.

따라서 이 干支를 풀이해보면 미처 깨우치지 못하고 있는 자신의 속성을 어느 정도 알 수 있다. 태어난 날짜가 자기 자신이 되는 것은 평생 맞이해야 할 천지기운이 하루에 다 있기 때문이다. 아침은 봄이고, 낮은 여름이며, 저녁은 가을이고, 밤은 겨울에 해당되므로 일년이 하루에 다 있다. 그리고 일 년의 기후 변화를 넓히면 정도의 차이는 있어도 10년 100년의 기후와 다르지 않다. 그러므로 태어난 날짜의 干支 하나하나에 자기 자신의 속성이 다 들어있는 것이다. 따라서 60甲子에서 자신의 속성을 알고 나쁜 점은 고쳐서 운명을 개조할 수 있는 거울로 삼아야 한다.

2. 60甲子의 성격과 작용

1) 甲子

甲은 진리가 터져 나오고, 子는 陽氣가 추위와 어둠 속에서 자라나오고 있음을 의미한다. 따라서 교육적이고 학문적인 심성이 있으나 깨달음이 늦고 세운 뜻도 중년 이후에 객지에서 이루어지는 편이다. 성격은 우두머리 기질이 있고, 다재다능하면 예능적인 기질이 많다. 또 재물욕이 강해 혼자 차지하려는 분수 이상의 욕망이 있다. 따라서 이 점을 고치지 않으면 쉽게 뜻을 이루지 못한다.

2) 乙丑

乙은 겨울 추위를 뚫고 나온 새싹이고 丑은 다 자란 陽氣를 머금고 있는 매우 냉한 土이다. 외부 충격에 약하고 풀잎이 바람에 흔들리듯 여리고 약하다. 그러나 어떤 시련에도 굴하지 않는 의지력으로 높은 이상을 향해 나아가 성공을 거둔다. 다만 냉한 丑의 기질 때문에 베풀기를 좋아해도 인덕이 없고, 성공하기까지 많은 시련이 따르며 신경이 날카로워서 사소한 일에 고민하고 소심하다. 또 늘 따뜻한 정을 원하고 이성에 쉽게 흔들리는 결점이 있다. 그리고 감상적이고 인정에 약해 잘 속고 눈물이 많다.

3) 丙寅

丙은 활활 타오르는 불같고 寅은 추위 속을 강력한 힘으로 껍질을 터뜨리는 陽氣가 내재돼 있다. 그릇된 것을 밝히려는 마음이 있으나 급하고 저돌적인 기질 때문에 쉽지가 않다. 그리고 위풍이 당당하고 솔직 담백해 비밀을 감추어두지 않으며, 처세가 능수능란해 타인과 잘 다투지 않는다. 다만 시작은 철저해도 불같은 기질 때문에 실패하기 쉽고 재물을 모으는데 어려움이 많다. 장점은 가정을 소중히 여기고, 낭비하지 않으며, 이성 때문에 타락하지 않는다.

4) 丁卯

丁은 은은한 불빛이고, 卯는 한참 자라나고 있는 싹이어서 꺼지지 않는 불씨처럼 뜨거운 욕망을 불태우며 위만 보면서 타인보다 앞서 가고 싶어 급하고 초조하며 바쁘게 행동한다. 그리고 인정이 많고 눈치도 빨라 성공이 빠른 반면 의지가 약해 지속성이 부족하다. 성격적으로 이상적인 세계를 늘 동경하고 이성을 그리워해 색난을 일으킬 수 있다. 또 과욕과 질투심 오기 때문에 크게 실패할 수 있다. 깨끗하고 부드러운 용모와 말과 행동 그리고 온유하고 총명한 두뇌의 소유자이므로 분수를 지키면 크게 성공한다.

5) 戊辰

戊는 만물을 무성하게도 하지만 수장收藏하고, 辰은 물을 잔뜩 머금은 土로서 생명을 길러주고 무럭무럭 자라게 한다. 부지런하고 정직한 반면에 욕심과 욕망이 지나쳐서 시련을 겪게 된다. 호방해보이지만 내심은 소심하고 색을 탐하는 기질이 있다. 그리고 부부 애정이 결핍돼 두 번 혼인할 수 있으며 배우자와 사별할 수도 있다. 또 지체 부자유와 같은 마음에 걸리는 자식 하나를 두거나 유산 등으로 잃을 수 있다. 욕심과 욕망을 줄이고 공덕을 쌓아야 여러 가지 시련을 겪지 않는다.

6) 己巳

己는 戊의 질로서 만물의 형상을 단단하게 하고, 巳는 뜨거운 열기로 부지런히 자라나게 한다. 소극적이면서 한 가지 특출한 재능이 있고, 자존심이 강해 타인의 간섭을 싫어한다. 그리고 다정다감하면서도 불쑥불쑥 성질을 잘 내지만 감성은 풍부해 문학적이고 종교적인 심성이 있으며, 기술에도 능한 면을 보인다. 물질적인 것보다 정신적인 것이 좋다.

7) 庚午

庚은 만물의 골격이니 달구어서 여러 가지 모양을 만들어내고, 午는 陰陽의 분기점이다. 무슨 일이든 능수능란하며 경우가 밝고, 모성애처럼 자애로운 마음이 있다. 그러나 불로소득을 꿈꾸고 결단성과 침착성이 결여돼 경솔한 면이 있어서 행운을 놓치기 쉽다. 또 주색을 탐하거나 놀기를 좋아하는 심성을 배재할 수 없음을 유념해야 한다.

8) 辛未

辛은 날카롭고 싸늘하며, 未는 陰氣가 가득차있지만 과일을 익어가게 하는 뜨거운 열기를 의미한다. 늘 몸과 마음이 바쁘게 움직이고 정열적이면서도 타인과 친하지 못하는 결점이 있다. 그리고 어떤 일이건 막무가내로 밀고나가는 고집이 있으나 불안과 초조감에서 벗어나지 못해 이를 도피할 마음에 엉뚱한 일을 저지르고 실패할 수 있다. 또 매우 겸손하고 인정스러우면서도 한순간에 냉정해지는 변덕이 있고, 누군가 원망하는 마음 때문에 괴로워하고, 오기와 증오심이 심해 폭력을 행사할 수도 있으므로 수행심이 필요하다.

9) 壬申

壬은 큰 강에 흐르는 물이며, 申은 익은 열매와 같다. 물처럼 유유히 흐르는 지혜와 모사에 능하고 노련한 수완이 돋보인다. 예능에 재능을 보이는데, 목소리가 맑고 힘이 있어 연예인이나 아나운서에 잘 맞는다. 특히 학문에 대한 열정도 있고, 다방면에 풍부한 지식을 갖추어 존경받는 사회인이 될 수 있다. 다만 모사를 꾸미거나, 변덕 그리고 너무 가정을 등한시하면 좋은 재능을 펼치지 못하고 불행해진다.

10) 癸酉

癸는 맑은 시냇물이며, 酉는 이별의 기운이 있다. 풍부한 지식과 경험으로 이상을 성취하는 비상한 두뇌의 소유자이다. 감수성이 예민하고 예술적 재능이 있으며 한 번 보면 무엇이든지 재현해내는 손재주가 있다. 그러나 마음은 산중을 동경하면서도 세속적인 욕망이 강하고, 색으로 인한 번민이 많다. 또 이해타산에 따라서 사람을 사귀거나 정당하지 못한 유혹에 빠질 수 있다. 늘 공부하고 수행하는 자세로 살아야 한다.

11) 甲戌

甲은 陽氣가 껍질을 터뜨리고, 戌은 주검을 무덤 속으로 끌고 가는 기질이다. 넘치는 의욕과 자유분방한 성격에 개척정신이 뛰어나다. 하지만 한곳에 집중을 못하고, 사려가 깊으면서도 말에 가시가 있고 경솔한 결점이 있다. 그리고 태어남과 주검이란 상반된 기질이 용맹성과 비감한 감성을 동시에 나타낸다. 또 주체성이 없고 의타심이 있어서 불의와 타협하며 유혹에 빠지기 쉽다. 그러나 우수한 두뇌와 재능이 있고, 판단력도 탁월하므로 결점만 고치면 크게 성공한다.

12) 乙亥

乙은 새싹이 자라남이고, 亥는 만물을 길러준다. 착하고 부드러우나 꺾이지 않는 굳센 기질이 있다. 철학과 종교에 깊은 지식을 가지고 진리를 설파해 세상을 구원하고 싶은 심성이 있다. 그러나 싫증이 빠르고 방랑기가 있으며 자칫 악의 유혹에 빠질 수 있다. 또 성격이 거만하고, 애정과 인정이 모자라서 인덕이 없는 결점이 있다. 그러므로 어질고 온화하며 겸손한 천성을 지키면서 덕을 베풀면 명민한 두뇌와 사물을 꿰뚫는 지혜와 청렴한 성품으로 만세에 이름을 남길 수 있다.

13) 丙子

丙은 어두운 곳을 밝히며, 활짝 핀 꽃에도 비유된다. 子는 쥐의 속성처럼 현실적인 이익에 집착한다. 이상이 화려하고 창조력과 언변이 뛰어나며 의욕이 넘치고 욕심이 많아서 가정보다 밖에 일을 중하게 여긴다. 또 심신이 불안정해 심적 변화가 잦으며, 기세가 등등한 열정을 오래 지속하지 못하고 우유부단하며, 작은 것에 인색하면서도 욕심이 많아서 큰 것에는 판단력이 흐려져 실수하기 쉽다. 그러나 결점을 줄이고 어느 하나에 집중하면 대성한다.

14) 丁丑

촛불처럼 은은한 丁이 냉슈한 丑 위에서 불꽃을 피우지 못하므로 내성적이어서 혼자 번민하고 초조해하며 갈등하는 우울한 성격으로 나타난다. 언제 꺼질지 모르는 불빛이므로 때때로 염세적일 수도 있다. 그러나 꺼질 수 없다는 저항 의식이 내면에서 강하게 작용하므로 도전 정신도 동시에 있다. 어두운 마음을 훌훌 털어버리고 낙천적이면 예술적인 소질과 미적 감각이 뛰어나 크게 성공할 수 있다.

15) 戊寅

만물을 무성하게 길러주는 戊가 새 생명을 터뜨리는 寅을 만나 의욕이 넘쳐서 급하고 자만심이 가득한 기질로 나타난다. 어엿한 군자의 풍모가 있으나 신경이 과민하고 소심하면서도 명예욕이 강하고 허영심이 많다. 또 자신을 위장하는 음흉함도 배제할 수 없으며, 남성은 여색을 밝히고 여성은 고집스러워 부부간의 정이 아름답지 못할 수 있다. 따라서 이런 속성을 고치면 부귀를 한꺼번에 쥘 수 있다.

16) 己卯

己는 응집력이 강하고, 卯는 힘차게 자라나는 새싹이어서 천진난만하고 감성이 예민하며 인정이 많은 대신, 이해할 수 없는 고집과 반항심이 있으며 자존심과 자만심이 가득하다. 그리고 활달하고 명랑한 이면에 우울증이 드리워져 있어서 현실을 기피하기도 한다. 또 이성을 그리워하고 성욕을 참지 못하는 경향이 있어서 부부간에 신뢰를 잃을 수 있다. 子나 酉의 氣가 함께 있으면 더욱 분명해진다. 하지만 자신을 잘 다스리면 가문을 빛내고 국가의 동량이 될 수 있다.

17) 庚辰

庚과 辰의 만남은 큰 욕망과 기개가 넘치는 영웅적 기질을 나타낸다. 가득한 자부심과 거만한 태도로 목적을 위해서는 물불을 가리지 않으며, 궤변에 능한 면을 보이기도 한다. 그래서 유려한 문장과 언변 그리고 수완으로 한 시대를 풍미하기도 하지만, 진실하지 못하면 빗줄기를 타고 하늘을 오르던 물고기처럼 자신감을 잃고 마지막 순간에 실패한다는 사실을 유념해야 한다.

18) 辛巳

辛은 쓸쓸한 이별의 기운이고, 巳는 왕성한 생명력이 불꽃처럼 피어오름을 의미한다. 외로워 보이지만 분위기를 잘 이끄는 활달한 면이 있으며, 자신의 희망을 성취하기 위해 일찍 부모 곁을 떠나 자수성가한다. 그러나 성격이 날카롭고 비관적이고, 비판을 잘 하며 신경이 예민하다. 의심이 많고 간교한 지혜로 타인을 모함할 수 있으며, 그 때문에 혼자 괴로워한다. 또 색난을 일으키기도 하므로 부부간은 미운 정이 많을 수 있고, 여성은 자식에 대한 집착이 강한 면을 보이는 경향이 있다. 하지만 늘 넉넉한 마음으로 밝고 낙천적이면 부귀를 누릴 수 있다.

19) 壬午

壬은 陰중에 陽氣를 잉태하고, 午는 陽중에 陰이 밀려든다. 늘 심신이 편하지 않고, 한가롭고 정서적이고 싶어도 번뇌를 억제하지 못한다. 타인에 대한 미움, 사랑을 독차지하고 싶은 욕심, 그리고 허영과 허세, 위선과 의심 등을 한꺼번에 가질 수 있음을 유념해야 한다. 그러나 좋은 두뇌와 뛰어난 경제관이 있고 천성이 정서적이므로 결점을 고치면 대성한다.

20) 癸未

癸는 陰중에 陽氣가 자라나고, 未는 陽氣를 밀어내는 陰氣가 왕성하다. 이렇게 성장의 기운이 상반되게 작용하면 신경이 과민해지고, 한 가지 일에 몰두하는 도인道人의 기질도 있어서 세속을 등지는 사람도 있다. 대개는 물질적 욕망이 강한데, 심술과 변덕, 그리고 잘난 척하는 과시욕과 저항적인 반항심이 마음속에 잠재해 있다. 이런 결점만 고치면 위기에 대처하는 능력이 뛰어나고 언변이 좋으며 정신력도 강해 큰 부를 얻고 명성도 쌓을 수 있다.

21) 甲申

甲은 새 생명을 탄생시키고, 申은 만물을 영글게 한다. 이 두 기운의 만남은 팔방미인이라 할 만큼 다재다능한 능력을 발휘한다. 그러나 열 가지 재주가 있으면 가난하다는 말이 있듯이 어느 하나에 집중하지 못하면 성공을 거두기 어렵다. 또 겉보기는 유식해도 속은 빈 사람이 많으며 분수를 모르는 허욕 때문에 불로소득을 꿈꾸다가 인생을 허비할 수 있다. 더구나 의리와 명분에만 집착하는 반면, 인정과 측은지심이 부족해 타인으로부터 비판의 대상이 될 수도 있음을 유념해야 한다. 따라서 솔직하고 진실하며 타인에게 베풀줄을 알면 다방면에 크게 성공을 거둘 수 있다.

22) 乙酉

乙은 생명의 에너지가 충만하고, 酉는 생을 마감하는 기질이다. 따라서 재주가 많고 치밀하며 언변이 대단하다. 그러나 지조가 없고 신념이 결핍돼 부정한 일에 물들기 쉬워 유혹에 빠질 우려가 있다. 특히 색을 탐닉하고, 작은 이익 때문에 죄를 지을 수도 있다. 마음이 갈대와 같아서 심적 변화가 심해 신뢰를 얻지 못한다. 이런 결점을 고치지 않으면 나중에 일신을 망치고 후회한다. 하지만 신념이 굳고 분수에 맞게 행동하면 부와 명예를 한꺼번에 쥘 수 있다.

23) 丙戌

丙은 태양과 같고, 戌은 그 속에 꺼지지 않는 불씨를 장복하고 있다.

이런 기질은 이해득실을 따지지 않고 즉석에서 해결해야 직성이 풀리는 급한 성미여서 불같이 성을 내고 돌아서면 잊어버리는 단순하고 순수함이 있다. 그러나 때에 따라서는 신중하고 무거운 언행으로 분위기를 압도하기도 하며 고지식하고 의협심도 남다른 면을 보인다. 그러나 얄팍한 재주를 부리기도 하고 무서운 독기를 표출하는 경우도 있다. 이런 결점을 고치면 유복한 삶이 보장돼 있으므로 늘 자신을 반성해야 한다.

24) 丁亥

丁은 성전의 촛불과 같고, 亥는 큰 강물에 비유된다. 조용하고 감성이 깊어 예술적인 면이 있다. 이상을 동경하며, 온순하고 밝은 이면에는 고독한 그림자가 드리워져 있다. 그러나 무엇보다 물 위에 놓인 촛불이라 주체성이 결여돼 남성은 의를 저버리고, 여성은 정조 관념을 쉽게 허물어버릴 수 있다. 이 점 유의하면 고운 피부에 아름다운 용모와 뛰어난 언변이 있어서 귀인이 항상 도와 부귀를 함께 누릴 수 있다.

25) 戊子

戊는 풍요를 주고, 子는 생명의 씨앗을 길러준다. 이 두 기질의 만남은 허영과 과욕을 나타낸다. 그 욕망 때문에 횡재를 꿈꾸고, 가정을 소중하게 여기지 않아서 외롭고, 모성적인 사랑을 원하지만 덕이 없다. 자신을 내세우는 허세와 자만심이 가득해서 타인의 비판을 받기도 한다. 그러나 착한 마음속에는 따뜻한 인정이 있고, 이재에 밝으므로 겸손한 마음으로 분수를 지키면 거부가 될 수 있다.

26) 己丑

丑의 차가운 성질 때문에 따뜻한 인정을 원하는 외로움이 있고, 의타심 때문에 능동적이지 못하고 의심이 많아서 매사에 소극적인 면이 있다. 그리고 조급한 마음과 자신도 모르게 불쑥 솟는 성질 때문에 경거망동하면 실패할 수 있으므로 주의해야 한다. 근면하고 책임감이 투철한 장점이 있어서 활짝 열린 마음을 가지면 성공은 보장돼 있다. 다만 배우자에 대한 남다른 이해와 배려가 필요하다.

27) 庚寅

庚은 만물을 여물게 하고, 寅은 여문 것을 터뜨리므로 용기가 지나치고, 큰 일만 좋아해 실패할 수 있다. 의협심이 대단해 약자를 돕고 강자를 응징하는 기질도 있으나, 이기심과 독선 때문에 진실하지 못한 면이 있으며 출세욕과 재물욕이 너무 강해 타인을 배신할 수 있다. 그리고 아버지를 일찍 여읠 수 있고, 이성과 한 번은 이별한 뒤에 혼인하는 사람이 많다. 어느 한 가지에 매진 못하고 싫증을 빨리 느끼는 결점도 고쳐야 한다. 그러면 남다른 인정과 온화한 성품에다 천부적인 재복이 있어서 크게 성공한다.

28) 辛卯

辛은 늙음이고, 卯는 정(精)이 충만한 젊음이다. 한가로움과 급한 성미가 동시에 있어서 처음은 침착해도 나중에 조급증을 참지 못해 어려운 일을 당하므로 근심 걱정이 떠날 날이 없다. 또 왕성한 성욕을 참지 못해 번민하거나, 주체성 없는 변덕과 예민한 성격으로 인해 불안과 초조를 견디지 못하고 광적일 수 있다. 그러나 순수하고 담백하며 경우가 밝고, 한 번 먹은 마음은 기필코 해내는 집념이 있어서 결점만 고치면 최상의 복을 누릴 수 있다.

29) 壬辰

용이 넓은 바다를 박차고 하늘을 오르는 기상에 비유된다. 따라서 아무리 어려운 일도 헤쳐나가는 지혜가 있고 재주도 있으며, 높이 오르고 싶은 욕망이 대단하다. 그리고 위풍이 있고, 언변에 조화가 있다. 그러나 자만심이 가득하고 자기만이 옳다는 주장이 강하며, 큰 소리로 논쟁하기를 좋아한다. 또 한 번 성내면 오래 마음에 담아 두며, 미우면 냉정하게 결별하기도 한다. 젊은 시절 이성과의 접촉이 많은 단점도 있다. 그런 단점을 고치면 포부가 크고 도량이 넓으며 책임감과 인내심, 그리고 온유한 성품이 바탕에 자리 잡고 있어서 사회의 명사가 될 수 있다.

30) 癸巳

火氣 위에 水氣가 덮고 있다. 정서적으로 안정되어 있지 못하고 초조하고 조급한 성격을 의미한다. 그리고 인색하고 변덕스러우며 호기를 부리다가도 의기가 소침해지며, 불안 불만 의심증 질투 등으로 나타난다. 또 방랑기가 있고 이성을 그리워한다. 그러므로 부부 갈등을 주의해야 한다. 하지만 본래 이해력이 깊고 보수적인 성품이 바탕에 깔려있으며, 부지런하고 기상도 활발해 결점을 고치면 자기 분야에 크게 명성을 떨칠 수 있다.

31) 甲午

甲은 陽氣가 터져 나오고, 午는 陽氣가 다 자란 상태이다. 이런 기질은 창조와 개척정신이 있고, 미래를 향한 이상을 굽히지 않는다. 성격도 활발하고 덕망이 있으며, 정서적이다. 그러나 고지식하면서도 낭비가 심하며, 일마다 끝을 아름답게 맺지 못하므로 가난을 자초할 수가 있다. 또 당당해 보이는 외향과 달리 내성은 급하고 생각이 깊지 못하며 신경질과 폭력적인 언행이 나올 수 있다. 하지만 총명하고 처세가 뛰어나며 선악을 분별할 줄 알기 때문에 결점을 보완하면 자기분야에 타인의 추종을 불허한다.

32) 乙未

乙은 급히 자라고 싶고, 未는 급히 영글고 싶은 기질이 있다. 따라서 실천보다 말이 앞서는 대신 수학적인 두뇌가 뛰어나고 기회가 오면 절대로 놓치지 않는다. 그런가 하면 화려한 이상을 꿈꾸며, 공상에 젖어 허망한 세계 속에 빠져드는 습성이 있다. 또 남의 일로 바쁘고, 이기심과 심술이 있고, 반항적이며 덤벙대는 경향이 있다. 성격을 잘 다스리고 겸손하면 착한 본심을 하늘이 알고 돕는다.

33) 丙申

丙의 타오르는 불길에 金氣 申이 녹는 형국이다. 그러므로 외향은 의연하고 무게가 있으며 예의가 바르다. 그러나 심신이 불안정하고 힘든 일을 견디지 못해 신경이 날카롭다. 또 성욕을 억제하면 신경이 과민해지며, 화려한 것을 좋아한다. 하지만 가정을 소중히 여기고 옳은 것에 순종하며 인정이 많고 자상한데다 총명해 결점을 보완하면 행복을 누릴 수 있다.

34) 丁酉

丁은 모닥불이고, 酉는 낭만적인 가을의 정취가 있다. 섬세하고 예술적인 기교에 능하고, 미적 감각이 풍부하다. 수줍음을 많이 타는 성격으로 천진스럽고 순수하며 자상하고 정이 많다. 그러나 매사에 소극적이고, 여성은 분위기에 매료돼 정조를 잃기 쉽다. 약은 듯해도 귀가 얇아서 잘 속고, 아름답고 고급스러운 것을 좋아해 사치할 수 있다. 또 싫증이 빨라 한 사람을 오래 사귀지 못하며, 색욕이 강해 황홀한 정사를 원하기도 한다. 하지만 하늘이 돕는 재복이 있고, 천성도 착해 결점만 보완하면 최상의 행복을 누릴 수 있다.

35) 戊戌

만물을 무성하게 기르고 수장하는 두 氣의 만남은 욕망과 고독을 동시에 나타낸다. 그래서 고집과 독선 오만불손한 태도를 보이기도 한다. 뿐만 아니라 의심이 많고 남의 일에 간섭을 잘 하는가 하면, 어떤 때는 대범하고 무관심해 보이는 등 양면성이 있다. 그러나 뛰어난 영감력과 귀인의 풍모가 있어서 자신을 잘 다스리면 자기 분야에 최고가 될 수 있다.

36) 己亥

응집력이 강한 己와 물과 어둠의 상징인 亥의 만남은, 소심한 듯 두둑한 배짱이 있고, 배짱이 있는 듯 하면서도 소심해 근심 걱정과 의심이 많다. 비관적이어서 현실을 기피하고 싶은 충동을 느끼기도 하고 자신의 생각만 옳고 타인은 생각지 않는 고집이 있어서 신경질을 부리기도 한다. 그러나 남다른 도덕심과 공명심이 있고 처세도 능수능란하게 잘 하므로 결점을 고치면 반드시 선망의 대상이 될 수 있다.

37) 庚子

金氣 庚이 子水에서 맑고 깨끗하다. 두뇌가 총명하고 자신의 감정을 표현해내는 재능이 탁월하다. 특히 집중력이 뛰어나 예능에 남다른 능력을 보인다. 마음이 담백하고 감상적이며 인정과 동정심도 많다. 재물에 대한 욕심이 많고, 욕심만큼 얻을 수 있는 능력도 있다. 그러나 때때로 얼음처럼 냉정하고 시기와 질투심 때문에 고독하고 괴로워하는 심성이 있다.

38) 辛丑

날카로운 金氣 辛이 丑의 冷氣를 만나서 몸도 마음도 얼어붙었다. 그러기에 따뜻한 인정을 그리워하고, 남의 속마음을 추측해 혼자 의심하고 근심하며 열등의식도 자주 느낀다. 또 비판적이고 불의를 참지 못하며 감정적이고 고집도 세다. 그러나 공명정대하고 성실하므로 밝고 대범하게 이해하면서 살아가면 행복은 저절로 찾아온다.

39) 壬寅

壬은 하늘에서 陽氣를 잉태시키고, 寅은 땅에서 탄생시키니 天地가 상생한다. 난세를 헤쳐 나가는 임기응변에 능하고, 처세술과 언변이 뛰어나다. 경제관념이 비상해 거부가 될 수 있다. 다만 안정감이 없고 변화가 잦으며 진실성이 부족한 결점이 있다. 이 점만 고치면 권력에 굴하지 않는 용기에 착한 마음과 지혜까지 있어서 명성을 크게 떨칠 수 있다.

40) 癸卯

癸에서 자라나는 陽氣가 卯에서 모습을 드러내 생명력이 충만하다.

무한히 뻗어나갈 수 있는 능력의 소유자로서 총명하고 열정적이어서 대중의 인기를 한 몸에 받는다. 결점은 마음이 여리고 의지가 약하며, 언제든 사납게 돌변할 수 있고, 자기주장과 고집이 강하고 반항적이며 성적 욕망 역시 강하다. 그러나 착하고 선량해 정도를 걸으면 타인으로부터 사랑받고 하늘이 도와 명성을 얻는다.

41) 甲辰

甲은 우뚝 서있는 나무와 같고, 辰은 생명의 물을 잔득 머금었다. 우두머리가 될만한 기상이 드높고, 용기와 재치가 있으며 정도 많아서 대범하게 행동하면 존경받는 명사가 된다. 그러나 야망이 분수에 맞지 않게 크고 인색하며 부부 정이 아름답지 못할 수 있다. 또 호언장담이 심하고 횡재를 바라는 투기 심리와 변덕 그리고 자제력이 부족하므로 늘 주의해야 한다.

42) 乙巳

乙은 힘차게 자라나고, 巳는 어두운 곳을 환하게 밝혀준다. 아름다운 용모와 뛰어난 언변 그리고 풍부한 감성에 예술적인 지혜까지 있다. 뿐만 아니라 예의가 바르고 성격이 밝으며 착하고 인정이 많아서 윗사람의 도움을 받아 크게 성공할 수 있다. 다만 자유분방한 기질과 누구를 사랑하지 않으면 미워해야 하고, 남의 부탁을 거절 못하는 여린 마음과 유혹에 넘어가 색에 빠지고, 허영심으로 낭비하는 습관 역시 없지 않은 점을 주의해야 한다.

43) 丙午

天氣와 地氣가 이글대는 태양과 같다. 지칠 줄 모르는 집념과 끈기가 있고, 높고 화려한 이상을 향해 맹렬하게 도전하는 불같은 열정이 있다. 따라서 성공이 빠르지만 그 저돌성 때문에 실패할 확률이 높다. 가슴속에 들끓는 욕망과 횡재를 바라는 욕심에 주색과 도박에 쉽게 빠져들 수도 있음을 유념해야 한다. 남녀 모두 얼굴이 아름답고 타인을 설득하는 능력도 뛰어나므로 결점을 고치면 부귀를 함께 누릴 수 있다.

44) 丁未

丁이 뜨거운 未 위에서 은은한 불꽃을 끊임없이 피워 올린다. 대세에 순응하면서 순리대로 살아가며, 더 높은 이상을 향해 희망을 버리지 않는다. 고지식하고 솔직담백하며 인정도 많고 온순하다. 예술과 문학적인 재능이 있고 손재주도 좋다. 그리고 분별력과 독립심이 강하고 인격적으로 원만하다. 하지만 정서적으로 불안한 면이 있고, 모성적인 사랑을 원하므로 수동적일 수 있다. 받기보다 베풀고 넉넉한 마음으로 한 길로 나아가면 대성한다.

45) 戊申

戊로부터 힘을 받은 申이 그 조화로운 성질로 원숙해진다. 의협심이 있어서 입바른 소리를 잘 하고, 인정이 많고 순수하다. 다만 오만하고 교만한 면이 있으며, 노파심이 많아서 근심 걱정을 사서 하는 습관이 있다. 그러나 활달한 성품에 타인을 즐겁게 하는 유머가 있어서 미움을 받지 않는다. 한 가지 일에 열중하면 거부가 될 수 있다.

46) 己酉

己는 만물을 성숙시키고, 酉는 성숙된 것을 몸체와 분리시킨다. 초월적 세계관과 예술적 아름다움을 동경하고, 철학적이고 문학적인 심성이 있다. 그리고 온유하면서도 위엄과 인정을 두루 갖추었으므로 덕망이 높은 군자로 칭송받을 수 있다. 그러나 우유부단한 면이 있다. 그러므로 선과 악 어느 쪽이든 편의에 따라서 물들 수 있음을 유념해야 한다.

47) 庚戌

庚은 내적으로 충실해지고, 戌은 거두어들인다. 욕망이 대단히 강해 한 번 몰두하면 온 몸을 불태워 정열을 쏟는 기질이 있다. 다만 진실성이 결여되고, 감정이 풍부하나 급하고, 인정이 많아 헌신적이면서도 냉정하며 자존심과 자만심 그리고 허세가 가득한 것이 흠이다. 이 결점을 잘 다스리면 부귀와 명성을 함께 얻을 것이다.

48) 辛亥

辛이 亥에서 맑고 깨끗하다. 비상한 두뇌와 다재다능한 지혜가 있고 예술이나 문학 종교가처럼 자신을 표현하는 능력이 탁월해 어느 하나에 초지일관하면 큰 부를 얻거나 대성한다. 하지만 모사를 꾸미거나, 타인을 무시한다든지 변덕을 부리거나 의심이 지나치면 목적을 달성하지 못한다.

49) 壬子

壬에서 陽氣가 시생始生하고, 子에서 자라난다. 성질이 진취적이고 의욕적이며 팔방미인이라 할 만큼 재주도 다양하므로 거부가 될 수 있다.

그러나 탐욕적이고 정복욕이 강하며 경제적 동물형이 많다. 꾀가 많고 언변술도 교묘하고, 모사에도 능하다. 이것저것 다 하고 싶어 어느 하나에 집중하지 못하는 단점도 있다. 또 남녀 모두 첫 연애나 초혼에 실패할 수 있다. 결점을 바로 잡지 않으면 쓰라린 인생을 경험하게 된다.

50) 癸丑

癸에서 자란 陽氣가 丑의 추위 속에서 만삭이 돼 곧 모습을 드러내려 한다. 추위에서 급히 벗어나려는 陽氣의 몸부림은 뜨거운 욕망과 집념, 그리고 충고를 듣지 않는 고집과 배타적인 성격으로 나타난다. 하지만 이것저것 욕심을 부리지 않고 어느 하나에 집념을 쏟으므로 전문적인 일에서 크게 성공한다. 다만 몸을 크게 상할 우려가 있으므로 수행심이 필요하다.

51) 甲寅

춥고 어두운 곳에서 陽氣를 터뜨린 甲寅은 새로운 세상을 열어가는 개척자에 비유된다. 위풍이 당당한 기상이 있고, 지배욕이 강하며, 용의 꼬리보다 뱀 머리가 되고 싶어한다. 그런 만큼 실속이 없이 낭비하고 시샘도 많아진다. 부모 중 한 분을 일찍 여읠 수 있으며, 밖으로 나돌기를 좋아해 부부연도 멀어질 수 있다. 또 손익계산을 먼저 따져서 사람을 사귀는 나쁜 버릇도 있다. 그러나 결점을 고치면 영웅의 기상으로 거목처럼 대중 앞에 우뚝 선다.

52) 乙卯

꽃샘추위 속을 새싹처럼 잘 자란다. 마음이 여리고 착한 듯해도 늘 새로운 세계를 동경하면서 불굴의 의지로 높은 이상을 향해 나아가 기어코 목적을 달성한다. 그러나 위만 바라보므로 꺾이기 쉽고, 성장의 정精이 충만해 색을 탐할 수 있다. 특히 子의 기질을 함께 타고나면 더욱 분명해져 부부 갈등이 예상된다.

53) 丙辰

타오르는 불꽃 丙이 습기를 머금은 辰위에 있다. 이룰 수 없는 욕망과 자만심에 가득 차 타인을 억압하는 것과 같다. 강자에 약하고 약자에 강한 일면을 보일 수 있고, 지모가 출중해 모사를 부리거나 약점을 감추고 교묘하게 처신할 수 있다. 이런 결점은 혹독한 시련을 주지만, 바르게 처신하면 한평생 재복이 있고 명성을 크게 떨칠 수 있다.

54) 丁巳

陽氣가 가득한 巳와 은근한 불빛인 丁은 꺼질 줄을 모른다. 따뜻한 인정과 바른 예의, 그리고 순수하고 깨끗한 마음이 특징이다. 그리고 부지런하고 수완도 좋아 재력가가 될 수 있다. 그러나 교육 정도에 따라서 간교한 지혜로 이중인격을 보이고, 남의 것을 빼앗는 잔인성도 배제할 수 없다. 또 여성은 정조를 강제로 잃거나, 혼인 후에 의부증이 있을 수 있다.

55) 戊午

陰陽이 교차하는 午는 만물을 굳어지게 하고, 戊는 무성하게 한다. 독불장군 같고 의심도 많으며 이기적 심성으로 나타난다. 공상이 많고 느긋한 외모와 달리 마음이 분주하며 이해할 수 없는 고집과 자존심, 그리고 반항심과 과격한 심성이 있어서 따돌림을 당하기 쉬우므로 주의해야 한다.

56) 己未

己는 만물을 구성한 질이고 未는 陽氣가 시들고 陰氣가 가득하다. 심중에 고독이 서려 있으나 타인에게 봉사하는 정신이 있다. 그러나 습기가 없어서 고지식하고 충고를 무시하는 고집에다 마음에 들지 않으면 가족까지 냉정하게 대하는 비뚤어진 성격이 나타날 수 있다. 이 점만 고치면 자기 분야에서 최고로 인정받고 복된 삶을 누리게 된다.

57) 庚申

天氣와 地氣가 모두 金이라 강하고 굳센 기질이 지나치다. 그런 속성대로 거칠고 오만하며 교만한 성격으로 나타난다. 때에 따라서는 소극적이고 내성적이며 쓸쓸하고 외로운 모습을 보이기도 한다. 따라서 인생을 허송할 수 있고, 또 부모와 부부 인연도 멀어질 수 있음을 유의해야 한다. 그러나 결점을 고치면 능수능란한 재능과 뛰어난 처세에 능한 임기응변으로 부귀를 한꺼번에 움켜쥘 수 있다.

58) 辛酉

辛酉는 의기가 충만하면서도 싸늘한 이별의 기운을 내포하고 있다. 따라서 세상을 한탄하고, 협객의 기질이 있어서 불의를 참지 못하며 시끄러운 것보다 적막함을 좋아하는 고독이 서려있다. 또 타인의 불행을 동정하는 심성 때문에 곧잘 손해를 보지만 덕을 쌓은 인연으로 후에 대성한다. 그러나 한 번 틀어지면 증오심이 대단하고, 번민하면 가슴이 시리도록 괴로워하므로 정도 많고 한도 많다. 또 어떤 때는 신경이 칼날처럼 날카롭고 모사를 꾸미는 음흉함도 드러낼 수 있다. 부부 금슬도 외로울 수 있으므로 주의해야 한다.

59) 壬戌
壬은 도도하게 흐르는 물이고, 戌은 만물을 수장收藏해 따뜻하게 품어준다. 인정이 많으면서 호방하고 솔직 담백한 면을 보인다. 이기적이고 독선적이어서 타인과 화합하지 못하는 결점이 있다. 그리고 희생적이기도 하지만 증오심이 많은 것도 문제가 된다. 이런 점만 고치면 뛰어난 영감력과 언변으로 빠르게 성공할 수 있다.

60) 癸亥
天氣와 地氣가 모두 차디차게 흐르는 물이다. 그리고 陽氣가 잉태돼 자라난다. 따라서 두뇌가 명석하고 겉보기에 조용해도 속은 생각이 많다. 때에 따라서는 급하고 사납게 돌변하며 속전속결해야 직성이 풀린다. 이 때문에 실패하기 쉬운 단점이 있음을 명심해야 한다. 그러면 좌절하지 않는 인내심과 고도로 발달한 영감력과 집중력이 있어서 자기 분야에 독보적인 존재가 된다. 다만 부부 인연이 멀어지는 것을 주의할 필요가 있다.

10장
명리 해설

10장 명리命理 해설

■ 해설의 요체

　명리와 한의학의 이치가 '의명학공식'에 근거하고 있으므로 해제하는 방법이 같다. 그러나 명리를 해제할 때는 자기 자신인 생일 天干(日干)을 위주로 판단해야 한다. 그 외 7가지 干支는 자신에게 영향력을 행사하므로 마치 '나'라는 주체가 의지대로 행동할 수 없도록 간섭하고 제약하는 사회의 구성원들과 같다.

　그러므로 日干은 우선 뿌리가 튼튼해야 사회 속에서의 '나'라는 존재가 타인들로부터 쉽게 굴복하지 않듯 다른 干支들의 간여에 대응할 수 있다. 日干이 허약하면 의지대로 행동할 수 없는 제약이 따르고 너무 강하면 타인과 자기 자신을 해롭게 한다.

　따라서 日干이 허약하면 日干을 생조해주는 대운을 맞이해야 하고, 강하면 그 기운을 설기洩氣하거나 억제하는 대운을 맞이해야 자신이 품은 뜻을 성취할 수 있다. 日干이 약한데 日干의 기운을 빼앗기거나 극한다던지 또는 日干이 강한데 日干을 생조하는 대운을 맞이하면 뜻을 성취할 수 없을 뿐만 아니라 지금까지 쌓아둔 명예와 재물까지 다 잃고 만다.

이에 日干에 이로운 오행을 용신用神, 용신을 돕는 오행을 희신喜神, 日干에 해를 주는 오행을 흉신凶神이란 명칭을 고대로부터 사용해왔는데, 명리 해설의 핵심 용어이다. 용신과 희신, 흉신 외에 흉신을 억제하는 약신藥神, 길하지도 흉하지도 않는 한신閑神, 흉신을 돕는 악신이란 용어도 있으나 용신과 흉신만 분명하게 알면 된다.

그러므로 명리를 해제할 때는 그 첫째가 日干의 강약 여부를 먼저 살펴서 용신과 흉신을 찾아내는 것이 가장 중요하다. 강약 여부를 살필 때는 日干이 뿌리가 있나 없나를 먼저 살핀 다음, 다른 天干 地支를 비교해보고 강약 여부를 판단해야 한다. 뿌리를 볼 때는 먼저 기후 변화가 가장 분명한 생월 地支를 중시한다. 그런 다음에 생일 생시의 地支와 天干을 보아 최종 결론을 내리되 생년은 日干에 미치는 영향력이 다른 干支에 비해 약하다는 점을 참고해야 한다.

둘째는 陰陽이 조화를 이루었는지 살펴야 한다. 이는 인체의 질병을 판단하는데 매우 중요한 잣대가 되었거니와 명리에서도 길흉의 가늠자가 된다. 陽(火氣)과 陰(水氣)이 조화로워야 건강과 삶에 파란이 일어나지 않고 평온한 일생을 보낼 수 있는 것이다.

셋째는 형·충·파·해 등을 보고 그것들이 암시하는 바대로 일상생활에서 뜻하지 않게 신변에 일어날 수 있는 여러 가지 재난, 재앙, 구설 등을 살펴보는 것이다. 사실 형·충·파·해가 있다고 해서 그것들이 암시하는 바대로 다 그리되는 것은 아니므로 이것에 크게 연연할 필요는 없다. 다만 그것들이 많으면 정신적으로 산란하고 잡된 생각에 사로잡힐 수 있으며 사사건건 방해받고 시기와 질투, 시비, 원한 등으로 마음고생을 할 수 있다.

넷째는 신살神殺이란 것이 있는데, 여러 성질의 神들에 의해 길하고 흉한 일을 당한다는 뜻이다. 뜻밖의 일을 당하고 그 원인을 알 수가 없으므로 神의 도움 또는 응징에 의한 것이라 생각한 고대인들의 추측이 신살이라 하였을 가능성이 높다. 따라서 형·충·파·해와 마찬가지로 그런 신살이 있다고 해서 그와 같이 다 그리되는 것은 아니다. 그러므로 참고는 하되 맹신해서는 안 된다. 백호대살, 도화살, 겁살, 귀문살, 원진살 등등 그 수가 매우 많은데 이런 것들을 맹신하다 보면 나무는 보되 숲을 보지 못하는 것과 같고 무속적이어서 학문으로서의 정도를 훼손할 수 있다.

다섯째는 日干이 뿌리가 없고 地支가 같은 오행으로 구성돼있으면 그 오행으로 종從해 한다. 종할 때는 그 오행을 생해주거나 설기泄氣하는 오행을 만나야 한다. 만약 극하는 오행을 만나면 극하는 그 오행이 해를 입고 운명 역시 급속히 쇠퇴한다. 즉 木을 종하는데 土金을 만나면 土가 허물어지고 金이 부러질 것이며, 火를 종하는데 金水를 만나면 金은 녹고 水는 증발할 것이며, 土를 종하는데 水木을 만나면 木은 土에 파묻히고 水는 흡수될 것이며, 金을 종하는데 木火를 만나면 木은 부러지고 火는 어두워질 것이며, 水를 종하는데 火土를 만나면 火는 폭발하고 土는 허물어질 것이다.

여섯째는 대운을 판단할 때 천간은 약 30% 지지는 70% 정도 영향력이 있는 것으로 판단한다. 그리고 대운 10년 중 초기 5년은 天干의 영향력이 크고 후기 5년은 地支의 영향력이 큰 것으로 보는데, 역시 地支는 초기에도 많은 영향력을 행사하는 것으로 본다. 그리고 '의명학 공식' 과 대운의 천간은 地支보다 같은 天干을 생하고 극하는 위력이 강력하고 지지는 天干보다 같은 地支를 생하고 극하는 위력이 강력하다.

일곱째는 뒤에서 설명하게 될 10神이란 것이 있다. 각 자의 타고난 개성과 적성을 일컬음인데 그 해설법은 오직 오행의 강약과 종從하는 논리 속에 있음을 기억하고 있어야 한다. 강약은 오행이 어느 하나에 치우침으로서 해를 입는 것이다. 오행은 반드시 치우침이 없이 마치 균형을 이룬 저울처럼 조화로워야 한다. 이는 동양의 중용中庸사상과 일치하는 천하 만물의 이치이자 진리이다. 그리고 종하는 것은 빈 곳은 반드시 천지기운이 저절로 채워주지만 역류하면 마치 도도하게 흐르는 물을 한줌 흙으로 막고 활활 타오르는 불길에 바가지 물을 끼얹는 것과 같다.

1. 日干을 강약으로 보는 방법

1) 日干이 강한 예문(男 53년생)

年 : 癸巳 　　　대　　운
月 : 癸亥 　　壬 辛 庚 己 戊 丁
日 : 壬申 　　戌 酉 申 未 午 巳
時 : 壬寅 　　6 16 26 36 46 56

■풀이

壬水 日干이 생월의 亥水에 뿌리가 분명한데 생일의 申金에도 뿌리가 있다. 그리고 생년과 생월의 癸水가 생월 地支 亥水에 뿌리를 두고 日干을 돕고 있으므로 日干이 대단히 강한 성정을 가지고 있다. 그러나 생년의 巳火는 생월의 亥水로부터 극을 받아 꺼진 불과 같고, 생시의 寅木은 생일의 申金으로부터 극을 받아 木火가 매우 허약하다. 따라서 火가 용신이고, 木은 용신 火를 돕는 희신이며, 土는 흉신 水를 억제하는 약신이고, 흉신은 金水이다.

이와 같이 용신과 흉신이 정해졌으면 이제 대운을 비교해본다. 壬戌 대운 6~15세까지는 天干에 壬水 흉신이 있으나 地支의 영향력이 크므로 戌土가 강한 水를 억제해 오행이 크게 치우치지 않는다. 따라서 이때 뛰어난 재능이 발휘된다. 하지만 辛酉 대운 16세부터 庚申 대운 34세까지는 金이 水를 생해 강한 壬水 日干이 더욱 강해져서 과다한 水氣로 희신 木을 썩게 하고 용신 火를 어둡게 하므로 건강과 운명이 함께 흉해져서 병약한 몸으로 가난과 힘겹게 싸우면서 생활해야 한다. 그러나 己未 대운 36세부터는 용신과 약신이 함께 주관하므로 고통스럽던 건강과 가난이 한꺼번에 사라지고 마침내 큰 부자가 되고 명예까지 얻게 된다.

2) 日干이 약한 예문(女 53년생)

年 : 癸巳 　　　　대　운
月 : 甲寅 　　乙 丙 丁 戊 己 庚
日 : 己酉 　　卯 辰 巳 午 未 申
時 : 甲戌 　　2 12 22 32 42 52

■풀이

日干 己土가 생시의 戌土에만 뿌리가 있다. 대신 생시 天干 甲木은 뿌리가 없어서 日干 己土와 합해 土로 변한다. 그러나 생월의 甲木이 寅木에 뿌리를 두고 日干 土를 극하고 있으므로 日干이 허약하다. 생년의 巳火는 日干과 멀리 떨어져 있고 酉金과 반합하려 하므로 日干을 돕지 못한다. 따라서 용신은 土이고, 희신은 火이며, 흉신은 木이고, 흉신을 돕는 水가 악신이 된다. 金은 흉신 木을 억제하므로 약신이 되지만 허약한 日干의 기운을 빼앗아가므로 반은 좋고 반은 나쁘다.

이에 대운을 비교해보면 乙卯 대운 2~11세까지는 卯木이 생시의 戌土와 합해 희신 火로 변하므로 어려움이 없다. 그러나 생년의 癸水 신장이 뿌리가 없이 생월의 甲木에 허약하고, 생일의 酉金이 卯戌 合火의 극을 받아 수를 생할 수 없으므로 신장과 폐가 함께 허약해 건강하지 못한 단점이 있다. 丙辰 대운 12~21세까지는 용신 辰土가 생일의 酉金과 합해 金으로 변해 흉신 寅木을 억제하므로 건강과 운명이 함께 상승기류를 타게 된다. 丁巳 대운 22세부터 戊午 己未 대운 51세까지는 용신과 희신이 함께 주관하므로 일생 중 가장 편안한 생활을 하게 된다. 다만 폐와 대장이 허약해 잔 질병을 많이 앓게 되는 것이 흠이다.

庚申 대운 52세부터는 申金이 생일의 酉金과 생시의 戌土와 방합해 金이 대단히 강하다. 따라서 생년의 甲寅木이 극을 받고 日干이 허약해지므로 간과 담에 질병이 오고 기력이 쇠잔해질 뿐만 아니라 생활도 어려워진다. 뒤에서 십신十神에 대해서 자세히 설명하겠지만 日干을 극하는 오행을 관성官星이라 하는데, 사회적 명예와 직업이자 여성의 남편에 해당된다. 따라서 이 공식에서의 木이 관성이며 태과하게 많은 金이 강력하게 木 관성을 극하므로 남편은 직업을 잃고 자신이 하는 사업도 어

려워지는 것이다.

3) 종(從)하는 예문(男女 52년생)

(男)   (女)
年 : 壬辰   대 운   대 운
月 : 壬子   癸 甲 乙 丙 丁 戊   辛 庚 己 戊 丁 丙 乙
日 : 己酉   丑 寅 卯 辰 巳 午   亥 戌 酉 申 未 午 巳
時 : 乙亥   3 13 23 33 43 53   7 17 27 37 47 57 67

■풀이

　日干 己土가 地支에 뿌리가 없고 생년의 辰土는 생월의 子水와 합해 水로 변하였고 생일의 酉金은 水를 생하므로 水가 인체를 지배하고 있다. 따라서 이럴 때는 水를 종해야 한다. 그러면 천지기운이 없는 火를 대운에서 충해와 陰陽이 조화를 이루어 건강은 물론 부귀를 함께 누리게 된다. 그리고 水를 종할 때는 金水木 운을 맞이해야 좋다. 金水는 水를 더욱 범람시켜 화를 충분히 충해 와서 좋고 木은 水氣를 흡수해 火를 생하므로 더욱 좋다. 그러나 火土 운이 오면 천지기운이 火土를 충해오지 않는다. 오히려 대운의 火가 공식의 강한 水氣에 증발되고 土는 허물어져 건강과 운명이 함께 쇠퇴해지는 것이다.

　따라서 남성의 경우, 癸丑 대운 3~12세까지 비록 丑土가 주관하지만 水氣에 속하는 겨울의 냉한 土이므로 어릴 때부터 넉넉한 가정에서 비상한 두뇌로 학업성적도 뛰어나다. 그리고 甲寅 대운 13세부터 乙卯 대운 32세까지는 木이 주관하므로 생활이 더욱 넉넉하고 타인의 부러움을

살만큼 성공을 빠르게 거두게 된다. 또 丙辰 대운 역시 습한 辰土가 생월의 子水와 합해 水가 되므로 걸림이 없다. 그러나 대운 天干의 丙火 흉신이 생년의 壬水와 충하므로 이때부터 조금씩 어려움이 오기 시작하였다. 그리고 丁巳 대운 43세부터는 본격적으로 쇠퇴의 길을 걷게 되는데 심장 허약으로 인한 질병에 시달리고 가세가 급속히 기울어지기 시작하며, 戊午 대운 53세부터는 가난을 견디기 어려울 뿐만 아니라 심장 질환으로 인해 생존하기도 어렵다.

여성의 경우는, 辛亥 대운 7세부터 16세까지는 부유하고 재능도 뛰어나지만 庚戌 대운 17~26세에서 쇠퇴해지는데 대운 天干에 희신 金이 있어서 크게 가난해지지는 않는다. 己酉 대운 27세부터 戊申 대운 46세까지는 다시 부유해지지만 天干에 흉신 土가 있어서 복이 반감된다. 하지만 丁未 대운 47세부터는 天干 地支를 모두 흉신이 주관하므로 이때부터 건강은 물론 가세 역시 급속히 쇠퇴해질 수밖에 없는 것이다.

4) 형刑 · 충沖 · 파破 · 해害의 예문(女 10년생)

年 : 庚戌 月 : 癸未 日 : 丙子 時 : 甲午

戌未는 刑이자 破이고 子午는 沖이며 子未는 害이다. 대운 세운이 卯이면 공식의 子와 刑이되고 卯午는 破가 된다. 형 충 파 해는 이와 같이 공식에 있는 地支와 운의 地支를 비교해서 판단하되 제 4장의 풀이를 참고만 하면 된다. 형 · 충 · 파 · 해가 운세를 결정짓는 요체가 아니기 때문이다.

2. 십이운성十二運星

오행발용십이운양생도(五行發用十二運養生圖)

十二運星 天干	長生	沐浴	冠帶	建祿	帝旺	衰	病	死	墓	絕	胎	養
甲	亥	子	丑	寅	卯	辰	巳	午	未	申	酉	戌
乙	午	巳	辰	卯	寅	丑	子	亥	戌	酉	申	未
丙	寅	卯	辰	巳	午	未	申	酉	戌	亥	子	丑
丁	酉	申	未	午	巳	辰	卯	寅	丑	子	亥	戌
戊	寅	卯	辰	巳	午	未	申	酉	戌	亥	子	丑
己	酉	申	未	午	巳	辰	卯	寅	丑	子	亥	戌
庚	巳	午	未	申	酉	戌	亥	子	丑	寅	卯	辰
辛	子	亥	戌	酉	申	未	午	巳	辰	卯	寅	丑
壬	申	酉	戌	亥	子	丑	寅	卯	辰	巳	午	未
癸	卯	寅	丑	子	亥	戌	酉	申	未	午	巳	辰

* 묘墓는 장葬으로서, 묘고墓庫라고도 한다. * 목욕沐浴은 함지咸池·도화桃花·패살敗殺·연살年殺과 동일하다.

◀참고▶ 위의 표를 보면 甲·丙·戊·庚·壬 양간陽干의 장생은 甲은 亥에서, 丙은 寅에서, 戊도 寅에서, 庚은 巳에서, 壬은 申에서 生을 받을 수 있기 때문에 이해가 되나, 陰인 乙·丁·己·辛·癸는 이해하기 어렵다. 즉 乙이 午에서 생을 받을 수 없으며, 丁은 酉에서, 己는 酉에서, 辛은 子에서, 癸는 卯에서 생을 받을 수 없기 때문이다. 따라서 운명을 판단할 때는 陽은 十二運星表

대로 취용할 수 있으나, 陰은 취용할 수 없음을 유념해야 한다. 필자의 판단은 午에서 陰이 初生되기 때문에 봄에 해당하는 陰木이 長生이라 하였고, 丁陰과 己陰은 申에서 양기가 모두 소멸되고 酉에서 陰氣가 창성하기 때문에 長生이라 하였으며, 辛은 만물이 몸체와 분리되는 때이므로 양기가 시생하는 子를 長生이라 하여 생사의 연속성을 의미하고, 癸는 陽氣가 초생하는 때로서 만물이 자라나는 卯에서 長生하는 것으로 판단한 듯 싶다. 그리고 陽 역시 陰의 지지에서 제왕이 되고, 陰 역시 陽의 지지에서 제왕이 되기 때문에 삼합의 논리대로 지지를 나열한 것으로 생각된다.

십이운성十二運星에 의한 운세의 길흉과 성격은 다음과 같다. 그러나 이 내용 한 가지만으로 단정해서는 안 되며, 명식命式 전체를 종합하여 판단해야 한다.

■ 장생(長生)

어린 아이가 처음 출생하고 식물의 싹이 트듯이 無에서 有가 발생하는 상태를 이른다. 생명력이 가장 왕성한 시기를 의미한다. 원기가 왕성하여 개척정신이 뛰어나고 창의적이고 진취적이며, 자존심이 매우 강하면서도 온화하고 총명하다.

■ 목욕(沐浴)

아이가 출생한 후 목욕을 시키는 시기와 식물의 새싹이 파랗게 돋는 때를 이른다. 일명 패敗라고도 부른다. 사춘기에 해당되므로 불안정하여 방황하기 쉽고, 방탕해질 우려가 있다. 직업과 거주지를 잘 바꾸고, 유행에 민감하다. 무슨 일이나 싫증을 잘 내어 경거망동하기 쉽다.

■ 관대(冠帶)

아이가 점차 장성하여 어른이 되고 사회생활을 시작하여 예복을 입는 것과 같은 청년기의 상태를 일컫는다. 남에게 지기를 싫어하고 인내심도 강하다. 다방면에 지식이 풍부하고 판단력도 뛰어나서 지도자격이라 할 수 있다. 불의를 그냥 보지 못하는 정의파로서 명예욕이 강하다.

■ 건록(建祿)

한 인간이 장성하여 관리에 임명되어 세상을 다스리는 것과 같이 활동의 중추가 되는 상태를 녹祿이라 한다. 어질고 총명하며 개척정신이 뛰어나고, 공명정대한 인격을 갖추고 있어서 맡은바 이상의 책임을 다한다.

■ 제왕(帝旺)

인생의 최고 정점에 도달한 장년기와 노년기의 분기점으로서 사회적 성장이 최고 단계에 도달한 시기를 가리키며, 일명 양인陽刃이라고도 한다. 강한 자존심과 자신감, 그리고 실천력이 뛰어나며, 굴복하지 않는 굳센 성격이다. 그러나 독선적이고 투쟁적인 유아독존형이어서 적이 많다.

■ 쇠(衰)

서서히 늙어서 활동의 최고 전성기를 지나서 기력이 쇠하는 시기를 이른다. 마음이 유약해서 큰일을 하기 힘들다. 매사에 보수적이고 은근히 시기심이 많으며, 소극적이어서 능동적으로 일을 추진하지 못한다. 그러나 타고난 성품이 착해서 평화주의자이며, 여성은 현모양처형이라 할 수 있다. 그리고 학자나 승려 등의 성향이 있음을 의미한다.

■ 병(病)

기력이 쇠약하여 병들고 기운이 없는 시기를 이른다. 신경질·결벽증·기가 약함·부모와 연이 희박함·질병·취미가 다양하고 우유부단함을 의미한다. 몸도 마음도 여리고 건강도 좋지 못하다. 공상이 많으며 사색적인데다 심신이 혹사당하는 것을 참지 못하고 질투심과 허세가 심하며 신경질적이지만 동정심도 많다.

■ 사(死)

육체와 영혼이 분리됨을 의미한다. 병들고 늙어서 기가 고갈되고 죽음에 임한 시기를 이른다. 一代가 끝났으나 그 생명의 씨앗이 수장되므로 영원히 없어지지 않는 것과 같다. 그러나 당사자는 죽음에 해당되므로 근심 걱정이 많고 성격이 급해지는 반면 정직하고 근면하며 매사에 순종한다. 화사한 것을 좋아함과 쇠퇴·학예기술·사회적 신용·부부의 연이 적음(남성의 경우), 남에게 사기 당하기 쉬움 등을 의미한다.

■ 묘(墓)

육신이 흙에 묻히고 그 영혼이 세상을 떠나는 것에 해당된다. 곡식을 거두어 창고에 보관하는 것처럼 사람이 죽어서 무덤에 들어가는 시기를 이른다. 무엇이든 끌어 모으려고 하는데, 성격은 내성적이고 원만하며 침착하다. 과욕·세심·축적·계획·고독·종교·계승·이별·부부의 연이 변하기 쉬움을 의미한다.

■ 절(絶)

유무有無가 동시에 존재하는 무극無極으로서 절중봉생絶中奉生이라 하여 생명이 끊어지는 가운데 또 다른 생명이 잉태됨을 의미한다. 무덤에 묻힌 육신에 정기가 모두 없어지고 새 생명의 氣가 뒤를 이으려는 시기로 12운성 중에서 가장 약한 상태다. 새 생명이어서 외부충격에 흔들리기 쉽고 정신이 산만하며, 귀가 얇아서 잘 속는다. 소심 · 격정적 · 심신불안정 · 비지속성 · 변동 · 단절 · 색정방면에서 흉함을 의미한다.

■태(胎)
생명의 씨앗이 잉태되는 것과 같다. 즉 정자와 난자가 자궁 속에서 만나 새 생명이 형성되는 것과 같은 상태다. 태아와 같아서 가리는 것이 많고 보호본능을 벗어나지 못한다. 기억력이 비상하고 영감력이 있으며, 농담을 잘하지만 처세술이 부족하다. 분위기를 좋아함 · 불평 · 의존성 · 질병(유아) · 기운氣運의 징후 · 임신 · 평소에는 말수가 적지만 술을 마시면 다변가로 변함을 의미한다.

■양(養)
자궁 속에서 태아가 자라듯 탄생을 준비하는 시기다. 친어머니 보다 의붓어머니 손에 자라기 쉽다. 마음이 착하고 성실하며 낙천적이어서 사람 사귀기를 좋아하고 봉사적이다. 다만 큰일에는 과감하지 못하며 머뭇거린다. 인내력 · 사소한 일에도 마음을 씀 · 양자 · 화합 · 친어머니 · 친가와 연이 적음을 의미한다.

(예문)

年 : 壬午　死
月 : 庚戌　養
日 : 甲寅　建祿
時 : 甲子　沐浴

일주 천간 甲木은 地支 寅에서 건록建祿이 된다. 그러므로 성격이 어질고 공명 정대하며 개척정신이 뛰어날 것으로 본다. 또 月支 戌에서는 養이 되고, 年支 午에서 死가 되며, 時支 子에서 목욕沐浴이 된다.

3. 신살神殺

神은 귀신이라기보다 氣를 움직이게 하는 근원적인 힘을 일컬음이고 殺은 깨뜨려 없앤다는 의미가 있다. 오행은 정체되지 않고 끊임없이 움직여서 흘러야 하는데 이를 방해하는 역할을 하기 때문에 신살이라 하였을 것이다. 그러나 신살이 있다고 해서 반드시 그리되는 것은 아니다. 건강과 명리는 반드시 오행의 상생·상극·상합 등의 작용을 원칙으로 거시적으로 판단해야지 신살에 얽매여서는 안 된다. 물론 일부 맞는 경우도 있기는 하지만 그것이 운명 전체를 좌우하는 것은 아니다. 신살에 집착하면 무속적으로 흐르기 쉽고 작은 나무는 보되 숲은 보지 못하는 것과 같다. 따라서 신살에 대해서 설명하지 않으려 하였으나 천년을 넘게 전승되어온 내용이라서 일부를 발췌해 기록하기로 하였으므로 참고만 하면 된다. 다만 吉神이 많으면 여러 사람들의 도움을 받아 하는 일이 방해받지 않고 순조롭게 뜻을 이루는데 반해 凶神이 많으면 하는 일마다 방해가 뒤따라 되는 일도 어렵게 이루어진다는 사실만은 여러 임상에서 확인할 수 있었다.

1) 길신(吉神) 1

길신 표 (1)

간지 귀인	甲	乙	丙	丁	戊	己	庚	辛	壬	癸	비 고
천을귀인	丑未	申子	酉亥	酉亥	丑未	申子	丑未	寅午	巳卯	巳卯	日干
태극귀인	子午	子午	卯酉	卯酉	辰戌	丑未	寅亥	寅亥	巳申	巳申	年干·日干
천관귀인	未	辰	巳	酉	戌	卯	亥	申	寅	午	年干·日干
복성귀인	寅	丑	子	酉	申	未	午	巳	辰	卯	年干·日干
천주귀인	巳	午	巳	午	申	酉	亥	子	寅	卯	年干·日干

① 천을귀인(天乙貴人) : 天乙은 북두칠성의 신령한 빛이며 귀인은 그 빛을 인격화한 것이다. 천을귀인이 있다는 것은 북두칠성의 기운과 연결되어 있음을 의미한다. 기이한 사건 사고 등의 위험이 있어도 구사일생할 수 있으며 타인이 늘 도와주는 능력이 있다. 그리고 형·충·파·해나 흉신이 있다 하더라도 이 귀인만 있으면 모두 해소된다. 한 마디로 천운을 타고났다는 말이 이 귀인을 두고 하는 말이라 할 만큼 자신을 구원하는 최고의 길신이라 할 수 있다. 그러나 생년에 있는 것은 영향력이 약하다. 생시에 있는 것이 가장 좋으

나 월과 일에 하나만 있어도 하늘이 돕는다고 할 수 있다. 단 천을 귀인은 형·충을 싫어하는데 특히 沖은 북두칠성과의 기운이 끊어짐을 의미하므로 즉시 불행이 닥치고 대운과 세월 운에서 충할 때 심하면 사망할 수도 있다. 보는 방법은 생일 天干에서 공식의 地支와 다가오는 운의 地支를 비교한다.

예문(男 46년생)

年 : 丙戌　　　　대　운
月 : 丁酉　　戊 己 庚 辛 壬 癸
日 : 丙子　　戌 亥 子 丑 寅 卯
時 : 戊子　　3 13 23 33 43 53

　　日干 丙에서 생월의 酉가 천을귀인이고 13세대운 己亥에서 亥가 귀인이다. 53세 癸卯 대운은 卯와 戌이 합해 생월의 酉와 충하지 않는다.

② 태극귀인(太極貴人) : 권위가 높고 덕을 베푸는 神이다. 그러나 형·충·파·해가 없이 깨끗해야 크게 성공한다. 생년과 생일의 天干에서 공식과 운의 地支를 비교한다.

③ 천관귀인(天官貴人) : 하늘의 神들 중에서 관직에 있는 神을 의미하므로 지상에서 공직에 나아가면 크게 성공함을 의미한다. 생년과 생일의 天干에서 공식과 운의 地支를 비교한다.

④ 천주귀인(天廚貴人) : 의식주와 수명장수를 주관하는 神이다. 천주귀인이 있으면 기이하게도 요리솜씨가 뛰어나다. 생년과 생일의 天干에서 공식과 운의 地支를 비교한다.

⑤ 복성귀인(福星貴人) : 의식주를 넉넉하게 하고 수명을 장수하게 하며 대인의 풍모로 존경받게 하는 神이다. 생년과 생일의 天干에서 공식과 운의 地支를 비교한다.

2) 길신 2

길신 표(2)

	子	丑	寅	卯	辰	巳	午	未	申	酉	戌	亥
天德貴人	巳	庚	丁	申	壬	辛	亥	甲	癸	寅	丙	乙
月德貴人	壬	庚	丙	甲	壬	庚	丙	甲	壬	庚	丙	甲
天德合	申	乙	壬	巳	丁	丙	寅	己	戊	亥	辛	庚
月德合	丁	乙	辛	己	丁	乙	辛	己	丁	乙	辛	己
華 蓋	辰	丑	戌	未	辰	丑	戌	未	辰	丑	戌	未
驛 馬	寅	亥	申	巳	寅	亥	申	巳	寅	亥	申	巳
將 星	子	酉	午	卯	子	酉	午	卯	子	酉	午	卯

① 천덕귀인(天德貴人) : 陽의 덕으로서 월덕귀인과 같은 능력이 있다. 생월 地支에서 공식과 운의 天干 地支를 비교한다.
② 월덕귀인(月德貴人) : 陰의 덕으로서 자미성·태미성·천시성이란 삼성三星의 성스러운 기운을 의미한다. 악살 악귀의 침범을 막아주고 흉을 길하게 바꾸어놓는 神이다. 생월 地支에서 공식과 운의 天干과 地支를 비교한다.
③ 천월덕 합(天月德 合) : 예를 들어서 子月에 태어났으면 巳가 천덕인데, 巳가 없고 巳와 합하는 申이 있으면 '천덕 합'이고, 丑월에

태어났으면, 庚이 월덕인데 庚이 없고 庚과 합하는 乙이 있으면 '월덕 합'이 된다. 작용력은 '천월덕'과 같다.

④ 화개(華蓋) : 학문·문화·예술·종교의 神이다. 생시와 일주에서 공식과 대운의 地支를 비교한다. 공식에 화개가 있고 또 대운에서 화개를 만나면 학문·문화·예술·종교 분야에 종사하고 있을 경우 명성을 얻는다. 종교의 경우 승려가 되기도 한다.

⑤ 역마(驛馬) : 부지런하고 활동적이며 쾌활하다. 가정적이기 보다 사회적이어서 때를 만나면 크게 성공한다. 다만 한 곳에 오래 머무르지 못하는 특색이 있다. 日干의 地支가 申子辰이면 寅, 亥卯未이면 巳, 巳酉丑이면 亥, 寅午戌이면 申이 역마이다.

⑥ 장성(將星) : 지도자로서 강력한 카리스마를 의미한다. 日干의 地支 삼합에서 제왕에 해당된다.

예문(男 53년생)

年 : 癸巳　　　　대　운
月 : 庚申　　辛 壬 癸 甲 乙 丙
日 : 壬子　　未 午 巳 辰 卯 寅
時 : 甲辰　　7 17 27 37 47 57

　생일의 壬은 월덕귀인, 子는 장성 辰은 화개이고 寅은 역마이다. 세월운에서도 비교한다

3) 길신 3

길신 표(3)

日干\貴人	(1) 干支를 중심으로 본다									
	甲	乙	丙	丁	戊	己	庚	辛	壬	癸
文昌貴人	巳	午	申	酉	申	酉	亥	子	寅	卯
金與祿	辰	巳	未	申	未	申	戌	亥	丑	寅
干食祿	丙	丁	戊	己	庚	辛	壬	癸	甲	乙
暗祿	亥	戌	申	未	申	未	巳	辰	寅	丑
羊刃	卯	辰	午	未	午	未	酉	戌	子	丑
建祿	寅	卯	巳	午	巳	午	申	酉	亥	子
官貴	巳申	巳申	申亥	申亥	亥寅	亥寅	寅巳	寅巳	寅巳	寅巳
天祿	寅	卯	巳	午	巳	午	申	酉	亥	子
紅艶殺	午	申	寅	未	辰	辰	戌	酉	子	申
流霞殺	酉	戌	未	申	巳	午	辰	卯	亥	寅
桃花殺	地支에 子·午·卯·酉가 갖추어진 경우									

① 문창귀인(文昌貴人) : 이 星이 있는 사람은 진리를 탐구하는 정신이 있고, 문장력이 뛰어나 문학적인 재능이 있다. 학식이 깊어 교육자로서 사람들의 존경을 받는다. 작가에게는 거의 이 星이 있다.

② 금여록(金與祿) : 성격이 온후하고 유순하여 항상 타인의 도움을 받는다. 특히 남성은 처덕이 있으며, 귀족적인 풍모를 갖춘 사람이 많고, 여성은 미인이 많다. 이 星이 있는 사람이 있으면 분위기가 밝아진다. 상사나 선배가 이끌어 주며 남녀 모두 좋은 인연과 만난다. 특히 여성은 귀부인이 될 사람으로 성질이 온화하고 부부 사이

가 좋으며, 서로 협력한다. 일주日柱에 있으면 배우자의 덕을 입는다.

③ 간식록(干食祿) : 日干에서 보아 食神에 해당하는 干에 붙으므로 克함이 없으면 의식주에 부족함이 없고 건강 장수한다. 남에게 은덕을 베풀면 행복하게 살 수 있다. 충沖 등이 있으면 여성은 유산에 주의하여야 한다.

④ 암록(暗祿) : 이 星이 있는 사람은 자신도 모르는 사이에 도움이나 가호를 받는다. 즉 의외의 행운을 만나거나 어려운 일에 부딪쳐도 뜻밖의 사람에게서 도움을 받는다. 암록이란 보이지 않는 재물을 뜻한다.

⑤ 양인(羊刃) · 건록(建祿) : 양인과 건록은 권력을 의미한다. 길흉에 양인이 있으면 크게 작용한다. 양인의 支와 년운 · 월운 · 일운의 支가 충 또는 三合 · 支合하면 뜻하지 않은 재액災厄을 만난다. 그러나 日干이 陽干이고 月支가 양인이 될 경우를 羊刃格이라고 하는데, 양인은 官星 · 印星과 함께 있으면 성공한다. 양인은 정재 · 괴강을 싫어한다. 남성 중에 양인이 3개 있는 사람은 반드시 재혼한다. 그러나 명식 중에 偏官이 많으면 吉星이다. 日干이 약한 사람은 양인이 오히려 吉星이 된다.

⑥ 천록(天祿) : 하늘이 내려 준다는 복으로서 자연스럽게 재물이 따르는 귀인이다.

⑦ 천의성(天醫星) : 의사 · 간호사 · 약사 · 역학가 등 사람을 구원하는 사람이 많다. 1월 생은 丑, 2월 생은 寅, 3월 생은 卯, 4월 생은 辰, 5월 생은 巳, 6월 생은 午, 7월 생은 未, 8월 생은 申, 9월 생은 酉, 10월 생은 戌, 11월 생은 亥, 12월 생은 子가 팔자에 있으면 천의

성을 타고난 사람이다.
⑧ 관귀(官貴) : 출세·승진·영전 등을 주관하는데, 특히 공직자로서 국가의 동량이 된다.
⑨ 홍염살(紅艶殺)·유하살(流霞殺) : 홍염살은 이성에게 대단히 매력적으로 보이며, 사랑을 호소해 오는 사람이 많다. 대인관계가 좋고 애교가 있다. 유하流霞가 돌아오는 해에 주소가 바뀐다. 여성은 산액産厄을 만나기 쉽다. 교제에 능숙하지만 주색에 빠지면 좋지 않다.

예문(女 68년생)
年 : 戊申
月 : 丙辰　　　　대　운
日 : 甲子　　乙 甲 癸 壬 辛 庚
時 : 甲午　　卯 寅 丑 子 亥 戌

　日干 甲에서 辰은 금여록, 丙은 간식록, 申은 관귀 午는 홍염살이고, 대운에서 寅은 건록, 천록, 卯는 양인이다. 세월 운도 이와 같이 비교한다.

4) 흉신살凶神殺 1

흉신살 표(1)

日干\凶殺	甲	乙	丙	丁	戊	己	庚	辛	壬	癸	비 고
낙정살	巳	子	申	戌	卯	巳	子	申	戌	卯	日支
효신살	子	亥	寅	卯	午	巳	辰戌	丑未	申	酉	日時支
고란살	寅	巳			巳	申		亥			日支
백호대살	辰	未	戌	丑	辰				戌	丑	柱中
괴강살					戌	辰戌					日時支
음착살				丑未				卯酉		巳亥	日時支
양착살			子午		寅申				辰戌		日時支
	日干에서 지지를 본다.										

흉신살 표(2)

年	寅·午·戌	巳·酉·丑	申·子·辰	亥·卯·未
殺	申·酉·戌	亥·子·丑	巳·午·未	寅·卯·辰
비 고	年支를 기준으로 모든 地支를 본다.			

흉신살 표(3)

年·日	寅·午·戌	巳·酉·丑	申·子·辰	亥·卯·未
도화살	卯	午	酉	子
비 고	년과 일시의 지지에서 본다.			

많은 흉살이 있는데 신살에 너무 얽매어서는 안 된다. 팔자에 흉신이 있다고 해서 그와 같은 일이 일어나는 것이 아니고, 귀인이 있다고 해서 반드시 귀하게 되는 것은 아니기 때문에 오직 팔자가 어떻게 구성되어 있는가를 관찰하고 세밀하게 분석하는 지혜가 필요하다. 길신이 좋은 운을 맞이할 때는 더 좋은 일이 생기고, 흉신이 나쁜 운을 만나면 더 나쁜 일이 생길 수도 있다는 정도만 알면 된다.

① 낙정살(落井殺) : 수액을 당한다는 흉살이다. 익사를 주의해야 하니 물가에 가지 않는 것이 좋다.
② 효신살(梟神殺) : 어머니로 인한 근심걱정이 생기며, 때에 따라서는 어머니와 이별 또는 사별할 수도 있는 흉살이다. 이 흉살이 있는 사람은 편모나 다른 여성의 슬하에서 자라는 사람이 많다.
③ 고란살(孤鸞殺) : 대개 여성에게 해당된다. 자식을 낳은 후 갑자기 남편이 무력해지거나 애정이 결핍되어 고독해진다는 흉살이다.
④ 백호대살(白虎大殺) : 흉신 중에서 가장 강력한 영향력이 있다. 辰·戌·丑·未에만 소장되어 있으며, 辰·戌 沖, 丑·未 沖이 있을 때 사업실패, 사고, 수술 또는 큰 병이 올 수도 있다. 백호는 혈인血刃과 함께 질병을 의미하는 星인데, 백호가 돌아오는 年運에는 질병에 주의해야 한다. 명식에 백호가 2개 있으면 불운이 계속되

며, 익사사고나 교통사고 등으로 횡사하는 등의 예측하지 못한 재액을 당한다.

⑤ 괴강살 : 흉신이면서도 귀인이 되는 경우도 많다. 권위와 위엄을 갖추어 용맹하고 총명하며 대권을 장악할 수도 있다. 그러나 운이 나쁘면 흉사·실패·수술 등의 재앙이 올 수도 있다.

⑥ 음착살(陰錯殺)·양착살(陽錯殺) : 색정이 있는 살이며, 부부간에 풍파가 많다.

⑦ 삼재살(三災殺) : 물〔水〕·불〔火〕·바람〔風〕을 일컬어 삼재라고 한다. 관형·실패·질병·구설수 등 여러 가지 재앙이 오는 것으로 알려져 있으나 반드시 그렇게 되는 것이 아니므로 믿을 것은 못된다.

⑧ 도화살(桃花殺) : 남녀 모두 색을 밝혀 일생을 망치거나 가정파탄이 일어날 수 있다. 그러나 도화살이 있다고 해서 다 그런 것은 아니며, 오히려 마음이 깨끗하고 절개가 곧은 사람에게 많이 볼 수 있다. 탤런트·가수 등 대중에게 인기 있는 직업에 종사하는 사람들이 많다.

5) 기타 흉신살

지지 흉신	子	丑	寅	卯	辰	巳	午	未	申	酉	戌	亥
겁 살	巳	寅	亥	申	巳	寅	亥	申	巳	寅	亥	申
망 신 살	亥	申	巳	寅	亥	申	巳	寅	亥	申	巳	寅
함 지 살	酉	午	卯	子	酉	午	卯	子	酉	午	卯	子
고 신 살	寅	寅	巳	巳	巳	申	申	申	亥	亥	亥	寅
과 숙 살	戌	戌	丑	丑	丑	辰	辰	辰	未	未	未	戌
상 문 살	戌	亥	子	丑	寅	卯	辰	巳	午	未	申	酉
조 객 살	寅	卯	辰	巳	午	未	申	酉	戌	亥	子	丑
재 살	午	酉	子	酉	午	卯	子	酉	午	卯	子	酉
고 초 살	戌	未	辰	丑	戌	未	辰	丑	戌	未	辰	丑
파 쇄 살	巳	丑	酉	巳	丑	酉	巳	丑	酉	巳	丑	酉
천 살	未	辰	丑	戌	未	辰	丑	戌	未	辰	丑	戌
귀 문 살	酉	午	未	申	亥	戌	丑	寅	卯	子	巳	辰
수 옥 살	午	酉	子	酉	午	卯	子	酉	午	卯	子	酉
육 액 살	卯	子	酉	午	酉	子	酉	午	卯	子	午	酉
원 진 살	未	午	酉	申	亥	戌	丑	子	卯	寅	巳	辰

日支와 年支에서 다른 지지를 본다. 세월운에서도 역시 지지를 본다.

① 겁살(劫殺) · 망신살(亡神殺) : 겁살과 망신살은 비슷한 영향력이 있다. 둘 다 육친과의 불화 또는 이별을 조장한다고 한다. 이 星은 사업실패 · 사기 등에 휘말릴 수 있으며, 교통사고나 산에서의 조난 등 외부로부터의 재액을 의미한다. 겁살이 둘인 사람은 금전에 대한 집착이 강하고 또한 도벽이 있다. 또한 소견이 좁고 거짓이 많으며, 주색에 탐닉하고 송사를 잘 일으킨다는 흉살이다. 뿐만 아니

라 모사에 능하고 계산이 빠른 특징이 있기도 하다. 셋이 있는 사람은 흉폭하고 아내에게도 비정한 형이다. 겁살과 망신亡神이 같은 주柱에서 겹치면 좋지 않다. 행운에서 겹치면 사고를 당하므로 주의해야 한다. 연주年柱를 위주로 본다. 질병이나 내부의 재액을 만날 암시가 있는 성星이다. 팔자에 2개의 망신이 있으면 경제적으로 불안정하고, 3개가 있으면 범죄나 임질·매독 등에 걸리기 쉽다. 일주日柱를 위주로 본다.

② 함지(咸池) : 연지年支를 보고 판단한다. 도화살과 비슷하여 색정을 뜻한다. 함지가 있는 사람은 애정 문제로 귀찮은 일을 만난다. 함지咸池와 역마驛馬가 같은 주柱에 있으면 여성을 유혹하러 일부러 돌아다니는 사람이 많다. 함지咸池와 목욕沐浴이 같은 주柱에 있으면 성에 탐닉하여 이성을 찾아 야간 유흥업소를 방황하는 사람이다. 이 성星이 있는 여성은 상당한 미인이며, 춤과 노래 등의 기예에 능하다. 함지와 편관偏官이 같은 주(柱)에 있으면 기생·호스테스·여배우 등 예능계나 화류계에서 활약하는 경우가 많다.

③ 고신살(孤辰殺)·과숙살(寡宿殺) : 고신은 남성에게 해당되고, 과숙은 여성에게 해당된다. 흔히 말하는 홀아비·과부 팔자라고 하는데, 꼭 그렇게 되는 것은 아니다. 결혼 후에도 언제나 혼자인 듯 외로움을 많이 타는 고독한 사람이다. 시주時柱에 있으면 자식이 없거나 연로하여 자식과 떨어져서 산다.

④ 상문살(喪門殺)·조객살(弔客殺) : 이 두 살은 상복을 입게 된다는 의미가 있다. 팔자에 이 흉살이 있는데, 대운이나 세운에서 다시 이들을 만나면 상복을 입는다고 한다. 이 星이 오는 해는 부모·형제나 육친에게 불행이 오는 경우를 종종 본다. 그러나 반드시 그렇게

되는 것은 아니며, 팔자의 구성에 따라서 그 가능성 내지는 개인적인 어려움이 있다는 정도의 의미만을 부여할 뿐이다.

⑤ 재살(災殺) : 비명횡사・구속・송사・실패 등이 따른다고 하는데 속단해서는 안 된다.

⑥ 고초살(枯草殺) : 신체장애가 올 수 있다고 한다. 팔자에 고초가 있고 다시 고초운을 만나면 큰 사고가 발생하기 쉽고, 신체장애가 오거나 소아마비 등 눈・귀・코・입 등에 이상이 올 수도 있으며, 여러 가지 분란을 일으킨다는 흉살凶殺이다. 운이 나쁠 때 가중될 수 있다는 정도의 참고로 삼는다.

⑦ 귀문살(鬼門殺)・수옥살(囚獄殺)・육액살(六厄殺) : 귀문・수옥살은 납치・감금・감옥 등 형사사건을 뜻하고, 육액살은 질병・송사・세무서 등의 재앙을 뜻한다.

⑧ 원진살(元嗔殺) : 원한・시비・구설・실패・파경・손재・이별 등의 재앙이 따른다는 흉살이다. 삼재살과 더불어 가장 많이 입에 오르내리는 흉살에 해당된다. 그러나 원진살에 의한 해는 극히 미미하므로 두려워 할 필요는 없다. 그러나 여러 가지 흉살이 팔자에 많이 있으면 좋은 팔자라고 할 수 없다. 운이 나쁜 해를 만나면 좋지 않은 일이 일어나는 것은 분명하다.

예문 1(男 32년생)

年 : 壬申　月 : 戊申　日 : 庚戌　時 : 丁丑

日干 庚에서 戌은 효신살이자 괴강살이고 양착살이다. 年支 申에서 戌은 조객이자 고초살이다. 그러나 時支 丑은 천을귀인이다. 후일 자기 분야에 최고의 지위에 올랐으나 寅申이 충하는 대운에서 丑未가 충하는

해에 감옥에 갔다. 대운 세운도 비교해 본다.

예문 2(男 11년생)

年 : 辛亥   月 : 庚寅   日 : 壬申   時 : 壬寅

年支 亥에서 寅은 망신살이자 고신살이며, 申은 겁살이다. 日支 申에서 寅亥는 망신살이자 고신살이다. 평생 학문 연구에만 열중하다가 노년에 풍으로 쓰러져 외롭게 투병하다가 사망하였다. 대운 세운도 비교해 본다.

예문 3(女 41년생)

年 : 辛巳   月 : 戊戌   日 : 甲午   時 : 丁卯

日干 甲은 年支 巳와 낙정살이고, 日支 午와 時支 卯는 함지, 도화살이 며, 午와 年支 巳는 망신살이고, 巳卯는 상문살 재살 수옥살이고, 戌은 귀문이다. 일찍 부모를 여의고 가요계에 크게 명성을 떨쳤으며 혼인을 3차례나 하였으며 자식과도 인연이 멀다. 대운 세운도 비교해 본다.

예문4(女 25년생)

年 : 乙丑   月 : 己丑   日 : 丙辰   時 : 壬辰

地支가 모두 흉살이다. 丑辰은 破이자 천살 과숙살 삼재살이고, 辰辰 은 刑이다. 화려한 화류계 생활을 하면서 명성을 얻었으나 악성 성병으로 고통을 겪었으며, 나이 들어서는 어느 지방의 이름 없는 술집에서 생활 하다가 사망하였다. 대운과 세운도 비교해 본다.

11장
격국의 이해와 작용

11장 격국格局의 이해와 작용

　격국은 타고난 적성이고 개성이며 사회인으로서 운명적으로 갖지 않을 수 없는 직업의 코드를 의미한다. 학문, 공직, 사업, 예술 등 타고난 적성과 그 그릇의 크기를 예시해줌은 물론, 자신에게 부여된 '의명학공식'의 격국과 대운의 작용에서 성공과 실패, 부귀와 빈천 여부를 가늠할 수 있으므로 삶의 길잡이라 할 수 있다. 그 이론적 근거는 자기 자신인 日干을 중심으로 상생하고 상극하는 데에 있다.
　자기 자신인 日干을 비견比肩이라 하고 日干과 음양이 다른 것을 겁재劫財라 하며, 日干이 생해주는 오행 중에서 음양이 같으면 식신食神, 다르면 상관傷官이라 하고, 日干이 극하는 오행 중에서 음양이 같으면 편재偏財, 다르면 정재正財라 하며, 日干을 극하는 오행 중에서 음양이 같으면 편관偏官, 다르면 정관正官이라 하고, 日干을 생해주는 오행 중에서 음양이 같으면 편인偏印, 다르면 인수印綬라 한다.
　이와 같이 붙여진 10가지 격식格式을 십신十神이라 하는데, 여기서 말하는 신이란 음양오행의 작용을 인격화한 것이다. 그리고 십신의 명칭 하나하나에 적성과 개성이 내포돼 있으며 부귀와 빈천을 암시한다. 십신 외에도 고대로부터 전승되어온 많은 격식들이 있다. 잡기재관격雜氣財官格, 건록격建祿格, 양인격羊刃格, 시상일위귀격時上一位貴格, 가색격稼穡格, 윤하격潤下格, 곡직격曲直格, 염상격炎上格, 종혁격從革格, 종아격從兒格, 종재격從財, 종살격從殺, 종강격從强, 전왕격全旺 등 많은 격식이 분류돼 있다. 그러나 모두 십신의 논리에서 벗어나지 않으므로 여기서는 버릴 것은 버리고 하나로 모을 것은 모아서 15가지 종류로 압축하였다.

1. 10神과 작용

1) **비견(比肩)** : 日干을 비견이라 한다. 그리고 日干과 오행이 같으면서 음양이 같은 오행 역시 비견에 속한다. 자기 자신인 日干은 작용력이 없으나 日干외의 다른 비견은 日干이 약하면 도움을 주고 강하면 재산과 명예를 빼앗아 간다.

2) **겁재(劫財)** : 日干과 오행은 같으나 음양이 다르다. 작용력은 비견과 같다.

3) **식신(食神)** : 日干이 생해주는 오행 중에서 日干과 음양이 같다. 음식의 神이라 할 수 있을 만큼 식욕이 왕성하고 재산을 만들어주는 작용력이 있다. 그러나 日干이 약하고 식신이 강하면 흉신으로 변한다.

4) **상관(傷官)** : 日干이 생해주는 오행 중에서 日干과 음양이 다르다. 재산을 만들어주는 작용력이 있는 대신 지나치게 강하면 명예를 손

상시키고 도둑, 사기 등의 속성으로 나타나고 강하지 않더라도 가족 중 한 사람을 상하게 하는 작용력이 있기 때문에 흉신으로 분류된다. 그러나 뛰어난 두뇌와 예술성, 언변술 등에 능한 면을 보이므로 성정이 알맞으면 크게 명성을 얻는다.

4) 정재(正財) : 日干이 극하는 오행 중에서 日干과 음양이 다르다. 재산의 神이라 할 만큼 사업과 관련이 있다. 정재가 있고 없음에 따라서 반드시 재산 정도가 크게 차이가 난다. 그리고 성정이 알맞으면 큰 부자가 되지만 너무 강하거나 약하면 오히려 재산을 잃게 하는 작용력이 있다.

6) 편재(偏財) : 日干이 극하는 오행 중에서 日干과 음양이 같다. 정재와 같은 재산의 神이지만 규모가 더 크다. 성정이 알맞으면 거부가 될 수 있다. 그러나 강약에 따라서 일확천금만 노리고 허송세월만 할 수도 있다.

7) 정관(正官) : 日干을 극하는 오행 중에서 日干과 음양이 다르다. 공직과 인연이 깊은 神에 속한다. 성정이 알맞으면 공직에서 크게 명성을 얻고 출세하는 작용력이 있다. 그러나 지나치게 강하면 자신을 욕되게 하고, 약하면 뜻을 이루기 어려워진다.

8) 편관(偏官) : 日干을 극하는 오행 중에서 日干과 음양이 같다. 정관과 같은 작용력이 있으나 그 위력이 더 강하다. 군인, 검찰, 공직 사회에서 최고에 오를 수 있는 작용력이 있다. 그러나 지나치게 강하고 日干이 약하거나 日干이 강하고 편관이 지나치게 약하면 폭력배처럼 잔인하거나 심하면 몸을 상하게 하고 목숨을 빼앗아 가기도 한다.

9) 인수(印綬) : 日干을 생해주는 오행 중에서 日干과 음양이 같다. 학문의 神에 속하는데, 인수가 있고 없음에 따라서 학문을 좋아하고 좋아하지 않음이 다르다. 그러나 인수가 지나치게 강하거나 약하

면 학문에 뜻은 있어도 학문의 길을 걷지 못한다.

10) **편인(偏印)** : 日干을 생해주는 오행 중에서 日干과 음양이 같다. 인수와 마찬가지로 학문에 속하는 神인데, 수학적 두뇌가 뛰어나고 어느 하나에 깊숙이 몰두하는 편이다. 그러나 지나치면 정신이 산만해 적성을 살리기 어려워진다.

11) **종격(從格)** : 같은 오행이 무리지어 있을 때 종격이라 한다. 日干과 비교해서 재財, 인印, 관官, 왕旺, 아兒, 살殺, 강强, 염炎, 곡曲, 윤潤, 가稼, 혁革등 여러 가지로 분류되므로 뒤에서 자세히 다시 논한다.

음양오행십신 표

日干 干支 十神	甲		乙		丙		丁		戊		己		庚		辛		壬		癸	
	干	支	干	支	干	支	干	支	干	支	干	支	干	支	干	支	干	支	干	支
比肩	甲	寅	乙	卯	丙	巳	丁	午	戊	辰戌	己	丑未	庚	辛	辛	酉	壬	亥	癸	子
劫財	乙	卯	甲	寅	丁	午	丙	巳	己	丑未	戊	辰戌	辛	酉	庚	申	癸	子	壬	亥
食神	丙	巳	丁	午	戊	辰戌	己	丑未	庚	申	辛	酉	壬	亥	癸	子	甲	寅	乙	卯
傷官	丁	午	丙	巳	己	丑未	戊	辰戌	辛	酉	庚	申	癸	子	壬	亥	乙	卯	甲	寅
偏財	戊	辰戌	己	丑未	庚	申	辛	酉	壬	亥	癸	子	甲	寅	乙	卯	丙	巳	丁	午
正財	己	丑未	戊	辰戌	辛	酉	庚	申	癸	子	壬	亥	乙	卯	甲	寅	丁	午	丙	巳
偏官	庚	申	辛	酉	壬	亥	癸	子	甲	寅	乙	卯	丙	巳	丁	午	戊	辰戌	己	丑未
正官	辛	酉	庚	申	癸	子	壬	亥	乙	卯	甲	寅	丁	午	丙	巳	己	丑未	戊	辰戌
偏印	壬	亥	癸	子	甲	寅	乙	卯	丙	巳	丁	午	戊	辰戌	己	丑未	庚	申	辛	酉
印綬	癸	子	壬	亥	乙	卯	甲	寅	丁	午	丙	巳	己	丑未	戊	辰戌	辛	酉	庚	申

12장
격국의 해설과 예문

12장 격국格局의 해설과 예문

　격국을 이해하고 음양오행의 상생상극과 강약성쇠 작용을 비교하는 것이 바로 자신의 운명을 판단하는 기준이 된다. 처음 格式을 세울 때는 日干에서 생월 地支를 보고 정한다. 가령 日干이 甲이고 생월 地支가 寅이면 비견격, 卯는 겁재격, 巳는 식신격, 午는 상관격, 丑未는 정재격, 辰戌은 편재격, 酉는 정관격, 申은 편관격, 子는 인수격, 亥는 편인격이 되는 것이다. 그리고 그 격식이 자신의 성정이 된다.

　이와 같이 격식을 정해 기준으로 삼은 다음에는 다른 干支에도 격을 붙이고 음양오행의 상생 상극론에 의해 서로의 관계를 비교하면 된다. 그러나 생월 地支를 격식의 기준으로 정하는 것은 생월 地支가 日干에 미치는 영향력이 가장 크기 때문이므로 생월이 아니라 하더라도 다른 격식이 더 많고 강하게 작용하면 생월보다 많고 강한 격식을 선택해서 자신의 격식으로 보아야 한다. 다만 생월 地支는 전체를 해설하기 위한 기준으로 삼아야 하므로 격식을 그대로 사용하는 것이 좋다. 그리고 고대로부터 비견격, 겁재격은 격식으로 보지 않았으나 비견, 겁재를 격식으로 정하고 해설해도 전혀 문제가 되지 않는다. 자신의 '의명학공식'에서 어떤 격식이 많고 적은가에 대해서만 알고 있으면 그 답은 같기 때문이다.

1. 비견격比肩格의 부귀빈천

비견은 양 어깨처럼 낮거나 모자람이 없이 어깨를 나란히 한다는 비교적 의미가 있다. 하필 어깨에 비유한 것은 한쪽 어깨가 높거나 낮으면 어떤 질병에 의해 몸이 균형을 잃고 불안정하므로 행동이 부자유스럽기 때문이다. 이는 日干이 강하거나 약함이 없이 치우침이 없는 저울처럼 균형을 이루어야만 인체와 운명이 건강하다는 뜻이다.

'의명학공식'에서 자기 자신으로서 비견인 日干은 다른 일곱 개 干支의 영향력에 의해 의지와 상관없이 좌우된다. 비견이 약한데 식신, 상관이 많고 강하면 의욕을 상실하고 기력이 쇠잔해지며 허욕으로 일생을 보내다가 생을 마감할 것이며, 정재와 편재가 많고 강하면 욕심만 많고 얻는 것은 무일푼이 될 것이며, 정관과 편관이 많고 강하면 출세욕에 발버둥치거나 폭력배 또는 무기력한 일생을 보내다가 허망하게 생을 마감할 것이다.

그러나 비견이 강하게 태어났으면 식신 상관 운을 만나서 강성한 기운을 설기泄氣시키고 정재와 편재 운을 만나서 얕은 흙의 성분을 흡수해 가는 큰 나무에 흙을 두텁게 하듯 극하는 것에 대응해야 하며, 정관과 편관 운을 만나서 강성한 비견을 억제해야 균형이 잡힌다. 그러면 식신 상관 정재 편재 운에서 거부가 될 것이며, 정관 편관 운에서 크게 출세할 것이다. 하지만 비견이 강한데 비견을 생해주는 인수와 편인 운을 만나거나 또는 비견이나 겁재 운을 만나면 그 재앙을 걷잡을 수가 없다. 그러므로 비견은 균형이 잡힌 양 어깨처럼 치우침이 없어야 하는 것이다. 특히 비견은 자기 자신인 '나' 이므로 '의명학공식'을 해제할 때는 가장 먼저 강약성쇠를 판단해야 한다.

그 외, 비견은 가족 관계에서 자기 자신과 형제 친구 동서 등으로 분류된다. 비견이 많으면 형제 친구가 많고 적으면 적은 것으로 판단한다. 그러나 정확도가 분명하지 않으므로 단정해서는 안 된다. 오직 강하고 약함을 따져서 운명의 길흉화복을 관찰하고 판단하는 것을 중시해야 착오가 없다.

1) 甲木 日干 비견격(男 00년생)

年 : 庚子   대 운
月 : 戊寅   己 庚 辛 壬 癸 甲 乙
日 : 甲寅   卯 辰 巳 午 未 申 酉
時 : 癸酉   8 18 28 38 48 58 68

＊火土 : 부자   金 : 명예   水木 : 가난

■풀이

甲木 日干이 寅月에 태어났으므로 비견격이다.

생년의 子水 인수가 생월의 寅木 비견을 생하고 생일의 寅木 비견이 합세하므로 생시의 酉金 정관이 강성한 비견에 반극당한다. 생년의 庚金 편관은 뿌리가 없고 생월의 戊土 편재 역시 寅木 비견 위에서 제 기

능을 발휘하기 어렵다. 이처럼 비견은 강하고 재관財官은 허약하므로 반드시 火土金 운을 만나야 한다. 만약 水木 운을 만나면 가난을 면하지 못할 것이며 스스로 명예를 실추시킬 것이다

그러므로 己卯 대운 8~17세까지는 卯木 겁재가 주관하므로 배를 굶어야 할 만큼 가난하다. 더구나 寅木은 비견은 간, 담에 속하는데 간, 담이 태과하면 교만할 뿐만 아니라 위만 쳐다보고 아래는 보지 않으며 그 성질은 급하고 난폭하다. 따라서 가난하면서도 겸손하지 못해 흉화를 스스로 불러들인다. 庚辰 대운 18~27세까지는 辰土가 생시의 酉金과 합해 金으로 변하고 天干의 庚金 편관이 합세해 寅木 비견을 억제하므로 비로소 가난에서 조금씩 벗어나기 시작하였으며 난폭한 성격도 차츰 줄어들었다. 辛巳 대운 28세부터 壬午 癸未 57세까지는 火 식신 상관이 강성한 비견 寅木을 태워서 생월의 戊土 편재를 생하므로 사업을 일으켜 큰 부자가 될 수 있었다.

그러나 부자는 되었으되 허약한 金 관신官神이 火로부터 극을 받기 때문에 명예를 얻을 수는 없다. 뿐만 아니라 오직 재물에 대한 욕심만 지나쳐서 인심을 잃은 결점이 있었다. 甲申 대운 58세 이후는 金이 주관하므로 재산을 모으기보다 명예를 얻고자 하였으나 金木이 서로 싸우므로 오히려 구설수에 휘말린다. 하지만 水가 주관하는 나이까지 장수할 수 있었다. 건강은 木이 주관하는 대운에서는 비·위가 허약하고 火가 주관하는 대운은 신장과 폐가 허약하다.

2) 乙木 日干 비견격(男 75년생)

年 : 乙卯 　　　대 운
月 : 己卯 　　戊 丁 丙 乙 甲 癸
日 : 乙丑 　　寅 丑 子 亥 戌 酉
時 : 壬午 　　5 15 25 35 45 55

* 火土 : 부자 　金 : 명예 　水木 : 가난

■풀이

乙木 日干이 卯月에 태어났으므로 비견격이다.

생년의 天干 乙木 비견은 생월의 己土 편재를 극하고 생년의 地支 卯木과 생월의 卯木 비견이 생일의 丑土 편재를 극하므로 비견이 강하고 편재는 허약하다. 다행히 생시의 午火 식신이 생일의 丑土 편재를 생하고 있으므로 土가 木으로부터 심하게 극을 받지 않는다. 그러나 비견의 성정이 강성하므로 火土金 운을 만나야 가난에서 벗어날 수 있으며 水木 운은 가난해진다. 다만 생시의 午火 식신이 丑土 편재를 생해주고 있기 때문에 생활하는 데는 문제가 없다.

戊寅 대운 5~14세까지는 寅木 겁재가 주관하므로 어려울 듯하지만 寅木이 생시의 午火와 합해 火로 변하고 대운 天干에 戊土 정재가 있기 때문에 오히려 생활에 어려움을 겪지 않고 학교에 다닐 수 있었다. 丁丑 대운 15~24세까지는 丑土 편재가 주관하고 천간의 丁火 식신이 편재를 도우므로 더욱 넉넉하다. 그리고 丙子 대운 子水 편인이 丑土와 합해 土로 변하고 天干의 丙火가 土를 돕기 때문에 역시 어려움이 없다. 그러나 乙亥 대운은 대단히 어려워진다. 乙木 비견과 亥水 인수가 日干을 더욱 강성하게 하므로 일생 중 가장 어려운 시기를 보내게 된다. 하지만 甲戌

대운 45세부터는 戌土 정재가 卯木 비견과 합해 火로 변하므로 여유로운 생활을 하게 되므로 조금도 절망할 필요가 없다. 다만 대운 天干에 甲木 겁재 흉신이 있기 때문에 부자는 될 수 없고 아쉬움이 없는 삶을 누릴 수 있을 뿐이다.

건강은 25세 丙子 대운부터 심장과 비장이 허약하고 속이 냉해 대장에 질병을 앓는다. 甲戌 대운은 폐와 신장이 허약해 고생하므로 金水에 속하는 식품과 차를 꾸준히 섭취하면 예방이 가능하다.

3) 丙火 日干 비견격(男 32년생)

```
年 : 壬申           대    운
月 : 乙巳      丙 丁 戊 己 庚 辛 壬
日 : 丙申      午 未 申 酉 戌 亥 子
時 : 庚寅      1  11 21 31 41 51 61
```
* 木火 : 부자   土金 : 가난   水 : 보통

■풀이

丙火 日干이 巳月에 태어났으므로 비견격이다.

생년의 申金 편재와 巳火 비견은 합해 水로 변하고 생월의 乙木 인수는 생시의 庚金 편재와 합해 金으로 변한다. 그러므로 日干 丙火가 생시의 寅木 편인의 도움에 의지해야 하지만 생시의 申金 편재가 극하므로 뿌리가 깊지 못하다. 다행히 생월의 巳火 비견이 비록 申金 편재와 합해 水로 변하였다고는 하나 火氣가 완전히 사라진 것은 아니므로 木火를 만나면 큰 불길처럼 기세가 당당해진다.

그러나 土 운을 만나면 허약한 日干이 土로부터 기운을 빼앗겨 더욱 기세를 잃을 것이며, 金水 운을 만나면 火氣가 풍전등화와 같아진다. 다만 水는 강성한 申金 편재를 설기洩氣시켜서 木을 생해주므로 亥水 편관이 巳火 비견을 극하지 않는 한 어려운 중에서도 평범한 생활은 유지할 수 있다. 따라서 丙午 대운 1~10세까지는 午火 겁재가 주관하므로 큰 어려움 없이 어린 시절을 보낼 수가 있었다.

그러나 대운 天干 丙火 비견이 생년의 壬水 편관과 충하고 地支 午火 겁재가 생시의 寅木 편인과 합해 火로 변한 다음 생일의 申金 편재를 극하므로 부유하기보다 가난에 가깝다. 丁未 대운 11~21세까지는 부모의 노력으로 상당히 부유한 생활을 하게 된다. 日干 丙火가 未 중의 丁火와 天干 丁火 겁재로부터 도움을 받기 때문이다. 하지만 庚戌 대운 21세부터는 급속히 가난해질 수밖에 없었다. 申金 편재가 과다하고 강성해 큰 재산만 노리면서 일확천금을 꿈꾸다가 일신을 망칠 수밖에 없었던 것이다. 그리고 51세 辛亥 대운에서 辛金 정재가 생월의 乙木 인수를 극하고 亥水 편관이 巳火 비견을 극하므로 日干 丙火가 의지할 데가 없다. 따라서 이때 생을 마감하게 되는 것이다. 건강은 간과 심장이 허약하므로 戊申 대운 이후 속이 냉해 대장에 병을 앓게 된다.

4) 丁火 日干 비견격(男 52년생)

年 : 壬辰　　　　　대　운
月 : 丙午　　丁 戊 己 庚 辛 壬 癸
日 : 丁丑　　未 申 酉 戌 亥 子 丑
時 : 壬寅　　 2 12 22 32 42 52 62
* 木火 : 평범　金水 : 흉　土 : 반길 반흉

■풀이

丁火 日干이 午月에 태어났으므로 비견격이다.

생월의 丙火 겁재는 생년의 壬水 정관으로부터 극을 받고 午火 비견은 생년의 습한 辰土 상관과 생일의 냉한 丑土 식신 사이에서 火氣가 어두운데, 생시의 寅木 인수만이 丁火 日干을 생하고 있다. 게다가 생시의 壬水 정관이 생일의 丑土에 뿌리를 두고 寅木 인수를 생하지만 오히려 寅木이 물에 젖은 나무와 같다. 따라서 丁火 日干이 허약한 편에 속하므로 木火 운을 만나는 것이 좋다.

그러나 丁火 日干이 생월의 午와 생시의 寅에 뿌리가 분명하므로 土金水 운이 와도 고통을 겪을 만큼 가난해지지는 않는다. 金 운은 생시의 寅木 인수를 억제해 丁火 日干을 생하는 힘이 부족하고 水 운은 생월의 午火 비견을 억제해 역시 日干을 돕기 어려우므로 설사 천만 금이 들어온다 해도 재산을 지니지 못하고 또 공직에 나아가도 출세하기 어려워진다. 日干이 약하면 큰 것을 담을 수 없는 그릇과 같기 때문이다.

그러므로 丁未 대운 2~11세까지는 허약한 日干을 丁未의 火氣가 日干을 도우므로 정재와 편재를 생해주는 생년의 辰土 상관과 생일의 丑土에 힘입어 넉넉한 가정에서 자라날 수 있었다. 그러나 戊申 대운 12~21세까지는 申金 정재가 생시의 寅木 인수를 극해 日干이 허약해지자 아버지가 사업에 실패해 경제적인 어려움을 겪기 시작하였다. 하지만 22세 己酉 대운에서는 酉金 편재가 비록 흉신이지만 생일 地支 丑土와 합하므로 생시의 寅木 인수를 억제는 하되 충하지는 않으므로 다시 가난에서 벗어날 수 있었다. 그리고 酉金 편재가 관신 水를 생하므로 대학을 졸업한 뒤 공직생활을 시작하였다.

庚戌 대운 32~41세까지는 戌土 상관이 생월의 午火 비견과 생시의 寅

木 인수와 삼합해 火로 변하므로 안정된 생활을 하였으며, 辛亥 대운 42세에 이르러서는 亥水 정관이 생시의 寅木 인수와 합해 木으로 변하므로 공직에서 무리 없이 승진도 할 수 있었다. 그러나 寅木이 水氣에 젖어 높은 직위에 오를 수는 없었다. 壬子 대운 52세에 이르러서는 子水 편관이 생월의 午火 비견을 극하고 壬水 정관이 생월의 丙火 겁재를 완전히 사멸시키자 허약한 丁火 日干이 꺼질 듯 쇠약해지자 구설수로 인해 더 이상 공직에 머물러 있을 수가 없었다. 뿐만 아니라 子午가 충하고, 2001년 辛巳년에는 寅巳가 刑하자 구설수에다 교통사고까지 겹치는 재앙이 한꺼번에 일어났다. 장차 申年을 또 만난다면 寅申이 충해 火氣가 소멸되므로 風이나 뇌졸증 등에 의해 생명마저 위협받을 수 있다. 건강은 간과 심장이 허약하다.

5) 戊土 日干 비견격(男 40년생)

年 : 庚辰   대   운
月 : 丙戌   丁 戊 己 庚 辛 壬 癸
日 : 戊戌   亥 子 丑 寅 卯 辰 巳
時 : 甲寅   5 15 25 35 45 55 65

* 火土 : 가난(단 地支 火는 종격)   金 : 부자   水木 : 부귀

■풀이

戊土 日干이 戌月에 태어났으므로 비견격이다.

생월의 丙火 편인이 日干을 생하는 한편 생년의 庚金 식신을 극하고, 연월일의 地支가 土이고 생시의 甲寅 편관만이 강성한 土의 세력에 겨우 버텨내고 있다. 따라서 세력이 강한 土氣를 金氣 식신, 상관이 설기

시키면 甲寅木 편관이 극을 받으므로 재산은 있되 명예를 잃고 몸을 상할 수 있으며, 火氣 인수 편인은 木과 土 사이를 상생시키므로 이때는 종격으로 변화돼 오히려 부를 얻는다. 火가 水를 충해와서 정재 편재가 되기 때문이다.

그러나 역시 水木이 가장 좋다. 水는 재물의 神으로서 약한 甲寅木 편관을 생하므로 부귀를 함께 누리고 木은 관신이므로 부보다 공직자로서 명성을 얻는다. 따라서 丁亥 대운 5세부터 戊子 대운 25세까지 매우 부유한 가정에서 생활하고 학업성적도 뛰어났다. 하지만 대운 천간에 흉신 丁火 인수와 戊土 비견이 있기 때문에 中上 정도밖에 되지 않는다. 己丑 대운은 丑土 겁재가 비록 흉신에 속하지만 冷土로서 丑중에 癸水 정재가 강하게 작용하고 있으므로 가난 때문에 고통을 받지는 않는다. 水木 세월 운에서 오히려 공직에 나아갈 수 있었다. 이 공식의 경우 丙丁火와 戊己 辰戌未 土가 가장 위험한 흉신이 된다. 丙丁은 日干 戊土를 생하고, 생년의 庚金 식신을 극하고, 辰은 비록 습한 土이나 戌과 충하고, 戌土는 건조한 土로서 水氣를 빼앗아가기 때문이다.

庚寅 대운 35세부터 辛卯 대운 54세까지는 木 官神이 주관하므로 순탄한 공직생활과 더불어 가정도 넉넉하다. 다만 대운 天干이 金이므로 재물은 생하되 木 官神을 극하므로 크게 출세하지는 못한다. 壬辰 대운 55세 이후는 대단히 위험하다. 생년과 생월의 辰戌이 이미 충하고 있는데 대운의 辰이 생일의 戌과 충하고 대운의 壬水 편재가 생월의 丙火 편인을 극하므로 세월 운에서 申金 식신이 생시의 寅木을 극하면 생명마저 유지하기 어려운 것이다. 건강은 丁亥 대운부터 己丑 대운 34세까지는 심장이 허약하고 그 이후는 폐·신장이 허약해지며, 임진 대운은 위장·신장·심장·간 기능까지 허약해진다.

6) 己土 日干 비견격(男 37년생)

年 : 丁丑　　　　대　운
月 : 癸丑　　壬 辛 庚 己 戊 丁 丙
日 : 己酉　　子 亥 戌 酉 申 未 午
時 : 戊辰　　4 14 24 34 44 54 64

＊金水 : 부자　木 : 명예　土 : 보통(단 戌未는 흉)　火 : 대흉

■풀이

　생년의 丁火 편인은 뿌리가 없고 생월의 癸水 편재로부터 극을 받으므로 없는 것과 같다. 地支는 土金 뿐이고 丑辰 비견 겁재는 水氣가 가득하다. 따라서 土金水木 모두가 좋다. 土는 본래 4계절에 모두 배속되므로 어느 운을 향해도 다 좋은 장점이 있다. 그러나 이 공식의 경우는 냉하고 습한 土이므로 자연히 火를 충해 와서 陰陽이 조화를 이루지만 戌과 未는 다르다. 戌未 중의 丁火가 습하고 냉한 癸水로부터 꺼지기 때문이다. 따라서 庚戌 대운 24~33세까지 건강과 생활이 한때 흉하게 전개된다. 다만 대운 천간에 庚金이 있기 때문에 생명에 지장은 없었다. 그러나 丁未 대운 54세에서는 天干 丁火 편인이 생월의 癸水 편재의 극을 받으므로 생명을 더 이상 유지하기 어렵다. 즉 심장마비로 사망하게 되는 것이다.

7) 庚金 日干 비견격(男 68년생)

年 : 戊申　　　　대　운
月 : 庚申　　辛 壬 癸 甲 乙 丙 丁
日 : 庚寅　　酉 戌 亥 子 丑 寅 卯
時 : 戊寅　　7 17 27 37 47 57 67

* 水木 : 부자(단, 寅은 申과 충하므로 흉)　火 : 부귀　土金 : 가난

■풀이

庚金 日干이 申月에 태어났으므로 비견격이다.

생년과 월의 2개의 申金 비견으로부터 생일과 시의 寅木 편재가 극을 받기 때문에 庚金 日干은 강성하고, 寅木 편재는 대단히 허약하다. 더구나 申과 寅이 水의 상생 없이 직접 충하므로 寅木 편재가 큰 도끼에 베이는 나무와 같다. 이처럼 상생 없이 지지가 충하면 사고, 형벌, 분쟁 등 온갖 재앙이 따르기 마련이다. 따라서 水 식신 상관 운을 만나야 강성한 申金 비견을 설기시켜서 寅木 편재를 생해주므로 재앙도 없고 막히는 일도 없이 부자가 된다. 그리고 火 정관 편관 운을 만나도 좋다. 부귀를 함께 누릴 수 있다. 강성한 金을 억제하기 때문이다. 그러나 土金 운을 만나면 비견이 더욱 강성해져서 寅木 편재를 극하므로 극심한 가난 때문에 배를 굶을 수도 있다. 특히 申金 비견 운을 만나면 생명까지 위험하다.

그러므로 이 공식은 신유 대운 7세부터 임술 대운 26세까지 하루 세 번 밥을 먹기조차 어려웠다. 하지만 계해 대운 27세에 이르자 거의 밑천 한 푼도 없이 장사를 시작해 순식간에 재산을 모으기 시작하였다. 그리고 甲子 대운 46세까지 그야말로 재산이 불처럼 일어날 것이다. 그러나

乙丑 대운 47세에 이르면 한순간에 재산을 잃을 수 있다. 따라서 이럴 때는 사업을 확장하지 말고 지키는데 열중해야 한다. 또 57세 丙戌 대운은 丙火 편관이 庚金 비견을 극하고 寅木 편재가 申金 비견을 충하는데, 이때는 庚申 비견이 寅木 편재로부터 반극당한다. 따라서 분수 이상으로 재물에 대한 욕심을 부리다가 사기, 사고, 형벌 등을 당하기 쉽고 일순간에 재산을 모두 탕진하게 되므로 마음을 비우고 수행하는 자세로 여생을 보내야 한다. 그러면 丁卯 대운에서 또 한 번 큰 부를 누리게 될 것이다. 건강은 간과 위장이 허약하다.

8) 辛金 日干 비견격(女 44년생)

```
年 : 甲申         대  운
月 : 丁丑     丙 乙 甲 癸 壬 辛 庚
日 : 辛卯     子 亥 戌 酉 申 未 午
時 : 丙申     5  15 25 35 45 55 65
```
* 木火 : 부귀   水 : 부자   土金 : 가난

■풀이

日干 辛金에서 생월지지 丑土는 편인이지만 丑 중의 辛金을 취용해서 비견격으로 정하였다. 일반적으로 辰戌丑未는 잡기라 하여 고대로부터 日干에 따라서 별도의 격식을 사용하여 왔다. 가령 日干이 丙火일 때 생월이 丑이면 丑 중의 癸水를 정관, 辛金을 재관으로 보고 잡기재관격雜氣財官格이라 하였던 것이다. 그러나 丑을 丑 그대로 보고 격식을 정하여도 조금도 해제하는 데는 문제가 되지 않는다. 다만 잡기에 내장된 天干이 무엇인지만 알고 있으면 되는 것이다.

이 공식의 경우, 잡기재관격에 해당되지는 않지만 생월이 내장하고 있는 어떤 天干이라도 편의에 따라서 취용하여도 그 답은 하나임을 보여주는 예이다. 따라서 이 공식을 해제해보면, 辛金 日干이 丑土와 丑 중의 辛金과 생시의 申金 겁재에 뿌리를 분명하게 내리고 생조를 받고 있으며, 생년의 申金 겁재까지 합세하므로 대단히 그 성정이 강하다. 반면에 생년의 甲木 정재와 생월의 丁火 편관은 뿌리가 없고, 생시의 丙火 정관이 생일의 卯木 편재에 겨우 뿌리를 내릴 듯하는 것에 지나지 않는다. 卯木 편재가 생년과 생시의 申金 겁재와 생월의 丑土 편인에 둘러싸여 제 기능을 발휘할 수 없기 때문이다.

그러므로 木火 운을 만나야 건강과 생활에 어려움을 겪지 않는다. 水 식신 상관은 木 정재 편재를 생하지만 火 정관 편관을 극하므로 여자로서 고통을 받을 수밖에 없다. 여성에 있어서 관신은 남편에 해당되기 때문이다. 이에 이 공식은 丙子 乙亥 대운 5~24세까지 대운 天干에 용신 丙乙이 주관하고 地支 亥子가 생일의 卯木 편재를 생해주므로 부자는 아니라도 생활에는 조금도 걱정이 없었다. 그리고 甲戌 대운 25세에 혼인을 하였는데, 戌土 인수가 생일의 卯木 편인과 합해 火 관신으로 변하였기 때문이다. 대개 여성은 생일 地支가 합해서 재신이나 관신이 될 때 혼인을 하게 된다. 재신은 한 남자의 아내로서 자기 자신이 되고, 관신은 남편에 해당되므로 이때가 되면 혼인에 조금도 착오가 없다.

癸酉 대운 35세부터 임신 대운 54세까지는 일생 중 가장 어려운 생활을 하게 된다. 申酉 金 비견 겁재가 생일의 卯木 편재를 극하고, 壬癸 식신 상관이 丙丁 정관 편관을 극하기 때문이다. 따라서 남편이 사업실패로 가난을 면할 수 없고, 스스로도 재물을 지킬 수가 없었으며 부부의 정도 없었다. 그리고 辛未 대운에 이르러서는 辛金 비견이 생시의 丙火

와 합해 수로 변한 뒤, 생월의 丁火 편관을 극하고 未土가 생월의 丑과 충하므로 未 중의 丁火 편관이 丑 중의 癸水 식신의 극을 받는다. 따라서 이때 남편이 사망하였다. 庚午 대운 이후는 용신 火가 주관하므로 부자는 아니라도 가난을 면하고 편안한 생활을 할 수 있다.

건강은 간과 심장이 허약하므로 저혈압 증세와 속이 냉해 당뇨와 대장질환을 앓고 또 냉한 丑土로 인해 자궁병도 앓게 되며, 火 운에서는 고혈압 증세까지 나타난다.

9) 壬水 日干 비견격(女 55년생)

年 : 乙未
月 : 丁亥
日 : 壬寅
時 : 戊申

대 운
戊 己 庚 辛 壬 癸 甲
子 丑 寅 卯 辰 巳 午
10 20 30 40 50 60 70

* 木火 : 부자   土 : 명예   金水 : 가난

■풀이

壬水 日干이 亥月에 태어나서 비견격이다.

생월 亥水 비견에 壬水 日干이 도도하게 흐르는 물과 같은데 생시 申金 편인에도 뿌리를 두었으므로 성정이 강성하다. 생년의 乙木 상관과 생일의 寅木 식신이 재신을 생하는데. 생월의 丁火 정재가 생년의 未土 정관과 생일의 寅木 식신에 뿌리를 두었으므로 재복을 타고난 공식이다. 木火 운을 만나면 거부가 될 것이며, 土 운을 만나면 한 기업의 총수가 될 것이다. 그러나 金水 운을 만나면 가난을 면할 수 없다.

그러므로 戊子 대운 10~19세까지 子水 겁재가 주관하므로 가난하였다. 다만 대운 天干에 戊土 편관이 있어서 고등학교까지는 졸업할 수 있었다. 己丑 대운 20~29세까지는 비록 丑土가 정관이지만 水氣가 많은 土이므로 생활이 조금은 나아졌어도 넉넉하지는 못하다. 그러나 대운 天干에 남편에 해당되는 己土 정관이 丑土에 분명하게 뿌리를 두었으므로 이때 혼인을 하는데, 23세 戊午년(1978년)이었다.

戊土 편관의 힘이 강성하고 여성으로 한 남자의 아내에 속하는 午火 정재가 생일의 寅木 식신과 합하기 때문이다. 대개 생일 地支는 남녀 모두 배우자로 보며, 합이 있을 때 혼인하고 충이 있을 때 불화 또는 이혼하는 경향이 있다. 아무튼 이 공식의 여성은 이때 혼인한 뒤, 평범한 회사 직원의 아내로서 생활 걱정은 하지 않았다. 그러나 경인 대운에 이르러서는 寅木 식신이 온전하게 주관하는 35세에 남편이 사업을 시작한 뒤, 辛卯 대운 40세에서는 중소기업인으로서 수백억대의 재산가가 될 수 있었다. 壬辰 대운 50~59세까지는 水氣가 강하게 작용하므로 재산을 많이 잃는다. 하지만 癸巳 대운 60세부터는 火가 주관하므로 또다시 재산이 불어난다. 건강은 폐·대장이 허약하다.

10) 癸水 日干 비견격(女 77년생)

年 : 丁巳　　　　　대　운
月 : 壬子　　癸 甲 乙 丙 丁 戊 己 庚
日 : 癸卯　　丑 寅 卯 辰 巳 午 未 申
時 : 癸亥　　 8 18 28 38 48 58 68 78

＊木火 : 부자　土 : 명예(단 丑辰은 흉하다)　金水 : 가난과 질병

■풀이

癸水 日干이 子月에 태어났으므로 비견격이다.

생월 천간에 음수 겁재가 뿌리를 두고 도도하게 흐르는 물과 같은데, 생시의 癸亥 水 비견 겁재까지 합세하므로 日干 癸水의 성정이 대단히 강성하다. 반면에 생년의 丁火 편재가 비록 地支 巳火 정재에 뿌리를 두고 있으나 생월의 壬水 겁재에 어두워지고, 巳火 정재 역시 子水 비견에 불꽃을 활활 피우지 못한다. 생일의 卯木 식신은 亥子 사이에서 물에 젖은 나무처럼 火를 생하기 어렵다.

그러므로 木 식신 상관으로 태과한 水氣를 흡수해 火 정재 편재를 생하거나, 火 정재 편재로서 허약한 火氣를 도우면 거부가 될 것이며, 戊戌未土 정관 편관으로 태과한 水를 막으면 사회적 명성을 얻을 것이다. 다만 丑辰土 정관 편관은 水氣를 머금고 있기 때문에 불길하다. 또 金 인수 편인과 水 비견 겁재는 강성한 日干을 도와서 허약한 火 정재 편재를 극하므로 극심한 가난은 물론 심장 허약으로 인한 갖가지 질병을 앓을 것이다.

그런데 이 공식의 경우, 생년 地支 巳火 정재와 생일 地支 卯木 식신이 천을귀인이므로 큰 부자의 운을 타고난 사람이라 할 수 있다. 관신이 천을귀인이면 공직에서 최고의 지위에 오를 수 있고, 인신印神이 천을귀인이면 학자로서 큰 업적을 남기게 된다. 그만큼 천을귀인은 자신을 돕는 최고의 神에 해당된다.

따라서 일생 중 癸丑 대운 8~17세까지와 丙辰 대운 38~47세까지 약간의 시련이 따를 뿐 木火 대운에서 큰 부와 명성을 함께 얻을 것이다. 그러나 행운은 영원하지 않으므로 78세 경신 대운 이후는 몰락의 길을 걸을 뿐만 아니라 심장 허약으로 인한 각종 질병으로 고생하므로 말년이 아름답지 못하다.

2. 겁재격劫財格의 부귀변천

비견과 오행은 같데 음·양이 다른 것을 겁재라 하며 흉신으로 분류되며 비견과 성질이 같다.

겁劫은 빼앗는다. 또는 협박한다는 뜻이고, 재財는 재물이다. 그러므로 협박해 재물을 빼앗는 격식이 겁재인 것이다. 재물뿐만 아니라 인간관계에 있어서 재는 여성은 한 남자의 아내로서의 자신이 되고, 남성은 아내에 해당되므로 여성 자신과 남성은 아내를 핍박하고 인연이 멀어짐을 의미한다. 그리고 형제 동서 친구도 겁재에 해당된다. 따라서 비견이 강하면 형제 친구 동서 등에 의해 재물을 강탈당한다는 의미가 있다.

사람이 재산을 잃는 것은 神의 명령에 의해서가 아니라 반드시 가까운 사람에 의해서 잃고, 부자가 되는 것도 역시 가까운 사람에 의해서 부자가 된다. 운이 나쁠 때 즉 비견이 강한데 비견이나 겁재 또는 인수 편인 운을 만나면 득을 줄 사람은 나와 멀어지고, 재산을 빼앗아갈 사람만 가까워져서 그로부터 재산을 잃는다. 그러나 비견 겁재가 강하다 하더라도 식신 상관 정재 편재 정관 편관 운을 만나면 재산을 빼앗아갈 사람들은 멀어지고 나에게 이익을 줄 사람들과 가까워져서 그로부터 도움을 받아 부자가 된다.

그러므로 모든 것은 日干인 비견의 성정에 의해 결정된다. 비견의 성정이 약하면 겁재가 오히려 복을 가져다주는 행운의 神으로 변하는 것이다. 그러기에 겁劫은 부지런하다는 뜻을 동시에 머금고 있다. 즉 부지런히 일해서 재산을 늘린다는 의미도 포함되어 있다. 하지만 비견이 약한데 식신 상관 정재 편재 정관 편관 운을 만나면 오히려 흉이 된다. 재물에 대한 욕심과 출세욕이 분수 이상으로 강해 재산을 잃고 명예를 손상하게 되는 것이다. 따라서 자신의 분수를 알고 행동하는 것이 바로 운명을 극복하는 또 하나의 지혜인 것이다.

1) 木 日干 겁재격(男 78년생)

年 : 戊午　　대　운
月 : 甲寅　　乙 丙 丁 戊 己 庚
日 : 乙丑　　卯 辰 巳 午 未 申
時 : 丁亥　　0 10 20 30 40 50

* 火土 : 부자　金 : 명예　水木 : 가난

■풀이

乙木 日干이 寅月에 태어났으므로 겁재격이다.

寅木 겁재가 생시의 亥水 인수와 합해 또 木 겁재가 되고, 생월의 甲木 겁재가 생년의 戊土 정재를 극하는데, 생시의 丁火 식신은 뿌리가 없다. 또 생일의 냉한 丑土 편재는 寅木 겁재의 억제를 받는다. 따라서 乙木 日干 비견의 성정이 대단히 강성하고 火土가 허약하다.

이렇게 비견과 겁재가 강성하므로 火 식신 상관이 乙木 日干을 설기시켜 戊丑 정재와 편재를 생하면 거부가 된다. 그리고 土로서 약한 戊丑 정재 편재를 도우면 부귀를 함께 누리게 된다. 土는 재신이고 관신 金을 생해주기 때문이다. 金은 강성한 日干의 성정을 억제하므로 사회적 명성을 얻는다. 그러나 木 비견 겁재와 水 인수 편인 운을 만나면 한순간에 재산을 다 잃고 거리에서 잠을 자야하는 신세로 전락할 뿐만 아니라 처자식과도 인연이 멀어진다.

따라서 어린시절 乙卯 대운 0~9세까지는 乙木 비견이 생년의 戊土 정재를 생월의 甲木 겁재와 함께 억제하고 卯木 비견은 생일의 丑土 편재를 극하므로 부모가 가난해서 함께 고생한다. 다행히 생년의 午火 식신이 卯木 비견과 상생하므로 가난은 하여도 생활을 걱정할 정도는 아니다. 丙辰 대운 10~19세까지는 天干 丙火 상관이 생월의 甲木 겁재를 설기시켜 생년의 戊土 정재를 돕고 地支 辰土 정재가 허약한 생일의 丑土 편재를 도우므로 갑자기 부모가 사업을 일으켜 이때부터 넉넉한 가정에서 편안하게 공부할 수 있었다.

그리고 20세 丁巳 대운부터는 부모는 물론 스스로의 노력으로 학업을 마칠 수 있으며 기업을 일으킨 뒤, 戊午 己未 대운 49세까지 큰 부를 창출하게 된다. 그러나 庚申 대운 50세부터는 庚申 정관이 생월의 甲寅 겁재를 충하므로 乙木 日干이 갑자기 허약해져 그동안 쌓은 부를 한꺼번에 잃을 수 있다. 즉 교만한 마음에 명예욕에 치우쳐 정계 진출 등의 야망을 꿈꾸다가 불행하게 되는 것이다. 건강은 비장과 폐가 허약하다. 庚申 대운은 간과 담이 허약해져 풍을 앓을 수 있다.

2) 火 日干 겁재격(女 47년생)

年 : 丁亥 　　　　대　　운
月 : 丙午　　丁 戊 己 庚 辛 壬
日 : 丁卯　　未 申 酉 戌 亥 子
時 : 壬寅　　7 17 27 37 47 57

＊ 木火土 : 부귀　　金水 : 가난　　木 : 학문

■풀이

　丁火 日干이 午月에 태어나서 비견격이나 생월 天干에 丙火 겁재가 강하게 작용하고 있고 전반적으로 火氣가 강하므로 陽의 丙火를 취용해 겁재격으로 정하였다. 약한 것은 陰이고 상대적으로 강한 것은 陽에 속하기 때문에 예를 든 것이다. 그리고 寅卯 인수 편인이 강하게 작용하므로 학문과 인연이 깊은 격식에 속한다.

　이 공식은 木火만 강하고 생시의 壬水와 생년의 亥水 정관이 강한 火氣에 마르므로 취용하기 어렵다. 따라서 木火土를 좋하는 것이 원칙이다. 金 정재와 편재 운을 만나면 金이 부러질 것이며, 水 정관과 편관 운을 만나면 水가 木에 흡수되고 火에 마를 것이므로 불길하다. 그러나 공식에 이미 水가 있기 때문에 근본적으로 水 정관 편관이 허약함을 어쩔 수 없고, 金水 운을 만난다 하더라도 전혀 水가 없는 것 보다는 낫다.

　이렇게 丙丁午 비견과 겁재가 강성하고 壬亥 정관이 허약하면 여성은 혼인하기 어렵다. 관신이 여성의 남편에 해당되기 때문이다. 따라서 丁未 대운 7~16세까지는 火土가 주관하므로 유복한 가정에서 자라났으나, 戊申 대운 17세 이후는 대단히 불길하다. 한 남자의 아내로서의 자기 자신인 辛金 정재가 생시의 寅木 인수와 충해 극을 받고, 己酉 대운 27세 이후는 酉金 편재가 생일의 卯木 편인과 충해 극을 받으므로 혼인을 할 수 없었던 것이다.

　그러므로 이때 출가해 여승이 되었으며 출가 후 신장과 폐가 허약한 데다 환경도 좋지 않아서 수많은 고통을 겪어야 했다. 庚戌 대운 37세 이후는 戌土 상관이 생월의 午火 비견과 생시의 寅木 인수와 합해 火로 변하므로 이때 한 암자의 주지가 될 수 있었다. 그러나 庚金이 허약해 늘 대장병과 신장 허약으로 인해 고생할 수밖에 없었다. 辛亥 壬子 대운 역시 좋아지지 않는다.

3) 土 日干 겁재격(女 58년생)

年 : 戊戌　　　　대　운
月 : 乙丑　　甲 癸 壬 辛 庚 己
日 : 戊申　　子 亥 戌 酉 申 未
時 : 壬戌　　2 12 22 32 42 52
＊ 金水 : 부자　土 : 가난　木 : 명예　火 : 보통이나 건강에 좋다.

■풀이

戊土 日干이 丑月에 태어났으므로 겁재격이다.

  생월의 乙木 정관은 뿌리가 없고 생시의 壬水 편재는 생일의 申金 식신에 뿌리를 두고 있다. 그런데, 생년과 생시의 戊土 비견은 丁火를 내장하고 있을 뿐 火氣를 밖으로 분출하지 못한다. 게다가 냉한 丑土 겁재와 水를 생하는 생일의 申金 식신 때문에 火氣가 거의 없다. 따라서 대운에서 火가 충해오지 않으면 생존하기 어렵다. 이처럼 陰이 태과하고 陽이 턱없이 부족해 陰陽이 조화를 얻지 못하고 대운에 의지하면 용신운을 만난다 해도 크게 발전하지 못한다. 이 공식의 경우, 金水木火 운을 만나야 하는데, 金은 태과한 土氣를 설기시켜 水를 생하고 木을 충해오고, 水는 陽氣 火를 충해오며, 木은 土를 억제하고 火를 생해주기 때문이다. 그러나 火로서 부족한 陽氣를 보충해주어 건강해지는 것만 못하다. 土는 4계절에 다 배속되므로 土가 전체를 지배하고 있을 때는 어느 오행을 만나도 큰 문제는 없으나 이처럼 陰氣가 많을 때는 陽氣가 반드시 필요하기 때문이다.

그러므로 이 공식은 甲子 癸亥 대운에서 水가 火를 충해와서 생년과 생시의 戌土와 상생해 陰氣를 걷어내지만 근본적으로 너무 냉하기 때문에 평범한 삶에 지나지 않는다. 17세 壬戌 대운은 戌土가 辰土를 충해오는데 공식에 있는 戌土와 辰土가 상충하기 때문에 火氣가 더욱 약화된다. 따라서 이때 매우 고생하며, 심장 허약에 의한 갖가지 질병을 앓았던 것이다. 그리고 37세이후 辛酉 庚申 운은 강한 土氣를 설기시켜서 좋으나 金이 木을 충해온다 해도 水를 생하는 성정이 크므로 생활 걱정은 없다 하더라도 건강 때문에 편할 날이 없었다. 장차 己未 대운에 이르면 未土 겁재가 생월의 丑土 겁재와 상충하고, 乙木 정관이 완전히 꺾어질 것이므로 간과 심장병으로 인해 생명을 더 유지하기도 어려울 것이다.

4) 金 日干 겁재격(女 50년생)

```
年 : 庚寅              대    운
月 : 甲申       乙 丙 丁 戊 己 庚
日 : 辛卯       酉 戌 亥 子 丑 寅
時 : 壬辰       1 11 21 31 41 51
```
* 水木 : 부자   火 : 명예   土金 : 가난

■풀이

辛金 日干이 申月에 태어났으므로 겁재격이다.

생년일시의 寅卯辰이 방합해 木이 되지만 생월의 申金 겁재가 寅木을 충해 합을 깨고 있다. 또 생년의 庚金이 생월의 甲木을 극한다. 이처럼 金木이 상쟁하면 金木이 함께 상처를 입고 日干을 돌아보지 못한다. 그런데 日干 辛金 비견이 생시의 辰土 인수에도 뿌리를 두는데 생일지지 卯木 편재가 억제하고 天干 壬水 상관이 생월의 甲木을 생한다. 따라서 가장 허약한 것은 생시의 辰土 인수이고, 다음으로 寅 중의 丙火 정관이다.

그러므로 공부를 많이 할 수 없고 남편 복도 박약하므로 火 관신 운이 좋고, 土 운을 만나도 크게 가난해지지는 않는다. 그러나 辛金 日干이 뿌리가 분명한 이상 水木 운을 만나면 좋다. 다만 寅申 甲庚이 충하기 때문에 日干이 무겁지 못하고 불안하다. 따라서 좋은 운을 만난다 해도 그저 평범한 삶에 지나지 않는다. 이에 대운을 비교해보면, 乙酉 대운 1~11세까지는 酉金 비견이 생시의 辰土 인수를 합해서 더욱 단단한 金으로 변한 뒤 생일의 卯木 편재를 극하고 乙木 편재는 생년의 庚金 겁재와 합해 金으로 변하므로 가난하다.

그리고 간과 심장이 허약해 병약한 어린시절을 보낼 수밖에 없었다. 丙戌 대운 11~20세까지는 丙火 정관이 생년의 庚金 겁재를 극하고, 戌土가 생일의 卯木 편재와 합해 火 정관으로 변하므로 庚申金 겁재가 갑자기 약해진다. 따라서 辛金 日干이 기세를 잃고 木火만 강해지므로 역시 가난에서 헤어날 수 없었다. 丁亥 대운 21세에서는 丁火 편관이 생시의 壬水 상관과 합해 木 정재로 변하고, 亥水 상관이 寅申 사이를 통관시켜서 충을 소멸시키고 寅木과 합해 정재가 되므로 이때 혼인하고 생활도 비로소 넉넉해지기 시작하였다. 31세 대운 戊子는 子水 식신이 생월의 申 겁재와 생시의 辰 인수와 삼합해 水가 돼 木 재신을 생하므로 역시 평범한 삶을 누릴 수 있었다. 己丑 대운 41~50세까지는 己丑土 편인이 약한 辛金 日干을 생하므로 寅卯 정재 편재에 의해 건강은 물론 경제적으로도 보다 나은 삶을 누릴 수 있었다. 그러나 庚寅 대운 51세에 이르러서는 庚甲 寅申이 또 상생하므로 간·심장·폐·대장이 함께 허약해지고 경제적으로도 또다시 어려움을 겪을 수밖에 없었다. 61세 辛

酉 대운 역시 辰酉가 합해 金으로 변해 卯木 편재를 억제하므로 건강과 경제가 호전되지 않는다.

5) 水 日干 겁재격(女 91년생)

年 : 壬申　　　　　대　운
月 : 庚子　　己 戊 丁 丙 乙 甲 癸 壬
日 : 壬寅　　亥 戌 酉 申 未 午 巳 辰
時 : 丙午　　6 16 26 36 46 56 66 76

＊火土 : 부귀　金 : 학문, 財는 보통　水 : 보통(단 壬子는 가난)

■풀이

壬水 日干이 子月에 태어났으므로 겁재격이다.

지지가 金水木火로 상생하고 있다. 土만 있었다면 오행이 모두 갖추어졌을 것이다. 이처럼 오행이 충함이 없이 상생하면 수명장수할 뿐만 아니라 부귀를 함께 누릴 수 있다. 己亥 대운 6~15세까지는 亥水 비견이 생일의 寅木 식신과 합해 목으로 변하므로 크게 부유한 집안에서 자라나지는 않지만 남부러울 것이 없다. 그러나 戊戌 대운 16~25세까지는 戌土 편관이 생일의 寅木 식신과 생시의 午火 정재와 삼합해 火 편재로 변하므로 큰 부를 누릴 뿐만 아니라 학업성적도 수위를 다투고 학생회 회장도 될 수 있다.

하지만 丁酉 대운에서는 酉金 인수가 주관하므로 공부에 더욱 열중하는데, 생일의 寅木 식신을 억제하므로 戊戌 대운보다는 경제적으로 풍족하지 못하다. 다행히 대운 天干에 丁火 정재가 있기 때문에 여전히 경제적인 어려움을 겪지 않는다. 丙申 대운에서는 申金 편인이 水를 생하고 생일의 寅木 식신을 극하고 생년의 壬水 비견으로부터 丙火 편재가 극을 받기 때문에 이때 처음으로 경제적인 곤란을 당한다. 그러나 생시의 丙午 편재 정재가 분명하게 자리를 잡고 있어서 예전보다는 못해도 생활고에 시달릴 정도는 아니다.

그러나 그러한 한때의 약간의 시련은 거부가 되는데 필요한 경험이라 할 수 있다. 乙未 대운에 이르면 드디어 스스로 가업을 일으키는데 그 규모가 거부에 해당된다. 그리고 66세 癸巳 대운까지 30년간 재산은 더욱 불어날 것이다. 壬辰 대운 76세부터는 壬水 비견이 생시의 丙火 편재를 극하고, 辰土 편관이 생년 생월의 申子와 삼합해 강력한 水로 변해 생시의 午火 정재를 극하므로 이때 재산을 자식에게 물려주고 스스로 빈손이 될 것이며, 간·심장 허약으로 인한 풍이나 당뇨·고혈압 등으로 고생하다가 세상을 하직할 것으로 보인다.

3. 식신격食神格의 부귀변천

日干이 생하는 오행 중에서 陰陽이 같은 것을 식신이라 하며, 여성의 자식에 해당된다.

글자 그대로 음식의 神으로서 길신에 속하는데, 기이하게도 식신이 두 개 이상 있으면 배가 나오고 대체로 비만인 경우가 많다. 日干의 뿌리가 분명하고 약하지 않은데 식신이 있고 재신이 있으면 한마디로 군자의 풍모를 지니고 유유자적한 삶을 누릴 수 있다. 그러나 日干이 허약한데 식신이 두 개 이상 있으면 허풍만 있고 실속이 없다. 이럴 때는 인수 편인 비견 겁재 운을 만나면 풍요로워진다. 그리고 日干이 강한데 식신이 하나가 있고 편인이 강하면 몸도 쇠약하고 가난을 면하지 못하지만, 정재와 편재 운을 만나면 부귀하고 정관 편관 운에서 출세한다.

식신은 특히 비견을 극파하는 편관을 억제하므로 좋다. 日干이 약하고 편관이 아무리 강해도 식신만 있으면 편관의 해를 입지 않는다. 그러나 편인 운을 만나면 즉시 해를 입는데, 편인이 식신을 극파하므로 식신이 편관의 살기를 억제하지 못하기 때문이다. 또 日干이 약한데 식신이 있고 재신이 많으면 허풍과 허욕에 치우쳐 일생을 허비한다. 요행히 인수 편인 비견 겁재 운을 만나서 日干이 강해져 한때 풍요를 누리지만, 천성이 주색을 밝히므로 식신 상관 운부터 재산을 탕진하고 어두운 일생을 보내야 한다.

그러므로 잘 되고 못되는 모든 것이 자신의 마음에 달린 것이니 때를 알고 지킬 때는 지키고 나아갈 때는 과감하게 나아가야 한다.

1) 甲木 日干 식신격(女 82년생)

年 : 壬戌　　　　대　운
月 : 乙巳　　甲 癸 壬 辛 庚 己 戊
日 : 甲辰　　辰 卯 寅 丑 子 亥 戌
時 : 丁卯　　 5　15　25　35　45　55　65

＊水木 : 부자　火土金 : 가난

■풀이

甲木 日干이 巳月에 태어났으므로 식신격이다.

생년은 戌土 편재, 생월은 巳火 식신, 생일은 辰土 편재가 지배하고 있고, 생년의 壬水 편인과 생월의 乙木 겁재가 地支에 뿌리를 두지 못해

日干 甲木 비견을 돕는 힘이 미약하다. 그러나 甲木 日干은 辰土 편재와 생시의 卯木 겁재에 분명하게 뿌리를 두고 있으므로 쉽게 넘어지지 않는다.

火土金 운만 만나지 않으면 巳火 식신과 辰戌 편재의 힘으로 거부가 될 수 있다. 火 식신 상관은 생월과 시의 乙卯 겁재를 태워서 土를 생하므로 日干 甲木이 마른 나무와 같고, 土 정재 편재는 작은 나무를 흙으로 덮어 누르는 것과 같으며, 金 정관 편관은 도끼로 약한 나무를 넘어뜨리는 것과 같기 때문에 생활이 대단히 어려워진다.

그리고 日干을 돕는 생년의 壬水 편인과 생일의 辰土 편재 중의 癸水 인수가 火氣에 마르고 土에 흡수되므로 신장과 방광이 허약하고, 비·위에 열이 많고, 金 운에서는 생시의 卯木 간이 극을 받아서 간·담이 허약해지는 등 신장·폐·비장 등에 질병을 앓게 되므로 생활과 건강이 함께 나빠지는 것이다.

그러므로 甲辰 대운 5~14세까지는 天干의 甲木 비견이 日干을 돕고 辰土가 습한 水氣를 잔뜩 머금고 있으므로 건강과 생활에 아무런 문제가 없다. 그렇다고 부유한 생활을 하는 것은 아니다. 辰이 水氣가 많지만 역시 土이기 때문이다. 癸卯 대운 15세부터 壬寅 대운 34세까지는 甲辰 대운보다 훨씬 풍요로워진다. 地支 寅卯와 天干 壬癸가 日干을 돕기 때문이다. 그리고 壬寅 대운 29세 경에 寅卯辰이 방합하므로 혼인을 하고(女性은 대개 생일 地支가 합할 때 혼인한다) 또 자영업을 할 가능성이 높다. 공식에 재신이 많고 식신이 정재와 편재를 생해주기 때문이다.

辛丑 대운 35~44세까지는 생월의 乙木 겁재가 辛金 정관의 극을 받고 丑土 정재가 가세하므로 생시의 卯木 겁재가 더욱 약화돼 매우 곤란을 겪는다. 이때 자신 또는 남편의 사업에 어려움이 닥치는 것이다. 그러나

한 번의 시련은 늘 있기 마련이므로 이때를 잘 넘기면 庚子 己亥 대운 20년간 큰 부를 창출하게 된다. 다만 이 기간 중에 심장이 허약한 것이 흠이다.

2) 乙木 日干 식신격(女 68년생)

```
年 : 戊申           대   운
月 : 戊午     丁 丙 乙 甲 癸 壬 辛
日 : 乙卯     巳 辰 卯 寅 丑 子 亥
時 : 庚辰     3 13 23 33 43 53 63
```
* 水木 : 부자   火土金 : 가난(단 화는 조금 낫다)

■풀이

乙木 日干이 午月에 태어났으므로 식신격이다.

乙木 日干이 地支 卯木과 辰土에 뿌리가 있으나 午火 식신이 설기하고 2개의 戊土 정재와 辰土 정재가 과다하고 생시의 庚金과 생년의 申金 정관이 乙卯木 비견을 억제하므로 乙木 日干이 매우 허약하다. 그러므로 水木 운을 만나면 식신이 있는데다 정재가 강하게 작용하므로 큰 부자가 될 것이며, 火土 운을 만나면 과욕 때문에 재산을 잃을 것이며, 金 운을 만나면 분수에 맞지 않는 욕망 때문에 일생을 허비하게 된다.

따라서 丁巳 대운 3세부터 丙辰 대운 22세까지는 가난하였다. 그러나 乙卯 대운 23세에서는 스스로 업을 일으켜 부를 창출하게 된다. 그리고 혼인한 뒤, 사업은 더욱 번창하고 甲寅 겁재 대운은 더 큰 부를 쌓을 수 있다. 癸丑 대운에서 어려울 듯하지만 丑土 편재가 水氣가 충분하므로 실패하지 않는다. 壬子 辛亥 대운은 더욱 좋다. 건강은 신장이 허약하다.

3) 丙火 日干 식신격(男 48년생)

年 : 戊子　　　　　대　운
月 : 戊午　　己 庚 辛 壬 癸 甲 乙
日 : 丙寅　　未 申 酉 戌 亥 子 丑
時 : 壬辰　　 9 19 29 39 49 59 69

＊金 : 부자　水 : 명예　木火土 : 가난

■풀이

丙火 日干이 午月에 태어나서 겁재격이다. 그러나 2개의 戊土와 辰土 식신이 강하게 작용하고 있으므로 식신격으로 취용하였다.

생년의 子水 정관은 戊土 식신의 억제를 받는데, 생월과 일의 午火 겁재와 寅木 편인이 합해 더욱 강력해진 火氣에 마르고, 생시의 壬水 편관이 비록 습한 辰土 식신에 뿌리가 있다 하나 생월의 戊土 식신이 壬水 편관을 극하고 寅木 편인은 辰土 식신의 습기를 흡수하므로 丙火 日干의 성정이 마치 활활 타오르는 불길처럼 강성하다.

따라서 金 정재 편재로 壬水 편관을 생해주고, 水 정관 편관으로 강성한 日干 丙火를 억제해야한다. 木火는 火氣를 더욱 충천시켜서 흉하고, 土는 약한 水를 극해서 흉하다. 그러므로 己未 대운 9~18세까지는 己土 상관이 戊土 식신에 합하고, 미토 상관이 생월의 午火 겁재와 합해 화기를 더욱 충천시키므로 가난은 물론 신장이 허약해 매우 힘든 어린시절을 보내게 된다. 하지만 庚申 대운 29세부터 辛酉 대운 38세까지 20년간은 대운의 天干 地支가 모두 정재와 편재이고, 水 관신을 생하므로 자영업을 시작해 큰 부자가 될 수 있었다.

그러나 壬戌 대운 39세에 이르러서는 戊土 식신이 생월의 午火 겁재와 생일의 寅木 편인과 삼합해 강력한 火로 변하자 하던 사업이 일시에 무너지고 사업이 잘될 때 행복하던 아내와도 이혼하였다. 게다가 1994년 甲戌년에는 신장이 마르고 폐에 열이 가득 차서 폐암까지 앓았다. 이에 수술하고 癸亥 대운 49세에서는 水 관신이 주관해 강성한 日干 병화를 억제하자 다시 작은 자영업을 시작해 성공을 거두었으며 재혼도 하였다. 그런데 대운 地支 亥水 편관이 생일의 寅木 편인과 합해 木으로 변하기 때문에 예전처럼 큰 성공을 거두지는 못하였다. 그리고 2004년 甲申년 寅月에 생일 地支 寅木과 대운 地支 亥水가 합해 더욱 강력해진 木이 세월의 申金을 반극하므로 지금까지 멀쩡하던 폐암이 재발하고 수술하였다. 2005년은 乙酉년은 酉金과 충하는 地支가 없고 또 亥水가 천을귀인이므로 건강을 유지할 수 있지만 59세 甲子 대운은 子水가 생월의 午火와 충하는데 2006년 丙戌 대운에서 火土가 태과한 데다 戌土가 생시의 辰土와 충하므로 위험하다.

4) 丁火 日干 식신격(男 52년생)

年 : 壬辰　　　　대　운
月 : 癸丑　　甲 乙 丙 丁 戊 己 庚
日 : 丁丑　　寅 卯 辰 巳 午 未 申
時 : 丙午　　 7 17 27 37 47 57 67

＊ 木火 : 부귀　　金水土 : 가난(단, 戌未 土는 부귀)

■풀이

丁火 日干이 丑月에 태어났으므로 식신격이다.
생일의 축과 함께 2개의 식신이 몹시 냉한데 생년의 습한 진토 상관가지 합세하고 壬癸水 정관 편관이 축토 식신에 뿌리를 두고 도도하게 흐르는 물처럼 日干 丁火를 극하고 있다. 반면에 日干 丁火는 겨우 생시의 丙午 비견 겁재에 의지하고 있을 뿐이다. 다행인 것은 생시의 午火 비견이 냉한 丑土 식신에 火氣가 흡수당할 뿐 극을 받지 않고 丙火 겁재가 午火 비견에 뿌리를 두고 좀체 꺼지지 않는다는 점이다.

그러므로 甲寅 대운 7세부터 乙卯 대운 26세까지 넉넉한 가정에서 어려움 없이 공부하였다. 특히 水氣는 지혜를 뜻하고, 木은 학문의 神이므로 대운에서 木을 만났으므로 학업성적도 우수하였으며, 또 식신 상관은 자기 자신을 표출해내는 능력이 탁월한 神이어서 예능에 재능이 있는데다 용신인 木에 속하는 의류패션을 전공함으로서 그 능력을 일찍부터 인정받을 수 있었다. 그러나 丙辰 대운 27~36세까지는 辰土 상관이 생시의 午火 비견을 더욱 어둡게 하고 丙火 겁재는 생년의 壬水 정관의 극을 받아 日干 丁火가 기력을 상실하게 된다.

따라서 이 시절에 심장 허약에 의한 건강은 물론 생활까지 어려워서 고통을 받을 수밖에 없었다. 특히 2개의 丑土 식신과 辰土 상관이 공식에 있는 데다 대운에서 辰土 상관을 또 만남으로서 실속은 없는데 혼자 재능을 과신하게 되고 타인을 무시하는 경향이 두드러져 직업을 갖기조차 어려웠다. 하지만 丁巳 대운 37세에 이르러서는 건강도 회복되고 의류패션으로 성공을 거두기 시작하였으며 앞으로 戊午 己未 대운 66세까지 부와 명예를 함께 누릴 것이다. 그러나 67세 庚申 대운부터는 부귀와 건강을 다 잃게 되므로 미리 미래를 위해 준비해나가야 한다.

5) 戊土 日干 식신격(男 1907년생)

年:丁未　　　　대　운
月:戊申　　丁 丙 乙 甲 癸 壬 辛
日:戊申　　未 午 巳 辰 卯 寅 丑
時:丁巳　　6 16 26 36 46 56 66

■풀이

戊土 日干이 申月에 태어났으므로 식신격이다.

　생월과 생일의 2개의 申金이 日干 戊土를 泄氣시켜 日干이 허약할 듯 하지만 생년의 丁未와 생시의 丁巳, 그리고 생월의 戊土가 日干을 돕기 때문에 어떤 오행도 문제가 되지 않는다. 따라서 丁未 대운 6세부터 부유한 집안에서 학업성적도 뛰어났다. 식신은 특히 명석한 두뇌를 의미하고 그 두뇌에서 계획된 생각이 거침없이 언행으로 나타나는 특징이 있다. 그러므로 丙午 대운을 거쳐 乙巳 대운에 이르러 巳火 편인이 생월의 申金 식신과 합해 水 편재로 변하자(合은 모두 陽이 된다) 1932년 癸酉년에 재신의 기운이 왕성할 때 창업한 뒤 甲辰 대운 36세부터 거대 기업으로 성장하기 시작하였다. 그리고 癸卯 대운에서는 卯木 정관이 주관하자 대기업의 총수가 되었다. 하지만 壬寅 대운에서는 寅木 편관이 강성한 申金 식신과 충하자 간암을 앓고 수술하였으나 한창 일할 나이에 사망하였다.

6) 己土 日干 식신격(女 1909년생)

年 : 己酉　　　　대　운
月 : 癸酉　　甲 乙 丙 丁 戊 己 庚
日 : 己丑　　戌 亥 子 丑 寅 卯 辰
時 : 丙寅　　4 14 24 34 44 54 64

＊火 : 부자　金水木 : 가난　土 : 부자(단, 戌은 富가 있고 丑辰은 냉습하고 未土는 생일의 丑과 충하므로 흉하다)

■풀이

己土 日干이 酉月에 태어나서 식신격이다.

생년의 己土 비견이 뿌리가 없고 생월의 癸水 편재에 오히려 허물어진다. 己土 日干은 地支 丑土 비견에만 뿌리를 내리고 생시의 丙火 인수에 의지해 있다. 그러나 생시의 寅木 정관이 생월의 酉金 식신과 생일의 丑土 비견이 합해 더 강한 金 상관으로 변해 寅木 정관을 억제하므로 丙火 인수의 뿌리가 흔들리므로 丙火 인수가 己土 日干을 돕는 힘이 미약하다.

정관은 여성의 남편에 속한다. 따라서 酉丑이 합한 金 상관이 寅木 정관을 극하므로 남편 복이 없는 것으로 판단한다. 그러나 火 운을 만나면 火가 강성한 金 식신 상관을 극하므로 남편 복이 있다. 아무튼 이 공식의 경우, 金 식신 상관이 대단히 강하고 日干 己土가 쇠약함이 지나치다. 따라서 오직 火 운을 만나는 것이 가장 좋고, 土 운은 己土 日干이 힘을 얻어서 酉金 식신과 癸水 편재에 의해 부유할 수는 있어도 생시의 寅木을 극하는 金 식신 상관을 억제하지 못하므로 결혼하기 어렵다. 설사 때를 만나서 결혼했다 하더라도 남편이 무능력하거나 이별하게 된다.

그러므로 甲戌 대운 4~13세까지는 부유한 집안에서 남부러울 것 없이 어린시절을 보내게 된다. 그러나 乙亥 대운 14세부터 갑자기 가세가 기울어져 생활고에 시달리게 되는데, 亥水 정재가 생시의 寅木 정관과 합해 더욱 강력한 木으로 변하고 乙木 편관이 생년의 己土 비견을 극하기 때문이다. 이때는 土氣가 쇠약해지므로 비·위가 나쁘고 속이 냉해 심장과 대장도 좋지 않다. 丙子 대운 24세는 子水 편재가 배우자에 속하는 생일 地支 丑土 비견과 합하므로 이때 혼인을 하였다. 하지만 子丑이 비록 합해서 土가 되지만 한냉한 土이므로 시집이 가난한 집안이었다. 다행히 대운 天干의 丙火 인수가 日干을 돕기 때문에 그럭저럭 생계는 꾸려나갈 수 있었다. 그런데, 문제는 金 식신 상관이 너무 강해 남편이 무능력하므로 스스로 생계를 유지해야 하는데, 더구나 식신 상관과 재신이 너무 강해 분수에 맞지 않게 욕심을 부리고 사람이 겸손하지 못하고 교만하므로 타인들의 도움을 입을 수가 없어서 스스로 가난을 자초하였던 것이다.

丁丑 대운 34~43세까지는 丑土 비견이 日干 己土를 돕고 丁火가 생년의 己土 비견을 도와 생계가 조금 나아질 수 있었다. 하지만 丑土가 냉한 데다 생년의 酉金 식신과 합해 상관으로 변하므로 남편의 무기력증이 더욱 심하고, 간과 심장이 허약해 생활과 건강을 겨우 유지했다. 그리고 戊寅 대운에서는 寅木 정관이 힘을 얻어 남편이 조금 나아지는 듯하지만 丑土 비견을 寅木이 억제하므로 남편의 구박이 시작되었다. 대운 天干에 戊土 겁재가 없었다면 삶이 더욱 고통스러웠을 것이다. 뿐만 아니라 54세 己卯 대운에서 卯木 편관이 酉金 식신과 충하는데, 1968년 戊申년 60세 되던 해에 申金이 생시의 寅木을 또 충하자 사고로 갑자기 한 많은 세상을 하직하고 말았다.

7) 庚金 日干 식신격(女 69년생)

年 : 己酉　　　　　대　운
月 : 乙亥　　丙 丁 戊 己 庚 辛 壬
日 : 庚寅　　子 丑 寅 卯 辰 巳 午
時 : 戊寅　　9 19 29 39 49 59 69

* 水木火 : 부귀　土金 : 가난(단, 戊己戌土와 申金 흉, 辰은 건강이 좋지 않다)

■풀이

庚金 日干이 亥月에 태어났으므로 식신격이다.

생년의 己土 인수는 생월의 乙木 정재로부터 극을 받아 쓸모가 없고, 酉金 겁재는 생월의 亥水 식신이 설기시키고 寅木 편재를 생하는 상생 관계이다. 또 생시의 戊土 편인은 2개의 寅木 편재에 겨우 뿌리를 내리는 듯하지만 寅 중 甲木 편재의 극을 받는다. 이에 日干 庚金은 멀리 있는 생년의 酉金에 뿌리를 둘 수가 없으므로 水木火를 종하는 공식이다. 따라서 土金이 오히려 흉신이 된다.

이처럼 日干이 뿌리가 없어서 종하게 될 때 종하는 그 격식이 무엇이냐에 따라서 개성과 적성이 달라진다. 즉 관신을 종하면 명예를 추구하고, 재신을 종하면 사업으로 재벌을 꿈꾸고, 인신印神을 종하면 학문을 추구하며, 식신 상관을 종하면 예능을 추구하는 속성이 있다. 따라서 생월의 亥水 식신이 생일의 寅木 편재와 합해 木 편재로 변하므로 사업가의 기질을 타고난 공식이다.

그러므로 丙子 대운 9세부터 丁丑 대운 28세까지 火와 水가 주관하므로 넉넉한 가정에서 공부도 잘 하였다. 특히 水 식신 상관의 속성에 의해 예능적 자질이 뛰어나고 木이 재물이므로 그에 맞는 실내 디자인을 전공한 뒤 2개의 인목과 해수가 모두 역마살이고 또 29세 대운 무인 역시 역마살 운이므로 이때 일본으로 유학을 갔다가 다시 미국으로 가서 공부한 뒤 현지 디자인 업계에서 일하다가 귀국해 창업하여 성공적으로 활동을 하고 있다. 그리고 앞으로도 대운이 좋게 전개되므로 실패 없이 크게 부를 쌓을 것이다.

그러나 비·위가 허하므로 비만하고 폐가 허약한 것이 흠이다. 장차 49세 庚辰 대운에서 辰土가 생일 생시의 寅木으로부터 극을 받을 때 위장병으로 고생할 것이므로 미리 예방해두어야 한다.

8) 辛金 日干 식신격(男 92년생)

年:壬申　　　　　대　운
月:癸丑　　甲 乙 丙 丁 戊 己 庚
日:辛丑　　寅 卯 辰 巳 午 未 申
時:甲午　　 5　15　25　35　45　55　65

＊木火:부귀　金水:보통(단, 대운 天干 金은 가난)　土:가난

■풀이

辛金 日干이 丑月에 태어났으므로 편인격이지만 癸水 식신이 丑 중에 강하게 내장돼 있고, 天干에 癸水 식신이 투출해 있으므로 식신격으로 취용하였다. 비록 생일에도 丑土 편인이 있으나 생년에 壬水 상관이 있는데다 丑土가 水氣가 많기 때문에 전반적으로 水가 가장 많다. 그렇다고 辛金 日干이 약한 것은 아니다. 丑 중에 내장된 辛金 비견과 己土 편인 역시 강하게 작용하고 있고, 또 생년에 申金 겁재가 돕기 때문에 오

히려 성정이 강성하다.

 따라서 생시의 甲木 정재가 丑土 편인을 억제하고, 火를 생해주고 午火 편관이 냉한 丑土를 따뜻하게 해주어야 陰陽이 조화를 이루어서 부귀하고 건강하다. 그렇다고 金水 운이 그리 흉한 것은 아니다. 金은 강성한 丑土 편인을 설기시켜서 水 식신 상관을 생하고, 水 식신 상관은 木 정재 편재를 생하므로 경제적으로는 고통을 받지는 않는다. 그러나 생시의 午火 편관이 극을 받아서 음·양이 조화를 얻지 못하므로 소규모 업으로 생계를 유지한다. 그리고 심장이 허약해 병약한 것이 큰 흠이다. 土 인수 편인은 日干 辛金이 흙 속에 묻히는 것과 같기 때문에 흉하다.

 그러므로 甲寅 대운 5세부터 乙卯 대운 24세까지 부유하게 보내지만 丙辰 대운 25~34세까지는 어려운 생활을 하게 되고, 심장 허약에 의한 질병으로 고생한다. 다만 천간에 丙火 정관이 있기 때문에 어려운 중에도 희망을 잃지 않고 크게 고통을 받지는 않는다. 그러나 丁巳 대운 35세부터 戊午 己未 대운 64세까지 30년간 火 관신이 주관하므로 사업보다는 직장인으로서 크게 성공하게 될 것으로 보인다. 庚申 대운 65세부터는 庚金 겁재가 생시의 甲木 정재를 극하므로 갑자기 가난해지고 심장질환으로 고생하게 되므로 미리 예방해두어야 한다.

9) 壬水 日干 식신격(女 63년생)

```
年 : 癸卯            대  운
月 : 甲寅       乙 丙 丁 戊 己 庚 辛
日 : 壬申       卯 辰 巳 午 未 申 酉
時 : 己酉       2 12 22 32 42 52 62
```
 * 水木火 : 부자 (단, 재산의 규모는 火가 더 크다) 土金 : 가난

■풀이

壬水 日干이 寅月에 태어났으므로 식신격이다.

생년의 卯 상관과 생월의 甲寅 식신이 강해서 壬水 日干이 허약한 듯하지만 생일 地支 申金 편인이 寅木 식신을 극하고, 생시의 酉金 인수가 생년의 卯木 상관을 극하려는 성질이 있으므로 오히려 강성하다. 그러나 무엇보다도 이 공식은 金과 木이 地支에서 상쟁相爭하고 있다는 점이다. 이렇게 金木이 상쟁하면 생활에 변동이 심하고 성격도 극단적으로 변하기 쉬운 단점이 있다.

따라서 金木을 화해시키는 水가 가장 좋다. 金水木으로 오행이 상생하기 때문에 삶과 성격이 굴곡이 없어진다. 다음으로 木火가 좋다. 木 운은 약한 식신을 도와서 정재와 편재를 생하므로 생활이 넉넉해진다. 그러나 金木이 상쟁하고 공식에 화 재신이 없기 때문에 평범한 삶에 지나지 않는다. 火 운은 강성한 申酉金 인수 편인을 억제하고, 식신과 상생하는 정재 편재이므로 부유해진다. 역시 金木이 상쟁하기 때문에 중상 정도의 부는 누릴 수 있으나 큰 부자는 되기 어렵다.

그러므로 乙卯 대운 2~11세까지는 평범하면서도 여유로운 집안에서 생활하고 학업성적도 좋다. 丙辰 대운 12~21세까지는 辰酉가 합해 金의 성정이 더욱 강성해져서 寅木 식신을 극하므로 어려움을 겪는다. 그러나 天干에 丙火 정관이 생월의 甲木 식신을 태워 불꽃을 환히 밝히므로 두뇌가 총명하고, 金은 인수이므로 학업성적은 더욱 뛰어나다. 丁巳 대운 22세부터 戊午 己未 대운 30년간은 火 정재 편재가 주관하므로 남편 또는 자신이 직접 자영업을 함으로서 크게 번창할 것이다. 그리고 丁巳 대운에서 巳火 편재가 생일 地支 申金 편인과 합하고, 丁火 정재가 日干 壬水와 합하므로 26세 전후에 혼인하고 부유한 삶을 누리게 되는 것이다. 하지만 庚申 대운 52세 이후는 寅卯 식신 상관이 극을 받기 때문에 급격히 몰락할 수 있으며, 간·담이 허약해 그로인한 질병을 주의하지 않으면 안된다. 건강은 신장과 간이 허약하다.

10) 癸水 日干 식신격(男 87년생)

年 : 丁卯　　　　　대　운
月 : 癸卯　　壬 辛 庚 己 戊 丁 丙
日 : 癸亥　　寅 丑 子 亥 戌 酉 申
時 : 壬戌　　3 13 23 33 43 53 63

* 金水 : 부자　木火土 : 가난

■풀이

癸水 日干이 卯月에 태어났으므로 식신격이다.

日干 癸水가 생일 地支 癸水 비견에 뿌리를 두고 있으나 생시의 戌土 정관과 생월의 卯 식신이 합해서 변한 火 정재에 마르며 허약하다. 다행히 생월과 생시의 壬癸水 비견 겁재가 생일의 癸水에 약하나마 뿌리를 둘 수 있다. 하지만 日干 癸水가 허약한 것은 어쩔 수 없으므로 金 인수 편인으로 강성한 식신을 억제하고 日干 癸水를 생해주거나, 水 비견 겁재로 약한 日干을 도와야 한다. 木 식신 상관은 말만 앞세우고 실속이 없으며, 火 정재 편재는 이룰 수 없는 허욕으로 일생을 보낼 수 있으며, 土 정관 편관은 흉포해지거나 기력이 쇠잔해 사회생활을 하기조차 어려워진다.

그러므로 壬寅 대운 3~12세까지는 寅木 상관이 생일의 亥水 겁재와 합해 木 상관으로 변하므로 지나치게 똑똑한 것이 흠이고, 생활이 뒷받

침되지 못한다. 다행히 대운 天干의 壬水 겁재가 日干을 돕기 때문에 어려운 중에 생활하는 데는 문제가 없다. 하지만 辛丑 대운 13세부터 庚子 己亥 대운 42세까지 30년간 水가 주관하므로 부러움이 없이 넉넉한 삶을 누리게 된다. 다만 이때 심장과 위장이 허약해 저혈압과 소화불량으로 고생하며, 간이 너무 습해 간질환을 앓을 수도 있다. 반드시 陽氣를 보해야 건강과 운명이 함께 더 좋아진다.

그러나 무술 대운에 이르면 日干 계수가 갑자기 허약해져 직장 생활을 그만두거나 또는 자영업에 치명적인 실패를 할 수 있으며, 신장이 허약한 질병으로 인한 고통이 따르게 된다. 만약 이때 신장과 폐를 건강하게 해두지 않으면 신장은 물론 비·위에 심각한 질병을 앓을 수 있다. 이때를 잘 넘기면 丁酉 대운 53세부터는 20년간 예전보다 나은 삶을 누릴 수 있다.

日干이 생하는 오행 중에서 陰陽이 다른 것을 상관이라 하며, 여성의 자식에 해당된다.

日干이 생하는 오행이란 점에서 식신과 같은 부류이다. 그러나 陰陽이 다른 이유로 흉신으로 분류된다. 실제 상관은 글자의 뜻대로 관신을 상하게 하는데, 사람을 상하게 하는 매우 좋지 못한 흉신이다. 생년에 상관이 있으면 조부모 중 한 사람이 일찍 죽고, 생월에 상관이 있으면 부모 형제 중에서 한 사람이 일찍 죽으며, 생일에 상관이 있으면 배우자와 이별하는데 특히 여성이 생일이나 생월에 상관이 있으면 반드시 남편과 이혼하거나 일찍 죽는 기묘함이 있다. 그리고 생시에 상관이 있으면 자식이 유산 등으로 일찍 죽거나 죽지 않으면 신체가 부자유한 자가 한명 있게 된다. 지금까지 임상해본 결과 조금도 틀림이 없는 흉신이다. 뿐만 아니라 상관이 강하고 정관이 약한데 상관 운이 오면 직장을 그만

두거나 몸을 상하고, 아니면 사기 행각 등으로 인해 형벌을 받는다. 또 정관이 없고 상관이 있는데 정관 운이 와도 같은 일이 벌어진다. 하지만 정재와 편재가 상생하고 있으면 문제가 없다.

 그러나 상관은 뛰어난 두뇌와 언변 처세 예능 등에 능한 특징이 있다. 日干이 약하지 않고 상관이 있는데 정재나 편재가 있으면 식신 상관 정재 편재 운에 거부가 될 수 있으며, 정관이 강해서 日干이 극을 받고 있으면 상관이 정관을 극해서 오히려 크게 출세한다. 그리고 상관이 아무리 강하다 하더라도 인수가 있으면 상관이 인수의 극을 받아서 상관의 흉포한 성질이 없어지고 정재와 편재를 생해 부자가 된다. 또 상관이 합하고 있으면 상관이 되지 않는다. 그러므로 상관이 있다고 해서 무조건 흉하게 생각해서는 안된다. 동양의 대학자 공자도 상관격이란 말이 전해질 만큼 천재성이 있으므로 자신을 잘 갈고 닦으면 큰 인물이 될 수 있다.

1) 木 日干 상관격(女 1909년생)

```
年 : 己酉            대    운
月 : 己巳     庚 辛 壬 癸 甲 乙 丙
日 : 乙亥     午 未 申 酉 戌 亥 子
時 : 戊寅      7 17 27 37 47 57 67
```
* 火土金 : 부귀(단, 화는 富는 있으나 貴는 업다)   水木: 가난

■풀이

乙木 日干이 巳月에 태어났으므로 상관격이다.

 日干이 地支 亥水 인수와 寅木 겁재에 뿌리가 분명하므로 성정이 강성하다. 巳火 상관은 생년의 酉金과 합해 정관으로 변하므로 상관으로

서의 흉포함을 들어내지 못한다.

그러므로 다시 상관 운을 만나지 않는 한 상관으로 인한 해를 입지 않는다. 그런데 庚午 대운 7~16세에서 午火 식신이 생시의 인목과 합해 상관으로 변하므로 이때 첫 아이를 유산한다. 대운 天干의 庚金 정관이 여성의 남편에 해당되고, 자기 자신인 日干 乙木과 합해 다시 정관이 되므로 15세에 혼인하고 16세에 첫 아이를 유산하게 되는 것이다. 지금과 달리 예전에는 15세 이전에도 혼인하는 경우가 많았는데, 요즘이라면 27세 壬申 대운에서 혼인하였을 것이다. 이는 시대적인 변화이므로 때에 따라서는 시대의 풍습을 적용해서 판단해야 한다.

이 공식은 庚午 辛未 대운까지 부유한 집안에서 태어났으며 시댁도 부유하였다. 그 까닭은 日干 乙木이 강성하고 상관이 있는 데다 생년 생일 생시의 戊己土 정재와 편재 역시 강하게 작용하기 때문이다. 또 金 관신 역시 약하지 않고, 대운 天干이 庚辛 정관 편관이므로 시댁이 벼슬하는 집안이었다. 그리고 庚申 대운부터 辛酉 대운 46세까지 남편이 군수 이상의 직위에 오르고, 甲戌 대운 47세에 이르러서는 대단히 부유해진다. 그러나 乙亥 대운 57세부터는 가세가 기울기 시작하는데, 공식에 戊己土 정재가 분명하므로 부자가 망해도 3년은 간다는 옛말처럼 평범한 일생을 보낼 수 있었다

2) 火 日干 상관격(女 67년생)

年 : 丁未　　　　대　운
月 : 癸丑　　甲 乙 丙 丁 戊 己 庚
日 : 丙戌　　寅 卯 辰 巳 午 未 申
時 : 丁丑　　 6　16　26　36　46　56　66

＊土를 종하므로 운이 어디로 흘러도 좋다. 그러나 水가 많기 때문에 木이 가장 좋고, 다음은 火이며, 金水도 좋으나 심장이 약한 것이 흠이고 丑辰이 불길하다.

■풀이

丙火 日干이 丑月에 태어났으므로 상관격이다.

地支가 모두 土이므로 土를 좋하는 공식이다. 생월의 상관 丑土 중에 辛金 정재가 있는데, 정재는 여성은 아내로서의 자기 자신이며 남성의 아내이고 편재는 아버지에 해당된다. 그러나 편재가 없고 정재가 있을 때는 정재를 아버지로 보아도 된다. 따라서 이 공식은 상관의 속성대로 아버지를 일찍 여의게 되는 것이다. 甲寅 대운 6세부터 乙卯 대운 25세까지 2개의 냉한 丑土 상관과 癸水 정관의 성정을 木 인수 편인이 흡수해 火를 생하므로 부유한 집안에서 학업성적도 뛰어났으며 좋은 대학을 졸업할 수 있었다. 그리고 地支에 3개의 상관이 있으므로 예능적 재능이 탁월해 대학에서 미술을 전공한 뒤, 丙辰 대운 26세 이후 혼인하려 하였으나 辰土가 배우자에 해당되는 생일 地支 戌土와 상충하므로 성사되지 않는다. 乙卯 대운 25세까지는 卯戌이 합하므로 언제든 결혼이 가능할 만큼 사귀는 사람도 많았다. 그러나 생일 地支가 충하면 혼인한 사람도 헤어지는 경우가 많으므로 丙辰 대운에서 헤어질 수밖에 없었으며 다시는 기회가 오지 않았다. 작은 미술에 관계되는 사업을 시작하였으나 역시 성공을 거두기 어려웠다. 다만 天干의 丙火가 도우므로 겨우 현상유지는 할 수 있었다.

丁巳 대운 36세부터는 사업에 성공을 거두기 시작하였으며, 지금은 중소기업수준까지 사업을 확장하였다. 그러나 결혼을 하고 싶어서 노

력해보지만 여전히 그런 기회는 오지 않았다. 상관의 특성대로 총명하고 사교적이지만 재능이 워낙 뛰어나 남성들이 쉽게 접근하지 못하는 것도 한 원인일 수 있다. 건강은 간·심장이 허약하다.

3) 土 日干 상관격(男 48년생)

年 : 戊子   대 운
月 : 辛酉   壬 癸 甲 乙 丙 丁 戊
日 : 戊午   戌 亥 子 丑 寅 卯 辰
時 : 丁巳   3 13 23 33 43 53 63

* 金水 : 부자   木火土 : 가난 (단, 木은 조금 낫다)

■풀이

戊土 日干이 酉月에 태어났으므로 상관격이다.

日干 戊土가 생일의 午火 인수와 생시의 巳火 편인에 뿌리를 두고 그 기세가 강성한데, 생시 天干 丁火 인수가 생월의 辛金 상관을 극하고 생일의 午火 인수가 생월의 酉金 상관을 극하므로 상관이 극히 쇠약하다. 상관이 쇠약하므로 상관으로부터 생조를 받는 생년의 子水 정재 역시 허약함이 지나치다. 따라서 金 식신 상관으로 강성한 日干 戊土의 성정을 설기시키고, 水 정재 편재로서 허약한 생년의 子水 정재를 도우면 거부가 된다. 木 정관 편관은 日干 戊土를 극해서 좋을 듯하지만 생일과 생시의 巳午火 인수 편인을 생하므로 좋지 않다. 그러므로 壬戌 대운 3~12세까지는 학업성적도 좋지 않고 신장과 폐가 허약해 몹시 힘든 시기를 보내게 된다. 그러나 부모 형제에 속하는 생월에 희신 酉金 상관이 있기 때문에 부모의 힘으로 경제적으로는 큰 고통을 당하지 않았다.

癸亥 대운 13세 이후는 癸亥 정재 편재가 함께 강성하게 작용하므로 가세가 갑자기 불같이 일어났다. 계속해서 甲子 乙丑 대운 42세까지 30년간은 재산이 눈덩이처럼 불어났다. 특히 乙丑 대운은 乙木이 생월의 辛金 상관의 극을 받아서 火를 생하지 못하는데, 냉한 丑土 겁재가 생월의 酉金 상관과 생시의 巳火 편인과 삼합해 金 식신으로 변해 水 재신을 생하므로 사업은 더욱 확장되었다. 하지만 丙寅 대운 43세에 이르러서는 걸림이 없이 발전하던 사업이 점점 쇠퇴하기 시작하였다. 寅木 편관이 생일의 午火 인수와 합해 火로 변하고, 丙火 편인이 합세해 戊土 日干이 더욱 강성해져서 水 재신을 극하기 때문이다. 丁卯 대운 58세는 더욱 흉하다. 卯木 정관이 생월의 酉金 상관의 극을 받으므로 형벌을 받거나 보다 더 큰 불행을 겪을 수 있다. 건강은 심장과 폐가 허약하다.

4) 金 日干 상관격(男 46년생)

年 : 丙戌　　　　　대　운
月 : 壬辰　　癸 甲 乙 丙 丁 戊 己
日 : 庚午　　巳 午 未 申 酉 戌 亥
時 : 丁亥　　3 13 23 33 43 53 63

* 木火 : 부자　金水 : 보통(단, 건강은 흉)　土 : 가난

■풀이

庚金 日干이 辰月에 태어나서 편인격이지만 辰 중의 癸水를 취용해 상관격으로 정하였다. 특히 생월과 생시의 壬亥水 식신이 있고, 辰土가 매우 水氣가 많으므로 水가 셋이라 할 수 있으며, 식신이 셋이면 상관의 성질이 더 강하므로 상관격으로 취용하는 것이 좋다.

庚金 日干이 생월의 辰土 편인에 뿌리를 두고, 생년의 戌土 편인이 辰土를 돕고 있으므로 성정이 약하지 않다. 약하지 않다는 것은 강하지 않다는 뜻이다. 辰戌이 충하므로 뿌리가 흔들리기 때문이다. 그리고 생년의 丙火 편관은 생월의 壬水 식신의 극을 받고, 생일의 午火 정관은 습한 辰土 편인과 생시의 亥水 식신 사이에서 불꽃을 피우지 못한다. 따라서 전체적으로 水가 강한데 庚金 日干이 약하지 않으므로 水 운이 와도 경제적으로는 문제가 되지 않는다. 다만 심장 허약으로 인한 질병을 주의해야 한다. 그리고 金 운은 공식에 극할 木 재신이 없기 때문에 오히려 水의 설기하는 기운을 채워줄 수 있으므로 역시 경제적으로 아무런 문제가 없다. 그러나 역시 火가 약해 혈압으로 고생한다. 土는 日干 경금이 흙속의 쇳덩이처럼 묻히기 때문에 불길하다.

그러므로 이 공식은 癸巳 대운 3세부터 부모의 덕으로 부유한 생활을 할 수 있었으며, 乙未 대운에서 乙木 정재와 日干 庚金이 합하고, 未土가 생일 地支 午火 정관과 합하므로 27세 경에 혼인한 뒤 유산을 물려받았다. 그리고 辰戌이 편인이므로 학문과 관계되는 대형 서점이었으며 건물도 함께 물려받았다. 丙申 대운 33세부터 丁酉 대운 42세까지는 金이 주관하므로 경제적인 어려움은 없었으나 혈압으로 고생하였다. 그러나 戊戌 대운에 이르러서는 서점 운영이 어려워지기 시작하였으며, 많은 빚을 지고 결국 서점을 정리한 뒤 건물을 임대해 빚을 청산하고 지금은 임대료에 의존하고 있으며 씀씀이가 헤퍼 언제까지 건물을 지니고 있을지 알 수 없다. 다행히 자식한테 물려주고 한가롭게 생활하면 조상의 재산을 지킬 수 있을 것이다. 건강은 심장이 너무 약해 대장이 대단히 좋지 않다.

5) 水 日干 상관격(女 64년생)

年 : 甲辰　　　　　대　운
月 : 丙寅　　乙 甲 癸 壬 辛 庚 己
日 : 癸巳　　丑 子 亥 戌 酉 申 未
時 : 癸亥　　3 13 23 33 43 53 63

＊金水 : 부자　木火土 : 보통 (단, 丑辰은 좋고 戌未는 보통이다)

■풀이

癸水 日干이 寅月에 태어났으므로 상관격이다.

癸水 日干이 생시의 癸亥水 비견 겁재에만 의지하고 있다. 그나마 亥水 겁재가 생월의 寅木 상관과 합해 木으로 변한다. 따라서 金水 운은 강약의 시각으로 판단해야 한다. 그런데, 공식 전체가 水木火土가 상생하고 있고, 생시의 亥水 겁재가 생월의 寅木 상관과 합해 木으로 변하므로 木火土를 좋하는 것으로 볼 수도 있다. 그러나 생시 天干에 癸水가 地支 亥水에 뿌리를 두고 있으므로 木火土는 평범한 것에 지나지 않는다. 木火土가 충해오는 金水가 충분하지 못하기 때문이다.

그러므로 乙丑 대운 2세부터 냉한 丑土의 도움으로 日干 癸水가 강성해지므로 강약으로 보아야 한다. 따라서 日干이 약하지 않고 공식에 甲寅木 상관과 丙巳 편관이 상생하므로 어린시절을 부유하게 보내며 학업 성적도 뛰어났다. 그리고 계속해서 甲子 癸亥 대운 32세까지 水가 주관하므로 모든 면에서 부족함이 없다. 특히 水氣가 주관하는 데다 상관이 2개나 있기 때문에 학교 성적은 수위를 다투게 된다. 그리고 사회에 나와서는 상관의 표현력에 힘입어 언론계의 기자로 입사한 뒤, 寅巳亥 역마살이 많으므로 해외 특파원으로 근무하다가 癸亥 대운 중 1992년 壬申

세월 운에서 申金과 생일의 巳火가 합할 때 혼인하고 1996년 乙亥 세월 운에서 亥水가 생일의 巳火를 충할 때 이혼한 것으로 보인다.

壬戌 대운 33세에 이르러서는 종격으로 바뀌는데 가장 힘든 시기를 보내게 된다. 그러나 2004년 甲申년에 申金이 배우자이자 자기 자신인 생일의 정재 巳火와 합하자 재혼하였다. 그리고 申酉가 인수이므로 다시 공부를 시작하였는데 이때는 강약으로 변하고, 金이 상관 寅木을 억제하므로 행복하고 부유한 삶이 계속될 것이다. 건강은 신장과 폐가 허약하다.

4. 정재격正財格의 부귀빈천

日干이 극하는 오행 중에서 陰陽이 다른 것을 정재라 하며, 남성의 아내이자 여성은 한 남자의 아내로서의 자기 자신으로 분류된다.

글자가 의미해주는 대로 곧고 바른 재물이므로 정직하게 차근차근 재산을 모아 부유하게 해주는 吉神이다. 日干이 약하지 않고 식신이나 상관이 있고 정재가 있으면 식신 상관 정재 편재 운에 큰 부자가 된다. 그리고 정관이나 편관이 공식에 있으면 정재 편재 운에 명예까지 성취한다. 그리고 日干이 약하지 않고 정재가 있는데 정관이나 편관이 약하면 정재 운에 남성은 스스로 부자가 되고 처를 사랑하며, 여성은 남편을 출세시키고, 자신은 현숙한 아내로서 집안을 잘 다스린다.

그러나 日干이 약한데 정재가 2개 이상 있고 또 식신 상관 또는 정재 편재 운을 만나면 욕심 때문에 재산을 잃는다. 또 남성은 아내에 의존하면서도 아내한테는 인색하고, 다른 여성 하나를 두거나 씀씀이도 후한 면을 보인다. 여성은 재물욕이 강하고 남편을 위해 노력하면서도 다른 남성을 사랑하는 속성이 나타나기도 한다. 만약 도화살이 2개 정도 있으면 더욱 분명해진다. 그러나 日干이 약할 때 정재 편재 운에 실패하였다 하더라도 인수 편인 비견 겁재 운에 다시 잃었던 재산을 찾는다.

　반대로 日干이 강한데 정재가 약하고 인수 편인 비견 겁재 운을 만나면 재산을 다 잃고 배우자와 심하게 다투거나 이혼하기도 한다. 이럴 때는 식신 상관 정재 편재 정관 편관 운을 만나면 부자가 되고 명성도 얻는다. 다만 정관 편관이 약한데 식신 상관 운에서 재산은 있으나 명예를 잃는다. 이 외 더 많은 이론이 있으나 오직 日干을 중심으로 十神을 陰陽五行의 상생·상극론에 적용한 것이므로 상생·상극론만 정확하게 인식하고 있으면 쉽게 해석할 수 있다.

1) 甲木 日干 정재격(女 63년생)

　　年 : 癸卯　　　　대　운
　　月 : 己未　　庚 辛 壬 癸 甲 乙
　　日 : 甲戌　　申 酉 戌 亥 子 丑
　　時 : 乙亥　　 3 13 23 33 43 53

＊金水 : 평범　木 : 가난　火土 : 매우 가난

■풀이

甲木 日干이 未月에 태어나고 天干에 己土가 있으므로 정재격이다.

　日干 甲木이 未에 뿌리가 있고 또 卯未가 합해 木이되고, 생시의 乙木 겁재와 亥水 편인이 돕기 때문에 얼핏 보아 日干이 대단히 강한 것처럼 보인다. 그러나 생년의 癸水 인수는 생월의 己土 정재로부터 극을 받고,

생시의 亥水 편인은 생일의 戌土 편재로부터 극을 받기 때문에 오히려 土氣보다 木氣가 약화되었다. 더구나 생년의 卯木 겁재가 생월의 未土와 합하는 것보다 생일의 戌土 편재와 합해 火로 변하는 힘이 더 강하다.

따라서 火土 운을 만나면 가난하고 金 운은 평범하다. 金은 생월과 생시의 戌未土를 설기시켜서 생시의 亥水를 생하므로 日干이 심하게 극을 받지 않기 때문이다. 그러나 日干이 웬만큼 극을 받지 않을 수 없으므로 출세하기보다 남편이나 본인이 평범한 수준 밖에 되지 않는다. 水 운은 부자가 된다. 戌土 편재의 극을 받는 亥水 편인이 힘을 얻어 약한 日干을 돕기 때문이다. 木 운은 조금 가난해진다. 寅木 비견은 생일의 戌土 편재를 극해 재산을 잃고, 卯木 겁재는 戌未土와 합해 木火로 변하므로 木 비견 겁재는 정재 편재를 극해 재산을 빼앗는다. 하지만 공식에 3개의 土가 강하기 때문에 넉넉하지는 않지만 생활 걱정은 없다. 그러나 火는 과다한 土를 생해 亥水 편인이 마르므로 日干이 약화될 뿐만 아니라 陰陽의 조화가 깨져 가난은 물론 건강까지 나빠진다. 土 역시 火와 같다.

그러므로 庚寅 대운 3세부터 己酉 대운 22세까지는 평범하게 성장하였다. 그러나 戊戌 대운에서는 土 정재와 편재가 과다해 亥水 편인이 극을 받아 水氣가 土에 흡수돼 마르므로 신장·방광이 허약해 병약한데다 금전 운도 없어서 혼자 고생하고 그나마 혼인 운도 없었다. 하지만 이렇게 土가 많을 때는 세월 운에서 木을 만나는 것이 좋으므로 10년 대운 중 金水木 운 6년간은 평범하고, 火土 운 4년이 고생스러웠다. 丁亥 대운 33세에 이르러서 결혼하고 이후 甲子 乙丑 대운 30년간 경제적으로 아무런 문제가 없다.

2) 乙木 日干 정재격(男 53년생)

年 : 癸巳　　　　　대　운
月 : 丙辰　　乙 甲 癸 壬 辛 庚 己
日 : 乙未　　卯 寅 丑 子 亥 戌 酉
時 : 丙戌　　1　11　21　31　41　51　61

＊水木火土 : 평범　金 : 부자 (단, 火와 土의 戌未는 건강이 흉하다)

■풀이

乙木 日干이 辰月에 태어났으므로 정재격이다.

생년의 癸水 편인이 辰土 정재에 뿌리가 있으나 火土가 공식 전체를 지배하고 있으므로 土를 종하는 것이 원칙이다. 그러나 乙木 日干이 생월의 辰土 정재와 생일의 미토 편재에 뿌리를 두고 있으므로 강약으로 판단해도 된다. 따라서 水木 운을 만나면 乙木 日干이 힘을 얻어서 2개의 丙巳 상관과 辰戌未 정재와 편재에 의해 생활이 넉넉해진다. 하지만 火土가 워낙 많기 때문에 재물욕이 강해 인색하고 악착스럽게 재산을 모으려 하지만 큰 부자는 될 수 없다. 그러나 종하게 될 때는 상당한 부자가 된다. 土는 金을 생하고 오행을 다 충해오므로 좋고, 金은 과다한 土를 설기시켜서 水를 생하므로 부자가 된다. 그런데 土의 경우, 丑辰은 공식에서 水氣가 매우 허약하므로 문제가 없으나 未戌은 생년의 癸水와 생월의 辰 중 癸水 신장을 마르게 하므로 건강에 심각한 문제가 발생한다. 즉 속에 열이 가득 차서 비장과 대장에 큰 병을 앓게 되는 것이다.

그러므로 乙卯 대운 1세부터 계속해서 甲寅 癸丑 壬子 辛亥 대운 50세까지 水木이 주관하므로 넉넉한 생활은 물론 건강도 좋아서 남부러울 것이 없었다. 그러나 庚戌 대운에 이르자 庚金 대장이 생월과 생시의 丙

火로부터 극을 받고 건조한 戌土가 생월의 辰土와 충해 水氣를 말려버리므로 신장이 허약해지면서 갑자기 속에 열이 가득해져 위와 직장에 종양이 발생해 수술해야 했다. 2006년 丙戌년은 金 폐와 水 신장을 완전하게 소멸시키므로 생명을 장담하기 어렵다.

3) 丙日干 정재격(男 56년생)

年 : 丙申　　　　대 운
月 : 丁酉　　戊 己 庚 辛 壬 癸
日 : 丙戌　　戌 亥 子 丑 寅 卯
時 : 辛卯　　7 17 27 37 47 57

＊ 土金 : 거부　水 : 명예　木火 : 평범, (단, 木은 부자)

■풀이

丙火 日干이 酉月에 태어났으므로 정재격이다.

　日干 丙火가 생일의 戌土 식신과 생시의 卯木 인수에 뿌리가 분명한데, 생년과 생월의 丙丁 비견 겁재가 日干을 돕고 있다. 특히 丁火 겁재는 戌土에 뿌리를 두므로 日干이 약하지도 강하지도 않고, 생년의 申金 편재와 생월시의 辛酉 정재 역시 강하지도 약하지도 않게 알맞다. 따라서 어느 운으로 흘러도 좋다. 土金 운을 만나면 재신이 힘을 얻어서 거부가 될 것이며, 水 운을 만나면 크게 출세할 것이며, 木 운은 중상층 이상의 부자가 된다. 다만 火는 申酉金 재신을 억제하므로 평범한데 그래도 중상층에 속할만하다. 그만큼 정재가 확실하게 자리를 잡고 있기 때문이다.

　그러므로 戊戌 대운 7~16세까지는 土가 金을 생하므로 부유한 집안에서 귀하게 자라났으며, 17세 己亥 대운부터는 亥水 편관이 주관하므로 학업성적이 매우 우수했다. 이에 최고의 명문대학을 우수한 성적으로 졸업하였다. 辛丑 대운 46세까지 관신이 주관하는 시기였다. 만약 土金이 주관하는 대운이었다면 기업을 일으켜 거부가 되었을 것이다. 대학을 졸업한 뒤 미국으로 유학가 정치학 석사학위와 영국 대학에서 박사학위를 받았다. 현지에서 교수로 재직하다가 귀국해 고위공직자로 근무하였으며, 壬寅 대운에서 국회의원이 되었다. 2007년부터 2009년까지 장관급 이상까지 오를 가능성이 있다. 건강은 간 기능이 허약하다.

4) 丁 日干 정재격(男 86년생)

年 : 丙寅　　　　　　대　　운
月 : 丙申　　丁 戊 己 庚 辛 壬
日 : 丁亥　　酉 戌 亥 子 丑 寅
時 : 丁未　　 9 19 29 39 49 59

* 金水 : 부귀　木火土 : 가난 (단, 木은 조금 낫다)

■풀이

丁火 日干이 申月에 태어났으므로 정재격이다.

申金 정재가 생일의 亥水 정관으로부터 기운을 빼앗기는데 생년의 寅木이 충하고 생월의 丙火가 겁재가 억제하고 있으므로 허약하다. 반면에 丁火 日干은 생시의 丁未와 생년월의 丙火 겁재가 돕고 있으므로 성정이 강성하다. 다행히 생일의 亥水 정관이 申金 정재로부터 생을 받아서 강성한 火氣를 식혀주고 있으므로 日干의 성정이 부드러워져서 좋다.

그러므로 金 운을 만나면 큰 부자가 되고, 水 운을 만나면 큰 명예를 얻을 수 있다. 그러나 木火土 운은 申金 정재가 허약해져 가난해진다. 따라서 丁酉 대운 9세까지 소운이 金水이므로 부유한 어린시절을 보냈는데, 丁酉 대운에는 어린 나이에 조상으로부터 물려받은 대단한 재산과 아버지가 모은 재산 모두를 가질 수 있었다. 酉金 편재의 힘을 받은 申金 정재가 강력한 성정으로 생월의 寅木 인수(印綬는 어머니에 속한다)를 극하고, 1994년 甲戌 세월 운에서 戌土 상관이 생일의 亥水 정관을 극하고, 또 申酉金을 도우므로 교통사고로 부모를 잃었다. 상관 戌 중에 내장된 辛金 편재는 아버지에 속하므로 상관의 흉포한 기질이 나타나는데다, 어머니에 속하는 寅木 인수가 정재의 극을 받았기 때문에 부모를 다 잃었던 것이다. 본인은 亥水와 대운의 酉金이 천을귀인이므로 구사일생할 수 있었다.

그런데, 무술 대운 상관 운에 들어서자 용신 亥水가 극을 받고, 건조한 戌土가 火와 합세에 申金 정재를 약화시키자 재산을 한꺼번에 다 잃고 말았다. 19세부터 교회에 다니다가 유혹에 넘어가 2006년 丙戌년에 火氣가 더욱 강해져 申金 정관이 지극히 쇠퇴할 때 전 재산을 교회에 헌납하였기 때문이었다. 재산을 대신 관리해주던 고모와 주위 사람들이 극구 만류하였으나 마치 귀신에 홀린 듯 막무가내로 교회에 재산을 다 바치고 말았던 것이다. 戊戌 대운이 끝나는 28세까지 학업도 중단할 것이며, 교회에서 생활할 것으로 보인다. 하지만 己亥 대운에서 다시 공부를 시작하고 이후부터 본심으로 돌아와 점차 생활도 나아지고 신축 대운 57세까지 사회적 명성도 얻을 수 있을 것이다. 그리고 壬寅 대운 58세부터는 다시 쇠퇴해진다. 건강은 폐·대장이 허약하다.

5) 戊土 日干 정재격(男 68년생)

年 : 戊申　　　　　대　운
月 : 癸丑　　甲 乙 丙 丁 戊 己 庚
日 : 戊子　　寅 卯 辰 巳 午 未 申
時 : 丁巳　　7 17 27 37 47 57 67

* 木火 : 큰 부자와 명예　土金水 : 부자(어느 운으로 가도 좋은 공식)

■풀이

戊土 日干이 丑月에 태어나서 겁재격이나 丑 중에 癸水가 있고 天干 癸水와 생일의 子水 정재가 강하게 작용하고 있으므로 정재격으로 취용하였다.

日干 戊土가 丑土 겁재에 뿌리가 있는데 생일의 子水가 丑과 합해 土로 변하고, 생시의 丁巳 인수 편인이 생하고 있으므로 日干의 성정이 강성하다. 그러나 丑土가 水氣가 많은데다 생년의 申金 식신이 水를 생하고 생월의 癸水와 생일의 子水 정재가 강성하므로 戊土 日干이 水보다 강한 것은 아니다. 오히려 생시의 丁火 인수가 생월의 癸水 정재로부터 극을 받고, 巳火 편인이 子水 옆에서 火氣가 어두워졌으므로 陽氣가 턱없이 부족하다. 따라서 木 정관 편관으로 水를 흡수해 火를 생하고 土를 극하면 부귀하고, 火는 과다한 水氣를 따뜻하게 해주는 陽氣이므로 큰 부자가 될 것이며, 土는 과다한 水氣를 흡수하므로 부자가 된다. 다만 土는 水氣를 극하는 힘이 강하기 때문에 큰 부자는 되기 어렵다. 또 金은 水를 생하므로 부자가 되지만 水氣가 너무 과다해져 역시 큰 부자는 되기 어렵다.

그러므로 甲寅 대운 7세부터 乙卯 대운 26세까지 부유한 집안에서 학교를 우수한 성적으로 졸업하고, 정관이 주관하므로 공무원이 되었으며, 丙辰 대운에서 생년과 일과 대운의 申子辰이 삼합해 정재가 되므로 결혼하였으며, 생활은 넉넉하고 여유로웠다. 丁巳 대운 인수 편인 운 이후는 더 큰 부자가 된다. 공무원으로서 스스로 재산을 모으기보다 유산을 물려받아 자연히 거부가 될 것이다. 건강은 간과 심장이 허약하다.

6) 己土 日干 정재격(女 92년생)

年 : 壬申　　　　대　운
月 : 辛亥　　庚 己 戊 丁 丙 乙
日 : 己丑　　子 丑 寅 卯 辰 巳
時 : 庚午　　0 10 20 30 40 50

＊火土 : 부자　木 : 보통　金水 : 가난

■풀이

己土 日干이 亥月에 태어났으므로 정재격이다.

日干 己土가 地支 丑土 비견과 생시의 午火 편인에 뿌리가 분명하다. 그러나 생년과 생시의 庚申金 상관과 생월의 辛金 식신의 설기가 심하고, 생년과 생월의 壬亥水 정재와 냉한 丑土 비견으로 인해 日干이 오히려 약화되었다. 특히 생시의 午火 편인이 매우 허약한 것이 큰 흠이 된다. 따라서 火土 운을 만나면 日干이 과다한 壬亥水 정재를 모두 수용할 수 있으므로 큰 부자가 되고, 木 운은 水를 설기시켜서 생시의 午火 편인을 생할 수 있어서 좋으나 日干 己土를 극하는 힘 역시 강하므로 평범하다. 金水 운은 水氣가 태과하고 日干이 허약해지므로 재물에 대한 욕망은 강하되 욕심만큼 재물을 수용하지 못하고 오히려 그 욕심으로 인

해 재산을 잃게 된다.

그러므로 庚子 대운 9세까지는 그리 넉넉하지 않은 가정에서 자라나는데 심장이 허약한 탓에 건강 역시 좋지 않다. 특히 속이 냉하므로 대장 및 소화기 계통이 좋지 않다. 己丑 대운 10~19세까지는 丑土가 비록 냉하지만 土이고 天干에 己土 비견이 있으므로 생활은 많이 나아지지만 심장 허약으로 인한 질병 때문에 고생한다. 戊寅 대운 20~29세까지는 天干의 戊土 겁재가 생년의 壬水 정재를 극하고 日干을 도우며, 寅木 정관이 생시의 午火 편인과 합해 인수로 변하므로 대학을 우수한 성적으로 졸업하고 이때부터 넉넉해지는데, 정관이 주관하므로 직장생활을 하게 될 것이다. 또 29세 경에 혼인하게 된다. 남편에 해당하는 寅木 정관이 용신 午火와 합하기 때문이다. 丁卯 대운은 天干에 丁火가 日干을 돕고, 卯木 편재가 주관하므로 직장 생활을 계속하고 남편 역시 발전한다.

그리고 丙辰 대운 40~49세까지는 天干 丙火 인수가 日干 己土를 생하고, 辰土 겁재가 日干을 돕지만 辰은 水氣가 많아서 생활은 넉넉하되 생각만큼 부자는 되지 못한다. 그러나 乙巳 대운 50세부터는 火 용신이 주관하므로 이때부터 큰 부자가 될 것이다. 건강은 심장이 약하다.

7) 庚金 日干 정재격(女 98년생)

```
年 : 戊寅           대    운
月 : 乙卯    甲 癸 戊 辛 庚 己
日 : 庚申    辰 卯 寅 丑 子 亥
時 : 丁丑    3  13 23 33 43 53
```
* 水 : 부자 火 : 부귀 木 : 중산층 土 : 부자 金 : 평범(단, 酉金은 가난)

■풀이

庚金 日干이 卯月에 태어났으므로 정재격이다.

日干 庚金이 地支 申金 비견과 생시의 丑土 인수에 뿌리를 분명하게 두었으므로 성정이 강성하다. 그러나 생년의 寅木 편재와 생월의 乙卯 정재 역시 강성하다. 따라서 庚金 日干이 큰 재물을 지닐만한 그릇이 되었다. 특히 생시의 丑土 인수가 천을귀인이기 때문에 어떤 고난이 닥쳐도 능히 하늘의 보호를 받는다는 점에서 더욱 귀한 공식이다. 여성은 스스로 기업을 일으켜서 거부가 되거나 부잣집으로 시집가서 남편을 크게 출세시킨다.

다만 寅木 편재 운은 생일의 申金 비견과 寅木이 충하고, 卯木 정재 운은 생시의 丑土 인수를 억제하므로 日干 庚金이 갑자기 허약해져서 욕심만큼 재물을 담을 그릇이 되지 못하므로 재물만 탐하다가 다 잃고 평범해질 수밖에 없다. 그리고 金 운은 생년의 寅木 편재와 생월의 卯木 정재를 극하므로 가난해지는데 재신이 워낙 강성하므로 가난하지만 생활에는 아무런 지장이 없다. 水 운은 상쟁하는 金木 사이를 통관시키므로 큰 부자가 될 것이며, 火는 생시의 丑土 인수와 木 사이를 통관시키므로 남편을 도와 크게 명성을 얻을 것이다.

그러므로 甲辰 대운 3~12세까지 辰土가 생년 생월의 寅卯와 함께 동방 木氣로 방합하므로 넉넉한 가정에서 자라나, 癸卯 대운 13세부터 戊寅 대운 32세까지는 水木이 함께 주관하므로 중산층의 삶을 누리게 된다. 辛丑 대운 33세부터 42세까지는 金이 왕성해져서 재산을 잃지만 강성한 木氣로 인해 평범한 삶을 산다. 그러나 庚子 대운 43세 부터는 상당한 부를 축적한다. 다만 신장이 허약해 각종 질병을 주의해야 한다.

8) 辛金 日干 정재격(女 83년생)

年 : 癸亥
月 : 乙卯
日 : 辛酉
時 : 乙未

대 운
丙 丁 戊 己 庚 辛
辰 巳 午 未 申 酉
0 10 20 30 40 50

＊ 金土 : 부자   水木火 : 가난

■풀이

辛金 日干이 卯月에 태어났으므로 편재격이나 地支에서 亥卯未가 삼합해 陽의 木이 되므로 정재격으로 취용하였다.

日干 辛金이 생일의 酉金 비견에만 뿌리를 두고 있어서 허약함이 지나치다. 반면에 木 재신이 태과하게 강하므로 오직 土金 운을 만나야 어려움을 격지 않는다. 그리고 土金 운을 만나지 못하면 혼인하기도 어려워진다. 요행히 세월 운에서 때를 만나 혼인한다 해도 이혼하기 쉽다. 그 까닭은 아내로서의 자기 자신인 정재가 너무 강하고, 日干이 너무 약하기 때문이다. 이런 경우, 대개 좋은 남성을 만나기 어렵고 설사 만난다 해도 무능력하거나 스스로 가정을 지키지 못하는 경향이 있다.

따라서 丙辰 대운 0~9세까지는 辰土 인수가 생일의 酉金 비견과 합해 금으로 변하므로 어려움이 없다. 또 丁巳 대운 역시 巳火 정관이 酉金과 합해 金이 되므로 큰 장애가 따르지는 않는다. 그러나 합해서 金이 되었다 하더라도 火와 합했기 때문에 뜨거운 金으로 보아야 하므로 이때부터 건강과 생활이 함께 어려워진다. 건강은 신장과 폐가 허약하고 열이 많은 체질이어서 소화기가 좋지 않다. 이러한 현상은 戊午 己未 대운에 더 심할 것이다. 건강을 잘 돌보지 않으면 생명까지 위태로울 수 있다.

이 때를 잘 넘기면 庚申 대운 40세부터는 건강은 물론 부유한 삶을 누리는데 조금도 모자람이 없을 것이다.

9) 壬水 日干 정재격(女 68년생)

年 : 戊申　　　　대　운
月 : 己未　　戊 丁 丙 乙 甲 癸
日 : 壬辰　　午 巳 辰 卯 寅 丑
時 : 辛亥　　 5 15 25 35 45 55

* 木火 : 부자　土 : 보통　金水 : 가난

■풀이

壬水 日干이 未月에 태어나서 정관격이나 未 중의 丁火를 정재격으로 취용하였다. 예로부터 壬水 日干이 未月에 태어나면 未 중의 丁火와 己土를 취용해 잡기재관격雜氣財官格이라 하는데, 그냥 정재격 또는 정관격으로 보아도 해제하는 데는 문제가 되지 않는다. 이 공식은 土 관신이 많으므로 정관격이나 편관격으로 보거나 火가 매우 허약하므로 정재격으로 보는 것이 판단하기가 용이하다.

이 공식은 土 정관 편관이 과다한 만큼 日干 壬水도 그 힘이 강력하다. 생년의 申金 편인과 생일의 습한 辰土 편관, 그리고 생시의 亥水 비견이 土의 강력한 힘을 능히 감당해낼 수 있다. 그러나 未 중의 丁火 정재만은 허약함이 심하므로 陰氣는 태과하고 陽氣가 매우 부족한 것이다. 따라서 木 식신 상관으로 土 정관 편관을 억제하고, 火를 생하거나 火로서 陽氣를 보충해야 陰陽이 조화로워서 생활이 윤택하고 건강도 좋아지는 것이다.

그런데 여성이 이처럼 정관 편관이 과다하고 정재가 허약하면 여성보다 남성 친구가 많으면서도 혼인하기 어려워진다. 반드시 火 정재 편재 운을 만나야만 혼인이 가능해지는 것이다. 그리고 사업을 해도 정재가 약하므로 재복은 많지 않다. 그러므로 이 공식은 5세부터 24세까지 戊午 丁巳 대운은 매우 부유한 집안에서 대학을 졸업하고, 丙辰 대운 25~34세까지 辰土 편관이 주관하므로 직장생활을 하였으나 관신이 태과해 혼인하기 어려웠다. 그리고 乙卯 대운 35세에서는 卯木 상관이 공식에서 생월의 未土 정관과 생시의 亥水 비견과 삼합하므로 이때 의류업을 시작하였다. 지금도 사업을 계속하고 있는데 木 상관이 火를 생하므로 사업가로서는 성공하고 있으나 아직 혼인은 할 수 없었다. 앞으로도 사업은 성공하고 연애는 할 수 있어도 혼인 운은 쉽게 오지 않을 것이다. 하지만 癸丑 대운 55세부터는 사업도 어려워지고 심장병으로 생명까지 위험하다.

10) 癸水 日干 정재격(男 58년생)

    年 : 戊戌　　　　대　운
    月 : 戊午　　己 庚 辛 壬 癸 甲 乙
    日 : 癸酉　　未 申 酉 戌 亥 子 丑
    時 : 己未　　4 14 24 34 44 54 64

＊金水 : 부자　木火土 : 가난

■풀이

癸水 日干이 午月에 태어났으므로 편재격이나 午火가 생년의 戊土와 합해 陽의 火로 변하므로 정재격으로 취용하였다.

日干 癸水가 地支 酉金에만 뿌리가 있고 나머지는 모두 火土가 주관하고 있으므로 오직 金水운을 만나야만 일신이 편안하고 건강하다. 그러나 이렇게 戊戌 己未 정관과 편관이 태강하면 남자다운 강한 면이 있으나 때에 따라서는 폭력적으로 성격이 변하기도 하는데, 또 정관이나 편관 운을 만나면 그로 인해 형을 받는다.

己未 대운 4~13세까지는 가정생활도 어려웠을 뿐만 아니라 문제아였다. 그러나 庚申 辛酉 대운 14~33세까지는 가세가 불같이 일어나 부유한 환경에서 대학까지 다닐 수 있었다. 그리고 스스로 사업을 일으켜 큰 재산을 모을 수 있었다. 하지만 34세 壬戌 대운 甲戌년에 과욕을 부리다가 부도가 나고 폭력을 행사해 감옥생활을 하였으며 부인과도 이혼하였다. 일년 후 출소한 뒤 43세까지 여러 가지 어려움을 겪다가 癸亥 대운에 이르자 상당한 재산이 있는 부인과 재혼하고, 용신 水에 속하는 목욕업을 시작해 성공을 거두었으며 지금도 여유롭게 생활하고 있다. 앞으로 乙丑 대운 73세까지 조금도 어려움이 없다. 건강은 폐가 허약하다.

5. 편재격偏財格의 부귀빈천

日干이 극하는 오행 중에서 陰陽이 같은 것을 편재라 하며, 가족관계는 아버지로 분류된다. 陰陽이 다를 뿐 오행이 같고 재물을 주관하는 神이란 점에서 정재격과 다르지 않다. 그러나 정재격이 차근차근 재산을 쌓아나가는 성격이라면, 편재는 유통의 재물에 속하므로 그 규모가 정재격보다 훨씬 크다. 따라서 거부들이 편재격이 많다.

하지만 편재는 씀씀이가 크고 일확천금을 꿈꾸는 기질이 있기 때문에

日干이 약해서 그릇이 적은데도 편재가 2개 이상 많으면 헛된 욕심만 부리다가 일생을 허비하게 된다. 다행히 인수 편인 비견 겁재 운을 만나서 한때 부유해지지만 다른 운에서는 일시에 재산이 무너진다. 만약 日干이 약한데 인수나 편인이 없고 편관이 있으면서 편재가 2개 이상 많으면 편재 운에 사망할 수도 있다. 편관이 편재의 힘을 받아서 日干을 극파하기 때문이다.

그러나 日干이 약하지 않고 편재가 1개 이상만 있어도 식신 상관 또는 정재 편재 운에 거부가 될 것이며, 정관 편관 운에서는 크게 출세할 것이다. 다만 비견이 강하고 편재가 하나뿐이면 인수 편인 또는 비견 겁재 운에 아버지와 이별하고 재산 역시 다 잃는다. 재산의 규모가 큰 만큼 잃는 것도 크기 때문에 편재격은 특별히 운이 나쁠 때 재산 관리를 잘해야 한다. 특히 편재격은 남성의 경우 주색을 가까이 하는 풍류가 있으므로 이 점을 주의해야 하고, 여성은 여걸이라 할만한 기질이 있고 자존심이 강하며 손이 크므로 실패하기 쉽다. 운이 좋으면 거금을 손에 쥐지만 나쁘면 한순간에 알거지가 될 수 있음을 유념해야 한다.

여하간 편재는 유통의 재물이므로 내 것이 아니더라도 많은 금전이 오고 가며 기질 또한 호방해서 때를 만나면 영웅이 되고 거부가 되지만 때를 만나지 못하면 초라한 풍류객에 지나지 않으므로 자신을 잘 살펴보고 타고난 그릇대로 슬기롭기 삶을 영위해야 할 것이다.

1) 木 日干 편재격(男 50년생)

年 : 庚寅　　　　　　대　운
月 : 丁亥　　戊 己 庚 辛 壬 癸 甲 乙
日 : 甲子　　子 丑 寅 卯 辰 巳 午 未
時 : 甲戌　　4 14 24 34 44 54 64 74

＊火土 : 큰 부자(단 辰丑은 보통 부자)　金 : 평범　水木 : 가난

■풀이

　甲木 日干이 亥月에 태어났으므로 편인격이다. 그러나 생월의 亥水 편인이 생년의 寅木 비견과 합해 木 비견으로 바뀌므로 고대로부터 비견·겁재를 격으로 취용하지 않은 관례에 따르고 또 생시에 편재가 하나가 있을 때는 시상일위편재격(時上一位偏財格)이라 하여 고대로부터 매우 귀한 격식으로 취용해왔으므로 편재격이라 하였다. 편재 외에 생시에 편관이 하나가 있을 때는 시상일위귀격(時上一位貴格)이라 하여 장차 큰 인물이 된다는 의미에서 별도의 격식으로 분류된 것도 있다. 아무튼 이 공식은 편재가 시상時上에 하나만 있으므로 고대의 방식대로 격식을 정하고 해제해보면 이와 같다.

　생월의 丁火 상관이 생년의 寅木 비견에 뿌리를 두었으나 생시의 戌土 편재와 거리가 멀어서 생해주지를 못하므로 戌土 편재가 혼자 외롭다. 따라서 오직 火 식신·상관과 土 정재·편재 운을 만나지 못하면 강성한 甲木 日干으로부터 戌土 편재가 극을 받아 가난을 면하지 못한다. 戊子 대운 4~13세까지 子水 인수가 木을 생하므로 가난할 수밖에 없으나 天干의 戊土 편인이 자수를 흡수하고, 생시의 戌土 편재를 돕기 때문에 평범하다. 己丑 대운 14~23세까지는 己土 정재가 戌土 편재를 돕고

丑土 정재가 생일의 子水 인수와 합해 土 편재가 되므로 예전보다 나은 넉넉한 가정에서 공부도 잘 해 좋은 대학에 입학한 후 성적도 우수하였다. 水氣가 많아서 두뇌가 명석하고 용신 운을 만났기 때문에 학업성적이 우수한 것이다. 두뇌가 아무리 좋아도 흉신 운에서는 운명과 마찬가지로 성적도 떨어진다.

庚寅 대운 24~33세까지는 寅木 비견이 주관하므로 생활이 어려웠다. 다행히 天干을 庚金 편관이 주관하기 때문에 평범한 직장인이었다. 그러나 辛卯 대운 34세부터는 卯木 겁재가 생시의 戌土와 합해 火로 변하고, 천간에서는 辛金 정관이 생년의 庚金 편관을 도와 강성한 日干 甲木을 억제하므로 승진이 빠르고 생활도 윤택해지기 시작하였다. 이에 자본금이 조금 모이자 자신이 개발한 기술 하나를 가지고 기업을 창업 사업가로 변신하였다. 그런데 사업을 시작하자 마자 주문이 밀려들어 생산이 소비를 따르지 못할 정도였다. 그리고 壬辰 己巳 戊午 대운으로 火土 운을 맞이하자 초일류 중소기업으로 성장하였으며, 해외에도 대규모 생산 공장을 설립할 정도로 기업규모가 확장되었다. 앞으로 乙未 대운까지 성장을 거듭할 것이다. 그러나 癸巳 대운에서 한 번의 위기가 올 것이며, 건강면에서 심장 허약에 의한 질병 특히 속이 냉해 대장에 큰 병을 앓을 수 있음을 유념해야 한다.

2) 火 日干 편재격(男 56년생)

年 : 丙申　　　　대　운
月 : 丙申　　丁 戊 己 庚 辛 壬 癸
日 : 丙寅　　酉 戌 亥 子 丑 寅 卯
時 : 辛卯　　4 14 24 34 44 54 64

＊木火 : 부자(단 寅木은 가난)   土 : 평범(단 戌未는 부자 丑미는 평범) 水 : 부귀 金 : 가난

■풀이

丙火 日干이 申月에 태어났으므로 편재격이다.

日干 丙火가 생일의 寅木 편인과 생시의 卯木 인수에 뿌리가 분명하다. 그러나 생월의 申金 편재가 생일의 寅木 편인을 극하고, 생월 天干 丙火 비견은 생시의 辛金 정관과 합해 水로 변하므로 丙火 日干이 오히려 약화되었다. 따라서 火를 만나면 큰 부자가 되고, 寅木 편인은 생월과 일의 申寅이 충하는데, 생년의 申과 寅이 충하므로 申金 편재가 편재로서의 본분을 잃고 심하게 요동하므로 가난하다. 卯木은 충이 없이 日干 丙火를 생하므로 부유해진다. 그리고 水는 地支에서 상쟁하는 金木 사이를 통관하므로 金水木이 상생해 역시 부자가 되고 명예도 얻는다. 편재가 많은 명예는 한 기업의 대표가 된다는 뜻이다. 하지만 土金은 편재가 너무 강해 가난해지는데, 丑辰은 水氣가 많으므로 가난하지만 평범하고, 戌은 생시의 卯木 인수와 합해 火로 변하므로 부자가 되고, 未는 火氣가 많으므로 역시 부자가 된다.

그러므로 丁酉 대운 4~13세까지는 酉金 정재가 생시의 卯木 인수를 극해 日干이 매우 허약하므로 가난하였다. 戊戌 대운 14~23세까지는 戌土 식신이 생시의 卯木과 합해 火로 변하므로 이때부터 부유한 환경에서 성적도 우수하게 학교를 다닐 수 있었다. 그리고 己亥 대운 24세부터 庚子 대운 43세까지 작은 중소기업을 운영해 부자가 될 수 있었으나, 天干을 己庚金 흉신이 주관하므로 큰 부자는 될 수 없었다. 辛丑 대운 44~53세까지는 갑자기 기업에 어려움이 닥치고 가세가 급격히 기울기

시작하였다. 그리고 壬寅 대운은 壬水 편관이 생년의 丙火 비견을 극하고, 寅木 편인은 생년의 申金 편재와 충하므로 어려움이 더 클 뿐만 아니라 申金 대장에 심각한 질병을 앓을 수 있기 때문에 주의해야 한다. 건강은 辛丑 대운 이후 심장이 허약하다.

3) 土 日干 편재격(女 67년생)

年 : 丁未　　　　　대　운
月 : 壬子　　癸 甲 乙 丙 丁 戊 己
日 : 己巳　　丑 寅 卯 辰 巳 午 未
時 : 甲子　　2 12 22 32 42 52 62

＊木 : 부자　火土水 : 가난(단, 辰丑은 부자)　金 : 평범

■풀이

己土 日干이 子月에 태어났으므로 편재격이다.

日干 己土가 地支 巳火 인수에 뿌리가 분명하다. 그런데 생년의 미토 비견이 생월의 자수 편재를 극하는데, 생시의 子水 편재는 생일의 巳火 인수의 활활 타오르는 火氣와 싸우느라 제 기능을 충분히 발휘하지 못한다. 그렇다고 巳火 인수가 강한 것도 아니다. 子水 편재와 다투기 때문에 火氣가 어두워질 수밖에 없는 것이다. 따라서 火 운을 만나면 子水 편재가 마르고, 土 운을 만나면 子水 편재가 극을 받기 때문에 가난을 면할 수 없는 것이다. 그러나 土 중에서 戌未는 子水 편재를 극하지만 丑辰은 己土 日干을 돕는 한편 水氣가 많아서 子水 편재를 도우므로 부자가 된다. 木은 생일의 巳火 인수를 생하므로 역시 부자가 되는데 역시 日干을 극하는 성정이 있기 때문에 넉넉할 뿐 부자가 되는 것은 아니다.

金은 己土 日干의 기운을 빼앗아 子水 편재를 생하므로 만지는 재물은 많아도 다 지닐 수 없기 때문에 평범하고, 水는 巳火 인수를 극하므로 日干 己土가 허약해져 수없이 재물을 만져도 제 것으로 지니기 어려우므로 가난해진다. 그러므로 이 공식은 큰 부자는 될 수 없고, 소위 말하는 중산층에 조금 못 미치는 그릇에 속하는데, 癸丑 대운2~11세까지는 매우 여유로운 환경에서 자라난다. 그리고 甲寅 대운 14세부터 乙卯 丙辰 대운 41세까지 가난을 모르고 윤택한 생활만을 하게 되었다. 그러나 乙卯 편관 대운 27세에 혼인하지만, 丙辰 대운에서 辰土가 생월의 子水와 합해 水로 변해 아내로서의 자기 자신인 재신이 태과하고 日干이 허약해지자 庚辰 년2000년에 이혼하고, 2004년 甲申년에 남편에 속하는 甲木 정관이 己土 日干과 합하고 申金과 巳火가 합할 때 재혼하였으며, 丁巳 대운 42세부터는 火가 子水 편재를 마르게 하므로 어려움을 경험하고, 생월의 壬水 정재가 子水에 분명하게 뿌리를 두고 있으므로 예전보다 가난해도 풍족한 생활은 못해도 생계비까지 걱정할 정도는 아니다. 만약 생일의 巳火 인수의 특성대로 학문을 업으로 삼고 교편생활을 하였다면 일평생 어려움이 없었을 것이다. 그러나 편재의 속성대로 사업을 하게 되면 어려움을 겪게 되는 것이다. 건강은 丁巳 대운 이후 신장과 폐가 허약해진다.

4) 金 日干 편재격(女 87년생)

年 : 丁卯　　　　대　운
月 : 壬寅　　癸 甲 乙 丙 丁 戊 己
日 : 庚戌　　卯 辰 巳 午 未 申 酉
時 : 乙酉　　2　12　22　32　42　52　62

＊水木土 : 부자　　火 : 부귀　　金 : 가난(단, 酉金은 평범)

■풀이

庚金 日干이 寅月에 태어났으므로 편재격이다.

日干 庚金이 地支 戌土 편인에 뿌리가 분명한데 생시의 酉金 겁재가 합세하므로 성정이 강성하다. 생년 생월의 卯寅木 정재와 편재 역시 능히 日干에 대응할 만큼 강성한데, 天干에서 丁壬이 합해 木이 되고, 생시의 乙木은 日干 庚과 합해 金으로 변하므로 日干보다 성정이 더 강성하다. 그러나 경금은 큰 무쇠덩어리와 같아서 과다한 목에 능히 대응할 만한 힘이 있다. 이렇게 볼 때 재물이 넘칠 듯이 커 보인다. 하지만 水氣가 모자라므로 陰陽이 조화를 얻지 못한 것이 흠이다.

따라서 水 운을 만나면 거부가 될 것이다. 木 운은 寅 편재의 경우 생일의 戌土 편인을 억제하고, 卯는 생시의 酉金 겁재와 충하므로 日干이 허약해져서 큰 부자는 되기 어렵다. 火는 관신으로서 강성한 木의 기운을 빼앗아 생일의 戌土 편인을 생하는 한편 庚金 日干을 극하므로 부귀를 함께 누리게 되지만 그 규모가 그리 크지 않다. 그리고 土는 日干을 생하므로 역시 부자가 됨에 손색이 없다. 그러나 金의 경우, 申金 비견은 생월의 寅木 편재를 극하므로 木의 세력이 급격히 떨어져서 가난해진다. 하지만 생년의 卯木 정재와 天干에 丁壬 合木이 있으므로 생활에는 어려움이 없다. 酉金 겁재는 생년의 卯木 정재를 극할 뿐 생월의 힘이 더 강하게 미치는 寅木 편재는 극하지 못하므로 평범하다.

그러므로 癸卯 대운 2~11세까지는 卯木 정재가 생일의 戌土 편인과 합해 火가 되므로 넉넉한 가정에서 무탈하게 자란다. 그러나 신장이 허약해서 학업성적은 뛰어나지 못하다. 甲辰 대운 12~21세까지는 습한 辰土 편인이 생시의 酉金 겁재와 합해 비견으로 변하므로 이때부터 학업성적도 좋아진다. 乙巳 대운 22세부터는 이후 30년간 火 정관·편관이 주관하므로 직장 생활을 하며 27세 때에 혼인한 남편이 사업을 스스로 일으킨 대표이거나 직장인으로서 부귀를 함께 누리게 된다. 그러나 戊申 대운 52세 이후는 남편과 관계없이 자신에 의해 급격히 가세가 기울어질 수 있으므로 과욕을 부리지 말고 분수에 맞게 생활해야 한다. 건강은 신장이 허약하다.

5) 水 日干 편재격(男 71년생)

年 : 辛亥　　　　대 운
月 : 癸巳　　壬 辛 庚 己 戊 丁
日 : 壬寅　　辰 卯 寅 丑 子 亥
時 : 乙巳　　4 14 24 34 44 54

＊ 金水 : 부자　木火土 : 가난(단 丑辰은 매우 부유하다)

■풀이

壬水 日干이 巳月에 태어났으므로 편재격이다.

日干 壬水가 생년의 亥水 비견에만 뿌리를 둘 수 있으므로 허약하다. 또 亥水는 생일의 寅木 식신과 합해 木으로 변한다. 다행히 생월의 癸水 겁재가 亥水에 뿌리가 있고, 생년의 辛金 인수의 생을 받아 허약한 日干 壬水를 돕는 것이 좋다. 반면에 생월과 생시의 巳火 편재는 寅木 식신과 생시의 乙木 상관으로부터 생을 받아서 성정이 대단히 강하다. 따라서 金水 운을 만나면 부유하고, 木火土 운을 만나면 가난해진다. 그런데 金水 운일 때 日干 壬水의 성정이 갑자가 강성해지므로 巳火 편재가 水로부터 견제를 받기 때문에 큰 부자는 되기 어렵다.

그러므로 壬辰 대운 4~13세까지는 대단히 부유한 집안에서 학업성적도 좋았다. 그러나 辛卯 대운 14세부터 庚寅 대운 33세까지는 어려움을 겪는다. 火氣가 많아서 신장이 허약하고 폐·대장이 좋지 않아서 고생하였다. 다만 天干의 庚辛金 용신이 日干 壬水를 생하므로 어려운 중에 평범하다. 하지만 癸丑 대운 34세부터는 냉한 丑土 정관이 壬水 日干을 돕고 강성한 편재 巳火를 견제하므로 사업을 시작해 크게 발전한다. 그리고 丁亥 대운이 끝나는 63세까지 실패가 없다. 그러나 세월 운에서 木 火와 戊戌己未 土를 만나면 실패하므로 이때는 지키는데 힘을 써야 한다.

6. 정관격正官格의 부귀빈천

日干을 극하는 오행 중에 陰陽이 다른 것을 정관격이라 한다. 가족 관계에 있어서는 여성은 남편에 해당되고, 남성은 한 여성의 남편이자 사회적인 면에서 자기 자신이며 동시에 남성 자신의 자식으로 분류된다.

관官은 관직이고 정正은 올곧음을 의미하므로 정관은 바른 도리를 행하는 청렴한 관리가 된다는 뜻이다. 고대에는 직업이 단순하였으나 지금은 사회가 다변화 되면서 여러 가지로 분류된다. 그러나 상업·공직·농수산업·학문·예술의 큰 테두리에서 벗어나지는 않으므로 예나 지금이나 직업의 근본은 변한 것이 없다. 그러나 정관은 고대에서 신분이 높은 관직이었으나 지금은 일반 직장인도 관직의 하나로 규정할 수 있다.

여하간 정관은 지배적 신분을 의미하므로 공직과 직장에서 빠른 승진과 높은 직위에 오를 수 있는 힘이 있다. 재벌의 총수, 국회위원, 장관, 총리, 대통령 등의 자리에 오를 수 있는 능력과 강력한 카리스마가 특징이다. 日干이 강하고 정관도 약하지 않으면 정재 편재 정관 편관 운에 자기 분야에 최고의 자리에 오를 수 있다. 그러나 비견 겁재나 식신 상관 운에는 오히려 해를 입는다. 특히 상관은 정관의 천적이기 때문에 정관이 약한데 상관이 강하면 소견이 좁고 졸장부에 지나지 않는다. 게다가 또 상관 운을 만나면 죄를 짓고 형벌을 받거나 자기 자리에서 물러나야 하는 고통이 따른다.

그러나 日干이 약한데 정관이 강하면 사람이 무례하고 안하무인에 뜻만 높지 아무것도 이루지 못한다. 만약 日干이 매우 약하고 정관이 강한데 정재 편재 정관 편관 운을 만나면 그러한 성질이 더욱 분명해진다. 이때 구원할 수 있는 神은 인수 편인이 제일 먼저이고, 비견 겁재가 다음이며 상관이 마지막이다. 정관이 아무리 강해도 인수만 있으면 부드럽게 변하고 상관에 길들여지며 비견 겁재에 흉포함을 들어내지 못한다. 그러므로 日干의 강약 여부를 먼저 보고 정관의 강약성쇠를 따져보면 명료하게 판단할 수 있다.

1) 甲木 日干 정관격(男 54년생)

年 : 甲午 　　　　대　운
月 : 癸酉 　　甲 乙 丙 丁 戊 己 庚 辛
日 : 甲申 　　戌 亥 子 丑 寅 卯 辰 巳
時 : 丙寅 　　5 15 25 35 45 55 65 75
＊水木 : 명예　火 : 부자　土金 : 빈천

■풀이
甲木 日干이 酉月에 태어났으므로 정관격이다.
地支 寅木 비견에만 뿌리를 두고 있는 甲木 日干의 허약함을 한 눈에

알 수 있다. 비록 생년에 甲木 비견이 있으나 日干과 거리가 먼 데다 뿌리가 없고, 생월의 癸水 인수가 地支 酉金에 뿌리를 두고 日干을 돕고 있을 뿐이다. 게다가 생일의 편관 申金이 생시의 寅木 비견을 극한다. 따라서 오직 水木 운을 만나야만 귀하게 되고, 火 운을 만나면 생활이 넉넉하다. 土金 운은 가난은 물론 신분도 천하게 된다.

그러므로 甲戌 대운 5~14세까지는 天干에 甲木 용신이 있고, 戌土가 생년의 午火와 합해 火가 되므로 환경은 평범하지만 학업성적은 좋다. 乙亥 대운 15세부터 丙子 대운 34세까지 20년간은 水 인수가 주관하므로 학문에 전념하였으며 학업성적도 뛰어나 일류대학을 졸업하였다. 그런데 공식에 정관이 강하게 작용하고 있기 때문에 학창시절에는 학생운동에 뛰어들어 한때 고통을 겪기도 하였다. 丁丑 대운 35~44세까지는 가장 어려운 시기를 보낼 수밖에 없었다. 丑土 정재가 생월의 酉金 정재와 합해 金으로 변하므로 日干이 쇠약해지면서 가난은 물론 할 일마저 없어서 무위도식하는 신세였다.

그러나 戊寅 대운 45세에 들어서자 선배의 도움으로 공기업 이사가 될 수 있었다. 그리고 국회의원에 출마하였으나 세월 운이 맞지 않아서 낙선한 뒤, 다시 공기업 사장이 되었으며 임기가 끝나자 장관직에까지 올랐다. 앞으로 己卯 대운 64세까지 관직은 계속될 것이다. 건강은 간이 허약하지만 64세까지 문제가 없다.

2) 乙木 日干 정관격(男 38년생)

年 : 戊寅 　　　　대　운
月 : 庚申 　辛 壬 癸 甲 乙 丙 丁 戊
日 : 乙未 　酉 戌 亥 子 丑 寅 卯 辰
時 : 庚辰 　3 13 23 33 43 53 63 73

* 火土金 : 부자　水木 : 부귀(土金을 종하지만 강약으로도 변한다)

■ 풀이

乙木 日干이 신월에 태어났으므로 정관격이다.

생년의 寅木 겁재는 생월의 申金 정관으로부터 극을 받아서 없는 것과 같다. 日干 乙木은 생월의 庚金과 합해 金으로 변하므로 金을 종하는 공식이다. 金을 종하면 金이 木 정재 편재를 충해오므로 부자가 된다. 그러나 乙木 日干이 생일의 未土 편재와 생시의 辰土 정재에 뿌리를 둘 수 있기 때문에 水木 운을 만나면 강약으로 변한다. 강약으로 변하면 정관이 강하므로 출세하고 공식에 未土 편재와 戊辰土 정재가 있기 때문에 부자도 된다.

그러므로 辛酉 대운 어릴 때부터 부유하게 자라나서 壬戌 대운 22세까지 어려움을 모른다. 대학을 졸업한 뒤 자동차 사업으로 크게 재산을 모았다. 丙寅 대운 53세에 이르자 국회의원에 출마해 2번이나 당선되었으며 지금은 정계를 은퇴해 사업에만 열중하고 있다. 戊辰 대운 73세에 이르면 辰土가 백호대살白虎大殺이고 공식에 이미 辰土가 있기 때문에 대운의 辰土가 戌土를 충해와서 공식의 辰土와 충하므로 매우 위험한 병으로 생존하기 어렵다. 대개 辰土 殺氣가 戌土 殺氣와 충할 때는 사고가 나거나 위장에 불치의 병을 앓는 경우가 있다.

3) 丙火 日干 정관격(男 2001년생)

年 : 辛巳 　　　　　　대 운
月 : 庚子 　　己 戊 丁 丙 乙 甲 癸
日 : 丙寅 　　亥 戌 酉 申 未 午 巳
時 : 丁酉 　　7 17 27 37 47 57 67

＊ 土金 : 부자　水 : 부귀　木火 : 가난

■풀이

丙火 日干이 子月에 태어났으므로 정관격이다.

子水 정관이 생일의 寅木 편인에 흡수당하고 생년의 巳火 비견에 마르므로 허약하다. 생시의 酉金 정재는 天干 丁火 겁재를 억제하므로 생일의 寅木 편인을 억제할만한 힘이 부족하다. 생월과 생년의 庚辛金 편재와 정재는 뿌리가 없으므로 강한 듯 약하다. 따라서 日干 丙火 역시 寅木 편인에 뿌리를 두고 있으나 생시의 丁火 겁재의 도움만 있을 뿐 생년의 巳火 비견이 子水에 막혀서 도움을 받지 못하므로 강하지도 약하지도 않다.

따라서 木火 운을 만나면 생월의 子水 정관이 마르고 생시의 酉金 정재가 극을 받기 때문에 가난해진다. 다행히 공식의 天干에 庚辛金 정재와 편재가 있어서 생계를 유지하는 데는 문제가 없다. 土 운은 생시의 酉金 정재를 생하므로 부유해지고, 金은 재신이자 水 관신을 생하므로 부귀하고, 水 운은 寅木을 생하고 金과 木 사이를 통관시키므로 부귀를 함께 누릴 수 있다.

그러므로 己亥 대운 7~16세까지 부유한 집안에서 공부도 잘한다. 그러나 戊戌 대운 17~26세까지는 부유는 하되 子水 정관이 마르므로 학업성적은 좋지 않으며, 사회에 나와서는 金 정재 편재가 강성해지므로 잠

419

시 직장생활을 하다가 丁酉 대운부터 자영업을 하게 되었다. 그리고 丁酉 대운 27세부터 丙申 대운 46세까지 크게 성공한다. 그러나 乙未 대운 47세부터 어려움에 처할 수밖에 없으므로 이때를 대비해서 부유할 때 준비를 잘해두어야 한다. 戊戌 대운은 신장이 허약하고 乙未 대운은 신장과 폐가 함께 허약하며 甲午 대운부터는 간까지 허약해진다.

4) 丁火 日干 정관격(男 58년생)

年 : 戊戌　　　　　대　운
月 : 癸亥　　　甲 乙 丙 丁 戊 己 庚
日 : 丁酉　　　子 丑 寅 卯 辰 巳 午
時 : 乙巳　　　7 17 27 37 47 57 67

＊木火土 : 평범　　金水 : 가난

■풀이

丁火 日干이 亥月에 태어났으므로 정관격이다.

생일 地支 酉金 편재와 생시의 巳火 겁재가 반합해 金이 되지만 합력이 약하고 巳火의 본질이 없어지지 않으므로 日干 丁火가 巳火에 뿌리를 두고 생시 天干 乙木 편인으로부터 생을 받는다. 그런데, 생월의 癸亥 편관과 정관이 생년의 戊戌 상관으로부터 극을 받아서 水氣가 매우 약하다. 따라서 비록 정관격으로 타고났으나 출세하기 어렵다. 만약 地支에 寅卯木 인수나 편인이 있어서 日干이 약하지 않다면 金水 운에 부귀를 함께 누릴 수 있었을 것이다. 하지만 日干과 편재 정재가 모두 약하므로 이 공식은 평범하다.

金水 운을 만나면 생시의 巳火 겁재의 火氣가 어두워져서 日干이 허

약해지므로 가난을 면할 수 없고, 木火 운을 만나면 허약한 日干이 강성해져서 좋으나 생일의 酉金 편재가 약해지고, 土 운은 酉金 편재를 생하지만 丁火 日干이 土로부터 기운을 빼앗기므로 재산을 지키기 어렵다. 그러므로 일생을 평범하게 살아가는 공식에 해당된다. 본래 크게 출세하고 거부가 되는 공식은 대개 日干이 약하지 않고 재신과 관신이 특별히 강하거나 약하다. 그러므로 대운에서 용신을 만나 거부가 되고 출세하는 것이다. 그러나 모든 것이 약하지도 강하지도 않고 평범하면 삶도 평범해지는데 이 공식이 그에 해당된다.

甲子 대운 7~16세까지 子水 편관이 주관해 가난하지만 天干의 甲木이 日干 丁火를 도우므로 생계유지에는 어려움이 없이 어린시절을 보낼 수 있었다. 乙丑 대운은 생일과 생시의 酉巳가 丑과 삼합해 金으로 변하므로 이때는 金을 좋하는 격식으로 변한다. 따라서 天干 乙木이 오히려 해가 되지만 생활은 甲子 대운보다 나아진다. 丙寅 대운 27세부터 丁卯 대운 46세까지는 강약으로 변하는데 日干과 편재 정재의 세력이 평등해 모자라지도 넘치지도 않게 평범한 삶을 누리고, 戊辰 47~56세까지 대운에서는 습한 辰土 상관이 생일의 酉金 편재와 합해 金이 되므로 日干이 허약해져서 예전보다 생활이 어려워진다. 그러나 57세 己巳 대운부터는 편안한 일생을 보내게 되는데, 어쩌면 굴곡이 많은 인생 역경을 겪으면서 거부가 되고 출세하는 사람 보다 나은 삶이라 할 수도 있다. 건강은 戊辰 대운에서 심장이 허약하고 대장이 좋지 않으나 己巳 대운부터 좋아진다.

5) 戊土 日干 정관격(男 75년생)

年 : 乙卯　　　　대　운
月 : 己卯　　戊 丁 丙 乙 甲 癸
日 : 戊午　　寅 丑 子 亥 戌 酉
時 : 癸亥　　 2 12 22 32 42 52

＊火土 : 평범　金水木 : 가난

■풀이

戊土 日干이 卯月에 태어났으므로 정관격이다.

日干 戊土가 地支 午火 인수에만 뿌리가 있으므로 허약함을 한 눈에 알 수 있다. 생년의 乙卯와 생월의 卯木 정관이 태과해 성정이 너무 강하다. 게다가 생시의 癸亥水 정재와 편재가 정관을 생하고 있다. 따라서 오직 火土 운을 만나야만 편안한 생활을 할 수 있다.

戊寅 대운 2~11세까지 寅木 편관이 생시의 亥水 편재와 합해 더욱 강력한 木으로 변하므로 가난한 생활과 허약한 심장과 비장으로 인해 병약한 어린시절을 보내야 한다. 다행히 天干의 戊土 비견이 日干을 돕기 때문에 무탈한 어린시절을 보낼 수 있었다. 丁丑 대운 12~21세까지는 丑土 겁재와 丁火 인수가 함께 日干을 도우므로 넉넉한 환경에서 대학까지 갈 수 있었다.

그러나 丙子 대운부터 또다시 생활고에 시달리고, 子水 정재가 생일의 午火를 충하므로 심장이 극히 쇠약해져서 온갖 질병으로 고통스러웠다. 소화불량에다 빈혈이 심해 학업을 계속하기도 어려웠으며 취직도 되지 않았다. 天干의 丙火가 午火를 돕고 日干을 생해주지 않았다면 생명까지 위독하였을 것이다.

乙亥 대운 역시 丙子 대운과 다름이 없다. 乙木이 생월의 己土 비장을 극하고 심장이 허약하므로 자칫하면 위암이나 심장경색으로 사망할 수도 있다. 요행히 이때를 무사히 넘기면 甲戌 대운 42~51세까지 편안한 생활을 하게 된다. 그러나 癸酉 대운에서는 또다시 위기가 찾아온다. 酉金 상관이 卯木 정재를 충하기 때문이다. 이때는 酉金이 卯木에 반극당하므로 폐에 이상이 온다. 따라서 일생을 두고 건강을 걱정하면서 살아야 하는 공식이다.

6) 己土 日干 정관격(女 62년생)

```
年:壬寅          대   운
月:壬寅     辛 庚 己 戊 丁 丙
日:己丑     丑 子 亥 戌 酉 申
時:甲戌     5 15 25 35 45 55
```
* 木火土 : 평범(단, 寅木과 戌戌未는 가난)   金水 : 부자

■풀이

己土 日干이 寅月에 태어났으므로 정관격이다.

생일 地支 丑土 비견과 생시의 戌土 겁재에 뿌리를 내린 己土 日干의 성정이 강하다. 그러나 2개의 寅木 정관이 天干 壬水 정재의 생을 받아 丑戌土 비견 겁재를 억제하므로 日干보다 성정이 더욱 강성하다. 더구나 火가 생시의 戌土에 내장되어 있어서 木과 土가 상쟁하는 사이를 통관하지 못하는 것이 큰 결점이다. 따라서 火 운이 가장 좋다. 木의 경우, 卯木 편관은 생시의 戌土 겁재와 합해 火로 변하므로 평범하다. 평범하다는 것은 壬水 정재가 뿌리가 약한데다 丑 중의 癸水가 火에 마르기 때

문에 재물복이 없다는 의미이다. 그러나 寅木 정관의 힘으로 편안한 직장생활을 하게 되고 승진도 빠르다. 하지만 寅木 정관 운은 생시의 戌土가 극을 받아서 日干이 허약해지기 때문에 직장생활을 하기도 어려워진다. 金水 운은 부자가 된다. 金은 강한 木을 누르고 水를 생해주고 亥水 정재는 寅木 정관과 합해 戌土 겁재를 극하지 않고 억제만 하기 때문에 좋고, 子水는 생일의 丑土와 합해서 土가 되므로 더욱 좋아진다. 그러나 역시 火氣가 부족하므로 여유로울 뿐 큰 부자는 될 수 없다.

　그러므로 辛丑 대운 5세부터 庚子 己亥 대운 34세까지 대학까지 졸업하고 직장생활을 하면서 풍족한 생활을 할 수 있었다. 하지만 혼인 운이 없는 것이 불행이다. 정관 寅木이 강성한데다 水 운을 지나면서 水의 생조를 받은 寅木 정관이 너무 강성하기 때문이다. 정관은 여성의 남편에 해당되는데 日干이 약하고 정관이 과다하게 많으면 주변에 사귀는 남성은 많아도 혼인하기 어려워진다. 戊戌 대운 35~43세까지는 日干이 강성해져서 좋지만 壬水 정재가 극을 받기 때문에 재산이 흩어져서 가난해진다. 그리고 아내로서의 자기 자신인 정재가 戌土 겁재에 극파 당하므로 혼인 운은 더욱 멀어질 수밖에 없다. 혼인 운은 丁酉 대운 45세 이후에나 오게 되고 이때부터 다시 부유한 생활을 하게 된다. 酉金이 생일 地支 丑土 비견과 합하고 강성한 정관을 억제하기 때문에 혼인이 가능한 것이다. 건강은 심장이 허약하다.

7) 庚金 日干 정관격(女 69년생)

年 : 己酉　　　　대　운

月 : 庚午　　辛 壬 癸 甲 乙 丙

日 : 庚午　　未 申 酉 戌 亥 子

時 : 甲申　　4 14 24 34 44 54

＊ 土金水 : 평범(단, 戌未는 가난)　木 : 가난

■풀이

庚金 日干이 午月에 태어났으므로 정관격이다.

　생시의 申金 비견에 뿌리를 둔 日干 庚金이 2개의 午火 정관에 의해 허약하다. 申金 비견은 생일의 午火 정관으로부터 극을 받고 생년의 酉金 겁재 역시 생월의 午火 정관으로부터 극을 받기 때문이다. 그나마 생월 天干 庚金 비견이 생년의 酉金 겁재에 뿌리를 두고 日干을 돕는 것이 위안이 된다. 따라서 土金 운을 만나서 허약한 日干을 돕거나, 水 운을 만나서 강성한 정관을 억제하고 陰陽이 조화를 얻는 것이 중요하다.

　그러나 木火는 강성한 午火 정관을 더욱 강성하게 하고 日干을 허약하게 하므로 생활이 어렵고 건강도 나빠진다. 또 土는 戌未의 경우 오화 정관과 합해서 火가 되므로 역시 가난하고 건강도 좋지 않다. 그러나 丑辰은 냉습한 土이기 때문에 日干을 돕는 한편 午火 정관을 억제할 수 있어서 오히려 용신이 된다.

　그러므로 어린 시절 辛未 대운 4~13세까지는 생활이 그리 넉넉하지 못하였다. 대운 天干에 辛金 겁재가 없었다면 건강과 생활이 매우 어려웠을 것이다. 하지만 壬申 대운 14세부터 癸酉 대운 33세까지 20년간 풍족하지는 않아도 평범하게 살아갈 수 있었다. 혼인은 29세 辛巳년에 巳

火 편관이 생시 申金 비견과 합할 때 하였다. 甲午 대운 34~43세까지는 木火가 주관하므로 경제적으로도 어려울 뿐만 아니라 건강이 나쁜 것이 큰 문제가 된다. 火氣가 충천하므로 폐와 신장이 허약해져서 만성 피로에 시달리고 속 열 때문에 위장이 제 기능을 못한다. 따라서 金水에 속하는 식품과 차 또는 한약재로 꾸준히 건강을 다스려야 큰 병을 예방하고 건강해질 수 있다. 乙亥 대운 44세 이후는 자연히 건강도 좋아지고 생활도 풍족해질 것이므로 미래를 걱정하지 말고 지금은 오직 건강에만 마음을 써야 한다.

8) 辛金 日干 정관격(女 60년생)

年 : 庚子　　　　　대　운
月 : 辛巳　　庚 己 戊 丁 丙 乙 甲
日 : 辛丑　　辰 卯 寅 丑 子 亥 戌
時 : 戊戌　　3 13 23 33 43 53 63

＊ 木 : 부자　水火 : 평범　土金 : 가난

■풀이

辛金 日干이 巳月에 태어났으므로 정관격이다.

생년 생월에 庚辛金 겁재와 비견이 있는데다 생일의 丑土 편인과 생시의 戊戌土 인수까지 합세하므로 日干이 대단히 강성하다. 생월의 巳火 정관은 子水 식신과 냉한 丑土 편인 사이에서 허약함이 심하다.

따라서 土金 운은 가난을 면할 수 없고 오직 木火 운을 만나야만 가난을 면할 수 있다. 水 운은 강성한 辛金 日干을 설기시켜서 木을 생하므로 평범하다. 만약 공식에 木이 있었다면 水 운에 부자가 될 것이다. 그러나 木이 없기 때문에 평범한 것이다. 그리고 水는 남편에 해당하는 巳火 정관을 극하므로 남편이 무능력하고 이혼하게 된다.

그러므로 庚辰 대운 3~12세까지는 평범하면서도 넉넉한 편은 아니었다. 습한 辰土 인수가 생년의 子水 식신과 합해 水로 변하지만 天干에 庚金 겁재가 있기 때문이다. 己卯 대운 3세부터 戊寅 대운 32세까지는 卯寅木 편재와 정재가 주관하므로 스스로 사업을 해 부유하다. 그리고 戊寅 대운 중 寅木 정재가 강하게 작용한다. 단, 27세 丁卯년(1987년)에 卯木 편재가 생시의 戌土와 합해 火 정관이 될 때 혼인도 하였다.

그러나 丁丑 대운 33세에 이르러서는 丑土가 강하게 작용하는 38세부터 巳火 정관이 허약해지면서 남편이 직장을 버리고 무위도식하기 시작하였으며 남편이 저지른 많은 빚까지 떠안아야 했다. 이에 별거를 하고 43세 丙子 대운에서 丙火가 辛金과 합해 水 상관으로 변하고, 2004년 甲申년에 甲木 정재가 생년의 庚金으로부터 극을 받고 子水가 申金과 합해 水 상관으로 변하자 정식으로 이혼하였다. 뿐만 아니라 하던 사업도 민사소송사건에 휘말려 거액을 손해 보았는데 다행히 水가 주관하므로 생활비 걱정은 없다. 앞으로도 계속해서 乙亥 대운을 만나므로 재혼할 운은 없어도 생활은 풍족하다. 건강은 간과 심장이 허약하다.

9) 壬水 日干 정관격(女 60년생)

年 : 庚子 　　　　대　운
月 : 癸未　　壬 辛 庚 己 戊 丁 丙
日 : 壬辰　　午 巳 辰 卯 寅 丑 子
時 : 乙巳　　8 18 28 38 48 58 68

* 木火 : 부자(단 火는 부귀)　　金水 : 가난　　土 : 평범(단, 丑辰은 가난)

■풀이

壬水 日干이 未月에 태어났으므로 정관격이다.

생월의 癸水 겁재가 생년의 庚金으로부터 생을 받고 생년의 子水 겁재와 생일의 辰土 편관에 뿌리를 내리고 壬水 日干을 돕고, 壬水 日干은 地支 辰土 편관에 뿌리가 있다. 이렇게 보면 壬水 日干이 매우 강한 듯이 보인다. 그러나 생년의 子水 겁재가 생월의 未土 정관의 견제를 받기 때문에 성정이 강성한 것만은 아니다. 하지만 火土 운이 온다 해도 壬水 日干이 능히 대응할 수 있다. 따라서 火 운은 부자가 되고 土를 생하므로 신분도 상승된다. 土 운은 戌未는 수를 극하는 힘이 강력하므로 日干이 허약해져서 평범하다. 그러나 丑辰은 水氣가 많아서 생월의 未 중 丁火 정재와 생시의 巳火 편재가 허약해지므로 가난해진다. 木 운은 강한 土를 누르고 巳火 편재를 생하므로 부유하다. 그러나 金水 운은 壬水 日干의 성정이 매우 강성해지고 巳火 편재를 극하므로 가난을 면할 수 없다.

그러므로 壬午 대운 8세부터 辛巳 대운 27세까지 매우 부유한 집안에서 대학을 졸업하고 27세에 혼인하였다. 그러나 혼인한 후에는 생활이 어려웠다. 辰土 편관이 생년의 子水 겁재와 합해 수로 변하고 庚金 편인이 생시의 乙木 상관과 합해서 다시 金이 되기 때문이다. 己卯 대운 38세부터 戊寅 대운 57세까지는 다시 부유해진다. 그리고 丁丑 대운 58세부터는 다시 어려움이 오므로 운이 좋은 20년간 노후를 충분히 준비해두어야 한다. 건강은 간과 심장이 허약하다.

10) 癸水 日干 정관격(女 61년생)

　　年 : 辛丑　　　　대　운
　　月 : 壬辰　　癸 甲 乙 丙 丁 戊 己
　　日 : 癸巳　　巳 午 未 申 酉 戌 亥
　　時 : 戊午　　3 13 23 33 43 53 63

＊木火 : 부자　金水 : 가난　土 : 未戌은 부유하고 丑辰은 가난하다.

■풀이

癸水 日干이 辰月에 태어났으므로 정관격이다.

생월 地支 辰土 정관에 뿌리가 있는 癸水 日干이 생년의 辛丑과 생월의 壬水 겁재로 인해 성정이 대단히 강성하다. 반면에 생일의 巳火 정재와 생시의 오화 편재는 생년과 생월의 丑辰土의 냉습한 기운과 생시의 戊土가 합세해 火氣를 빼앗아가므로 허약한 편에 속한다. 따라서 木火土 운을 만나면 저절로 부귀하고 金水 운을 만나면 가난해진다.

그러므로 癸巳 대운 3세부터 甲午 乙未 대운 32세까지 넉넉하고 여유로웠다. 乙未 대운에서 일류기업에서 직장생활을 하였으나 다만 火土 재신과 관신의 세력이 너무 강성해 혼인하기가 어려웠다. 그러나 丙申 대운에서 丙火 정재가 생년의 辛金 편인과 합하고, 申金 인수가 생일의 巳火 정재가 합하고, 戊寅년(1999년)에 戊土 정관이 日干 癸水와 합하고, 또 寅木이 생시의 午火와 합해 정재가 되던 38세에 혼인할 수 있었다. 하지만 대운이 申金 인수이므로 생활은 예전보다 넉넉한 편은 못된다. 그리고 심장이 허약해져 체질이 냉하고 丑辰이 殺氣이므로 유산으로 인해 아이를 가질 수 없는 것이 흠이다.

丁酉 대운 52세까지 天干에 丙丁火 용신이 있으므로 생계 걱정은 없

다. 하지만 戊戌 대운 53세부터는 매우 부유한 생활을 할 것이다. 정재와 편재가 있고, 정관과 편관이 강성하므로 아마도 스스로 창업해 부귀를 누릴 것으로 보인다.

7. 편관격

日干을 극하는 오행 중에서 음양이 같은 것을 편관이라 한다. 가족관계는 정관과 같다. 흔히들 정관이 편협된 것이 편관이므로 여성의 남편 이외의 남성, 또는 남성의 자식 중에서 딸에 해당된다는 말이 있으나 전혀 근거가 없다. 정관과 음양만 다를 뿐 오행은 같기 때문에 그 성정이 정관보다 강하다는 사실만 인식하고 있어야 공식을 해제하는데 복잡하지 않고 간결해서 좋다.

陰이 陰을 극하고, 陽이 陽을 극하는 것은 마치 작은 나무를 큰 도끼로 넘어뜨리는 것처럼 그 힘이 강력하기 때문에 편관은 무서운 흉신으로 분류된다. 비견이 약한데 편관이 강하고 편재나 정관 편관 운을 만나면 신체불구가 되는 등 그 재앙을 예측하기 어려울 만큼 흉하다. 그러나 편관이 강성해도 인수와 비견 겁재 운에서는 최고의 직위에 오를 수 있다. 또 식신은 편관의 흉포함을 길들인다. 아무튼 정관보다 위력이 강하기 때문에 같은 조건에서 정관이 장관급이고 대령급이면 편관은 총리 대통령이 될 수 있다.

그런데 비견이 강하고 편관이 약해도 편관이 흉신으로 돌변한다. 마치 거목을 베다가 부러지는 작은 칼과 같기 때문이다. 게다가 식신이 편관을 극하면 편관의 흉포함이 확연히 드러난다. 사고를 일으키고 명예를 손상시키며 타인을 해칠 수도 있는 것이다. 이때는 정재와 편재 정관과 편관 운에 크게 출세한다. 이처럼 편관은 사회적 명성을 의미하므로 때를 만나면 영웅이 되고, 때를 만나지 못하면 범부보다 못하다. 대개 정치 검찰 경찰 군인 프로스포츠 등에서 대성하지만 공식에 따라서 조직폭력배도 될 수 있다.

1) 木 日干 편관격(男 53년생)

年 : 癸巳　　　　대　운
月 : 辛酉　　庚 己 戊 丁 丙 乙 甲
日 : 乙亥　　申 未 午 巳 辰 卯 寅
時 : 戊寅　　 4 14 24 34 44 54 64

＊火 : 부자　水木 : 출세(단, 卯는 가난)　土金 : 가난

■풀이

乙木 日干이 酉月에 태어났으므로 편관격이다.

생월의 辛酉金 편관이 매우 강성하다. 그러나 乙木 日干 역시 약하지 않다. 다만 酉金 편관이 생년의 巳火 상관과 합해서 陽의 金으로 변해 성정이 강성한데, 생일의 亥水 인수가 생시의 寅木 겁재와 합해 다시 陽의 木으로 변해 金木이 상쟁하는 것이 불길하다. 따라서 水가 金木 사이를 상생시키면 군수급 이상의 신분이 될 수 있다. 그러나 木은 卯의 경우 酉金 편관과 충하므로 불길하고, 寅은 亥寅이 합한 木과 합세해 오히려 酉金 편재를 억제하므로 출세는 하되 직장에서 부장급 이상은 되기 어렵다. 土는 생일의 亥水를 극하고 강성한 편관을 생하면서 日干을 약하게 하고, 金은 생시의 寅木 겁재를 극하므로 역시 日干이 약해지고 편

관이 강성해지므로 가난해진다.

그러므로 庚申 대운 4~13세까지는 가난하게 성장하였다. 己未 대운 14세부터 戊午 丁巳 대운 43세까지는 火 식신 상관이 주관하므로 부유하였다. 그러나 亥水 인수가 허약해지므로 학업을 계속하지 못했으며, 고등학교를 졸업한 뒤 24세 戊午 대운부터 식신과 정재가 주관하므로 사업을 시작해 상당한 재산을 모을 수 있었던 것이다. 하지만 丙辰 대운에서 辰土가 강하게 주관하는 48세부터 사업이 어려웠다. 辰土 편재가 酉金 편관을 생하므로 명예욕에 불타 사업을 크게 확장하였기 때문이다. 그리고 3년간 어렵게 유지해오다가 甲申년(2004년)에 申金 정관이 생시의 寅木을 충하자 日干이 더욱 허약해지고 편관이 대단히 강성해질 때였다. 의리를 앞세운 나머지 타인을 돕다가 어음사건에 연류돼 6개월간 감옥생활을 하였다. 그리고 다시 일을 시작하지만 54세 乙酉 대운에 이르렀으므로 乙木 비견이 생월의 辛金 편관과 충하고, 卯木비견은 地支 酉金 편관과 충하므로 또다시 어려움에 빠지게 된다. 한마디로 비견이 편관을 해치므로 과욕을 부리면 또다시 감옥에 갈 수 있는 것이다.

2) 火 日干 편관격(男 63년생)

年 : 癸卯　　　　　대　운
月 : 癸亥　　壬 辛 庚 己 戊 丁 丙
日 : 丙子　　戌 酉 申 未 午 巳 辰
時 : 庚寅　　7 17 27 37 47 57 67
＊木火 : 출세　金水 : 가난　土 : 평범

■풀이

丙火 日干이 亥月에 태어났으므로 편관격이다.

생년과 생월의 天干 癸水 정관과 地支 亥水 편관이 성정이 강성함을 한 눈에 알 수 있다. 반면에 丙火 日干은 생시의 寅木 편인에만 뿌리가 있고, 생년의 卯木 인수는 亥水 편관과 합해 木이 되지만 물에 잔뜩 젖은 木이므로 丙火를 생하지 못한다. 따라서 오직 木火 운을 만나야 하고 土 운은 水를 극해서 좋다.

그럼에도 이 공식은 어린시절 壬戌 대운 7~16세까지 戌土가 주관하는데 그나마 天干에 壬水 편관이 또 있으므로 평범한 가정에서 자라나지만 편관의 강성한 성정 때문에 학업에는 관심이 없고 싸우기를 좋아하고 운동에만 열중했다. 그리고 辛酉 대운 17세에 이르러서는 아예 학업을 포기하고 폭력배 생활을 시작하였으며, 庚申 대운 36세까지 계속되었다. 다행이 생월의 亥水 편관이 卯木과 합해 木으로 변하고 생시의 寅木이 생일의 子水 정관을 흡수하므로 흉포하지는 않았다. 그리고 甲戌(1994년) 세월 운에서 戌土가 생월의 亥水 편관을 극하고 卯木과 합해 火로 변하므로 혼인도 할 수 있었다.

그리고 세월 운이 乙亥년은 亥水가 寅木과 합하고, 丁丑 戊寅년 용신 운을 맞이해 자식을 낳자 폭력배생활을 청산하고 술집을 경영하면서 생활할 수 있었다. 己未 대운 37세 이후는 생활도 풍족하였다. 그러나 2004년 甲申년에서 申金 편재가 생시의 寅木 용신을 충할 때 아내를 잃었다. 하지만 계속해서 火 운을 맞이하므로 경제적으로 어려움이 없다. 그렇다고 큰 부자가 되고, 출세하지는 못한다. 공식에 정재와 편재가 없고, 또 정재와 편재는 흉신이므로 큰 부자가 되기 어렵고, 어릴 때부터 배움이 적었으므로 출세하기 어려운 것이다. 건강은 심장과 대장이 허약하다.

3) 土 日干 편관격(男 53년생)

年 : 癸巳　　　　대　운
月 : 己未　　戊 丁 丙 乙 甲 癸 壬
日 : 己卯　　午 巳 辰 卯 寅 丑 子
時 : 甲寅　　 7 17 27 37 47 57 67

* 水木 : 평범　火土金 : 부귀

■풀이

己土 日干이 未月에 태어났으므로 비견격이나 未 중의 乙木을 취용하고 전체적으로 木이 강하게 작용하고 있으므로 편관격이라 하였다.

日干 己土가 己未 비견 月에 태어나고 생년의 巳火 인수가 돕고 있으므로 매우 강성한 듯이 보인다. 그러나 未土가 생일의 卯木 편관과 합해 木으로 변하고, 생시의 甲木이 생월의 己土 비견을 억제하는 힘이 있으므로 오히려 약화되었다. 따라서 火土 운에 부귀한다. 그런데 이 공식의 특이점은 火土는 日干 己土를 너무 강성하게 하고, 水木은 寅卯木을 너무 강하게 한다는 사실이다. 그리고 水氣가 부족해 陰陽이 조화를 얻지 못한 단점이 있다. 비록 木火 운을 만난다 해도 큰 부자가 되기 어렵고, 강한 정관과 편관의 보스기질이 오히려 재물을 흩어놓는다. 따라서 金 운이 가장 좋다. 金이 강성한 木을 누르고 水를 생하므로 부귀한다. 水木 운은 편관이 너무 강성해 日干이 이를 감당하지 못하므로 어려움을 겪는다.

그러므로 戊午 대운 7세부터 丁巳 대운 26세까지 매우 부유한 집안에서 장래가 촉망되는 젊은이였다. 그러나 너무 일찍 용신 운을 만난 것이

해가 된다. 사회 경험이 없는 나이에 큰일을 할만한 준비가 되어있지 않았기 때문이다. 만약 40대 이후에 火 운을 만났다면 고위 공직이나 정계 진출도 가능했을 것이다. 더구나 丙辰 대운 27세부터는 辰土가 공식의 寅卯와 방합해 木의 세력에 합류하므로 편관의 성정이 더욱 강성해진다. 따라서 청년기에 규모가 큰 밤업소를 운영하면서 수많은 폭력배들을 고용하였다. 辰 중의 癸水 편재의 힘으로 많은 돈을 벌었으나 모으기가 어려웠다. 그나마 乙卯 대운 37세부터는 편관이 공식 전체를 거의 지배하므로 자신의 업체는 망하고 타인의 밤업소를 관리하는 월급생활자로 전락하였다. 甲寅 대운 56세까지 지속되고 癸丑 대운에서 좋아지지만 이때는 심장과 비장 허약에 의한 질병으로 고생한다.

4) 金 日干 편관격(男 61년생)

```
年:辛丑        대   운
月:癸巳   壬 辛 庚 己 戊 丁
日:壬子   辰 卯 寅 丑 子 亥
時:庚戌   4 14 24 34 44 54
```

* 木火土 : 부귀   金水 : 가난 (단, 戌은 평범 辰은 가난)

■풀이

壬水 日干이 巳月에 태어났으므로 편재격이나 巳 중에 戊土가 있고 또 생시에 戊土 편관이 하나가 있기 때문에 편관격이라 하였다. 예로부터 생시에 편관이 하나가 있으면 시상일위귀격時上一位貴格이라 하여 격식으로 분류한 바에 따르면 이 공식은 귀격이 된다.

생년의 辛金과 생월의 癸水 그리고 생시의 庚金이 모두 뿌리를 두고 壬水 日干을 생하고 있고, 地支 子水 겁재에 壬水가 뿌리를 두고 있으므로 日干이 약하지 않다. 그런데 子水 겁재가 생년의 丑土 정관과 합해 土 편관으로 변하는데 水氣가 많은 土이다. 따라서 土와 水가 함께 강한 공식이다. 巳火 편재는 子丑 사이에서 매우 약하다. 그러므로 金水 운을 만나면 가난해진다. 木 운은 木이 水氣를 흡수하고 강한 土를 억제하기 때문에 부귀를 함께 누릴 수 있다. 火土 역시 부유해진다. 壬水 日干이 약하지 않고 편재와 편관이 강성해지기 때문이다. 그러나 너무 강하기 때문에 재산을 잃으므로 거부가 되기는 어렵다. 다만 丑은 巳火 편관과 戌土를 충하지 않기 때문에 거부가 되고, 戌은 子水를 극하므로 日干이 허약해져서 평범하며, 辰은 戌과 충해 戌 중의 丁火 정재가 극을 받고 巳火 편재가 약화되므로 가난하다.

그러므로 壬辰 대운 4~13세까지는 매우 가난하였다. 辛卯 대운 14~23세까지는 卯木 상관이 생시의 戌土 편관과 합해 火 편재가 되므로 생활이 많이 좋아지지만 天干에 흉신 辛金이 있어서 크게 풍족하지는 않았다. 庚寅 대운 24~33세까지 역시 그와 같다. 그런데 이 공식은 편관이 워낙 강하므로 학창시절부터 보스기질이 있었으며 그 기질로 인해 학업에 열중하지 않았다. 그리고 하사관으로 군에 입대해 33세까지 복무하였다.

己丑 대운 34세에 이르러서는 丑이 생시의 戌土 편관과 형刑하고 세월 운에서 또 丑을 만났을 때(1997년 丁丑) 작은 사건에 연류돼 6개월간 감옥생활을 한 뒤, 부동산과 건축업을 시작하였다. 그리고 戊寅 己卯년에 거금을 벌어들이고 庚辰년에 침체되었다가 辛巳년에 다시 거금을 벌어들일 수 있었다. 젊은 나이에 자수성가한 대표적인 공식인데 지금은 3개의 회사를 거느린 그룹의 회장으로 많은 직원들을 거느리고 계속 발전하고 있다. 하지만 甲申 丁酉년에 申酉金 흉신이 주관하므로 많은 손실을 입고 고전하지만, 丙戌년에 어느 정도 회복할 것이다.

그러나 장차 丁亥 운은 亥子丑 방합해 水가 강성할 때를 대비하지 않으면 또다시 가난해질 것이므로 과욕을 부리지 말고 기업을 경영해야 한다. 사람을 많이 거느리면 직원들의 운을 따르지만 오너가 과욕을 부리면 망할 수밖에 없는 것이다.

5) 水 日干 편관격(男 28년생)

年 : 戊辰　　　　대　운
月 : 戊午　　己 庚 辛 壬 癸 甲 乙
日 : 壬辰　　未 申 酉 戌 亥 子 丑
時 : 甲辰　　5 15 25 35 45 55 65

＊金水木 : 부귀(단, 子는 흉)　 火土 : 부자(단, 丑辰은 가난)

■풀이

壬水 日干이 午月에 태어났으므로 정재격이나 2개의 戊土와 3개의 辰土 편관이 공식을 지배하고 있으므로 편관격이라 하였다.

日干 壬水가 辰土에 뿌리가 분명하지만 戊辰土 편관이 너무 강성한 것이 흠이다. 그리고 무엇보다도 생월의 午火 정재가 습한 辰土 사이에서 매우 허약한 것이 대단히 좋지 않다. 건강 면에서 언제든지 심장이 허약해 사망할 수 있기 때문이다. 편관의 능력에 의해 장관이 되고, 장군이 된들 목숨을 잃으면 그만이니 이 공식은 한평생 건강을 주의하는 것이 우선이다.

여하간 이 공식은 壬水 日干이 편관의 세택보다 약하므로 金水木 운을 만나는 것이 가장 좋다. 金水는 약한 日干을 도와서 편관을 길들이므로 크게 출세할 것이며, 木은 편관의 강성한 기운을 억제하기 때문에 역시 출세한다. 그러나 건강 면에서는 木火 운을 만나야 한다. 金水 운은 午火가 어두워지므로 심장 허약에 의한 질병을 앓을 수밖에 없기 때문이다. 土의 경우, 未戌은 火氣가 많고 건조하기 때문에 日干이 허약해져서 평범하고, 丑辰은 水氣가 많기 때문에 午火 정재가 약해져서 부자는 될 수 없어도 출세한다.

그러므로 5~14세까지 己未 대운에서 未土 정관이 午火와 합해서 火가 되므로 건강하였으며 넉넉한 가정에서 학업성적도 좋았다. 庚申 辛酉 대운 25~34세까지는 인수 편인이 주관하므로 戊辰土 편관의 세력을 설기시켜서 약한 임수 日干을 생하므로 학업성적도 뛰어나고 항상 타인을 이끄는 위치에 있었다. 그러나 심장이 허약하므로 용감한 겉보기와는 달리 잔 질병에 시달리게 된다. 壬戌 대운은 午戌이 합해 火가 되므로 건강하고 火가 土 편관을 생하므로 정치에 뜻을 두고 승승장구하였으며, 45세 癸亥 대운에서 장관급에 올랐다. 그러나 55세 甲子 대운에서 子水가 午火를 충하자 火氣가 소멸되면서 애석하게도 젊은 나이에 심장 질환에 의해 사망하였다.

8. 인수격의 부귀빈천

日干을 생해주는 오행 중에서 陰陽이 다른 것을 인수라 한다. 가족은 어머니로 분류된다.

인수印綬는 옛날에 관리가 지니던 인장과 그 끈의 명칭이다. 요즘과 달리 옛날에는 학문을 통달하고 과거에 급제해야 관리가 될 수 있었으므로 그 상징을 인수라 하였다. 그러므로 인수는 학문의 神이며, '나'를 태어나게 하고, 교육하는 어진 어머니에 해당된다.

그러나 인수가 비견인 '나'를 생해주기 때문에 日干이 강성하면 인수의 힘을 받은 日干이 정재를 극하므로 해가 된다. 대개 비견이 강하고 인수가 있는데 정재가 약할 때 고부간의 갈등도 빚어진다. 또 인수가 3개 정도 있으면 인수 운에 어머니와 이별한다.

반대로 인수가 1개뿐이고 정재가 2개 이상 많으면 정재 운에 어머니와 이별하거나 고부간의 갈등이 빚어진다. 학문도 그와 같다. 인수가 과다하게 많으면 학문에 뜻이 있어도 학업을 계속할 수 없고, 인수가 약한데 정재가 과다하면 학문보다 사업에만 뜻이 있다.

하지만 비견이 약하지 않고 인수가 2개 정도만 있어도 오직 학문에만 정진한다. 그리고 식신 상관 운에 학문을 통달하고 정재 편재 운에 큰 부자가 되며 정관 편관 운에 명성을 얻는다. 설사 인수가 2개 이상 과다해도 정재 편재가 과다한 인수를 억제하므로 역시 학문에 통달하고 정관 편관 운에 명성을 얻는다.

인수의 본성은 본래 어머니와 같은 어진 덕에 있다. 흉포한 상관과 편관의 성정을 길들이고 타인에게 베푸는 것을 좋아한다. 다만 인수가 과다하게 많으면 흉신으로 변하는 데다 자존심과 아집이 강해서 타협을 모르는 결점이 있다. 학문에 열중하듯 수행으로 이 점만 고치면 인격자로서 타인의 존경은 물론 후세까지 이름을 빛낼 큰 업적을 남기게 된다.

1) 甲木 日干 인수격(女 65년생)
   年 : 乙巳   대 운
   月 : 癸未   甲 乙 丙 丁 戊 己 庚
   日 : 甲子   申 酉 戌 亥 子 丑 寅
   時 : 戊辰   6 16 26 36 46 56 66
 * 金水木 : 부자   火土 : 가난(단, 丑辰은 평범)

■풀이

甲木 日干이 未月에 태어나서 정재격이나 생월 天干 癸水 인수가 생일의 子水 인수에 뿌리가 있고, 생시의 辰土에 癸水 인수가 강하게 내장되어 있으므로 인수격으로 취용하였다.

日干 甲木이 地支 未子辰에 모두 뿌리가 있고, 子辰이 합해 水가 되고 생월 天干에 癸水 인수와 생년의 乙木 겁재에 의해 甲木 日干이 대단히 강성한 것처럼 보인다. 그러나 보다 세밀하게 분석해보면, 생일의 子水 인수는 생년의 巳火 식신의 생조를 받은 생월의 未土 정재로부터 극을 받아 마른 흙에 젖은 가랑비처럼 약하다. 다행히 생시의 습한 辰土 때문에 마르지는 않는다. 그리고 생월의 癸水 인수는 생시 天干 戊土 편재에 흡수돼 큰 흙덩이에 스며든 이슬과 같다. 따라서 火土만 강하고 다른 것은 허약하므로 火土 운은 학업이 중단되고 가난하며, 金水木 운에 학문에 열중하고 부자가 된다.

그러므로 甲申 대운 6세부터 乙酉 대운 25세까지는 학업성적도 좋고 집안도 부유하였다. 申酉 편관 정관이 地支에서 子水 인수를 생하고, 인수는 다시 甲木 日干을 생해주며, 대운 天干 甲乙木 비견 겁재가 日干을 돕기 때문이다. 그리고 乙酉 대운에서 남편에 해당하는 酉金 정관이 생시의 辰土 편재와 합하므로 대학을 졸업한 뒤 고등학교 교사로 일하다가 25세에 결혼하였다. 하지만 결혼한 후 丙戌 대운 26~35세까지는 일생 중 가장 고통스러운 생활을 하게 되었다. 丙火 식신이 생시의 戌土 편재를 생하고, 생월의 癸水 인수를 완전히 마르게 하는 데다 戌土 편재가 생일의 子水 인수를 극하고, 생시의 辰土 편재와 충해 공식 전체가 火土가 지배하므로 甲木 日干이 마치 흙에 묻힌 여린 나무와 같기 때문이다.

이렇게 日干이 허약하고 정재와 편재가 공식을 지배하면 아내로서의 자기 자리를 지키지 못한다. 부지런히 돈을 벌어서 남편한테 빼앗기고 남편은 조강지처보다 다른 여인에게 마음을 빼앗기게 된다. 남편은 의사였다. 좋은 직업을 가졌으나 본래 가난하였으므로 재산이 있는 여성을 선택한 뒤 욕심을 채우면서 마음은 다른 여인에게 가 있었던 것이다. 이에 두 아이를 두고 丙戌 대운이 끝나는 35세에 이혼할 수밖에 없었다.

丁亥 대운 36세에 이르러서는 亥水가 공식의 癸子 인수가 강성해지므로 친정어머니의 도움을 받아 대학원에 입학하였다. 앞으로 자기분야 학문에 대성할 것이지만, 본래 정재와 편재가 많은 공식이기 때문에 오히려 자영업으로 큰 부자가 된다. 건강은 심장이 허약해 속이 냉하다.

2) 乙木 日干 인수격(男 47년생)

年 : 丁亥   대 운
月 : 壬寅   辛 庚 己 戊 丁 丙 乙 甲
日 : 乙亥   丑 子 亥 戌 酉 申 未 午
時 : 庚辰   7 17 27 37 47 57 67 77

＊木火土 : 부자 水: 가난 (단, 地支 木은 가난) 金 : 명예(단, 天干 金은 불길)

■풀이

 日干 乙木이 寅月에 태어나서 겁재격이나 2개의 亥水와 1개의 壬水 등 인수가 셋이나 있고 생시의 辰土에 水氣가 많기 때문에 인수격으로 취용하였다.

 日干 乙木이 寅木 겁재에 뿌리가 분명하고 강한 데다 2개의 亥水와 생시의 辰土 정재까지 뿌리를 두고 있고, 생조를 받으므로 성정이 매우 강성하다. 반면에 생시의 庚金 정관과 辰土 정재와 생년의 丁火 식신이 허약하다. 따라서 火土金 운에 부귀한다. 단 日干이 庚金의 억제를 받고 홀로 외로우므로 天干의 木은 과다한 水를 흡수해 火를 생하므로 부유하고, 天干 金 특히 辛金 편재는 乙木 日干을 심하게 극하므로 불길하다.

 아무튼 이렇게 인수가 셋이나 되는 공식이기 때문에 어릴 때부터 학자인 아버지의 영향까지 받아서 책 읽기를 좋아하였다. 초등학교에 들어가기 전에 이미 천자문을 익히고 사서삼경을 읽었다. 辛丑 대운 7~16세까지 매우 가난했던 시절에 산골 초등학교에서 도시로 유학을 갔으며 소위 일류 중학교에 다녔으며 학업성적도 좋았다. 하지만 辛丑 세월 운(1961년)에서 날카로운 辛金 편관이 대운의 辛金과 합세해 日干 乙木을 극하므로 이때 불의에 사고로 뇌출혈에 의해 죽을 고비를 넘겨야 했다.

 庚子 대운 17~26세까지는 매우 파란만장한 시기를 보내게 된다. 庚金 정관이 日干 乙木을 억제하고 자수 편인이 공식의 과다한 해수 인수를 더욱 강하게 하므로 중학교시절에 학업성적이 좋아 서울의 소위 일류고등학교에 입학하려 하였으나 담임이 입학원서를 깜박 잊고 접수를 시키지 않아서 시험도 못 본채 할 수 없이 2차 2류 학교에 입학할 수밖에 없었다. 그리고 공부를 전혀 하지 않았으나 시험성적은 항상 상위일 만큼 두뇌가 좋았다. 이에 두뇌를 아까워한 학교장의 설득으로 6개월간 지독하

게 공부한 뒤 역시 일류대학에 응시하였으나 기초가 없는 데다 시간도 부족해 암기만 하였던 수학 점수가 0점이어서 불과 2.5점차로 불합격하였다.

이에 2류 대학에 입학은 하였으나 학업을 포기하고 농촌으로 돌아가 야간 중학교를 설립하고 가난한 학생들을 가르치면서 소설을 쓰기 시작하였다. 이때 상록수란 말을 들을 만큼 유명세도 있었으나 자금난으로 학교운영이 어려워 군에 입대한 뒤 소설을 쓰기위한 체험을 할 생각으로 월남전에 자원해서 참전하였다. 하지만 대운이 子水인데다 세월 운에서 辛亥(1971년)년에 亥水 인수가 또 합세하자 어머니가 죽고 말았다. 대개 인수가 과다하고 또 인수 운이 계모가 어머니 자리를 차지하는데 이 공식도 그와 같았다.

己亥 대운 27~36세까지는 亥水 인수가 더욱 과다하게 작용하므로 생활이 매우 어려웠으며 파란만장한 세월을 보낼 수밖에 없었다. 다행히 天干에 己土 편재의 힘에 의해 직장생활을 하면서 부동산에 투자해 한때 큰 돈을 벌기도 하였다. 그러나 인수격으로서 본연의 성정을 따르지 않았으므로 부자가 되겠다는 욕심만 있었지 무슨 일이건 실패만 거듭하였다. 이에 마음을 고쳐먹고 독학으로 공부를 다시 시작하였으며, 戊戌 대운에서 대학을 다니고 외국으로 유학가 박사학위까지 취득하였다. 그리고 지금까지 약 30년간 오직 학문에만 매달렸으며 丁酉 대운 47세 이후부터 대학의 교수로 강의도 하는 등 활발한 학문 활동을 하면서 스스로 창시한 학문으로 점차 자신의 영역에 명성을 쌓아나갔다. 丙申 대운 57세 이후는 더욱 무르익은 학문으로 더 많은 저서를 집필하였다. 배우고 스스로 공부한 바가 많아서 여러 가지 다양한 저서를 남기고 있으며 경제적으로도 부족함이 없었다. 앞으로는 현재보다 더 나은 경제력과 명성을 쌓을 것이다. 건강은 심장과 위장 그리고 폐·대장이 허약하나 스스로 배운 의학지식으로 극복하였다.

3) 丙火 日干 인수격(男 92년생)

年：壬申　　　　대　운
月：癸卯　甲 乙 丙 丁 戊 己 庚
日：丙申　辰 巳 午 未 申 酉 戌
時：庚寅　5 15 25 35 45 55 65

* 木火：부자　土金：가난　水：부귀(단, 未戌은 부자)

■풀이

丙火 日干이 卯月에 태어났으므로 인수격이다.

日干 丙火가 卯木 인수와 생시의 寅木 편인의 생조를 받아서 강성한 듯하지만 卯木 인수가 2개의 申金 편재 사이에서 제 역할을 하지 못하고 생시의 寅木 편인은 생일의 申金 편재로부터 극을 받고, 또 天干 庚金 편재의 극을 받기 때문에 뿌리가 뽑힌 나무와 같아서 오히려 매우 허약해졌다. 이렇게 인수가 약하고 편재가 강하면 학문보다 재물에 관심이 더 많아서 사업을 하는 경향이 있다.

따라서 木火 운을 만나면 강성한 편재의 힘에 의해 부자가 될 것이며, 水 운은 水가 상쟁하는 金木 사이를 통관시켜 金水木火로 상생하므로 부귀를 함께 누리게 된다. 그러나 土金 운은 강성한 庚申金 편재를 생하고, 日干 丙火의 기운을 빼앗아가므로 가난해진다. 다만 土의 경우, 未戌土는 日干 丙火가 뿌리를 내리고 제 기능을 잃지 않기 때문에 부유하고, 丑辰은 庚申金을 생해 卯寅木 인수와 편인을 극하므로 가난해진다.

그러므로 甲辰 대운 5~14세까지는 辰土가 寅卯와 방합하고, 天干의 甲木이 辰土에 뿌리를 두고 日干 丙火를 생하므로 소위 중상층에 속하는 가정에서 풍족하게 자라나며 학업성적도 좋다. 중산층이라 하는 것은 寅卯辰이 합해 木이 되고, 그 木이 申金과 상충하기 때문에 申金 편재가 상처를 입기 때문이다. 을사 대운 15세부터 丙午 丁未 대운 44세까지 역시 중산층 정도의 부를 누리는데, 火가 木을 태워서 申金 편재를 극하기 때문에 큰 부자가 되기는 어렵다.

戊申 대운 45세부터 己酉 대운 64세까지는 대단히 경제적으로 어려워진다. 日干은 약한데 편재가 과다하므로 무리하게 욕심을 부리다가 실패하게 되는 것이다. 따라서 이때가 되면 분수를 지키면서 검소하게 생활해야 안정된 생활을 할 수 있다. 건강은 간이 허약하다.

4) 丁火 日干 인수격(男 73년생)

```
年 : 癸丑              대    운
月 : 甲寅       癸  壬  辛  庚  己  戊  丁
日 : 丁酉       丑  子  亥  戌  酉  申  未
時 : 乙巳        9  19  29  39  49  59  69
```
* 水 : 부귀   木火 : 평범   土金 : 부자(단, 庚申金은 가난)

■풀이

丁火 日干이 寅月에 태어났으므로 인수격이다.

생년의 癸水 편관이 생월의 甲木 인수를 생하고, 甲寅木 인수와 생시의 乙木 편인이 日干 丁火를 생하고 있으므로 日干과 인수가 대단히 강성해 보인다. 그러나 생년의 丑土 식신과 생일의 酉金 편재와 생시의 巳火 겁재가 삼합해 陽의 金으로 변해 寅木 인수를 극하므로 강하지도 약하지도 않다.

이처럼 金木이 地支에서 상쟁할 때는 水가 가장 좋다. 水 운을 만나면 학문 재물 명성 모두를 다 얻는다. 또 土金 운을 만나도 日干이 약해지지 않으므로 부자가 된다. 그러나 庚申金 정재는 甲寅木 인수를 극해 日干이 갑자기 약해지므로 과욕을 부리다가 실패하고 가난해진다. 木火 운은 巳酉丑이 합하는 金을 극하고 日干을 강성하게 하기 때문에 평범한데, 조금 어려운 편에 속한다. 특히 卯木은 酉金을 충해 삼합을 깨므로 가난해진다.

그러므로 癸丑 대운 9세부터 壬子 辛亥 대운 38세까지는 부귀와 명예를 다 얻는다. 水 정관과 편관이 주관하는데다 인수가 강하고 日干도 약하지 않으므로 공부도 잘 하고 타인의 리더가 되는 것이다. 이에 한의과대학을 졸업하고 한의원을 개원하였으며, 계속해서 庚戌 대운과 辛酉 대운에서 많은 재산을 모으게 될 것이다. 그러나 이때 미래를 위해 대비해두어야 한다. 그리고 과욕을 금하고 검소하게 생활하지 않으면 안 된다. 59세부터 戊申 대운을 맞이해서 申金 정재가 寅木 인수를 극하고 金 정재와 편재가 과다해지므로 욕심을 부리다가 큰 손해를 보기 때문이다. 건강은 폐 기능이 허약하다.

5) 戊土 日干 인수격(女 93년생)
年: 癸酉   대   운
月: 戊午   己 庚 辛 壬 癸 甲 乙
日: 戊辰   未 申 酉 戌 亥 子 丑
時: 己未   7 17 27 37 47 57 67
* 金水: 거부   木: 부귀   火土: 가난 (단, 丑辰은 부자)

■풀이
戊土 日干이 午月에 태어났으므로 인수격이다.

생년의 酉金 상관을 제외하면 모두 火土가 주관하는 공식이므로 日干이 대단히 강성한 공식이다. 생년 天干 癸水 정재가 戊土 비견에 흡수당하지만 생일의 辰土 비견이 水氣가 많은데다, 酉金 상관과 합해 식신으로 변해 水를 생하므로 금수 운을 만나면 거부가 될 것이며, 木 운은 강성한 戊土 비견을 극하므로 부귀를 함께 누리게 된다. 그러나 火土 운을 만나면 공식의 金水가 허약해져 가난을 면할 수 없다. 다만, 丑辰은 天干 酉金 상관과 합해 水를 생하기 때문에 평범하지만, 중류의 부자는 된다. 이처럼 부자가 되는 것은 인수가 약하고 酉金 상관과 辰 중의 癸水 정재가 대운을 주관하므로 학문보다 재물을 따르는 공식이기 때문이다. 따라서 己未 대운 7~16세까지와 壬戌 대운 37~46세까지만 제외하고 큰 부를 얻는 공식이다. 건강은 심장이 허약한데 壬戌 대운은 신장도 허약해진다.

6) 己土 日干 인수격(女 85년생)

年 : 乙丑 　　　　대　　운
月 : 辛巳　　壬 癸 甲 乙 丙 丁 戊
日 : 己卯　　午 未 申 酉 戌 亥 子
時 : 戊辰　　9 19 29 39 49 59 69

＊ 金水 : 거부　　木 : 평범한 직장인　　火土 : 가난(단, 丑辰은 평범)

■풀이

己土 日干이 巳月에 태어났으므로 인수격이다.

생년의 丑土 비견과 생시의 戊辰土 겁재가 있는 데다 巳火 인수가 생하고 있으므로 日干 乙木 편관은 생월의 辛金 식신으로부터 극을 받고,

생일의 卯木 편관은 火土 사이에서 마치 두터운 흙에 묻힌 작은 나무와 같아서 매우 허약해 日干을 억제하지 못한다. 따라서 己土의 성정이 대단히 강성하다.

그러므로 金水 운을 만나면 큰 부자가 될 것이며, 木 운은 명성을 얻고, 火土 운은 가난해진다. 이에 대운을 비교해보면, 壬午 대운 9세부터 癸未 대운 28세까지 가난하다. 다행히 天干에 壬癸水 정재와 편재가 있기 때문에 생계유지에는 문제가 없다. 그러나 癸未 대운 28세 경에 未土 비견이 생일의 卯木 편관과 합하고, 癸水가 생시의 戊土 겁재와 합할 때 혼인하고, 甲申 대운 29세부터 乙酉 대운 38세까지 대단히 부유해진다. 그러나 丙戌 대운 49~58세까지 남편의 사업실패로 어려움에 처하지만 丁亥 대운 59세부터 다시 부유해지는데, 天干에 丁戊 흉신이 있기 때문에 거부는 되기 어렵다. 건강은 신장이 허약해 피로와 두통으로 고생하지만 甲申 대운부터 좋아지고, 丙戌 대운에 재발한다.

7) 庚金 日干 인수격(男 96년생)

年 : 丙子　　　　　대　운
月 : 辛丑　　壬 癸 甲 乙 丙 丁 戊
日 : 庚申　　寅 卯 辰 巳 午 未 申
時 : 己卯　　6 16 26 36 46 56 66
＊水木 : 부자　火 : 명예　土金 : 가난

■풀이
庚金 日干이 丑月에 태어났으므로 인수격이다.
日干이 대단히 강성하고 생시의 卯木 정재와 생년의 丙火 편관이 허약함을 한 눈에 알 수 있는 공식이다. 따라서 水木火 운을 만나야 한다. 水는 강성한 日干을 설기시켜서 卯木 정재를 생하고, 木은 약한 卯木 정재를 돕고 火를 생하므로 부자가 된다. 다만 생월의 丑土 인수가 너무 냉하고 허약해져 인수의 학문성이 없어지고 재물을 추구하는 성격으로 바뀌므로 공부에는 별로 뜻이 없다. 그러나 火는 냉습한 陰氣를 걷어내고 日干의 강성한 성정을 억제하면서 丑土 인수를 생하기 때문에 학문에 뜻이 있고 그로인해 명성을 얻는다. 土는 비록 인수가 강성해져 학문을 좋아하지만 日干이 더욱 강해져 생시의 卯木 정재를 극하므로 가난을 면할 수 없다.

  그러므로 壬寅 대운 6세부터 癸卯 대운 25세까지 水 식신 상관과 木 정재 편재의 힘에 의해 부유한 집안에서 부러울 것이 없으나 공부에는 별로 취미가 없다. 甲辰 대운 26~35세까지는 辰土 편인이 강성한 日干을 생해 직장을 얻기도 어렵고 혼인도 쉽게 되지 않아서 어려움을 겪지만, 天干의 甲木 편재가 도우므로 생활하는 데는 문제가 없다. 그러나 乙巳 대운 36세부터 병오 정미 대운 65세까지 30년간 편관과 정관이 주관하므로 직장인으로서 크게 성공한다. 건강은 간과 심장이 허약하다.

8) 辛金 日干 인수격(男 57년생)

年 : 庚子   대   운
月 : 丙戌   丁 戊 己 庚 辛 壬 癸
日 : 辛未   亥 子 丑 寅 卯 辰 巳
時 : 戊子   9 19 29 39 49 59 69
＊金水木 : 평범   火土 : 가난(단, 辰戌은 평범)

■풀이

辛金 日干이 戌月에 태어났으므로 인수격이다.

地支에 비록 戌未 인수 편인이 있으나 未土 편인은 뜨거운 흙이라 日干을 생할 수 없고, 생년의 庚金 겁재는 생월의 丙火 정관의 극을 받으므로 日干이 허약하다. 그러나 생시의 戊土 인수에 의해 허약한 듯 허약하지 않다. 그런데 이 공식의 큰 결점은 陰氣가 매우 부족하다는 점이다. 생년의 子水 식신은 戌土 인수에 흡수돼 마르고, 생시의 子水 식신은 未土의 극을 받기 때문에 너무 조열하고 건조한 것이 흠이 되는 것이다. 따라서 金水로 조열하고 건조한 日干을 조후調喉 해 주는 것이 가장 필요한 공식이다. 木은 土를 억제하지만 火를 생하므로 생활은 평범하면서도 여유가 있으나, 건강 면에서 어려움이 많다. 특히 신장과 폐가 허약한데, 속에 열이 많기 때문에 위장이 대단히 좋지 않다. 火土 역시 위장에 심각한 질병을 앓을 수 있다. 따라서 丁亥 대운 9세부터 戊子 己丑 대운 38세까지는 평범하면서도 여유로운 생활을 하였다. 그러나 庚寅 대운 39세부터 辛卯 대운 58세까지 가세가 급격히 기울고, 위장병과 호흡기질환으로 어려움을 겪어야 한다. 다행히 天干의 庚辛金에 의해 壬辰 대운 59~68세까지는 壬水 상관과 습한 辰土 인수로 인해 건강도 회복되고 생활도 여유로워진다. 건강은 신장과 폐가 허약하다.

9) 壬水 日干 인수격(男 56년생)

年 : 丙申　　　　대　운
月 : 丁酉　　戊 己 庚 辛 壬 癸 甲
日 : 壬寅　　戌 亥 子 丑 寅 卯 辰
時 : 庚子　　 8 18 28 38 48 58 68

＊ 木火 : 부귀   土金水 : 가난(단, 戌未는 평범)

■풀이
壬水 日干이 酉月에 태어났으므로 인수격이다.
　생시와 생년의 庚申金 편인과 생월의 酉金 인수가 壬水 日干을 생하고, 생시의 子水 겁재까지 합세하므로 日干의 성정이 대단히 강성하다. 반면에 생년 생월의 丙丁 편재와 정재가 金 위에서 허약하고, 생일의 寅木 식신 역시 생년의 申金 편인의 극을 받아서 허약하다. 따라서 木火 운을 만나야만 학업을 계속할 수 있고 부유해진다. 金水 운은 寅木 식신과 丙丁 편재와 정재가 허약해서 가난을 면할 수 없다. 특히 인수가 강하기 때문에 金水 운을 만나면 가난으로 인해 배우고 싶은 욕망은 강해도 학업을 계속할 수 없다. 土 운은 丑辰의 경우 金을 생하고 水氣가 많아서 가난하고, 戌未는 강성한 壬水 日干을 억제해서 부유해지지만 金을 생하므로 평범하다. 다만 未土 정관은 金을 생하지 못하므로 부유하다.
　그러므로 戊戌 대운은 8~17세까지는 평범한 집안에서 학업성적도 좋았다. 하지만 己亥 대운 18세부터 가세가 급격히 기울므로 고등학교 이상 다닐 수 없을 뿐만 아니라 사회생활 역시 원만하지 못하다. 그리고 庚子 辛丑 대운 47세까지 30년간 그러한 어려움은 계속되므로 대단히 불행한 젊은 시절을 보내야 했다. 하지만 壬寅 대운 48세에 이르러서는 寅木 식신이 火 재신을 생하므로 이때부터 조금씩 생활이 나아지기 시작하였다. 그러나 天干의 壬水 비견 때문에 풍족할 수는 없었다. 癸卯 대운 67세까지 평범한 생활은 계속된다. 甲辰 대운 68세 이후는 辰土가 酉金과 합해 金으로 변한 뒤 생일의 寅木 식신을 충하고, 甲木 식신은 생시의 庚金 편인과 충하므로 간과 심장 허약으로 인한 질병으로 생사가 엇갈린다.

10) 癸水 日干 인수격(男 71년생)

年 : 辛亥　　　　　대 운
月 : 丙申　　乙 甲 癸 壬 辛 庚 己
日 : 癸未　　未 午 巳 辰 卯 寅 丑
時 : 癸亥　　6 16 26 36 46 56 66

＊木火土 : 부자(단, 丑辰은 가난)　金水 : 가난

■풀이

癸水 日干이 申月에 태어났으므로 인수격이다.

인수 申金이 日干 癸水를 생하는데 생년의 辛亥와 생시의 癸亥까지 합세하므로 日干의 성정이 대단히 강성하다. 그럼에도 생일의 未土 편관은 亥水 겁재에 마치 흐르는 강물에 허물어지는 흙처럼 허약하고 未 중의 丁火 편재와 생월의 丙火 정재 역시 꺼져가는 불씨처럼 허약하다. 따라서 오직 木火土 운을 맞이해야만 빈곤을 면할 수 있다. 그러나 丑辰 土는 水氣가 많아서 빈곤을 면할 수 없다. 특히 丑土 편관은 생일의 未土 편관과 상충하므로 未 중의 丁火가 소멸돼 생명까지 위험하다.

그러므로 乙未 대운 6세부터 甲午 癸巳 대운 35세까지는 부유한 집안에서 대학을 졸업하고 직장도 쉽게 구할 수 있었다. 그러나 壬辰 대운 36세에 이르자 생월의 丙火 정재가 壬水겁재의 극을 받고 생일의 未 중 편재가 습한 辰土에 의해 더욱 쇠약해지므로 뜻밖의 사고로 재산을 다 잃고 만다. 대개 이런 경우 재물 욕심에 증권에 투자하거나 직장을 그만두고 사업에 투자하였다가 낭패를 당한다. 따라서 조용히 다가오는 때를 기다리며 조심해야 실패의 쓰린 경험을 하지 않는다. 이때만 그렇게 잘 넘기면 辛卯 庚寅 대운 20년간 편안한 생활을 한다. 하지만 辛丑 대운 66세 이후는 심장과 비장 허약으로 인한 질병이나 사고로 갑자기 급사할 수 있다. 평소에 습생을 잘하고 늘 수행하는 자세로 생활해야만 불시에 찾아오는 재앙을 예방할 수 있다.

9. 편인격의 부귀빈천

日干을 생해주는 오행 중에서 陰陽이 같은 것을 편인이라 한다. 日干을 생하는 神이기 때문에 인수와 같은 성질이 있다. 다만 가족은 대개 어머니 외의 다른 여인을 지칭하는 것으로 분류하지만 日干을 생한다는 점에서 그냥 어머니로 보는 것이 옳다. 다만 인수가 과다하면 친모와 인연이 없듯 편인도 과다하면 친모보다 편모를 섬길 가능성이 매우 높다. 그리고 인수와 마찬가지로 학문의 神으로 보아도 되지만 식신을 극한다는 점에서 흉신으로 분류되고 또 학문성이 인수보다 약하다.

편인은 日干을 생하므로 日干이 약하고, 재신이나 관신이 강할 때는 부귀를 주지만 日干이 강하면 부귀를 빼앗고 빈천한 운명으로 전락시킨다. 그러나 日干을 설기하는 식신과 상관 그리고 편인을 극하는 편재 운이 오면 오히려 거부가 된다. 성격적으로 인수는 인자한 모성이라 할 수 있으나, 편인은 글자가 뜻하는 바대로 편협된 면을 보인다. 아집이 강하고 외골수적인 기질이 있으며, 어느 하나에 집념이 강한 편이다. 그리고 식신을 극하므로 기이하게도 편인이 강하고 식신이 약하면 비만하지 않고 날씬한 몸매가 특징인 반면에 식도에 질병을 앓을 수 있는 단점이 있다.

1) 木 日干 편인격(男 71년생)

　年 : 辛亥　　　　대　운
　月 : 己亥　　戊 丁 丙 乙 甲 癸
　日 : 甲子　　戌 酉 申 未 午 巳
　時 : 甲戌　　9 19 29 39 49 59
＊火土 : 부귀(단, 丑辰은 가난)　金 : 평범　水木 : 가난

■풀이

甲木 日干이 亥月에 태어났으므로 편인격이다.

　생년 생월의 해수 편인과 생일의 자수 인수가 갑목 日干을 생하고, 생시의 갑목 비견이 합세하므로 日干의 성정이 대단히 강성하다. 그러나 생월의 己土 정재는 뿌리가 없고 생시의 戌土 편재는 과다한 水氣에 허물어진 흙과 같다. 따라서 오직 火土 운을 만나야만 가난을 면할 수 있다. 그러나 土 중에서도 丑辰은 水氣가 많으므로 가난하다. 특히 辰土 편재는 생시의 戌土 편재와 상충하므로 戌 중의 丁火 상관이 辰 중의 癸水로부터 극을 받으므로 火氣가 소멸돼 생명을 부지하기도 어렵다. 金은 水를 생해서 불길하지만 日干을 극하는 성정이 있어서 어려운 가운데 평범한 생활을 유지할 수 있다.

　그러므로 戊戌 대운 9~18세까지는 부모의 덕으로 넉넉한 가정에서 어려움을 모르고 자라날 수 있었다. 丁酉 대운 19세부터 丙申 대운 38세까지는 가세가 기울었으나 金이 주관하고 天干의 丙丁 식신 상관이 도와 어려운 중에서도 대학을 졸업하였으며 직장생활도 할 수 있었다. 乙未 대운 39세부터 甲午 癸巳 대운 30년간은 큰 부자가 될 수 있다. 대개 土가 정재나 편재이고 용신일 때 火土 운을 만나면 부동산 등으로 큰 돈을

버는 경우가 많으므로 이 공식도 그럴 가능성이 매우 높다.

2) 火 日干 편인격(女 50년생)

年 : 庚寅　　　　　　대　운
月 : 戊寅　　丁 丙 乙 甲 癸 壬 辛
日 : 丙申　　丑 子 亥 戌 酉 申 未
時 : 戊子　　9 19 29 39 49 59 69

＊土金水 : 부귀 (단, 申은 가난) (단, 未는 평범 戌은 부자)　木火 : 가난

■풀이

丙火 日干이 寅月에 태어났으므로 편인격이다.

생일의 申금 편재가 생시의 子水 정관과 합하므로 생월의 寅木 편인을 극하지 않는다. 설사 극한다 해도 2개의 인목에 반극당한다. 따라서 日干 丙火가 2개의 寅木 편인로부터 생조를 받아 성정이 강성하므로 木火 운을 만나면 가난하고 金水 운을 만나면 부귀한다. 金은 생년과 생월의 庚申금 편재를 도와 거금을 벌어들이고 생시의 子水 정관을 생하므로 신분이 상승된다. 하지만 申金 편재는 寅木 편재를 충하므로 日干이 갑자기 허약해져서 오히려 실패한다. 水는 寅木 편인을 생하면서 丙火 日干을 억제하므로 거금을 벌지는 못하지만 신분이 상승된다. 土의 경우 戌土는 庚申금 편재를 생하므로 큰 부자가 되지만 子水 정관을 극하므로 귀貴는 얻지 못하고, 未는 火氣가 많은 土이므로 평범하다. 그러나 丑辰은 金을 생하는 데다 水氣가 많기 때문에 부귀한다.

그러므로 丁丑 대운 9세부터 부유한 집안에서 모자람이 없이 학업을 계속하였다. 그리고 병자 대운에서 자수 정관이 주관하고 세월 운에서

巳火 비견이 생일의 申金 편재와 합하던 27세 丁巳년에 공직자와 혼인하였다. 戊戌 대운 39세부터는 戊戌 식신이 庚申金을 생하므로 작은 병원을 운영해 큰 돈을 벌어들이기 시작하였으며, 癸酉 대운 49세부터는 병원을 확장해 거부가 되었으며 활발한 사회활동으로 상당한 여성 단체의 수장이 되고 또 정치에도 관여하기 시작하였다. 하지만 壬申 대운 59세부터는 申金이 寅木 편인을 충하고, 壬水가 丙火 日干을 극하므로 사업에 실패할 가능성이 매우 높고 또 정계 진출에 대한 꿈을 이루기도 어려울 것으로 보인다. 현재 건강은 간과 심장이 허약해 고혈압 증세가 있다.

3) 土 日干 편인격(女 61년생)
  年 : 辛丑   대 운
  月 : 甲午   乙 丙 丁 戊 己 庚
  日 : 己丑   未 申 酉 戌 亥 子
  時 : 丙寅   4 14 24 34 44 54
  * 金水木 : 부귀   火土 : 평범(단, 丑辰은 부자)

■풀이
己土 日干이 午月에 태어났으므로 편인격이다.
地支에 2개의 丑土 비견과 午火 편인, 그리고 생시의 丙火 인수가 日干 己土를 대단히 강성하게 하고 있다. 따라서 金(식신 상관) 운을 만나면 강성한 日干을 설기시켜 水 정재와 편재를 생하므로 큰 부자가 되고, 水는 공식의 甲寅목 정관을 생하므로 부와 귀를 함께 누리게 된다. 그리고 木 정관 편관은 강성한 日干을 억제하므로 재물보다 사회적 명성을 얻는다. 그러나 火土는 日干을 더욱 강성하게 하므로 丑 중의 癸水 편재가 허약해져 어려운 중에 평범하다. 다만 丑辰은 水氣가 많아서 부자는 되지만 사회적 명예는 얻지 못한다.

그러므로 乙未 대운은 평범하였다. 하지만 丙申 대운 14세부터는 丙火 인수가 생년의 申金 식신과 합해 水로 변하고, 申金 상관이 水를 생하므로 부유한 환경에서 대학까지 졸업할 수 있었다. 그리고 丁酉 대운에서 직장생활을 시작해 부족함이 없이 생활하였다. 그런데 이 공식의 흠은 水 재신財神이 丑 중에 내장되어 있다는 점이다. 재신은 아버지이자 아내로서의 자기 자신이므로 아버지와 인연이 없고 혼인 운이 쉽게 오지 않는다. 오직 水木 운을 만나야 혼인이 가능하다.

따라서 정유 대운에서 酉金 식신이 분명하게 주관하는 28세에 한 남성을 만나서 사랑하였으나 혼인은 할 수 없었다. 그리고 34세 戊戌 대운에서 戊土 겁재가 丑 중의 癸水를 약하게 하고, 戊戌土가 합세해 공식의 甲寅木 정관을 오히려 반극하므로 약 7년간 사귀던 남성과 헤어지고 말았다. 이후로 직장생활을 계속하면서 혼인을 하고 싶어 아무리 노력해도 이루어지지 않았다. 그러나 己亥 대운 44세를 넘는 2007년 丁亥년부터 혼인 운이 열려있으며 상당한 재산가와 인연을 맺을 것이다. 건강은 심장이 허약하고 속이 냉해 대장과 자궁이 좋지 않다.

4) 金 日干 편인격(男 62년생)

年 : 壬寅   대 운
月 : 甲辰   乙 丙 丁 戊 己 庚 辛
日 : 庚辰   巳 午 未 申 酉 戌 亥
時 : 甲申   8 18 28 38 48 58 68

＊水木火 : 부자   土金 : 가난 (단, 未는 평범)

■풀이

庚金 日干이 辰月에 태어났으므로 편인격이다.

생월의 辰土 편인이 생년의 寅木 편재로부터 극을 받기 때문에 생일의 辰土 편인만 건강하다. 庚金 日干은 생일의 辰土 편인의 생조를 받고 생시의 신금 비견의 힘에 의해 강건하다. 그리고 생월과 생시의 甲木 편재가 모두 地支에 뿌리를 두고 있고, 생년의 寅木이 합세하므로 편재 역시 약하지 않다. 따라서 水木 운을 만나면 부자가 된다. 다만 火氣가 부족해 큰 부자는 되기 어렵다. 火 운은 생년의 寅木 편재와 辰土 편인 사이를 통관시키고, 습한 辰土를 따뜻하게 하므로 부자가 되지만, 이 때는 辰土 편인이 강해져서 역시 큰 부자는 되기 어렵고 직장인으로서 평범한 생활을 하게 된다. 그러나 土金 운은 日干 庚金이 매우 강성해져 甲寅木 편재를 극하므로 가난해진다.

그러므로 乙巳 대운 8세부터 丙午 丁未 대운 37세까지 직장인으로서 승진도 빠르고 물려받은 부모의 재산으로 풍족한 생활을 할 수 있었다. 그러나 戊申 대운 38세에 이르자 申金 비견이 생년의 寅木을 극하고, 戊土 편인이 생년의 壬水 식신을 극하면서 日干 庚金을 생하고 강성한 庚金 비견이 생월의 甲木 편재를 극하므로 뜻밖의 실수로 많은 재산을 잃었다. 그리고 己酉 庚戌 흉신 운이 기다리고 있기 때문에 재물 욕심을 버리고 오직 직장 일에만 충실해야 가난을 면할 수 있다. 건강은 심장이 허약하고 속이 매우 습하다.

5) 水 日干 편인격(男 43년생)

年 : 癸未
月 : 庚申
日 : 壬寅
時 : 壬寅

대   운

己 戊 丁 丙 乙 甲 癸
未 午 巳 辰 卯 寅 丑
1 11 21 31 41 51 61

* 土金水 : 평범(단, 申은 가난) 木火 : 가난(단, 寅은 가난, 巳火는 평범)

■풀이

壬水 日干이 申月에 태어났으므로 편인격이다.

생월의 庚申金 편인이 비록 日干 壬水를 생하고 있지만 생일 생시의 2개의 寅木 식신에 申金이 반극당하므로 壬水 日干을 생하는 능력이 부족하다. 다행히 생년의 癸水 겁재와 생월의 庚金 편인이 日干을 돕지만 뿌리가 약해 역시 日干을 생하는 능력이 부족하다. 생시의 壬水 비견은 뿌리조차 두지 못하였다. 때문에 金水 운을 만나는 것이 좋을 듯하다. 하지만 금은 인목 식신을 극하고, 갑자기 日干을 강성하게 하므로 생년의 未 중 정화 정재가 약해져서 재산을 모으지 못한다. 그나마 水는 寅木을 생하기 때문에 비록 火가 약화되지만 水의 생을 받은 木이 火를 생할 수 있기 때문에 평범한 생활은 유지된다. 木火는 생월의 申金 편인을 극해 日干이 쇠약해지므로 가난해진다. 다만 天干에 庚壬癸가 있어서 사업에 실패를 거듭하지만 생활을 유지하지 못할 정도는 아니다. 土는 水가 많은 丑辰을 제외하고 부자가 되지만 넉넉할 뿐 평범하다. 戌은 庚申金 편인을 생할 뿐 木을 극하지 않고, 未는 申金 편인을 극하지 못하고 火氣가 많기 때문이다.

그러므로 己未 대운은 1세부터 여유가 있는 집안에서 생활하였다. 戊

午 대운 11~21세까지는 午火 정재가 공식의 寅木 식신과 합해 강성한 火로 변해 申金 편인을 극하므로 학업을 계속하지 못하고 고등학교만 간신히 졸업하였다. 그리고 丁巳 대운 21세에서 군복무를 마친 뒤 결혼하고 자영업을 시작해 웬만큼 성공을 거둘 수 있었다. 巳火 편재가 申金 편인과 합해 水로 변하고, 天干의 丁火 정재의 힘을 입었기 때문이다. 丙辰 대운 31~40세까지는 제법 부유하였다. 습한 辰土가 日干을 돕고 寅木 식신을 극하지 않은 데다 丙火 편재가 작용하기 때문이다. 乙卯 대운 41세부터는 어려움에 처하였다. 卯木 상관이 생년의 未土 정관과 합해 陽의 木으로 변한 뒤 申金과 다투므로 日干이 허약해져 재산을 많이 잃을 수밖에 없었다. 그리고 甲寅 대운은 庚申金과 甲寅이 충하므로 그나마 유지해오던 사업이 매우 어려워졌다. 그리고 폐·대장이 허약해져 고생하였다. 하지만 辛丑 대운 61세부터는 다시 사업이 번창해지지만 申 세월 운을 만나면 생사가 엇갈린다. 丑未 寅申이 다 충하기 때문이다. 건강은 폐와 신장이 허약하다.

10. 종격

공식의 地支가 모두 같은 오행으로 무리지어 있는 것을 종격이라 한다. 종은 따른다는 의미인데 글자가 의미하는 대로 한 오행으로 무리지어 있으면, 무리진 그 오행을 거스르지 않고 따라가야 한다는 뜻이다.

종격에도 고대로부터 불변으로 전해지는 격식이 무려 10가지나 된다. 日干과 같은 오행이 무리지어 있으면 종왕격從旺格, 식신 상관이 무리지어 있으면 종아격從兒格, 정재와 편재의 무리는 종재격從財格, 정관 편관의 무리는 종살격從殺格, 인수 편인의 무리는 종강격從强格, 하는 식으로 분리되고, 또 木을 종하면 곡직격曲直格, 火를 종하면 염상격炎上格, 土를 종하면 가색격稼穡格, 金을 종하면 종혁격從革格, 水를 종하면 윤하격潤下格이라 하였다.

  종왕從旺은 비견의 성정이 왕성하다는 뜻이고, 종아從兒라는 것은 비견이 생하는 식신 상관이므로 자식과 같고, 종재從財는 정재와 편재를 따르는 것이고, 종살從殺은 日干을 극하는 정관 편관을 따르고, 종강從强은 日干을 생한 인수 편인을 따르기 때문에 붙인 명칭이다. 그리고 곡직曲直은 木인데, 木은 위로 곧게 자라나는 성질이 있고, 윤하潤下는 깨끗하고 맑은 물이 아래로 따른다는 뜻이며, 종혁從革은 주역 괘卦에서 金을 혁革이라 하므로 金을 따른다는 뜻이고, 가색稼穡은 土가 만물을 태어나게 하고 길러준다는 뜻에서 붙인 명칭이다.

  그런데, 여러 종류의 종격이 있으나 한 무리가 종한다는 점에서 다름이 없기 때문에 여기서는 5가지를 줄이고 통합해서 5가지만 종격으로 분류하였다. 가령 日干이 木일 때 木이 무리지어 있으면, 종왕격이자 곡직격이 되므로 곡직종왕격曲直從旺격이라 통합하는 식이다.

  아무튼 한 오행을 종할 때 그 오행을 충하는 오행이 매우 흉하다. 사업의 실패는 물론 심하면 죽을 수도 있다. 그러나 상생하는 오행은 무한한 발전과 성공이 보장되어있다. 하지만 종하는 오행이 순수해야 하고, 극하는 오행이 섞여있으면 복이 반감된다. 가령 水를 종하는데 金水木이 있는 것은 좋으나, 戊己土 또는 丙丁火와 같이 충하는 오행이 섞여있으면 순수하지 못한 것이다.

  그리고 종격의 성정은 종왕격과 종살격은 출세하고, 종아격과 종재격은 거부가 되며, 종강격은 대학자가 되는 성질이 있다. 가령 木이 종강이고, 木을 종하면 인수를 종하는 것이므로 대학자가 되고, 종재격은 재신財神을 종하므로 거부가 되며, 종살격이면 관신을 종하므로 크게 출세하는 것이다.

1) 곡직종왕격(曲直從旺格 : 男 38년생)
   年 : 戊寅　　　　대　운
   月 : 甲寅　　乙 丙 丁 戊 己 庚
   日 : 乙亥　　卯 辰 巳 午 未 申
   時 : 戊寅　　7 17 27 37 47 57
 * 水木火 : 부자　土金 : 가난(단, 丑辰未는 평범)

■풀이

乙木 日干이 地支에 3개의 寅木 겁재가 있고 亥水 인수가 寅木과 합해 또 木이되므로 '곡직종왕격'이다. 지지에 水가 2개 정도 있고 火가 1개 정도 있어도 곡직격에 해당된다. 그러나 土金이 있을 때는 곡직격으로 볼 수 없다. 다만 地支에 卯木이 있고, 戌未土가 각각 하나있을 때는 합해서 木이 되고, 또 寅卯가 있고 辰土가 있을 때는 寅卯辰이 방합하므로 곡직격이 된다.

이 공식의 경우 地支에 모두 木이 있는데 생년과 생시 天干에 戊土 정재가 있는 것이 흠이 된다. 그리고 이처럼 木을 종할 때는 水 운을 만나면 水가 木을 생하고, 木은 다시 火를 생해 상생하므로 부자가 된다. 다만 水는 木이 생하는 火의 앞길을 방해하기 때문에 보통 수준의 부자에 지나지 않는다. 다음은 木이 좋다. 자연히 식신과 상관인 火를 생해 부자가 되게 한다. 가장 좋은 것은 火 운이다. 무리지어 있는 木의 기운을 설기시켜서 재신財神 土를 생하므로 큰 부자가 된다. 그러나 土 운을 만나면 土가 木의 극을 받아서 재산을 다 잃고 土에 속하는 비·위에 심각한 질병을 앓을 수 있다. 金 운을 만나면 金이 木에 반극당해 가장 흉하다. 특히 이 공식처럼 日干이 木이고 木을 종할 때 金은 정관 편관이 되므로 그 흉화는 말할 수 없이 크다. 감옥에 가거나 불의의 사고로 갑자기 죽기도 한다.

그러므로 이 공식은 乙卯 대운 7~16세까지 여유로운 집안에서 성장하였다. 丙辰 대운 17~26세까지는 공식에 戊土 정재가 대운의 辰土와 합세해 木의 무리와 상쟁하므로 씀씀이가 헤프고 재물욕심이 대단하였다. 본래 부족한 것을 탐하는 것이 사람의 마음이므로 戊辰土 정재가 木의 세력에 극파 당하기 때문에 부족한 戊辰土 정재, 즉 재물을 탐하는 욕심이 많은 것이다. 丁巳 대운 27세부터는 재물 욕심이 많은 만큼 사업으로 거금을 모으기 시작하였으며, 戊午 己未 대운 56세까지 거부의 반열에 오를 정도였다. 그러나 己未 대운은 天干과 地支가 모두 편재가 주관하는 土이므로 재물 욕심에 눈이 멀어 타인의 재물을 교묘한 수법으로 탈취하였다가 발각돼 감옥에 갔으며, 庚申 대운 57세 이후에 감옥에서 죽고 말았다.

2) 기타 木을 종하는 공식

木을 종할 때 日干이 木이면 곡직종왕격이고, 日干이 水이고 木을 종하면 水가 木을 생하므로 식신과 상관을 종하는 것이다. 따라서 곡직종아격이 되고, 日干이 金이고 木을 종하면 木이 정재와 편재가 되므로 곡직종재격이며, 日干이 土이고 木을 종하면 정관과 편관이 되므로 곡직종살격이고, 日干이 火이고 木을 종하면 인수 편인이 되므로 곡직종강격이 된다. 이처럼 격식의 명칭이 다 다르지만 풀이하는 방법은 위 1)에서 예문을 든 '곡직종왕격'과 같다.

3) 염상종재격(炎上從財格 : 옛사람 男)

年 : 乙未　　　　대　　운
月 : 辛巳　　庚 己 戊 丁 丙 乙
日 : 丙午　　辰 卯 寅 丑 子 亥
時 : 甲午　　5　15　25　35　45　55
＊木火土 : 부귀(단, 丑辰은 가난)　　金水 : 가난(임의로 정한 나이)

■풀이
　丙火 日干이 地支에 모두 火가 있으므로 염상종왕격이지만 (생년의 未土는 午火와 합해서 火가 된다), 생월의 辛金이 뿌리가 없으므로 日干 丙火와 합해 水로 변하므로 염상종재격으로 취용하였다. 이처럼 地支가 합해서 다른 오행으로 바뀔 때 바뀐 그 오행으로 日干을 정할 수도 있으므로 한 예를 든 것이다. 물론 염상종왕격으로 보아도 틀림이 없다.

　火를 종하므로 木火土 운을 만나면 부귀한다. 木火는 火를 더욱 불붙게 해 그만큼 天地의 水가 합하고 충해 와서 陰陽이 조화를 이루게 하기 때문이다. 그러나 金水 운을 만나면 즉시 해를 입는다. 金水 운을 맞이하면 天地의 金水가 합하고 충해오지 않을 뿐만 아니라 운에서 만난 金水가 공식의 火로부터 극을 받아 金은 녹고 水는 말라 없어지기 때문에 흉화가 급속히 미치는 것이다.

　그러므로 이 공식은 庚辰 대운 5~14세까지는 대단히 빈곤하고 병약하였다. 특히 辰 중의 癸水가 火氣에 마르고 庚金이 극을 받아 폐와 신장이 허약해 죽을 고비를 넘겨야 한다. 그러나 己卯 대운에 15세에 이르자 병이 씻은 듯이 나았으며 재산이 불같이 일나났다는 것이다. 戊寅 대운 25세에서는 관직에 나아갔으며 34세까지 승승장구하였다. 그러나 丁丑 대운에 이르자 丁火가 돕고 丑이 水氣가 많아도 土이므로 몰락하지는 않았으나 건강이 갑자기 나빠지고 여러 가지 일로 인해 관직에서 물러나야 했다. 그리고 丙子 대운 45세에 이르러서는 日干 丙火와 합하던 생월의 辛金이 대운 丙火와 합해 水로 변하고, 子水가 공식의 午火와 충하자 젊은 나이에 죽었다.

4) 기타 火를 종하는 공식

火를 종할 때는 日干이 火이면 염상종왕격이고, 日干이 木이고 火를 종하면 火가 식신 상관이 되므로 염상종아격이며, 日干이 水이고 火를 종하면 火가 정재 편재이므로 염상종재격이고, 日干이 金이고 火를 종하면 火가 정관 편관이 되므로 염상종살격이며, 日干이 土이고 火를 종하면 火가 인수 상관이 되므로 염상종강격이 된다. 이처럼 격식이 다르지만 모두 火를 종하므로 풀이 하는 방법은 위 3)의 예와 같다.

5) 가색종강격(稼穡從强格 : 옛사람 女)

年 : 丙戌　　　　대　운
月 : 戊戌　　丁 丙 乙 甲 癸 壬 辛
日 : 庚午　　酉 申 未 午 巳 辰 卯
時 : 丙戌　　3 13 23 33 43 53 63 (임의로 정한 나이)

* 木火土金 : 부자 (단, 丑辰은 가난)　　水 : 가난

■풀이

庚金 日干이 공식에 모두 火土가 있고 土가 日干 庚金을 생하는 인수 편인이므로 가색종강격이다. 土는 4계절에 배속되는 중앙이므로 어느 운으로 향해도 수용이 되는 편이다. 그 대신 다른 종격에 비해 부귀가 적은 단점이 있다. 이 공식의 경우, 土를 종하되 丑辰이 없기 때문에 水氣가 전혀 없어서 매우 순수한 종격이다. 따라서 水 운이 가장 흉하다. 수가 토의 무리에 흡수되기 때문이다. 木은 寅의 경우, 寅午戌이 삼합해서 火가 되고, 卯는 卯戌이 합해서 火가 되므로 土의 성정에 거슬리지 않으며, 火는 土를 생하고 土는 天地의 모든 오행을 충하고 합해와서 다 수용하므로 부자가 되는 것이다. 그러나 金이 가장 좋다. 土의 무리를 마치 정체된 물을 흘려보내듯이 설기시켜서 水 정재 편재를 생하기 때문에 큰 부자가 된다.

그러므로 丁酉 대운 3세부터 丙申 대운 22세까지 매우 부유한 집안에서 성장하고 또 부유한 집안 남성과 혼인하였다. 그리고 계속해서 乙未 甲午 癸巳 대운을 맞이하므로 부러울 것이 없었다. 하지만 癸巳 대운은 天干에 癸水 흉신凶神이 있기 때문에 재산에 감소된다. 53세 壬辰 대운은 습한 辰土가 戌과 충하고 壬水가 戌土와 충하므로 사망하였다. 水氣가 마르므로 신장병 또는 위장병으로 사망한 것으로 추증된다.

6) 기타 土를 종하는 공식

土 日干이 土를 종하면 土가 비견 겁재이므로 가색종왕격이고, 木 日干이 土를 종하면 土가 정재 편재이므로 가색종재격이며, 水 日干이 土를 종하면 土가 정관 편관이므로 가색종살격이고, 火 日干이 土를 종하

면 土가 식신 상관이므로 가색종아격이 된다. 이처럼 격식의 명칭은 다르지만 해제하는 방식은 위 5와 같다.

7) 종혁종아격(從革從兒格 : 옛사람 男)

年 : 戊申   대 운
月 : 辛酉   壬 癸 甲 乙 丙 丁
日 : 己酉   戌 亥 子 丑 寅 卯
時 : 壬申   6 16 26 36 46 56(임의로 정한 나이)

* **土金水 : 부자   木火 : 가난**

■풀이

己土 日干이 地支가 모두 金이고 金은 식신 상관이므로 종혁종아격이다. 天干과 地支에 木火가 金을 손상하지 않으므로 매우 순수한 종혁격에 속한다. 이렇게 金을 종하면 土 운은 土가 金을 생하고, 金은 水 정재 편재를 생하므로 부자가 되고 金 역시 그러하다. 그러나 水가 가장 좋다. 水는 정체된 金氣를 설기시켜서 木 정관 편관을 생하므로 부귀를 함께 누리게 된다. 하지만 火는 순수한 金을 손상시키고 火氣가 쇠약해지므로 가난을 면할 수 없고 심장 질환으로 고생한다. 木은 금속에 꺾이는 나무와 같기 때문에 흉화가 급속히 미친다. 간 질환을 앓거나 사고로 죽을 수도 있다.

그러므로 壬戌 대운 6~15세까지는 申酉戌이 방합해 金이 더욱 강성해지므로 水를 생하고 木을 충해 와서 풍족한 가정에서 부러울 것이 없이 자란다. 다만 戌 중의 丁火가 허약하므로 심장이 좋지 않아서 병약한 어린시절이었다. 하지만 계해 갑자 을축 대운은 水가 주관하므로 부유한 데다 벼슬길에도 나아갈 수 있었다. 그러나 丙寅 대운에서 丙火가 생시의 壬水에 소멸되고, 寅木이 申金과 충하자 가세도 급속히 기울고 자신의 생명도 보존할 수 없었다. 寅木이 申金과 충하면 간 질환이나 불의의 사고로 급사하는 경우가 많으므로 아마도 그런 이유였을 것이라 추중된다.

8) 기타 金을 종하는 공식

日干이 金이고 金을 종하면 비견 겁재재가 되므로 종혁종왕격이고, 日干이 土이고 金을 종하면 金이 식신 상관이므로 종혁종아격이며, 日干이 화이고 금을 종하면 금이 정재 편재이므로 종혁종재격이고, 日干이 木이고 金을 종하면 金이 정관 편관이므로 종혁종살격이며, 日干이 水이고 金을 종하면 金이 인수 편인이므로 종혁종강격이 된다. 이처럼 명칭은 다르지만 金을 종한다는 점에서 해제하는 방법이 위 7)의 예와 다름이 없다.

9) 윤하종살격(潤下從殺格 : 옛사람 女)

　年 : 壬申　　　　대　운
　月 : 壬子　　辛 庚 己 戊 丁 丙
　日 : 丙辰　　亥 戌 酉 申 未 午
　時 : 庚子　　7 17 27 37 47 57(임의로 정한 나이)
＊金水木 : 부자　火土 : 가난(단, 丑辰은 부자)

■풀이
丙火 日干이 地支에 申子辰이 삼합해 水가 되고 天干의 壬庚이 地支

水에 합세하므로 순수한 윤하격이며, 水는 정관 편관이므로 윤하종살격이다.

이렇게 水를 종할 때는 金水木 운에 부자가 된다. 金은 水를 생하고 水는 火를 충해 올 뿐만 아니라 木을 생하기 때문이다. 水 역시 그와 같다. 그러나 木이 가장 좋다. 정체된 水氣를 설시시켜서 火를 생하므로 큰 부자가 된다. 하지만 土 운은 土가 공식의 강성한 水에 흩어질 것이며, 火는 水氣에 소멸될 것이므로 생명조차 보존하기 어렵다. 다만 丑辰土는 水氣가 많으므로 오히려 부자가 된다.

그러므로 辛亥 대운 7~16세까지 매우 부유한 집안에서 성장하였으며, 재색을 겸비해 모든 남성의 선망의 대상이었다. 그러나 庚戌 대운 17~26세 까지는 가세가 갑자기 기울어 혼기를 놓치고 말았다. 다행히 庚金이 水를 생해 생계유지는 겨우 할 수 있었다. 己酉 대운 27세부터는 酉金이 생일의 辰土와 합해 金이 되므로 이때 부유한 집안의 남성과 혼인한 뒤 戊申 대운 46세까지 부유하였다. 그러나 丁未 대운 47세에 이르자 집안이 몰락하고 심장 허약으로 인한 질병으로 온갖 고초를 다 겪어야 했다. 그리고 丙午 대운 57세에 丙火가 공식의 壬水와 충하고 午火가 공식의 子수와 충해 火氣가 완전히 소멸돼 사망하였다. 이때는 대개 심장마비나 화재로 인해 흉사하는 경우가 많으므로 그런 이유로 사망하였을 것으로 추증된다.

10) 기타 水를 종하는 공식

日干이 水이고 水를 종하면 水가 비견 겁재가 되므로 윤하종왕격이고, 日干이 金이고 水를 종하면 水가 식신 상관이 되므로 윤하종아격이며, 日干이 土이고 水를 좋하면 水가 정재 편재가 되므로 윤하종재격이고, 日干이 火이고 水를 좋하면 水가 정관 편관이 되므로 윤하종살격이며, 日干이 木이고 水를 좋하면 水가 인수 편인이 되므로 윤하종강격이 된다. 이처럼 명칭이 다르지만 水를 좋한다는 점에서 위 9)와 해제하는 방식이 다르지 않다

11. 인연론因緣論

'의명학공식'에서 타인과 '나'의 인연을 찾고자 하면 먼저 합을 보아야 한다. 특히 남녀간의 결혼 인연은 생일 天干과 地支가 서로 합이 될 때 가장 좋다. 만나면 즉시 혼인할 수 있고, 살아가면서 웬만해서는 헤어지지 않는다. 특히 생월이나 생시에 합이 또 있으면 아무리 가난하고 힘들어도 헤어지지 않으며 혹 상대방이 폭력을 행사해도 헤어지지 않는다.

그러나 상대방과 충이 많으면 결혼생활을 오래하지 못한다. 특히 생일 地支가 충이면 운에서 충을 만날 때 헤어진다. 하지만 다른 地支나 天干에 합이 많으면 싸우면서도 헤어지지 않는다. 또 생일 地支가 刑이고, 다른 地支에도 刑이 있으면 헤어지기 쉬운데, 설사 헤어지지 않더라도 정은 멀고 미움만 쌓인다.

남녀간의 인연이 아니고 남성과 남성, 여성과 여성의 관계, 혹은 형제 부모 등 주변의 모든 인연법도 공식에서 합이 많으면 가깝고, 합이 없으면 아무리 오래 사귀어도 항상 타인과 같다. 그리고 서로의 공식을 비교해서 刑·沖·破·害가 다 있으면 서로 원한을 사는 경우가 허다하다. 설사 죽마고우라 할지라도 깊은 정을 주고받지 못한다.